中国化时代化的马克思主义行

谢金峰　尹　博　等著

学习出版社

图书在版编目（CIP）数据

中国化时代化的马克思主义行 / 谢金峰，尹博等著
. -- 北京：学习出版社，2024.2
ISBN 978-7-5147-1231-5

Ⅰ. ①中… Ⅱ. ①谢… ②尹… Ⅲ. ①马克思主义－发展－研究－中国 Ⅳ. ①D61

中国国家版本馆CIP数据核字(2023)第184026号

中国化时代化的马克思主义行
ZHONGGUOHUA SHIDAIHUA DE MAKESI ZHUYI XING
谢金峰 尹 博 等著

责任编辑：宋 飞 路小普 崔晨晓 黄 悦
技术编辑：胡 啸

出版发行：学习出版社
北京市崇外大街11号新成文化大厦B座11层（100062）
010-66063020 010-66061634 010-66061646
网 址：http://www.xuexiph.cn
经 销：新华书店
印 刷：北京盛通印刷股份有限公司

开 本：710毫米×1000毫米 1/16
印 张：29.75
字 数：346千字
版次印次：2024年2月第1版 2024年2月第1次印刷

书 号：ISBN 978-7-5147-1231-5
定 价：92.00元

本书编写组

组　　长：谢金峰　中共重庆市委党校（重庆行政学院）常务副校（院）长

执行组长：尹　博　中共重庆市委党校（重庆行政学院）副校（院）长

成　　员：陈　剑　中共重庆市委党校（重庆行政学院）马克思主义学院院长、教授

张志勇　中共重庆市委党校（重庆行政学院）哲学教研部主任、教授

黄建跃　中共重庆市委党校（重庆行政学院）科学社会主义教研部主任、教授

高广景　中共重庆市委党校（重庆行政学院）中共党史教研部主任、教授

谢来位　中共重庆市委党校（重庆行政学院）公共管理学教研部主任、教授

方　旭　中共重庆市委党校（重庆行政学院）马克思主义学院副院长、教授

陈　莹　中共重庆市委党校（重庆行政学院）
哲学教研部副主任、副教授

王爱国　中共重庆市委党校（重庆行政学院）
科学社会主义教研部副主任、教授

李思雨　中共重庆市委党校（重庆行政学院）
党建教研部副主任、副教授

闫　建　中共重庆市委党校（重庆行政学院）
公共管理学教研部副主任、教授

执行秘书：祝　伟　中共重庆市委党校（重庆行政学院）
马克思主义学院副教授

序

时代是思想之母，实践是理论之源。历史总是在理论与实践的相互辉映和促进中不断前行。

十月革命一声炮响，给我们送来了马克思列宁主义。中国的先进分子在马克思主义指引下，成立了中国共产党。从此，马克思主义的命运和中国共产党、中国人民的命运紧紧联系在一起。

在马克思主义指引下，中国共产党带领中国人民，经过艰苦卓绝、翻天覆地的革命斗争和改天换地的艰苦奋斗，取得了中国革命和社会主义建设的一个又一个的伟大胜利，实现了一个又一个奇迹般的成就，完成了一个又一个看似难以完成的艰巨任务，中国人民的命运和中华民族的面貌发生了奇迹般的改变。

中国共产党为中华民族谋解放、为中国人民谋幸福的不懈奋斗的历程，埋头苦干的历史，为马克思主义在中国的发展提供了坚如磐石的实践基础。中国共产党紧紧依靠中国人民，在波澜壮阔的奋斗历程中，不断把马克思主义基本原理同中国具体实际相结合、同中华优秀传统文化相结合，不断开辟马克思主义中国化时代化新境界。

以毛泽东同志为主要代表的中国共产党人，把马克思列宁主义基本原理和中国革命与社会主义建设的具体实际相结合，创立了毛泽东思想，这是马克思主义中国化的第一次历史性飞跃。党的十一届三中全会以后，邓小平同志把马克思主义基本原理和改革开放与新时期中国社会主义建设的具体实际相结合，创立了邓小平理论。党的十三届四中全会以后，以江泽民同志为主要代表的中国共产党人，继承和发展了毛泽东思想、邓小平理论，形成了“三个代表”重要思想。党的十六大以后，以胡锦涛同志为主要代表的中国共产党人，继承和发展了毛泽东思想、邓小平理论、“三个代表”重要思想，形成了科学发展观。邓小平理论、“三个代表”重要思想、科学发展观，组成了中国特色社会主义理论体系，实现了马克思主义中国化新的飞跃。党的十八大以来，以习近平同志为主要代表的中国共产党人，把马克思主义和中国特色社会主义建设实际相结合，创立了习近平新时代中国特色社会主义思想，实现了马克思主义中国化新的飞跃。

每一次理论飞跃之后，我们党就坚持用新的理论创新成果指导实践推动工作，取得了巨大胜利和伟大成就。在毛泽东思想指引下我们创造了新民主主义革命的伟大成就，创造了社会主义革命和社会主义建设的伟大成就。在中国特色社会主义理论体系的指引下，我们党创造了改革开放和社会主义现代化建设的伟大成就。党的十八大以来，在习近平新时代中国特色社会主义思想的指引下，党和国家事业取得历史性成就、发生历史性变革，推动我国迈上全面建设社会主义现代化国家新征程。

2019年4月17日，习近平总书记在考察重庆时发表重要讲话指出：中国共产党为什么能、马克思主义为什么行、中国特色社会主义为什么好，可以在新中国成立七十年历史中、党的百年奋斗历程中得到生动的诠释。此后，习近平总书记对这一问题进行多次阐述、阐释、阐发，形成了“中国共产党为什么能，中国特色社会主义为什么好，归根到底是马克思主义行，是中国化时代化的马克思主义行”等重要论断。

近年来，中共重庆市委党校（重庆行政学院）深入研究和不断阐释习近平总书记关于“马克思主义行”“归根到底是马克思主义行”“中国化时代化的马克思主义行”等重要理论问题，形成了不少成果。为学习贯彻党的二十大精神，中共重庆市委党校（重庆行政学院）组织精干力量撰写了《中国化时代化的马克思主义行》这一专著。本书坚持以马克思主义为指导，以马克思主义百年发展的历史、中国共产党百年奋斗的成就，以及马克思主义中国化时代化的历史进程等为主线，深入阐释了“马克思主义行”“归根到底是马克思主义行”“中国化时代化的马克思主义行”等重大理论问题的科学内涵、历史逻辑、实践逻辑和理论逻辑。

本书是一部历史书。视野宏大而开阔，让我们看到的是马克思主义在中国百年发展的历史，也是中国共产党百年的奋斗历史，更是中国人民一步一步改变自身命运的奋斗历史。

本书是一部理论阐释书。旨在说明一个道理，那就是马克思主义行、中国化时代化的马克思主义行，这是中国一切革命、改变、成就等的核心密码。

本书也是一部通俗读物。坚持理论与实际相结合，坚持历史与现实相关照，通过大量的生动的事例、案例、数据等，深入浅出，化繁为简。既有理论，也有事实，既有说理，也有故事。贯穿其中的是马克思主义中国化时代化的进程及其指引中国人民在中国共产党领导下改变中华民族命运的波澜壮阔的历史。

本书对于广大干部学习马克思主义中国化时代化的历史，对于帮助我们进一步理解和把握“马克思主义行”“归根到底是马克思主义行”“中国化时代化的马克思主义行”等重大理论问题，具有重要的参考价值。尤为重要的是，本书对于我们进一步理解和把握习近平新时代中国特色社会主义思想的重要地位和作用，进而深刻领悟“两个确立”的决定性意义，增强坚决做到“两个维护”的思想自觉政治自觉和行动自觉，具有十分重要的作用。

是为序。

目　录

绪 论

马克思主义是由马克思、恩格斯创立并为后继者所不断发展的科学理论体系，其产生犹如壮丽日出，照亮了人类探索历史发展规律的崎岖山路；又如智慧明灯，指引着人类寻求自身彻底解放和自由而全面发展的伟大实践。它不仅深刻影响了世界历史走向和文明发展进程，也彻底改变了中华民族的历史命运和发展面貌，是我们立党立国、兴党兴国的根本指导思想。

2019 年 4 月，习近平总书记在重庆考察调研时提出了“中国共产党为什么能，马克思主义为什么行，中国特色社会主义为什么好”重大命题，并进一步围绕“能行好”相关主题作出一系列深刻论述和重大判断。在党的二十大报告中，他指出：“实践告诉我们，中国共产党为什么能，中国特色社会主义为什么好，归根到底是马克思主义行，是中国化时代化的马克思主义行。”这一论断科学揭示了“能行好”重大命题的丰富内涵、理论意蕴和实践逻辑，深刻回答了事关新时代继续推进理论探索和创新的根本性、原则性问题，充分彰显了道路自信、理论自信、制度自信和文化自信，为我们党团结带领全国各族人民以中国式现代化全面推进中华民族伟大复兴指明了前进方向、提供了根本遵循。我们要坚定以马克思主义为指导的政治自觉、思想自觉和行动自觉，不断创新发展和科学运用好马克思主义这一强大思想武器来指导社会变革、助推实践创新、引领时代潮流，让其在中国大地上展现出更为强大、更有说服力的真理力量。

一、提出“能行好”重大命题的背景与发展脉络

深刻把握“能行好”重大命题，需立足马克思主义与中国共产党、中国特色社会主义、中华民族和中国人民之间休戚与共的命运共同体关系，科学认识该命题的提出背景和发展脉络，以此引导广大党员干部、基层群众深入贯彻落实党的二十大精神，深刻领悟“两个确立”的决定性意义，坚决做到“两个维护”，切实消除思想认识误区，不断增强做中国人的志气、骨气、底气，为实现中华民族伟大复兴凝聚起强大的精神力量。

（一）“这是一个需要理论而且一定能够产生理论的时代，这是一个需要思想而且一定能够产生思想的时代”——提出“能行好”重大命题的背景

中国特色社会主义进入新时代，党领导人民创造了中国式现代化新道路、创造了人类文明新形态，推动中华民族伟大复兴进入不可逆转的历史进程。这是一个需要新思想新理论而且一定能够产生新思想新理论的时代。马克思主义为党团结带领中国人民奋进新征程、建功新时代提供了坚实的理论支撑和正确的思想引领。我们必须坚持以马克思主义为指导，站在历史和现实、理论和实践相统一的高度，立足中国特色社会主义伟大实践不断推进理论创新。

1. 党的百年奋斗不仅彰显了马克思主义的思想伟力，也为进一步增强马克思主义的真理力量提供了实践基础。马克思主义自诞生以来就长期占据着世界历史舞台上真理和道义的制高点，始终是指引人类社会前行、推动人类进步事业发展的思想灯塔。马克思主义

在向全世界广泛传播和深入发展的历史进程中，不断展现出自身强大的真理力量和实践力量。世界各国人民对马克思主义的实践探索，既取得过辉煌的历史成就，也经受过挫折失败的严峻考验。特别是苏联解体、东欧剧变令世界社会主义运动遭受巨大损失，陷入历史低潮阶段。西方发达国家以强大的硬实力为后盾，以资本主义全球化为平台载体，以军事手段为开路先锋，综合运用教育、学术研究、文化娱乐产业等隐蔽渗透工具，在世界范围内大力输出资本主义意识形态，进一步强化了资本主义制度在全球政治、经济和文化等领域的全方位统治地位。西方右翼政客、学者大肆渲染所谓资本主义对社会主义的“历史性胜利”，鼓吹“历史终结论”，叫嚣马克思主义已经被彻底打败。马克思主义在实践层面的挫折使其理论的科学性和真理性受到质疑，一些不明真相、对马克思主义理论缺乏系统学习、对中国化时代化的马克思主义知之甚少的干部群众也因此受到蒙蔽。

一百多年来，中国共产党始终坚持把马克思主义基本原理同中国具体实际相结合、同中华优秀传统文化相结合，不断推进马克思主义中国化时代化，领导人民在进取中突破，于挫折中奋起，从总结中提高，进行伟大奋斗，取得了举世瞩目的成就。在马克思主义的正确指导下，中国共产党在20世纪初世界革命浪潮和中国社会千年未有之深刻变局中孕育而生，不仅领导中国人民取得新民主主义革命的伟大胜利，彻底改变了中华民族近代以来落后挨打的被动局面，也深刻影响了世界格局和人类历史走向。新中国成立以后，我们党团结带领全国各族人民继续开展伟大斗争，把一个积贫积弱、一穷二白的落后国家逐步建设成为综合国力进入世界前列的大国，把太多的不可能变成了可能，创造了一个又一个人间奇迹。特别是中国特色社会主义进入新时代，我们创造了以马克思主义为根本指导思想的中国式现代化新道路，创造了以马克思主义为价值遵循和精神支柱的人类文明新形态，中国的经济、国防等硬实力显著增强，科技、教育和文化等软实力稳步提升，日益走近世界舞台的中央，在国际事务中发挥了越来越重要的作用，中华民族迎来了伟大复兴的光明前景。在此历史进程中，马克思主义正以崭新形象展现在世人面前，“使世界范围内社会主义和资本主义两种意识形态、两种社会制度的历史演进及其较量发生了有利于社会主义的重大转变”[①]。中国的伟大实践和伟大成就为马克思主义在21世纪展现出更加强大、更有说服力的真理力量夯牢了基础、提供了路径。

2.世界格局加速演变，面对西方各种形式的遏制打压和思想领域日益突出的风险挑战，需要以深入的理论阐释和通俗的理论普及来彰显马克思主义尤其是中国化时代化的马克思主义的真理性、科学性，进一步增强其理论说服力、感召力。今天，我们比历史上任何时期都更接近、更有信心和能力实现中华民族伟大复兴的目标，同时，世界百年未有之大变局加速演进，必须准备付出更为艰巨、更为艰苦的努力。以美国为首的西方国家越来越把独立发展的中国视为资本主义制度甚至整个西方文明的战略竞争者、致命威胁者，持续炒作所谓“东西方文明冲突论”，极力鼓吹中国在意识形态领域的威胁，人为划设意识形态分界线，妄图彻底孤立、遏制和封杀中国，这给中国和平发展带来巨大外部风险和严峻国际考验。而通过发展社会主义市场经济和持续推进改革开放，中国社会在获得巨大

①《中共中央关于党的百年奋斗重大成就和历史经验的决议》，人民出版社2021年版，第63—64页。

物质财富的同时，各种西方社会思潮、价值观念也隐藏于西方学术话语体系、新闻传播载体和文化娱乐产业等软实力工具之中，悄然舶入中国，潜移默化地影响了一些人的思想观念和行为方式，使中国社会的思想意识和价值观念等日益多样化、多元化，以马克思主义为根本价值遵循和共同话语基础的社会主义主流意识形态正遭受越来越大的挑战。

面对社会思想领域的深刻变革和巨大冲击，绝大部分党员干部、普通群众对于坚持和发展马克思主义，其思想认识是正确而清醒的，态度是积极而坚定的。但也必须看到，马克思主义也受到了某些人的歪曲、误读甚至敌视，这些人深受西方各种意识形态宣传的影响，总是喜欢使用美颜滤镜去认识西方资本主义，总是习惯戴着有色眼镜去观察马克思主义，总是乐于透过高倍显微镜去寻找马克思主义的茬。他们实际上并不真正了解马克思主义是什么、为什么、怎么样，就带着主观心理偏见去污蔑诋毁马克思主义，武断地给马克思主义贴上“不是科学理论”“意识形态说教”“已经过时”等错误标签，或者在实际工作中边缘化、空泛化马克思主义，这导致马克思主义在一些学科中“失语”、教材中“失踪”、论坛上“失声”。我们的学术界在建设以马克思主义为指导的学科体系、学术体系、话语体系上，仍然存在功力不足、高水平成果不多等问题短板，满足不了新时代坚持以马克思主义为指导建构中国自主的知识体系，并以此为基础，科学回答中国之问、世界之问、人民之问、时代之问的迫切需要。我们的部分党员干部由于对马克思主义理解不深、认识不透，对坚持和发展马克思主义的内在功力不厚、底气不足、信心不够。面对上述情况，我们需要以深入的理论阐释和通俗的理论普及来证明马克思主义的真理性和科学性，来增强马克思主义的吸引力和感召力。

3. 新时代新征程，我们党要实现以中国式现代化全面推进中华民族伟大复兴的中心任务，就必须坚持把马克思主义基本原理同中国具体实际相结合、同中华优秀传统文化相结合，不断开辟马克思主义中国化时代化新境界，不断增强马克思主义的真理力量，不断展现中国化时代化的马克思主义的理论魅力和时代魅力。时代是思想之母，实践是理论之源。《中共中央关于党的百年奋斗重大成就和历史经验的决议》明确指出："只要我们勇于结合新的实践不断推进理论创新、善于用新的理论指导新的实践，就一定能够让马克思主义在中国大地上展现出更强大、更有说服力的真理力量。"理论创新根源于社会实践，实践是马克思主义生命力的源泉所在，马克思主义的活力与魅力来自实践基础上的创造性发展，马克思主义的真理力量就是将马克思主义基本原理与社会实践相结合所产生的巨大物质力量、精神力量的体现。新时代新征程上，党团结带领中国人民踏上了实现第二个百年奋斗目标的新的赶考之路，中华民族伟大复兴进入了一个新的历史阶段。我们正在经历我国历史上最为广泛而深刻的社会变革，也正在进行人类历史上最为宏大而独特的实践创新。这迫切要求我们继续推进实践基础上的理论创新。坚持马克思主义基本原理和贯穿其中的立场观点方法，既是百年来党推进理论创新的基本经验和重要法宝，也是党继续进行理论探索和创新所需坚持的基本原则。我们要在推进马克思主义理论创新与中国特色社会主义实践相统一的历史进程中，不断展现马克思主义的伟大真理力量。深入系统研究阐释"中国化时代化的马克思主义行"等重大命题，既是新时代推进中国特色社会主义实践的必然要求，也是通过中国特色社会主义实践进一步展现马克思主义真理力量的必然选择。我们要继续推进马克思主义中国化时代化，坚持用博大胸怀吸收人类创造的一切优秀文明成果，努力以全新的视野深化对共产党执政规律、社会主义建设规律、人类社会发展规律的认识，积极建构理论中的中国，用马克思主义中国化时代化的最新理论成果指导引领中华民族伟大复兴新的实践，并为破解全球和平与发展难题、推动人类文明进步提供中国方案、贡献中国智慧。

（二）从“能行好”到“归根到底是马克思主义行，是中国化时代化的马克思主义行”——“能行好”重大命题的发展脉络

中国共产党能是指我们党始终坚持全心全意为人民服务的根本宗旨，为实现理想而不懈奋斗，具有强大的领导力和执行力，能够始终保持旺盛的生机和活力。马克思主义行是指马克思主义自诞生以来在全世界特别是在中国管用、行得通，持续展现出强大的生命力、吸引力和影响力。中国特色社会主义好是指中国特色社会主义适合中国国情、满足时代需要、符合人民利益，坚持和发展中国特色社会主义是实现中华民族伟大复兴的科学之路和必由之路。习近平总书记提出“能行好”重大命题之后，又立足共产党执政规律、社会主义建设规律、人类社会发展规律，作出一系列重要论述论断，不断深化了对该重大命题理论内涵、内在逻辑等方面的科学认识。

2019 年 4 月，习近平总书记在重庆正式提出“能行好”重大命题，他强调：“要围绕中国共产党为什么能、马克思主义为什么行、中国特色社会主义为什么好等重大问题，广泛开展宣传教育，加强思想舆论引导，坚定广大干部群众对中国特色社会主义的道路自信、理论自信、制度自信、文化自信，进一步激发全体人民爱党、爱国、爱社会主义的巨大热情。”习近平总书记的讲话把“中国共产党为什么能，马克思主义为什么行，中国特色社会主义为什么好”这三个

紧密联系且具有重大理论价值和实践意义的命题，扩展到一个更加全面系统的层面进行深入研究阐释，赋予其更高的政治站位、理论站位和思想站位。同时，从坚定干部群众“四个自信”和增进广大人民群众对党、国家以及社会主义的情感认同两个层面出发，阐明了提出“能行好”重大命题的原因。

2021 年 3 月，习近平总书记在福建考察时强调：“要从党的辉煌成就、艰辛历程、历史经验、优良传统中深刻领悟中国共产党为什么能、马克思主义为什么行、中国特色社会主义为什么好等道理，弄清楚其中的历史逻辑、理论逻辑、实践逻辑。”习近平总书记的讲话，一方面立足历史、理论和实践三个维度提出了进一步研究阐释“能行好”重大命题的基本要求，那就是要科学揭示“能行好”所蕴含的深层逻辑。“能行好”不仅是一个严肃的政治命题，受到历史发展规律的影响制约，有满足和服务现实政治实践的需要，而且也是一个严谨的学术命题，需要运用科学思维方法进行深入研究、系统论证，确保其政治性和学术性的辩证统一。另一方面指明了基本的研究路径和方向，那就是要通过深刻把握党领导人民所进行的伟大奋斗及其取得的伟大成就来破题。习近平总书记多次强调指出，理想信念是立党兴党之基，也是党员干部安身立命之本。年轻干部作为党的事业的接班人，最重要、最根本的是接好坚持马克思主义信仰、为共产主义远大理想和中国特色社会主义共同理想而奋斗的班。一百多年来，马克思主义为中国共产党提供了科学的思想指引和强大的精神动力，为中华民族的崛起与奋进、光荣与梦想提供了坚实的理论基础，马克思主义的历史功绩以及现实生命力是毋庸置疑的。无论时代如何变迁，对马克思主义信仰的忠诚坚守，始终是中国共产党人如磐的根、不变的魂。

2021 年 6 月，习近平总书记在十九届中央政治局第三十一次集体学习时强调：“中国共产党为什么能，中国特色社会主义为什么好，从根本上说，是因为马克思主义行。”同年 7 月 1 日，在庆祝中国共产党成立 100 周年大会上，他进一步指出：“中国共产党为什么能，中国特色社会主义为什么好，归根到底是因为马克思主义行！”习近平总书记的这两次讲话，将之所以“能”和“好”的根本原因都归结到“行”，“行”是“能”和“好”的前提，“能”和“好”是“行”的表现和证明。分别用了“从根本上说”和“归根到底”这两个不同的限定词，后者比前者更加正式书面，语意也更加明确坚定，也更加能够凸显马克思主义的根本指导地位。将“能”和“好”归结到“行”，从现实层面看，就是要教育引导广大干部群众更加深刻地认识到马克思主义的伟大真理力量，更加自觉地运用马克思主义这一“伟大的认识工具”和“有力思想武器”，来科学观察世界、分析解决问题；更加深刻地认识到中国特色社会主义的光明前景；更加自觉地坚持和加强党的全面领导，不断凝聚意志、团结奋斗。

2022 年 1 月，习近平总书记在省部级主要领导干部学习贯彻党的十九届六中全会精神专题研讨班开班式上指出：“中国共产党为什么能，中国特色社会主义为什么好，归根到底是因为马克思主义行。马克思主义之所以行，就在于党不断推进马克思主义中国化时代化并用以指导实践。”习近平总书记的此次讲话从理论和实践相结合的角度，分析了之所以“行”的原因。马克思主义之所以具有强大的生命力和影响力，不仅在于马克思主义理论本身是科学真理，更重要的是我们党不断坚持用马克思主义之“矢”射中国之“的”，不仅创新发展了马克思主义，还形成了中国化时代化的马克思主义理论成果并用以指导实践，真正破解了中国革命、建设和改革等历史进程中面临的各种时代难题。阐明“之所以行”是“能行好”逻辑链条的重要一环，使其成为在论述上前后呼应、逻辑上环环相扣的严密体系。

2022年7月，习近平总书记在省部级主要领导干部“学习习近平总书记重要讲话精神，迎接党的二十大”专题研讨班上强调：“实践告诉我们，中国共产党为什么能，中国特色社会主义为什么好，归根到底是马克思主义行。”习近平总书记此次讲话与以往论述的不同之处在于，此前都是提“因为马克思主义行”，这次是直接讲“马克思主义行”。虽然只有一词之差，但意义却大为不同。去掉了“因为”这个疑问词，就更加坚定地展现出对马克思主义的理论自信和理论自觉。“能行好”重大命题的提出和发展，是历史逻辑、理论逻辑、实践逻辑相互作用、不断印证的过程。召开党的二十大是党和国家政治生活中的一件大事，在此重要时间节点，围绕“能行好”命题作出如此重要的论述调整，既是该命题理论逻辑不断深化发展的结果，也是党和国家政治实践深入发展的需要。我们需要进一步澄清和矫正社会上对马克思主义的种种错误认识，切实增强广大干部群众对马克思主义的政治认同、思想认同、理论认同和情感认同，不断统一社会思想、凝聚政治共识，为党的二十大胜利召开营造良好的思想氛围和社会环境。

2022年10月，习近平总书记在党的二十大报告中指出：“实践告诉我们，中国共产党为什么能，中国特色社会主义为什么好，归根到底是马克思主义行，是中国化时代化的马克思主义行。”习近平总书记的讲话，提出归根到底“是中国化时代化的马克思主义行”这一重要新论断，其将“能”和“好”归结到马克思主义行和中国化时代化的马克思主义行两个方面。这深刻揭示出“能行好”重大命题的实践本质，即“能行好”不仅是一个理论性命题，更是一个需要不断“从实践中来再到实践中去”的实践性命题。而破解“能”和“好”命题归根到底既需要深刻总结马克思主义自创立以来在全世界和中国，特别是在中国管用、行得通、能成功的历史经验，切实增强历史自信、把握历史主动；又要深刻认识到在习近平新时代中国特色社会主义思想的指引下，我们必将迎来以中国式现代化实现中华民族伟大复兴的光明前景。习近平总书记的新论断蕴含着马克思主义的世界观和方法论，深刻体现运用马克思主义立场观点方法解决重大理论和实践问题的思想自觉和行动自觉。

（三）“归根到底是马克思主义行，是中国化时代化的马克思主义行”重要论断的内涵意义

习近平总书记在党的二十大报告中提出的“归根到底是马克思主义行，是中国化时代化的马克思主义行”重要论断，从中国共产党、中国特色社会主义、马克思主义和中国化时代化的马克思主义四者之间的紧密联系出发进行提问，将“能行好”重大命题作为相互印证、相互支撑的辩证统一体来整体审视。其蕴含三层含义：

1. 中国共产党之所以能，归根到底是马克思主义行，是中国化时代化的马克思主义行。马克思主义是中国共产党的精神旗帜和根本行动指南，为我们党提供了观察时代、解读时代、引领时代、变革时代的强大思想武器。始终坚持以马克思主义为指导，赋予了中国共产党鲜明的政党品格和世界上其他任何政党所不具有的独特政党优势。马克思主义是我们党之所以能的信仰支撑和力量保障。正是在马克思主义的科学引领下，我们党才能够认识历史规律、紧跟世界潮流、把握时代机遇而生。马克思主义是中国共产党的根本指导思想，高举马克思主义真理旗帜、坚持马克思主义理想信念是我

们党的灵魂所在。在马克思主义科学理论的指导下，我们党自成立之日起就把实现好、维护好、发展好最广大中国人民的根本利益摆在立党的首要位置并为此而前仆后继地奋斗牺牲。在共产主义远大理想和崇高政党使命感召下，我们党铸造了不畏强敌、不惧风险、勇于胜利的钢铁般意志，锤炼了坚持真理、担当使命、不怕牺牲、英勇斗争、不负人民的政党品格。中国共产党以维护人民根本利益、实现中华民族伟大复兴为己任，没有自己的任何政党私利，这是中国人民在中国历史发展进程中最终选择中国共产党的根本原因。中国共产党领导中国人民取得了新民主主义革命的伟大胜利并建立了新中国，始终将全心全意为人民服务作为自己的执政之基。始终坚持以人民为中心是中国共产党区别于当今世界一切资本主义国家执政党的根本标志。中国共产党作为坚定的马克思主义使命型政党，是唯一能够将 14 亿多中国人民凝聚成政治意志高度统一的中华民族命运共同体的现实政治力量；同时作为用马克思主义武装起来的使命型政党，中国共产党既能放眼中华民族的整体长远利益，又能兼顾广大人民群众的个体及当下利益，能够真正将涉及人民群众切身利益的大事一届接着一届干下来。而西方政党作为选举型政党，关注的中心问题始终是通过选举夺权，虽然为了一时的选举需要也会喊一些冠冕堂皇的政策口号取悦选民，但会不会花大力气去实现或者能不能真正实现都会打上大大的问号。

马克思主义既是我们党的崇高信仰和政党灵魂，也是我们党应对复杂局势和时代潮流变化的世界观和方法论。坚持独立自主、坚定不移走自己的路，是我们党能够克服一切艰难险阻、不断取得胜利的根本途径。立足中国国情，不断进行理论探索和创新，积极回答重大时代课题，又是其中的关键。我们党坚持“两个结合”，不断推进马克思主义中国化时代化，取得了一系列重大理论成果并用以解决实践中遇到的各种难题。在这一过程中，我们党总能运用马克思主义基本立场、观点和方法科学把握世界历史发展的一般规律和大势，从面临的各种危机中发现和孕育新机遇，从世界和中国的大变局中开创事业发展新局面；总能在时代潮流即将出现深刻变革的紧要关头，提出既富有前瞻性、感召力，又具有现实可能性的奋斗目标，从而为中国人民奋斗前行指明正确方向。总之，我们党自成立起，就坚定地将马克思主义作为自己的根本指导思想，把推进马克思主义中国化时代化作为立党兴党强党的根本途径。这使得我们党不管面对多么凶恶的敌人，不管面临多么巨大的困难、多么严峻的挑战，总能保持战略清醒、战略从容和战略定力，始终是人民最可信任、最可依赖的强大政治力量。

2. 中国特色社会主义之所以好，归根到底是马克思主义行，是中国化时代化的马克思主义行。马克思主义是形成、发展和完善中国特色社会主义道路的理论基石、精神力量和行动指南，是中国特色社会主义之所以好的理论根据和实践遵循。马克思主义与中国特色社会主义的完美结合是一场融通东西方文明的“史诗性双向奔赴”。马克思主义没有辜负中国之殷殷期盼、壮志雄心，中国亦没有辜负马克思主义之远大抱负、真理力量。就马克思主义没有辜负中国而言，自从中国选择走马克思主义所指引的革命和建设发展道路，中国人民的精神面貌、中华民族的历史命运就发生了彻底的改变，我们党不断将马克思主义的伟大真理力量转化为强大的革命和建设力量，推动中华民族实现了从积贫积弱、被动挨打到站起来的伟大飞跃。就中国没有辜负马克思主义而言，我们党始终坚持以马克思主义作为自身不变的使命之基、理论之源和行动之本，坚持不懈推进马克思主义中国化时代化，着力解决中国社会主义现代化建设面临的重大理论和实践问题，团结带领中国人民成功开创了中国特色社会主义道路，创造了伟大事业、取得了伟大成就，使近代以来无数仁人志士、民族先贤乃至劳苦大众苦苦追求的中华民族伟大复兴进入了不可逆转的历史进程。

我们党始终坚持马克思主义在党和国家事业中的根本指导地位，始终坚持以中国化时代化的马克思主义理论创新成果来凝心铸魂、指导经济社会发展实践以及推动各方面工作，创造了以中国特色社会主义为道路方向、理论遵循、制度保障以及文化基础的人类文明新形态，不仅为广大发展中国家探索出了一条独立自主、强国富民的现代化新道路，也使苏联解体、东欧剧变之后坠入历史低谷的科学社会主义在21世纪焕发出强大的生机和活力。中国特色社会主义理论体系是对马克思主义根本立场观点方法的继承、创新和发展，是立足改革开放以来中国发展实际而不断推进马克思主义中国化时代化取得的重大理论成果。我们党领导中国人民在中国特色社会主义理论体系的科学指引下，取得了从“站起来”解决“挨打”问题到“富起来”解决“挨饿”问题的伟大飞跃。中国特色社会主义实践取得的伟大成就以铁一般的历史事实雄辩地证明，只有真正坚持以马克思主义为根本理论遵循和行动指南，不断推进马克思主义中国化时代化并用以指导现代化建设实践，我们党所追求的实现人民幸福安康、中华民族伟大复兴和世界大同的使命任务和战略谋划才能不断由理想转变为现实，中国特色社会主义道路才能越走越通畅、越走越精彩、越走越成功。我们要坚定马克思主义理论自信和理论认同，着力将推动马克思主义中国化时代化的政治自觉和思想自觉，不断转化为开辟马克思主义中国化时代化新境界、推动新时代中国特色社会主义事业取得新成就的行动自觉。

3."马克思主义行"和"中国化时代化的马克思主义行"在实践中相互联系、相互确证。一方面，马克思主义行是中国化时代化的马克思主义行的根本前提，没有马克思主义本身的理论品格和强大真理力量，中国化时代化的马克思主义就会丧失信仰之基、思想之本和力量之源。马克思主义深刻揭示了人与人、人与社会、人与自然三个层面的普遍规律，是具有强大理论生命力和实践影响力的科学理论，它深刻影响了中国共产党的政党性质、政治思想、精神风貌、思维方式和工作方法，我们党之所以能够不断推进马克思主义中国化时代化并取得伟大成就，关键就在于党始终坚持和运用马克思主义这一科学的思想武器，不断将马克思主义的真理力量转化为推动中国革命及社会主义现代化建设等的实践力量。另一方面，党在百年奋斗历程中持续推进马克思主义中国化时代化取得一系列重大理论创新成果并用以指导革命、建设实践，领导中国人民不断破解前进道路上遇到的各种风险考验、艰难险阻，指引中华民族实现了从"东亚病夫"、积贫积弱到站起来、从站起来到富起来以及从富起来再到强起来的伟大飞跃。在这一过程中马克思主义的真理力量和强大生命力得到充分彰显和检验。特别是新时代十年的伟大实践，在以习近平同志为核心的党中央坚强领导下，中国在经济社会发展领域创造了世所罕见的奇迹，中国社会所进行的历史性变革和取得的伟大成就充分证明了马克思主义在全世界特别是在中国行得通、能成功。

二、归根到底是马克思主义行——具有科学性、实践性、人民性、开放性的鲜明理论品格是马克思主义行的内在根据

马克思主义自诞生以来，极大地推进了人类文明进程。在人类

思想史上，还没有一种思想理论像马克思主义那样对人类社会发展产生了如此广泛而深刻的影响。马克思主义的命运早已同中国共产党、中国特色社会主义、中国人民、中华民族的命运紧紧连接在一起。党的百年奋斗伟大实践已经充分证明了马克思主义的强大生命力，中国特色社会主义进入新时代，马克思主义为党团结带领中国人民奋进新征程、建功新时代提供了必不可少的精神动力、理论支撑和思想引领。马克思主义之所以能够成为我们党的灵魂和旗帜，成为我们科学认识世界、积极改变世界的有力思想武器，成为我们立党立国、兴党兴国的根本指导思想，关键在于马克思主义是科学的理论、人民的理论、实践的理论和不断发展的开放的理论，具有跨越时空、历久弥新的生命力和影响力。

（一）马克思主义是科学的理论，深刻揭示了人类社会发展规律，指明了人类社会发展的大趋势、大走向，这是马克思主义行的根本前提

马克思主义顺应时代需要而产生发展，系统吸收人类社会先进思想文化的精华，深刻揭示人类社会发展的一般规律，其理论基石、理论来源、理论逻辑都具有科学性。当前有一些人认为“马克思主义不行”，其主要原因就在于他们认为“马克思主义是 100 多年前的产物，所以现在看来过时了”。这也是很多人无法对马克思主义保持坚定信心的关键原因所在。所以，马克思主义到底过没过时？这是回答“马克思主义为什么行”的首要问题，也是我们能不能对马克思主义保持坚定信心的关键问题。习近平总书记指出：“尽管我们所处的时代同马克思所处的时代相比发生了巨大而深刻的变化，但从世界社会主义 500 年的大视野来看，我们依然处在马克思主义所指明的历史时代。这是我们对马克思主义保持坚定信心、对社会主义

保持必胜信念的科学根据。”[①] 那么从何种意义上讲，我们现在所处的时代仍然是马克思主义所指明的时代呢？这需要看马克思对于他那个时代指明了什么以及这种指明与我们今天所处这个时代有什么样的关联。

1.马克思主义如何分析把握人类社会发展规律和历史趋势？首先，我们应该了解马克思所处那个时代的“时代之问”是什么。那就是：“资本主义向何处去？人类社会向何处去？”对此“时代之问”，自西方近代思想启蒙运动以来，资产阶级思想家和空想社会主义者们试图从不同角度予以回答，但很显然他们的回答都没有真正抓住问题的本质和关键，他们提出的对策药方也同样经不起历史的考验。马克思是从剖析资本主义基本矛盾出发为资本主义社会把脉，为人类社会摆脱历史困境开出科学处方，从而彻底破解了“时代之问”。在马克思看来，“生产的社会化和生产资料的资本主义私人占有形式之间的矛盾是资本主义社会的基本矛盾”[②]。资本主义社会是商品经济占统治地位的新型社会形态，商品经济的运行基础和前提是社会分工，其涉及商品的生产、流通、交换及消费的全过程。社会分工越精细，商品经济发展就越成熟，封建社会虽然也存在商品经济，但根本无法与资本主义时代的商品经济相比拟。这主要在于，资本主义条件下生产社会化程度已经达到封建社会无法企及的高度。人类到目前为止所经历的四次工业革命，就是一个不断通过技术变革手段将人们越来越紧密地连接起来，同时促使生产日益社会化的过程。资本主义社会之所以能够创造出比以往任何时代都更强大的

①《习近平谈治国理政》第2卷，外文出版社2017年版，第66页。

②徐光春主编：《马克思主义大辞典》，崇文书局2017年版，第158页。

生产力，其根本原因就在于资本主义时代是高度社会化的生产力，所谓“众人拾柴火焰高”，这是一种将每个人的力量和意志以及全社会各种资源要素都充分调动起来的生产力，肯定是异常强大的。

生产社会化必然要求社会生产关系要适应这种高度社会化的生产力，必然要求有一种社会化的组织管理方式来科学驾驭社会生产力的发展，否则社会生产力就会成为一列高速运行的脱轨列车，虽然动能非常强大，但破坏力也同样强大。但在生产资料资本主义私人占有的情况下，“生产什么？怎么生产？生产多少？生产成果如何分配？”这些都是由资本家所决定的，而资本家决策的根本依据则是利润。马克思在《资本论》中引用过一段非常经典的表述：“资本害怕没有利润或利润太少，就像自然界害怕真空一样。一旦有适当的利润，资本就胆大起来。如果有 10% 的利润，它就保证到处被使用；有 20% 的利润，它就活跃起来；有 50% 的利润，它就铤而走险；为了 100% 的利润，它就敢践踏一切人间法律；有 300% 的利润，它就敢犯任何罪行，甚至冒绞首的危险。如果动乱和纷争能带来利润，它就会鼓励动乱和纷争。走私和贩卖奴隶就是证明。”① 在资本主义生产资料私有制条件下，生产的组织管理是由资本家私人控制的，这意味着资本要求疯狂追逐利润，否则就不是资本，至于资本扩张对于社会的消极影响，这不是资本家愿意关心的事。这就好比大家都希望轮船装的人、装的货物越多越好，但大家都忽视了轮船翻沉的风险，等等。生产的社会化要求与资本主义现实生产过程的私有化控制之间存在着无法克服的矛盾。这对矛盾是资本主义社会的基本矛盾。

①《马克思恩格斯文集》第 5 卷，人民出版社 2009 年版，第 871 页。

这个基本矛盾已经成为资本主义的致病基因，其外在病症就是发生如影随形的资本主义危机。资本主义社会主要存在三类危机：一是生态危机，在资本主义条件下，资本的强大生产力是建立在对自然资源的疯狂掠夺基础上的，如果社会生产超过自然环境的承载能力就会产生生态危机。二是经济危机，主要以社会生产领域的供给需求失衡为表现形式。三是人的发展危机，每个人都被资本操控，成为社会分工体系中的一个小部件、小零件，从而极大地限制了人的全面自由发展。其中最基本的是经济危机。马克思提出的经济危机理论是一场影响深远的经济思想领域革命，因为当时的古典政治经济学信奉的是法国经济学家萨伊的"萨伊定律"，也就是供给自动创造需求。供给与需求可以始终保持均衡，这就排除了经济危机发生的可能性。但"萨伊定律"忽视了现实资本主义制度的不平等及其对供给与需求的深刻影响。历史已经充分证明了马克思对资本主义危机分析的科学性，自1825年资本主义社会发生第一次经济危机以来，资本主义周期性经济危机就没有断绝过，而且随着当前经济危机由实体经济领域转向虚拟金融领域，其破坏性越来越大、影响越来越深远，而每一次经济危机爆发后，马克思所著的《资本论》就会在西方社会成为畅销书。上述分析的结论，马克思、恩格斯已经在《共产党宣言》中提及，那就是"两个必然"的结论，即"资产阶级的灭亡和无产阶级的胜利是同样不可避免的"[①]。资本主义基本矛盾所带来的一系列危机，以及由危机所得出的"两个必然"结论，是对资本主义制度内在否定性的科学揭示，这种内在否定是资本主义制度自己否定自己，与空想社会主义者对资本主义的外在道

①《马克思恩格斯文集》第2卷，人民出版社2009年版，第43页。

德批判及否定存在本质差别。

2. 资本主义在当今世界仍然保持生命力的奥秘。可能有人会提出疑问，“马克思对资本主义的剖析确实很深刻，但从现实层面看，资本主义总是垂而不死、腐而不朽，是不是马克思主义对资本主义历史命运的判断就不科学了呢？”答案当然是否定的，这并不能推翻马克思主义的科学判断。马克思在1859年的《〈政治经济学批判〉序言》中提出了“两个决不会”的重要论断，他指出：“无论哪一个社会形态，在它所能容纳的全部生产力发挥出来以前，是决不会灭亡的；而新的更高的生产关系，在它的物质存在条件在旧社会的胎胞里成熟以前，是决不会出现的。”[①] 对于社会主义代替资本主义，马克思认为是存在主客观条件的。就客观条件而言，需要资本主义社会生产力高度发达，生产社会化程度已经达到一个临界点。主要表现是，为了适应生产社会化发展需要，资本家在确保资本主义制度的基础上不得不对社会生产关系进行局部调整，如国有企业、股份制公司等生产组织形式在资本主义市场经济体制内大量出现。就主观条件而言，资产阶级主导的资本积累与无产阶级的贫困积累之间的矛盾达到一个临界点，使得无产阶级必须通过彻底变革资本主义制度、建立社会主义制度才能够实现自身的生存与发展。只有这两个条件同时实现，社会主义代替资本主义才可能真正从理想转变为现实。

但这两个条件在资本主义全球化条件下发生了分离。资本主义全球化使资本主义生产关系国际化，一个以资本主义为主导的世界体系逐渐形成。这个世界体系是一个金字塔式的不平等结构体系，其中少数发达资本主义国家位于塔的上端，广大发展中国家和地区

①《马克思恩格斯文集》第2卷，人民出版社2009年版，第592页。

则被限制在塔底。在这个世界体系中，资本积累主要集中在发达资本主义国家，而贫困积累则主要集中在广大发展中国家和地区，实现这一切的基石则在于形成一个具有霸权性质的资本主义国际分工体系。就目前的发展形态看，这个具有霸权性质的资本主义国际分工体系具有四个层级：美国拥有世界范围内科技、军事及文化等领域的全面优势，在高科技产业、高端金融服务业等领域占有主导地位，位于国际分工体系的顶端位置；主要发达资本主义国家，如德、英、法、日等国，在部分高科技产业及高端制造业等领域占据优势地位，位于国际分工体系的次高端位置；以中国为代表的新兴发展中国家，位于国际分工体系的中端位置，在劳动密集型的中端制造业领域具有优势；最后一个层级是亚非拉的广大发展中国家，只有初级的制造业，以原材料输出为主，位于国际分工体系的底端。

这个具有霸权性质的资本主义国际分工体系由资本主义国家所拥有的科技霸权、军事霸权、制度霸权及文化霸权所支撑，从而具有一定的稳定性。在上述国际分工体系内部，出现了沿两个相反方向进行的国际性转移，一是商品利润由国际分工体系的金字塔底端向中高端转移，越是处于高端地位的国家和地区越是可以分割到更多的商品利润；二是尖锐的劳资矛盾、生态危机等影响资本主义制度安全的固有风险隐患由高端向中端及底端国家和地区转移。这“两个转移”展现了资本主义延缓基本矛盾发作、保持制度生命力的奥秘。

3. 资本主义的发展变化并不能推翻马克思主义的科学判断。马克思主义早就宣告了资本主义自我终结的历史命运，但为何资本主义还能“续命”至今？其所谓的“奥秘”在于资本通过外部空间的扩展来换取资本主义制度在时间上的苟延残喘。但就目前人类发展的外部条件来看，资本扩张的全球空间是有限度的，因为地球只有一个，第二个类似地球一样适宜人类居住的星球，从人类现在及未来很长一段时期所能够拥有的科技水平来看是不可能获得的，而地球所具有的空间潜力正在不断变小。资本主义国家要保持制度生命力就必须保持资本主义世界体系的稳定，其根本就在于把包括中国在内的广大发展中国家限制在国际分工体系的中端和底端，以维持霸权秩序、霸权利益，从而为资本主义克服基本矛盾、降低资本主义经济危机的冲击影响源源不断地输血。

但资本主义国际分工体系及其所支撑的世界体系已经变得越来越不可持续。以中国为代表的广大发展中国家已经在政治、经济及文化等诸多领域逐渐觉醒，并不断挑战西方发达资本主义国家的科技、军事、制度及文化霸权。与此同时，西方的全球霸权在疯狂的资本主义扩张推动下已经变得越来越透支，其霸权呈现出逐渐衰落的历史趋势。资本主义外部空间的收缩必然使已经由资本主义世界体系逐渐消化稀释的资本主义基本矛盾，在当前以另一种新的形式出现并向资本主义国家施加越来越强大的反向破坏力，这种反向破坏力正在逐步摧毁资本主义制度的存在根基。总之，为资本主义制度续命的所谓“灵丹”恰恰是加速资本主义走向衰落、灭亡的一剂毒药，资本主义正在搬起石头砸自己的脚。今天全球的生态危机，其核心是资源供给的危机，大自然再也无法满足人类疯狂的不计后果的对大自然攫取，而这个疯狂攫取的行为，其源头就是资本主义生产关系本身。

资本主义自以为能把危机转向其他国家，但其实是把人类发展的希望之火给彻底浇灭掉，从而导致人类社会的整体性生态危机和生存危机。而要解决这些危机不仅要回到源头上去消除资本主义制度本身的弊端，更重要的是要坚持走马克思主义的人类整体解放即共产主义道路。只有这样，才能真正彻底解决问题。从这个意义上讲，马克思主义所指明的资本主义必然灭亡，人类社会必然走向社会主义、共产主义的科学判断仍然适用于当今这个时代，这个时代仍然是马克思主义所指明了的时代。我们必须始终坚持马克思主义的指导地位，要不断推动马克思主义中国化时代化，实现马克思主义的与时俱进，真正做到用中国化时代化的马克思主义引领中国发展和世界潮流。

（二）马克思主义是人民的理论，是第一个真正站在人类整体立场上为实现人类自身解放而建立的理论体系，这是马克思主义行的核心密码

马克思指出："批判的武器当然不能代替武器的批判，物质力量只能用物质力量来摧毁；但是理论一经掌握群众，也会变成物质力量。"[①] 马克思主义作为一种科学理论体系，只有真正由群众掌握，才能转化为改变世界的真理力量。一切为了人民、一切相信人民、一切依靠人民，诚心诚意为人民谋幸福，这是马克思主义理论的根本出发点、落脚点和力量之源。

1. 马克思主义的根本立场在于人民，把深厚的人民情怀植根于理论创新发展的基因血脉中，这是马克思主义永葆生机活力的精神动因。习近平总书记指出："马克思主义第一次站在人民的立场探求人类自由解放的道路，以科学的理论为最终建立一个没有压迫、没有剥削、人人平等、人人自由的理想社会指明了方向。"[②] 马克思、恩格斯之所以能够历经磨难和困苦创立马克思主义，根本原因就在于两位革命导师都始终保持着深厚真切的人民情怀，始终坚守服务大众的根本宗旨使命，这是他们进行理论探索、从事革命实践活动的情感基石和

①《马克思恩格斯选集》第 1 卷，人民出版社 2012 年版，第 9 页。

② 习近平：《在纪念马克思诞辰 200 周年大会上的讲话》，人民出版社 2018 年版，第 8 页。

精神动力。正是因为坚守为民情怀和使命，马克思可以彻底与资本主义社会决裂，坚决不用自己的才华去为资本家服务，以换取所谓高贵的社会地位，哪怕是要忍饥挨饿，也不会有一丝动摇；恩格斯为了支持他与马克思两人的共同事业，可以完全不计个人荣辱得失，可以放弃自己的研究爱好，甚至可以去做自己讨厌的经商工作。这些都是古往今来那些服务于少数统治者的理论家所无法比拟的。

在人类思想史上，还没有一种思想理论像马克思主义这样对人类社会产生了如此广泛而深刻的影响，也没有一种理论如此深深植根于人民。资本家害怕人民的力量威胁到资本主义生产方式的统治地位，因此资本家不会真正地去接纳人民，更不敢去正视和发动人民的力量，而只是将人民群众作为满足资本扩张的工具人。而维护资本利益的理论家们当然不愿意看到也不会去揭示人民之中所蕴含的这种强大力量，更不可能去维护人民群众的根本利益。只有马克思主义第一次站在人民的立场上探求人类自由解放的道路；只有马克思主义揭示了人民群众是历史的真正创造者，是推动社会进步的决定性力量；只有马克思主义深深植根于人民的实践活动，把著作写在人民的需求之中，成为人民改造世界最有力的思想武器，是人民一切实践活动的科学指南。马克思撰写的《资本论》被誉为“工人阶级的圣经”，根本原因就在于它是人民的理论，是真正为人民说话的理论。它真正在为工人阶级的解放而鼓与呼，采用的是工人们最喜闻乐见的语言和形式，其理论虽然高深，但文字却通俗易懂，出版后在工人中广受欢迎。

2. 马克思主义关于人的自由而全面发展的科学理论，为实现人类解放指明了正确方向，这使得马克思主义具有跨越时空、地理和种族限制的理论魅力。人是世界万物之灵，是一切历史的起点，离开人的生存与发展，一切人类文明都将丧失其存在的根本价值。回顾人类历史，资本主义社会所创造的生产力超过了过去一切世代的总和，资本主义社会的繁荣程度是过去一切世代无法比拟的。但资本主义所创造并统治的人类文明形态，无法回避资本逻辑对人类自身发展的侵蚀、异化，这是一个影响人类生存与可持续发展的根本性问题。资本主义只是将人作为价值增值的抽象工具，并不把人真正当人看，人只是理性经济人、政治人、文化人，只是一部冰冷的赚钱机器。如果任由资本扩张逻辑主导人类社会发展，那么整个人类都将误入歧途、邪路。马克思主义将现实的有血有肉的人作为人类历史的起点，将推动人的自由而全面发展和实现人类彻底解放作为理论建构的中心工作和开展革命实践的根本任务。同时对于人类如何实现自身解放，走向光明之境、理想之境，也只有马克思主义给出了科学的答案、正确的道路。从这个意义上讲，马克思主义始终掌握着实现人自由而全面发展和人类解放的道德制高点，始终站在了时代发展的最前沿。也正是如此，苏联解体、东欧剧变以后，西方著名思想家德里达、詹姆逊、哈贝马斯、吉登斯以及其他真正崇尚正义的人们，不是远离马克思主义，而是纷纷选择走近马克思，从马克思主义那里充分汲取思想养分，寻找开启人类社会美好发展前景的理论方案和实践钥匙。

3. 马克思主义理论的人民性，在中国共产党的伟大历史实践与时代探索中得到充分贯彻，这让马克思主义展现出更强大、更有说服力的真理力量。马克思主义不仅深刻改变了世界，也深刻改变了中国。这个深刻改变，根本就在于中国有了一个“以马克思主义为指导、以全心全意为人民服务为根本宗旨、勇担中华民族伟大复兴历史使命”的马克思主义政党。中国共产党自成立之日起，就传承了马克思主义鲜明的人民性基因，确立了为人民服务的初心使命。马克思主义的人民性品格已经深度融入了中国共产党人的精神血脉，成为一代又一代中国共产党人一以贯之、永远鲜活热烈的理想信念和精神追求。时代是出卷人，我们是答卷人，人民是阅卷人。随着时代的变迁，马克思主义的人民性品格随着我们党坚持不懈推进理论探索和实践创新而不断丰富其时代内涵和精神价值。在毛泽东的提议下，党的七大把“为人民服务”作为党的宗旨写入党章，成为中国共产党人的根本价值遵循。邓小平提出了“三个有利于标准”和“人民标准”，进一步完善了基于马克思主义人民性的社会主义发展评价体系。江泽民把贯彻马克思主义的人民性品格上升为党的建设的重要原则和根本目标。胡锦涛把坚持马克思主义的人民性品格与发展观相结合，形成“以人为本、全面协调可持续”的科学发展观。习近平总书记强调：“人民性是马克思主义的本质属性，党的理论是来自人民、为了人民、造福人民的理论，人民的创造性实践是理论创新的不竭源泉。”① 要高举马克思主义伟大旗帜，坚持人民至上，“始终把人民立场作为根本立场，把为人民谋幸福作为根本使命，坚持全心全意为人民服务的根本宗旨”②。这种深厚的为民情怀、强烈的责任担当和高度的自信自觉，犹如朝阳明月，不仅照亮中华民族复兴的伟大征程，也为人类文明进步指明了正确方向。

（三）马克思主义是实践的理论，指引着人民改造世界的行动，这是马克思主义行的坚实基础

马克思主义从来不是放在书斋里孤芳自赏的学问，而是改变劳苦大众命运的世界观和方法论。它来自人们的经济社会实践，又为

① 习近平：《高举中国特色社会主义伟大旗帜　为全面建设社会主义现代化国家而团结奋斗——在中国共产党第二十次全国代表大会上的报告》，《人民日报》2022 年 10 月 26 日。

② 习近平：《论中国共产党历史》，人民出版社 2021 年版，第 204 页。

实践发展指明了正确方向，提供了科学路径、物质手段和力量源泉。马克思主义之所以具有巨大的影响力和生命力，不仅在于其具有理论上的真理性和科学性，保持着强大的思想伟力，更在于它是一种植根于社会实践、服务于社会实践、随着社会实践发展而不断增强的社会物质力量。

1. 以实践观点为基础的马克思主义世界观，是人类世界观领域的深刻革命。“哲学家们只是用不同的方式解释世界，问题在于改变世界。”① 唯心主义者强调从抽象原则和理性精神出发观察世界、解释世界，他们只是属于躲在书斋里“高谈阔论”；旧唯物主义者轻视实践、脱离实践，在他们眼里只有冰冷的物质世界，现实的人只是一部依附在物质世界之上的机器，没有任何主观能动性可言。马克思主义则承载着最广大人民群众的根本利益，立足人民群众的现实生活和现实物质生产活动，提出了基于实践观点的新型世界观。马克思早在《〈黑格尔法哲学批判〉导言》《1844年经济学哲学手稿》《神圣家族》等著作中就已经明确提出了实践观点，但都是在批判唯心主义观点时提出的，并没有深入阐释实践观点的理论内涵和内在逻辑。马克思在《关于费尔巴哈的提纲》中首次较为系统地阐明了科学的实践概念。《关于费尔巴哈的提纲》开启的以实践观点为核心的世界观革命，在之后马克思、恩格斯合著的《德意志意识形态》，恩格斯撰写的《路德维希·费尔巴哈和德国古典哲学的终结》等著作中得到进一步深化发展。它深刻改变了旧唯物主义“对对象、现实、感性只是从客体的或者直观的形式去理解”② 的缺陷，克服了唯

①《马克思恩格斯文集》第1卷，人民出版社2009年版，第500页。

②《马克思恩格斯文集》第1卷，人民出版社2009年版，第499页。

心主义“不知道现实的、感性的活动本身”[①] 的弊病，成为“实践的唯物主义”。实践观点贯穿马克思主义整个理论体系，科学解答了物质与精神、自然与社会、自在自然和人化自然既相互区分又相互统一的世界观问题，深刻揭示了人类社会生活的实践本质和历史发展的规律、动力所在。

2. 以实践观为基础的马克思主义认识论，是人们观察世界、分析问题的“伟大的认识工具”。马克思主义认识论是能动的反映论，强调在实践和认识的关系中，实践决定认识，构成认识的基础，对认识的对象、内容和方法等起着决定作用；认识则反作用于实践，是认识主体在实践的基础上对认识客体的能动的革命的反映。人的认识活动是一个主观与客观、主体与客体的矛盾运动过程，其既表现为实践基础上的由感性认识到理性认识，再由理性认识到实践的具体认识过程，又表现为从实践到认识，再从认识到实践的循环反复和无限发展的总体过程。马克思主义理论本身就是从无产阶级摆脱资产阶级的剥削压迫，谋求自身解放的伟大革命实践中产生，同时在指导人民大众消除阶级剥削，实现自身解放的伟大变革中不断接受检验，不断得到深化发展。马克思主义认识论以实践为基础，深刻揭示了人类认识活动的客观规律和历史过程，为我们科学认识和深刻把握世界提供了有力的认识工具和思想武器。

3. 以实践观为基础的马克思主义方法论，为人们积极“改变世界”提供了科学方法。恩格斯强调：“马克思的整个世界观不是教义，而是方法。”[②] 坚持问题导向是马克思主义方法论的根本前提，

①《马克思恩格斯文集》第 1 卷，人民出版社 2009 年版，第 499 页。
②《马克思恩格斯选集》第 4 卷，人民出版社 2012 年版，第 664 页。

就是坚持以客观存在的问题作为起点，运用实践来探究客观世界的内在矛盾和规律，从而提出解决问题的思想方法和工作方法。坚持党的群众路线是运用马克思主义方法论解决实践问题的基本要求。坚持党的群众路线从根本上讲要坚持“从群众中来，到群众中去”的工作路线，就是把群众真正作为实践的主体，“从群众中来”就是从群众的实践中来，“到群众中去”就是通过群众的实践得到的认识、意见又回到群众的实践中去。要通过“从群众中来”，将人民群众不系统的、分散的零碎性意见集中起来，经过深入系统的分析研究，转化为集中的有条理的系统性意见；又“到群众中去”做好宣传解释工作，转化为群众“能理解、可接受、好落实”的意见，使群众可以在生产生活实践中坚持下去，诉诸实际行动并产生实效。如此循环往复。党的群众路线所体现出的思想方法、工作方法和领导方法同马克思主义认识论“从实践到认识，又从认识到实践”的认识运动规律和过程相契合。坚持系统思维是马克思主义方法论的重要体现。维持普遍联系、处于相互依存、保持发展变化是世界万物的常态，要努力增强系统思维能力和全面推进工作的本领，运用全面系统的思维方法和科学工具深入观察世界、分析事物有机联系，积极从纷繁复杂的矛盾中深刻把握事物发展的一般规律和总体趋势，立足社会实践真正研究解决实际问题。

（四）马克思主义是不断发展的开放的理论，始终站在时代前沿，这是马克思主义行的重要保证

马克思主义是不断发展的、开放的理论，实践发展永无止境，理论创新就永无止境。习近平总书记指出：“马克思主义是随着时代、实践、科学发展而不断发展的开放的理论体系，它并没有结束

真理，而是开辟了通向真理的道路。”① 马克思主义诞生170多年来，时代变化的广度和深度虽然已远远超出了马克思主义经典作家当时的想象，但马克思主义作为具有强大生命力的科学真理，其影响跨越时空。为什么说马克思主义是不断发展的开放的理论呢？这是因为马克思具有与时俱进的理论品质，能与各民族的特点相融合，能随着实践、科学和时代的发展而发展。

1. 马克思主义具有包容性，能够与各民族特点有机融合。从理论层面看，马克思主义作为科学的世界观和方法论，内含注重包容性的基本要求，强调要将探索普遍规律和各个国家、各个民族的历史实际、具体特征相结合，不能把一般的抽象原理作为万能钥匙去生搬硬套到各个国家。寄希望于可以不用具体分析研究就可以解决所有国家的问题是行不通的。恩格斯认为唯物史观“经济基础决定上层建筑的基本原理”，必须与“一个民族或一个时代的一定的经济发展阶段”② 紧密联系起来。只有这样，才能真正发挥唯物史观的理论作用，彰显其理论价值。同时恩格斯还强调指出：“每一个时代的理论思维，包括我们这个时代的理论思维，都是一种历史的产物，它在不同的时代具有完全不同的形式，同时具有完全不同的内容。”③ 马克思晚年提出的东方经济落后民族或国家可能跨越资本主义制度“卡夫丁峡谷”的构想，进一步强化了马克思主义理论的民族性和时代性特质。可见，马克思主义不是脱离具体民族和时代之外的纯粹抽象理论，它本身具有强大的包容性，能够与世界上各个民族的特征和需要相互融合、相互关照。从实践层面看，马克思主

① 习近平：《在哲学社会科学工作座谈会上的讲话》，人民出版社2016年版，第13页。
②《马克思恩格斯选集》第3卷，人民出版社2012年版，第1002页。
③《马克思恩格斯选集》第3卷，人民出版社2012年版，第873页。

义对于不同的民族国家具有非常强的适应力，往往可以根据民族国家特征产生不同的理论形态和实践道路，比如马克思主义在苏联形成了以苏联模式为核心的实践道路；在中国则产生了中国化马克思主义的理论形态和中国特色社会主义的发展道路；而在一些欧洲资本主义国家，马克思主义者通过理论及实践探索形成了西方马克思主义这一具有重要影响力的理论形态。

2. 马克思主义强调开放性，善于批判吸收人类优秀文明成果。习近平总书记指出："一部马克思主义发展史就是马克思、恩格斯以及他们的后继者们不断根据时代、实践、认识发展而发展的历史，是不断吸收人类历史上一切优秀思想文化成果丰富自己的历史。"[①] 马克思主义具有鲜明的革命性、批判性理论特征，其不仅针对别的理论或别的事物，而且指向自身，要求马克思主义理论自身也要接受现实的批判和实践的检验，保持开放性，不断与时俱进，随着实践的发展而不断发展。马克思、恩格斯吸收了德国古典哲学、英国古典政治经济学和欧洲三大空想社会主义学说的"合理内核"，又突破了它们时代的局限、阶级的束缚，立足于他们那个时代、立足于当时的国际大局，创立了马克思主义。同时坚持开放性原则，不断审视和批判自己的观点，超越和发展自己的理论，使马克思主义不断完善。列宁坚持马克思主义的开放性，从多方面补充、发展了马克思主义，把马克思主义推进到了帝国主义新阶段。中国共产党坚持马克思主义的开放性，把马克思主义和中国的具体情况相结合，实现了马克思主义的中国化时代化，不断把中国革命、建设和发展事业推向前进。

① 习近平：《论中国共产党历史》，人民出版社 2021 年版，第 199 页。

3. 马克思主义坚持与时俱进，可以立足实践不断创新发展。马克思主义诞生的时代是欧洲的百年和平时期，这是一个新旧社会制度更替的激烈动荡时代，世界大战正在酝酿，对现实矛盾及未来前景的迷茫焦虑成为人们反思的主题。其深刻揭示了资本扩张所带来的“人、社会及生态”三大悖论，展现了资本主义生产方式的“内在否定性”及“两个必然”的历史趋势，成为穿透时代迷雾的最锐利武器；同时强调用马克思主义理论武装起来的无产阶级革命，砸碎资本主义制度的枷锁，创造社会主义的光明前景。其中最具历史意义的是俄国十月革命以及中国共产党领导的新民主主义革命和社会主义革命，前者开创了一个世界社会主义的新时代，为二战反法西斯阵营的胜利锻造了苏联这一支决定性的力量；后者在一个占世界人口 1/5 的大国实现了社会主义制度，深刻影响了世界历史的走向。尽管苏联解体、东欧剧变之后，世界社会主义运动遭受巨大挫折、转入低潮阶段，有西方学者借此鼓吹马克思主义的命运已被“终结”，已成为历史博物馆的“过时藏品”。但实践证明，人类社会至今仍然生活在马克思所阐明的发展规律之中，马克思主义仍然对现实社会具有强大的解释力和引领力。20 世纪与 21 世纪千年之交，马克思在英德两国开展的世界范围内最伟大的思想家、最伟大的哲学家等评选中，每次都名列榜单前茅，备受有识之士推崇。今天，人类社会虽然整体仍在发展，但贫富两极分化日益严重、大国地缘政治经济领域的竞争愈演愈烈、文明冲突不断加剧、全球生态环境持续恶化，这让越来越多的学者转而向马克思主义寻求破解之道。中国共产党坚持“两个结合”，不断推进马克思主义中国化时代化，着力解决中国发展面临的时代课题，取得了举世瞩目的成就；同时，也为破解大国竞争、文明冲突以及生态危机等世界发展难题提供中国方案、中国智慧和中国力量，马克思主义中国化时代化在理论和实践方面取得的丰硕成果，吸引了全世界越来越多的人投身到马克思主义的学习和研究中，投身到运用马克思主义的世界观和方法论改造世界的伟大历史进程中。

三、归根到底是中国化时代化的马克思主义行——不断追求真理、揭示真理、笃行真理是中国化时代化的马克思主义行的核心奥秘

马克思主义是具有普遍历史意义和社会实践价值的伟大真理，但仍需要结合全世界各民族特征和国家实际予以科学转化，唯有如此，才能真正在实践中彰显马克思主义的思想伟力。习近平总书记在党的二十大报告中指出："推进马克思主义中国化时代化是一个追求真理、揭示真理、笃行真理的过程。"中国共产党人将马克思主义的真理力量不断转化为坚定的理想信念并融入自己的精神血脉，积极回答重大时代课题，不断推进马克思主义中国化时代化，不断赋予马克思主义科学真理以新的时代内涵和理论形态，用以指导革命、建设及改革开放等伟大实践并取得伟大成就。在此过程中，马克思主义的真理力量得到充分彰显，中国化时代化马克思主义的生命力和影响力得到不断增强。

（一）高举马克思主义真理旗帜，坚持推进马克思主义中国化时代化，创立毛泽东思想，指引中华民族实现了从积贫积弱、被动挨打到站起来的伟大飞跃

任何一种理论，只有真正植根一个国家的优秀文化土壤，并努力去解决这个国家面临的重大时代课题，才能将思想力量转化为实践力量。马克思指出："理论在一个国家实现的程度，总是取决于理

论满足这个国家的需要的程度。”[①] 马克思主义不仅用熠熠生辉的真理之光，指引人类去探索未来理想社会，还以神圣理性的信仰之光展现磅礴的精神伟力，照亮人类前行之路。推进马克思主义中国化时代化，既要坚持马克思主义的基本立场观点方法，特别是要保持对马克思主义坚如磐石的信仰和信念，又要立足实践不断推进马克思主义理论创新。始终高举真理旗帜，坚持以科学的态度对待科学，以真理的精神追求真理，这是我们党不断推进马克思主义中国化时代化的信仰之基和精神力量之源。

毛泽东思想是马克思列宁主义在中国的创造性运用和发展，是被实践证明了的关于中国革命和建设的正确的理论原则和经验总结，是马克思主义中国化的第一次历史性飞跃，为中华民族站起来提供了科学指引。中国共产党在马克思主义的指导下应运而生。从 1840 年鸦片战争开始，中国逐渐沦为半殖民地半封建社会，在民族危亡时刻，一代又一代中华优秀儿女奋起图强。农民阶级、地主阶级和资产阶级等各种政治势力及其代表人物，纷纷提出了自己的救国方案，但由这些阶级先后领导的太平天国运动、洋务运动、维新变法以及辛亥革命等，都因为缺乏科学的理论指导而最终以失败告终。直到中国共产党在马克思主义的引领和指导下登上历史舞台，将马克思主义这个真理武器作为自己的指导思想和精神旗帜，领导中国人民开展了轰轰烈烈的新民主主义革命并取得了一个又一个的伟大胜利，才彻底扭转了自近代以来中华民族饱受世界列强侵略欺辱的悲惨命运和西升东降的历史进程。正如毛泽东所指出的：“1917 年的俄国革命唤醒了中国人，中国人学得了一样新的东西，这就是马克思列宁主义。中国产生了共

①《马克思恩格斯文集》第 1 卷，人民出版社 2009 年版，第 12 页。

产党，这是开天辟地的大事变。”[①] 而马克思主义的伟大真理力量，不仅在于马克思主义本身的理论品格，更在于它是和各个国家具体实际和革命实践需要相联系的。毛泽东指出：“离开中国特点来谈马克思主义，只是抽象的空洞的马克思主义。因此，使马克思主义在中国具体化，使之在其每一表现中带着必须有的中国的特性，即是说，按照中国的特点去应用它，成为全党亟待了解并亟须解决的问题。”[②] 以毛泽东同志为主要代表的中国共产党人，坚持实事求是的思想路线，打破对苏联“从城市到农村”革命经验的迷信教条，把马克思主义基本原理同中国具体的革命实际相结合，一切从实际出发独立自主探索中国自己的革命道路，广泛开展土地改革运动，紧紧依靠群众，放手发动群众，找到了一条农村包围城市、武装夺取政权的正确革命道路，最终取得了新民主主义革命胜利，并在毛泽东思想指导下建立了社会主义制度，成功完成了社会主义革命，实现了中华民族有史以来最为深刻的社会变革和从积贫积弱、被动挨打到站起来的伟大飞跃。

（二）高举马克思主义真理旗帜，坚持推进马克思主义中国化时代化，形成中国特色社会主义理论体系，指引中华民族实现了从站起来到富起来的伟大飞跃

党的十一届三中全会以后，以邓小平同志为主要代表的中国共产党人，坚持实事求是这一马克思主义的精髓，一切从实际出发，解放思想，团结带领全党全国各族人民，深刻总结新中国成立以来正反两方面经验，围绕什么是社会主义、怎样建设社会主义这一根本问

①《毛泽东选集》第 4 卷，人民出版社 1991 年版，第 1514 页。

②《毛泽东选集》第 2 卷，人民出版社 1991 年版，第 534 页。

题，借鉴世界社会主义历史经验，创立了邓小平理论，开辟了中国特色社会主义道路，大踏步赶上了时代。面对国内外形势的深刻变化和思想领域的禁锢，邓小平指出："不以新的思想、观点去继承、发展马克思主义，不是真正的马克思主义者。"① 他说，马克思、恩格斯已经去世了上百年，资本主义和社会主义都发生了巨大的改变，我们"绝不能要求马克思为解决他去世之后上百年、几百年所产生的问题提供现成答案。列宁同样也不能承担为他去世以后五十年、一百年所产生的问题提供现成答案的任务。真正的马克思列宁主义者必须根据现在的情况，认识、继承和发展马克思列宁主义。"② 他指出："马克思主义理论从来不是教条，而是行动的指南。它要求人们根据它的基本原则和基本方法，不断结合变化着的实际，探索解决新问题的答案，从而也发展马克思主义理论本身。"③ 党的十三届四中全会以后，以江泽民同志为主要代表的中国共产党人，团结带领全党全国各族人民，坚持党的基本理论、基本路线，加深了对什么是社会主义、怎样建设社会主义和建设什么样的党、怎样建设党的认识，形成了"三个代表"重要思想。党的十六大以后，以胡锦涛同志为主要代表的中国共产党人，团结带领全党全国各族人民，在全面建设小康社会进程中推进实践创新、理论创新、制度创新，深刻认识和回答了新形势下实现什么样的发展、怎样发展等重大问题，形成了科学发展观。

邓小平领导中国人民开创了中国特色社会主义道路，推动形成了中国特色社会主义理论体系，为中华民族富起来提供了科学指引。我国实现了从生产力相对落后的状况到经济总量跃居世界第二的历

①《邓小平文选》第 3 卷，人民出版社 1993 年版，第 292 页。
②《邓小平文选》第 3 卷，人民出版社 1993 年版，第 291 页。
③《邓小平文选》第 3 卷，人民出版社 1993 年版，第 146 页。

史性突破，实现了人民生活从温饱不足到总体小康、奔向全面小康的历史性跨越，推进了中华民族从站起来到富起来的伟大飞跃，堪称中国奇迹。坚持中国共产党的领导是取得中国奇迹的根本政治保障，我们党是以马克思主义为指导的坚定的使命型政党，其最崇高的政治使命就在于实现人类的彻底解放和自由全面发展，这种政治使命在改革开放和社会主义现代化建设新时期表现为领导全体中国人民，科学驾驭资本力量，加快推进社会主义现代化。中国特色社会主义理论体系是中国奇迹能够产生的理论之基、力量之源。其之所以能够产生这么巨大的作用，关键在于这个理论体系的理论基石是马克思主义，传承了马克思主义实事求是、一切从实际出发的世界观及方法论精髓，是一个开放包容的体系，能够根据时代需要与时俱进；能够始终面向中国经济社会发展实际，以破解时代课题为己任；能够始终站在人类历史发展的制高点上，从战略高度为中国发展定航引路、指明正确前进方向。

（三）高举马克思主义真理旗帜，坚持推进马克思主义中国化时代化，创立习近平新时代中国特色社会主义思想，指引中华民族实现了从富起来到强起来的伟大飞跃

党的十八大以来，中国特色社会主义进入新时代。党面临的主要任务是，实现第一个百年奋斗目标，开启实现第二个百年奋斗目标新征程，朝着实现中华民族伟大复兴的宏伟目标继续前进。中国同时面临实现中华民族伟大复兴的战略全局及世界百年未有之大变局，以美国为首的部分西方国家日益视中国为其全球霸权的挑战者和竞争者，加大了对中国的战略防范、围堵及遏制力度。中国共产党积极适应国际格局的新变化新调整，着力提升国际战略规划执行能力，做好国际战略风险的研判预警处置。积极推动构建人类命运

共同体，努力发展新型国际关系；加强“一带一路”建设，促进世界各国共同发展，在国际事务中积极承担共同但有区别的责任。在坚守国家核心利益底线的基础上，努力构建中美新型大国关系。总之，我们努力为人类和平与发展积极贡献中国智慧、中国方案、中国力量，为实现中华民族伟大复兴创造良好的外部国际环境。

在此历史背景下，以习近平同志为主要代表的中国共产党人，坚持把马克思主义基本原理同中国具体实际相结合、同中华优秀传统文化相结合，创立了习近平新时代中国特色社会主义思想。一方面，坚持把马克思主义基本原理同中国具体实际相结合。理论的生命力之源在于植根实际，不断观照现实，着力解决现实问题。任何一种在历史上有过重大影响力的思想理论，都能够满足得了时代要求，回答得了时代问题，经得住时代考验。我们党之所以能够始终保持强大的组织力、凝聚力和战斗力，不断攻坚克难，不断战胜前进道路上的各种艰难险阻，就在于我们党坚持把马克思主义基本原理同中国的具体国情、时代状况、人民大众的需求紧密结合，不断推进马克思主义中国化时代化，不断用马克思主义中国化时代化的科学理论引领伟大实践，不断把马克思主义的真理力量转化为现实的物质力量。

另一方面，坚持把马克思主义基本原理与中华优秀传统文化相结合。习近平总书记在党的二十大报告中指出：“中华优秀传统文化源远流长、博大精深，是中华文明的智慧结晶，其中蕴含的天下为公、民为邦本、为政以德、革故鼎新、任人唯贤、天人合一、自强不息、厚德载物、讲信修睦、亲仁善邻等，是中国人民在长期生产生活中积累的宇宙观、天下观、社会观、道德观的重要体现，同科学社会主义价值观主张具有高度契合性。”马克思主义与中华优秀传统文化契合相通，这为马克思主义引领中华文明变革发展创造了必要条件。强调关系本位是中华文明的重要文化基因，这与西方文明强调个体本位存在本质差别。中华文明是从人与人的联系来认识人及自然，而这种人与人联系的基础是一种强调君臣、长幼、父子、夫妻及师生之间有序和谐的人伦关系，透过这种人伦关系看人，人就是社会集体人；人与自然关系，处于一种天人合一状态。中华文明更容易接受社会主义的道德观念和承担社会责任。但西方文明则是强调个体本位，是从自私自利的、孤立抽象的个体角度来认识人、社会及自然，由这样的个体所组成的西方社会很容易滋生并接受弱肉强食的社会达尔文主义思潮。马克思主义虽然源于传统西方文明，但又是对西方文明的批判超越，马克思主义同样注重个体自由，但与西方文明强调个人主义、个体绝对自由存在本质区别。马克思主义的个体自由注重个体与社会自由的辩证统一，马克思、恩格斯在《共产党宣言》中强调："代替那存在着阶级和阶级对立的资产阶级旧社会的，将是这样一个联合体，在那里，每个人的自由发展是一切人的自由发展的条件。"[①] 马克思主义强调人与人的社会关系，注重个体与社会的辩证统一、社会主义集体观念，这恰恰契合了中华文明强调关系本位的文明基因。我们必须深刻把握这种内在契合性，把马克思主义基本原理同中华优秀传统文化相结合，使马克思主义显示出更加强大的真理力量和实践伟力。

习近平新时代中国特色社会主义思想是当代中国马克思主义、二十一世纪马克思主义，是中华文化和中国精神的时代精华，实现了马克思主义中国化时代化新的飞跃。新时代新征程上，以中国式

①《马克思恩格斯选集》第1卷，人民出版社2012年版，第422页。

现代化全面推进中华民族伟大复兴的新实践迫切需要我们党继续进行理论探索和创新。不断谱写马克思主义中国化时代化新篇章，是当代中国共产党人的庄严历史责任，其关键在于深刻把握好习近平新时代中国特色社会主义思想的世界观和方法论，将贯穿其中的立场观点方法运用到理论创新和工作实践全过程。必须坚持人民至上，将人民作为各项事业发展的根本出发点、落脚点和依靠力量。必须坚持自信自立，要立足党的百年奋斗成功经验和中华文明五千年生生不息的发展历程，不断坚定“四个自信”，以更加开放包容的心态和更加积极的历史担当精神为开辟马克思主义中国化时代化新境界作出新的贡献。必须坚持守正创新，要坚持和巩固马克思主义的指导地位，守住我们事业发展的精气神和定盘星；同时要敢为人先、勇于探索、敢于创新，善于紧跟时代步伐用新思想新理论指导新的实践。必须坚持问题导向，聚焦人民群众急难愁盼、改革发展、国际变局以及党的建设等各方面各层次问题，不断立足实践提出能够真正破解现实问题的科学理念、正确思路和有效方法。必须坚持系统观念，要着力提高战略、历史、辩证、系统、创新等思维能力，锤炼科学思想方法。必须坚持胸怀天下，要拓展世界眼光，积极构建人类命运共同体，努力为人类谋进步、为世界谋大同。总之，要坚持用习近平新时代中国特色社会主义思想凝心铸魂，不断开辟马克思主义中国化时代化新境界，为中华民族实现从富起来到强起来的伟大飞跃提供科学指引。

第一篇

落地生根救中华

——毛泽东思想为中华民族站起来提供了科学指引

第一章

日出东方　巨人觉醒

——马克思主义给中国人民和
中华民族提供了全新选择

翻开风云激荡的红色篇章，一百多年来，党领导人民用百年奋斗书写了中华民族几千年历史上最恢宏的史诗。一个多世纪前的马克思未曾想到，他的真理光芒和思想旗帜，会犹如东方初升的旭日惊醒一个东方大国“五千余年的沉梦”，改变数亿中国人“为奴隶，为牛马，为羊犬”的悲苦命运，给苦苦探寻救亡图存出路的中国人民和中华民族提供了全新选择。

第一节 “十月革命一声炮响，给我们送来了马克思列宁主义”

如果要问世界上最古老、持续时间最长的文明是什么，中华文明绝对是最响亮的答案。泱泱华夏，赫赫文明，曾长期走在世界前列，为人类文明进步作出了不可磨灭的贡献。然而进入近代以来，中国跌入了半殖民地半封建社会的深渊，国家蒙辱，人民蒙难，文明蒙尘。俄国十月革命让中国先进知识分子看到新的希望，开始传播、学习和研究以批判西方资本主义为主要特征的马克思主义，为中国社会革命的前进带来了曙光。

一、“山穷水尽诸路皆走不通”

近代中国所面临的危机与西方资本主义国家的快速发展关系十分密切。自 17 世纪开始，英国、美国、法国等国家通过资产阶级革命建立了资产阶级国家政权，迅速发展成为强大的西方资本主义国家。然而，为了满足资本主义的扩张本性，西方资本主义国家势必要突破本国资源和市场的局限性，在全球范围内加紧进行侵略扩张和殖民掠夺，将世界上不同的国家和民族都变为自己的附庸。而中国以幅员辽阔、物产丰盈、具有广大市场和廉价原料的优势，以及工业体系与国防体系相当落后的劣势，自然而然沦为了外国殖民者觊觎的对象和侵略的重点。

当时在中国封建经济中起支柱作用的是分布广泛、韧性坚强的小农经济，其顽强的抵御力，使英国的商品一时之间难以撬开市场大门。

为了满足其追逐利润的无限欲望，英国资产阶级采取向中国大量走私鸦片的卑劣手段来打开中国大门。1839 年林则徐主持的虎门销烟使很多人看清了英国向中国贩卖鸦片的本质，唤醒了中国人民的爱国意识，同时也为英国对中国的侵略战争提供了借口，由此开启了中国近代史的序幕。鸦片战争和随之而来的一系列不平等条约，逐渐摧毁了沿海地区自给自足的农业经济，也开始形成近代中国屡战屡败、一盘散沙的颓势。

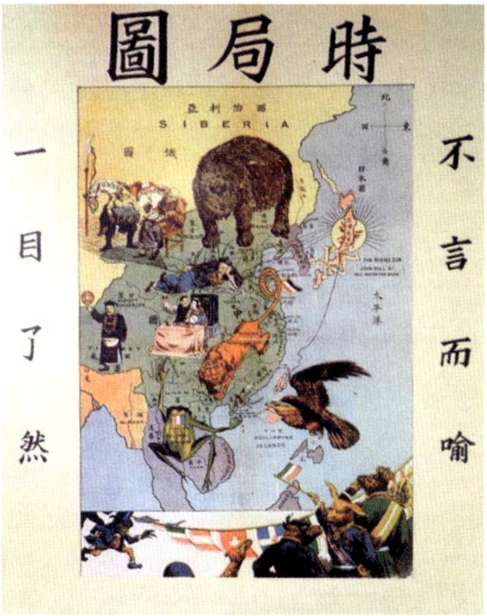

◆ 时局图

天朝上国的美梦被惊醒之后，中国人逐步开始探索自己的近代化之路。曾国藩、左宗棠、李鸿章等第一批“睁眼看世界”的有识之士，认为中国连续失败，问题出在“器不如人”，所以要发展洋务运动，学习西方的先进科学技术。1861 年 1 月 11 日，爱新觉罗·奕䜣会同桂良、文祥上奏《通筹夷务全局酌拟章程六条》，推行了一项以富国强兵为目标的洋务运动。1861 年辛酉政变后，慈禧重用洋务派，大规模引进西方先进的科学技术、兴办近代化军事工业和民用企业。洋务运动的主旨在于“师夷长技以制夷”，无非是办洋务、开工厂、买武器，以为像洋人一样船坚炮利就能实现自强，就能让大清国实现所谓的中兴。然而，“一手欲取新器，一手仍握旧物”的洋务派，在不变革封建制度的情况下发展近代工业的企图[①]，注定无法

① 顾海良：《马克思主义中国化史》第 1 卷，中国人民大学出版社 2018 年版，第 38 页。

为国家独立和富强找到真正出路。随着 1894 年北洋海军在甲午中日战争中全军覆没，这一历时 30 余年幻想被一直视为蕞尔小国的日本彻底击碎。

乱世之中，以康有为、梁启超为代表的第二代改革志士认为中国积贫积弱的根源是政治制度落后，而解决“制不如人”的关键方案在于变法图强，于是有了公车上书，有了戊戌变法。资产阶级维新派积极宣传变法图强的思想，通过编译著作对中国知识界、思想界产生振聋发聩的警醒作用，通过创办报刊宣传西学、鼓吹变法，通过组织学会研究挽救时局的对策，开创了维新变法的新局面[①]。1898 年 6 月 11 日，光绪皇帝根据康有为提出的建议，下诏“明定国是”，宣布变法。此后的 103 天中，光绪皇帝发布了一系列推行新政的政令，力图扭转清政府被动挨打的局面。然而资产阶级改良派自身的软弱性使其在强大且顽固的反对派面前不堪一击，寄希望于通过皇帝进行自上而下的变革而又缺乏广泛的群众基础。在维持了 103 天之后，随着谭嗣同等“戊戌六君子”惨遭杀害，戊戌变法宣告失败。谭嗣同等人的精神固然可嘉，但除了让慈禧加强了对政权的控制外，并没什么实质改变。

不变的还有列强的侵略。庚子事变后，慈禧太后携皇帝仓皇西逃，再签赔偿条约后“回銮”，也充分认识到了改革的必要性，于是清政府开始推行“清末新政”，力图在军事、官制、法律、商业、教育和社会方面进行一系列系统性改革，然而由于改革政策的“支离、拖沓”和一些官员的“敷衍”，没有取得太大进展。

既然资产阶级的改良运动行不通，另外一种更猛烈的力量就在

① 顾海良：《马克思主义中国化史》第 1 卷，中国人民大学出版社 2018 年版，第 46—47 页。

积聚。作为当时青年知识分子与留学生最为集中的两个地方，上海和东京的资产阶级和小资产阶级知识分子掀起了一场传播民主革命思想的热潮。章炳麟的《驳康有为论革命书》、邹容的《革命军》、陈天华的《警世钟》《猛回头》等作品都从民主主义立场出发，对封建礼教进行了一定程度的批判，同时《国民报》《游学译编》等大批宣传革命的报刊相继问世，为知识分子提供了理论武器。资产阶级革命团体的组建与理论武装并行不悖。1904 年 2 月由黄兴等人在长沙成立的华兴会、1904 年 11 月由蔡元培担任会长的上海光复会，以及遍布中国南方各省的革命团体都为资产阶级政党的创建提供了必要条件。1905 年 8 月 20 日，中国同盟会在日本东京成立，以孙中山提出的“驱除鞑虏，恢复中华，创立民国，平均地权”为政治纲领，后来这一革命纲领被阐发为民族、民权、民生三民主义。同盟会成立后，革命党人在各地组织和发动了一系列武装起义，其中尤以广州黄花岗起义为代表。尽管这些起义活动皆因仓促举事而以失败告终，但其代表的反抗封建专制的革命精神却依然在民众心中扎下了根[①]。

1911 年 10 月 10 日，随着武昌起义的第一声枪响，以孙中山先生为代表的革命党人发动了震惊世界的辛亥革命，宣告资产阶级共和国在中国建立，结束了在中国延续几千年的君主专制制度。毫无疑问，辛亥革命堪称中华民族伟大复兴征程上巍然屹立的里程碑，它不仅为中国民族资本主义发展创造了有利条件、加快人们思想观念和社会风尚的转变，还打击了帝国主义的侵略势力，同时“给亚洲带来解放并将破坏欧洲资产阶级的统治”[②]。然而，尽管辛亥革命

① 顾海良：《马克思主义中国化史》第 1 卷，中国人民大学出版社 2018 年版，第 52—55 页。
②《列宁全集》第 21 卷，人民出版社 1990 年版，第 163 页。

成功地“起共和而终帝制”，但北有北洋军阀政府，南有不同的国民政府，人心不齐使政权最终重新落入封建军阀手中。共和国名存实亡，中国半殖民地半封建社会性质没有改变，极端贫穷落后的状态没有改变，民族民主革命的任务没有完成，辛亥革命没有达到预期目的，民国成立对于百姓来说，除了剪去一根辫子，并没有什么实质的变化。

由此可见，尽管“师夷长技以制夷”的洋务运动、“中学为体西学为用”的维新变法、反帝反侵略的农民起义乃至“三民主义”的辛亥革命都体现出仁人志士的爱国情怀，然而面对“三千年未有之大变局”，新旧秩序、东西文明之间的碰撞与冲突使中国人学习西方的迷梦终被打破。“为什么先生老是侵略学生呢？中国人向西方学得很不少，但是行不通，理想总是不能实现”[①]。正如毛泽东用“山穷水尽诸路皆走不通”所概括的那样，半殖民地半封建的中国处于彷徨困顿之中，对新的革命力量、新的探索、新的道路的呼声愈发急切。

二、拓荒——十月革命前马克思学说在中国的传播

恩格斯说过，“一个民族要想站在科学的最高峰，就一刻也不能没有理论思维”[②]。诚如马克思主义这样博大精深的理论体系，最初也是从涓涓细流逐渐演变为思想的万卷波涛。

第一次将马克思的名字引入中国的是一个叫作李提摩太的英国传教士。1899年2月，李提摩太在其创办的《万国公报》上发表《大

①《毛泽东选集》第4卷，人民出版社1991年版，第1470页。

②《马克思恩格斯选集》第3卷，人民出版社2012年版，第875页。

同学第一章·今世景象》一文，用100余字的篇幅介绍了马克思和《资本论》：“合众小工而成一大力，往往停工多日，挟制富室，富室竟一筹莫展。似此举动，较之用兵鸣炮，尤为猛厉。其以百工领袖著名者，英人马克思也。马克思之言曰：纠股办事之人，其权笼罩五洲，突过于君相之范围一国。吾侪若不早为之所，任其蔓延日广，诚恐遍地球之财币，必将尽入其手。”这篇文章言简意赅地批判了资本主义，并误把马克思当作了英国人。同年4月，《万国公报》上又刊载了该书第三章，提到“试稽近代学派，有讲求安民新学之一家。如德国之马客偲，主于资本者也”①。由于最初认识不足，因此产生了“英人马克思”和“德国之马客偲”两种表述，而从其介绍的“安民”学说，即社会主义学说，可以判定早在19世纪末就已经传到中国。

◆ 马克思

真正让马克思这个名字进入中国人视野的是资产阶级改良派的代表人物梁启超。戊戌变法失败后，他在流亡日本反思戊戌变法时，接触到日本的马克思主义思想。看到马克思主义在彼岸的迅猛发展，梁启超1902年在《新民丛报》上发表了《进化论革命者颉德之学说》

① 李提摩太：《大同学》，《万国公报》第123期，1899年4月15日。

一文，并指出：“麦喀士，日耳曼社会主义之泰斗也。”[①] “今之德国，有最占势力之二大思想，一曰麦喀士之社会主义，二曰尼志埃之个人主义。”次年9月，他在《新民丛报》发表的《二十世纪之巨灵托拉斯》一文，再次提及：“麦喀士，社会主义之鼻祖，德国人，著书甚多。”这里的麦喀士，就是马克思。1904年，梁启超又撰写了具有开创意义的《中国之社会主义》一文，将社会主义的要义概括为：“土地归公，资本归公，专以劳力为百物价值之源泉。”并且给社会主义下了定义,“社会主义，是要将现在经济组织不公平之点，根本改造”。

20世纪初，清末新政开始后，清政府通令各地选派留学生赴国外学习，尤其鼓励自费留学。在这种背景下，赴日留学生骤然增加，他们中的一些人成为清末民初马克思主义传播到中国的主体。大夏大学（今华东师范大学）的首任校长马君武就是中国介绍马克思著作书目的第一人。他留学多国，精通英、日、德、法等数国语言和数学、物理、化学、冶金、生物、农业等自然科学，对政治、经济、哲学、历史等社会科学也有研究。他不仅第一个翻译并出版达尔文的《物种起源》，还最早在中文报刊上介绍《共产党宣言》《资本论》等马克思著作书目。1903年，马君武在《译书汇编》第2年第11号上发表《社会主义与进化论比较》一文。在文章中，马君武开篇就梳理了社会主义思想的根源与发展脉络，概括性地指明了社会主义思想发展过程的重要代表学者，点明马克思在社会主义发展中的地位。他对“社会主义”持赞赏的态度，认为“凡怀热心图进步之国民，未有不欢迎社会主义者”，而当实行社会主义后，“人群必大进步，道德、智识、物质、生计之属、必大发达，此世界之光景一大

①《新民丛报》第18号，1902年9月15日。

变”①。马君武还在文章后列举了马克思的《英国工人阶级状况》《哲学的贫困》《共产党宣言》《政治经济学批判》《资本论》等著作目录②，这是我国马克思主义传播史上最早的中国人介绍马克思主义著作的目录。

20世纪初的留日学生成分复杂，但主体部分是资产阶级革命派和改良派，尤以革命派最多，代表人物有孙中山、宋教仁、朱执信、廖仲恺等人。他们留日之际，正是日本社会主义运动的第一个高潮期，受此影响，他们在不断投身于反帝反封建的资产阶级民主革命的同时，成为早期传播马克思主义的主力。1902年春，孙中山在日本横滨与章太炎就中国未来革命后均田、定都等问题交换意见时，就主张“不躬耕者，无得有露田”，在当时已经表达了“耕者有其田”的主张。孙中山对马克思极为崇敬，称其为“社会主义中的圣人”“集几千年来人类思想的大成”，还预言“在二十世纪，社会主义将取代资本主义！”③ 但孙中山接触社会主义之时，马克思、恩格斯已经去世，西欧各国工人政党开始“放弃阶级斗争”，主张用“议会斗争”和“阶级合作”等改良道路来解决资本主义问题，因此，孙中山对马克思最初的阶级斗争、暴力革命有所保留，提倡“今日师马克思之意则可，用马克思之法则不可”④。

朱执信是传播马克思学说文章最多、内容最全、影响最大的资产阶级革命派。1906年，21岁的朱执信先后发表《德意志社会革命

①马君武:《社会主义与进化论比较（附社会党巨子所著书记）》,《译书汇编》(第2年第11号)，1903年2月16日。

②徐秦法:《马君武的马克思主义观研究》,《广西大学学报（哲学社会科学版）》2019年第6期。

③《孙中山文粹》(下)，广东人民出版社1996年版，第937页。

④《孙中山选集》(下)，人民出版社2011年版，第873页。

家列传》《论社会革命当与政治革命并行》等文章，介绍了马克思、恩格斯，并翻译了《共产党宣言》《资本论》等部分篇章。后期，朱执信更是撰写了《革命党应该如何》等文章赞颂俄国十月革命，为以后的国共合作打下了基础。朱执信将自己短暂的一生融进中国革命的浪潮之中，并率先促进了马克思主义在中国的传播。毛泽东称赞其为“马克思主义在中国的传播的拓荒者”，并说“朱执信是国民党员，这样看来，讲马克思主义倒还是国民党在先”。与此同时，宋教仁、廖仲恺也通过《万国社会党》和《社会主义史大纲》等论著的翻译对马克思主义进行传播。

尽管当时的知识分子对马克思主义的介绍是零星分散的，甚至有不少误解和歪曲之处，不够系统、不完全准确，但这些先进的知识分子仍对马克思主义在中国的早期传播作了重要的铺垫和准备。整体来说，在十月革命前，马克思主义在中国传播具有以下特色：

第一，马克思主义在中国的早期传播主体由资产阶级知识分子构成。近代以来，为了挽救国家的危亡、拯救人民于水火之中，具有强烈忧患意识的先进知识分子，抱着建立社会主义新社会的理想，开启了思想启蒙和社会变革的历程。清末赴日学者的大规模译介西学，使明清之际以来的西学东渐由被动转为主动，真正达到了它的勃兴期，从而激活了沉滞不前的中国文化思想界。

第二，对马克思主义的认识仍然较为粗浅。资产阶级维新派、资产阶级革命派和资产阶级无政府主义者早期所具有的知识水平和信息传播渠道使其在译介马克思主义时形成天然优势。然而如图所示，当时中国产业工人数量有限，缺乏马克思主义传播的阶级基础，也不具备运用马克思主义理论的实践条件，加之资产阶级知识分子受阶级立场和理论水平等客观存在的历史局限性影响，仍对帝国主义和封建主义本质抱有错误的幻想，因此对马克思主义的理解无法脱离单纯学说、知识范畴的理解，尤其是对马克思主义的基本原理还存在一些错误和模糊的认识，更谈不上运用马克思主义的立场、观点和方法来解决中国的现实问题。

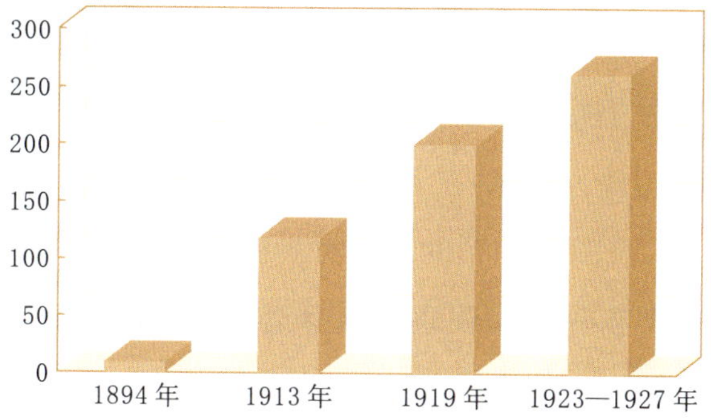

图 1—1　19 世纪末至 20 世纪 20 年代中国产业工人数（单位：万人）①

第三，传播范围和社会影响有限。这个时期的传播主体是先进的资产阶级知识分子，主要采用印刷传媒作为传播载体和手段。当时宣传阵地仅有几家报刊，如《新民丛报》《中国日报》《民报》《译书汇编》《游学译编》《浙江潮》等，且多在海外创刊，因此传播对象仅局限于一部分知识分子，致使国内一般民众对马克思主义知之甚少，更不可能与工人运动发生直接联系，因此没有也不可能形成广泛而深入的马克思主义的大众传播运动。尽管如此，这些资产阶级知识分子的传播仍在部分先进知识分子的头脑中留下了深刻的印记，在客观上也起到了一定启蒙作用，因此成为马克思主义在中国

① 数据来自：陈旭麓：《近代中国社会的新陈代谢》，生活·读书·新知三联书店 2017 年版，第 15 页。

传播不可或缺的思想开篇。

三、“走俄国人的路”

1917 年，俄国十月革命爆发，使人类历史上第一个社会主义国家在“帝国主义链条上最为薄弱的环节”建立起来了。十月革命的胜利验证了列宁的社会主义可能在一国或数国首先取得胜利的理论，也让中国先进分子看到了马克思列宁主义的巨大威力和中国革命的新出路。正如毛泽东所言：“十月革命一声炮响，给我们送来了马克思列宁主义。十月革命帮助了全世界的也帮助了中国的先进分子，用无产阶级的宇宙观作为观察国家命运的工具，重新考虑自己的问题。走俄国人的路——这就是结论。”① 在李大钊、陈独秀等先进知识分子的积极宣传推动下，进入中国的马克思主义从之前的涓涓细流逐渐汇集为强大的社会思潮。

李大钊堪称把马克思主义作为政治信仰在中国进行系统传播的第一人。他自少年时代就立志为苦难的中国寻求出路，正如其在《狱中自述》中所写：“钊自束发受书，即矢志努力于民族解放之事业。”在日本留学期间，李大钊开始阅读社会主义和马克思主义学说有关著作，并在俄国十月革命胜利后，不惧北洋军阀的恐怖统治，热情称颂它“是世界革命的新纪元，是人类觉醒的新纪元”。他先后发表了《法俄革命之比较观》《庶民的胜利》《布尔什维主义的胜利》等文章和讲演，预言“人道的警钟响了！自由的曙光现了！试看将来的环球，必是赤旗的世界！”② 在对马克思主义的理解不断深化的过程中，

①《毛泽东选集》第 4 卷，人民出版社 1991 年版，第 1471 页。
②《李大钊文集》第 2 卷，人民出版社 1999 年版，第 246 页。

李大钊树立了对马克思主义坚定的理论自信和共产主义信仰。

报刊编辑活动是李大钊革命生涯的重要组成部分。在他所创办、主编的《晨钟报》《每周评论》《晨报副刊》等 17 种报刊和发表的 400 余篇文章中，充分发挥新闻报刊的媒介作用，成为介绍和宣传马克思主义学说，推动反帝反封建爱国民主运动的重要信息载体。1919 年 9 月、11 月，李大钊在《新青年》第六卷第五号、第六号连续发表《我的马克思主义观》，对马克思主义的三大组成部分作出全面系统的介绍，并指出这三个部分“都有不可分割的关系，而阶级竞争说恰如一条金线，把这三大原理从根本上联络起来”。该文章的发表，不仅表明李大钊对马克思主义的理解认识已经超越了过去学者在其著述中片断式、浅表性地译介马克思生平和社会主义学说，也标志着马克思主义在中国进入比较系统的传播阶段。在此前后，李大钊还帮助北京《晨报副刊》开辟“马克思研究”专栏，并在轮值编辑《新青年》时将其第六卷第五号编为“马克思主义研究”专号[①]。不仅如此，李大钊还十分注重发挥学术团体的传播作用。1920 年 3 月，李大钊在北京大学组织成立马克思学说研究会，“以研究关于马克斯派的著述为目的”。研究会成员既要搜集和翻译马克思、恩格斯、列宁等人的著作，听取专家教授的讲座，也要走到民众中宣讲马克思主义，使更多人加深对马克思主义的了解，产生了进一步组织起来开展革命斗争的强烈要求。

被称为新文化运动的发起者、五四运动总司令的陈独秀，也高举“民主”和“科学”两大旗帜为宣扬马克思主义摇旗呐喊。在目睹了戊戌变法失败和八国联军对中国的侵略后，自幼接受封建礼教的陈独秀深受震动，青年时期四次东渡日本求学，又使他完成了由立宪

① 中共中央宣传部：《中国共产党宣传工作简史》（上），人民出版社 2022 年版，第 10 页。

◆ 陈独秀创办的《新青年》

改良派到革命党的思想转变。1915年他创办并主持《新青年》杂志，吹响了新文化运动的号角。陈独秀既指出以孔子为代表的“往圣先贤”所提倡的“封建时代之道德、礼教、生活、政治”与建设西洋式之新国家的目标不相适应，也明确指出走欧美、日本式的道路将会使工人所创造的价值被资本家剥夺。1920年9月，他发表的《谈政治》一文，明确宣布：“我承认用革命的手段建设劳动阶级（即生产阶级）的国家，创造那禁止对内对外一切掠夺的政治、法律，为现代社会第一需要。”[①] 这表明陈独秀已经站在马克思主义立场之上，以鲜明的科学社会主义思想对无政府主义和资产阶级民主主义进行驳斥。由于陈独秀在当时思想文化界的巨大名声，他的举动无疑壮大了社会主义思潮的声势，推广了社会主义思想的影响。

陈望道对马克思主义在中国的传播也功不可没。随着革命形势蓬勃发展，越来越多的人急切需要通过系统完整的《共产党宣言》中文译本来学习马克思主义理论。然而翻译《共产党宣言》并非易事。《共产党宣言》包括引言和正文四章，内容丰富，思想深刻，并且在此之前已经有德文、俄文、英文、波兰文、意大利文版出版，如果翻译者不能同时参照多个版本，或对马克思主义理解不深、中

① 中共中央宣传部：《中国共产党宣传工作简史》（上），人民出版社2022年版，第11页。

文素养不够等，就很难高水平翻译《共产党宣言》。在这种情况下，经过新文化运动洗礼的陈望道，担负起了这一历史使命。为了能专心致志地译书，陈望道的一日三餐都由母亲送到柴房。因翻译太投入，他甚至误将墨水当作蘸粽子的红糖水入腹还全然不知。经过近一个月的翻译研究，费了平时译书 5 倍的工夫，1920 年 4 月下旬，陈望道终于完成《共产党宣言》的第一个中文全译本的翻译工作，“从柴屋里捧出了一轮太阳”。

◆《共产党宣言》早期中文版本

◆ 陈望道翻译《共产党宣言》

马克思曾在读书笔记中写道，“象普罗米修斯从天上盗来天火之后开始在地上盖屋安家那样，哲学把握了整个世界以后就起来反对现象世界”①。以毛泽东、李达、邓中夏、蔡和森、瞿秋白、杨匏安、高君宇、恽代英、周恩来等为代表的一大批先进分子，在学习和传播马克思主义的过程中先后走上无产阶级革命道路，成为马克思主义者。他们以满腔热情、坚韧不拔的精神为黑暗的中国点燃了马克思主义的思想火炬，沉重打击了统治中国几千年的封建专制礼教，

①《马克思恩格斯全集》第 40 卷，人民出版社 1982 年版，第 136 页。

为马克思主义在中国的传播和五四爱国运动的爆发奠定了思想基础。

尽管马克思主义传入中国并不始于十月革命，但对比十月革命前后的传播可以发现，十月革命后马克思主义在中国的早期传播具有新的特点。

第一，宣传阵地更加广泛。十月革命和五四运动，使马克思主义在中国的传播空前高涨。全国各地出现了一大批以陈独秀和李大钊为代表的新文化报人，催生出一大批具有社会主义与马克思主义倾向的报刊和社团组织，除了《新青年》《每周评论》《晨报副刊》等刊物之外，当时全国还有400多种相关报刊介绍俄国十月革命的情况，使传播马克思主义居于舆论的中心位置。此外，宣传和研究马克思主义的团体和高校的马克思主义理论课也陆续出现，通过向广大青年群体系统传播马克思主义唤醒广大国人的无产阶级意识，推动了马列主义在中国的传播。

第二，马克思主义者成为传播主体。十月革命之后，中国先进知识分子开始由资产阶级民主转向无产阶级民主。与大多不信仰马克思主义，只是把马克思主义单纯作为一种学说、一种知识加以介绍的资产阶级知识分子截然不同，新文化运动的深入发展和马克思主义的广泛传播，使一批以救国救民为己任、立志改造中国社会的进步青年走上无产阶级革命道路。他们往往既有相当厚实的旧学功底，又在新式教育和海外求学经历中获得了西学新知，因此从一开始就以马克思主义哲学作为自己的世界观和方法论①，取代了此前泛化的学术观点宣传者和各类非马克思主义者，成为马克思主义在中

---

①李维武：《五四运动与马克思主义在中国传播主体的变化》，《湖北大学学报（哲学社会科学版）》2019年第3期。

国传播主体的中坚力量。

第三，社会影响更加深远。马克思主义在十月革命前的传播效果并不显著，主要缘于传播主体或受自身局限性和水平高低的影响，或本意是向其传播对象进行政治施压以获得更广泛的支持者，因此对于马克思主义本身的理解较为浅薄，不易获得群众信服。而在经历十月革命和五四运动洗礼后，马克思主义以其高度的科学性和彻底的革命性形成了一股强大的社会思潮，也因此在各种学说竞起争鸣的角逐中吸引了越来越多具有共产主义思想的先进知识分子成为忠实拥趸，为中国共产党的成立奠定了理论基础和干部基础。尽管中国早期马克思主义者在人员规模、传播能力、理论水平和外部环境方面都面临重重困难，然而强烈的家国情怀和人民情怀，使其对于马克思主义所散发的真理光芒产生坚定的理论勇气和牢固的信仰，开始自觉主动承担起扩大马克思主义社会影响力的职责，为新民主主义革命的爆发提供了良好的政治根基。

四、中国人精神“由被动转向主动”——马克思主义与工人运动相结合

知识分子真正认识到中国工人阶级的重要性要从五四运动开始说起。正如马克思所言：“批判的武器当然不能代替武器的批判，物质力量只能用物质力量来摧毁；但是理论一经掌握群众，也会变成物质力量。”[①] 五四运动之后，当中国工人阶级的觉悟受到掌握了马克思主义理论的先进知识分子启发，才逐渐从自在的阶级变成自为的阶级，认识到本阶级的历史使命。此时才真正意味着先进的思想武器与先进

①《马克思恩格斯选集》第1卷，人民出版社2012年版，第9页。

物质力量相结合，马克思主义在中国的传播也开始真正接了地气。

中国工人阶级是伴随着外国资本的侵略和中国资本的产生和发展而发展起来的。特别是在第一次世界大战期间，由于帝国主义国家忙于战争，暂时放松了对中国的压迫，使中国民族工业有了比较迅速的发展，中国工人阶级的队伍也逐渐成长、壮大起来，到 1919 年前后，全国的产业工人在 200 万人以上，日益成为近代中国的一支重要社会力量①。近代中国的无产阶级，除产业工人这一主体外，还包括与产业工人处于相似地位、靠出卖劳动力生活，并与产业工人的机器大生产有直接或间接联系的各种非产业工人，包括苦力运输工人、手工业工人、农业雇工（雇农）、商业和金融业的普通职工（店员）等，总数达 4000 万人左右②。工人阶级也具有较之于其他阶级的先进性和革命性。一方面，尽管人数规模并不算大，但当时中国工人阶级所接触到的技术、设备乃至枪械等都是较为先进的，换句话说，工人阶级是新生产力的代表者，也是受到资本主义压迫最大、革命愿望最强烈的人群；另一方面，职业原因使其工作地点更集中，知识水平相对更高，为接受新理念和革命思想提供了更适宜的条件。这些因素形成的共同合力使中国工人阶级斗争特别坚决、勇敢，因此对革命起到了不可替代的作用。

1919 年，中国在巴黎和会外交的失败，使人们进一步认识到帝国主义列强联合压迫中国人民的实质，也成为五四运动的导火线。这场运动最初由学生发起，很快发展为以产业工人阶级为主力，小资产阶级和民族资产阶级积极参加的全国规模的爱国群众运动。5 月 4 日，愤

① 本书编写组：《中国共产党简史》，人民出版社 2021 年版，第 7 页。

② 石仲泉：《热话题与冷思考——五四运动与马克思主义在中国的早期传播》，《当代世界与社会主义》2019 年第 4 期。

◆ 五四运动

怒的北京广大学生首先发难，3000多名学生提出“外争主权，内除国贼”“取消二十一条”“还我青岛”“诛卖国贼曹汝霖、章宗祥、陆宗舆”等口号，从四面八方齐集天安门前举行大规模示威游行、请愿、罢课……并迅速影响全国各地广大群众、市民、工商人士等中下阶层广泛参与。随后，上海工人于6月5日开始大规模罢工，以响应学生。这也意味着斗争的阵地和主体逐渐发生过渡：从北京转向上海，从学生群体转向工人阶级。过去封建的、糟粕的、“拿来”的思想观念之桎梏逐渐被打破，中国人民的历史主动精神逐渐被唤醒，代表先进生产力的工人阶级开始作为一支独立的政治力量登上历史舞台，揭开“外争主权，内除国贼”的序幕。短短几天时间，上海各类纱厂工人、印刷工人、电车工人、船坞工人、清洁工人、轮船水手自发举行罢工，人数总计六七万人。紧接着，北京、唐山、汉口、南京、长沙等地工人也相继罢工，许多大中城市的商人举行罢市，形成罢工、罢课、罢市的“三罢”高潮。斗争迅即扩展到20多个省区、100多个城市。与辛亥革命以失败而告终不同的是，五四运动的成功离不开马克思主义在中国明确的、系统的、有针对性的广泛传播，离不开先进知识分子与工人阶级紧密结合所形成的强大社会力量。

自五四运动起，中国的一部分先进知识分子真真切切地看到了帝国主义的克星——中国的产业工人阶级。相较于学生及知识分子对欧美帝国主义的声讨，产业工人的罢工对其造成的直接利益损失，是他们真正害怕的、不能允许的。在五四时期，一些先进的知识分子主动脱下学生装，穿上粗布衣，奔赴工厂和农村积极宣传马克思主义。一方面，知识分子在逐渐地了解工人农民群众疾苦的过程中，同他们建立了深厚的感情，克服了居高临下的态度和脱离实际的特点，也在总结经验和反思教训的过程中，逐步划清了资产阶级民主主义和无产阶级社会主义、科学社会主义以及其他社会主义流派的界限，相继从激进的民主主义者转变为立足于广大无产阶级的马克思主义者。另一方面，正如列宁所言："工人阶级单靠自己本身的力量，只能形成工联主义的意识"[①]，对工人来说"阶级政治意识只能从外面灌输给工人"[②]，在与知识分子接触的过程中，不少工人接受了先进的思想，进一步提高了觉悟，逐渐成长为先进分子，从而为中国共产党的建立做了思想上和组织上的准备。毛泽东指出："自从中国人学会了马克思列宁主义以后，中国人在精神上就由被动转入主动。"[③] 马克思列宁主义同中国工人运动相结合，中国人从此开始积极主动探索中国革命全新道路，开启一番轰轰烈烈的大事业，中国的面貌从此发生翻天覆地的大变化。

第二节 "开天辟地的大事变"

建立工人阶级政党需要满足两大要素，一是需以先进的理论即

①《列宁全集》第6卷，人民出版社1986年版，第29页。
②《列宁全集》第6卷，人民出版社1986年版，第76页。
③《毛泽东选集》第4卷，人民出版社1991年版，第1516页。

马克思列宁主义进行思想武装，二是需由工人阶级的先进分子形成主体。五四运动促进了马克思主义在中国的传播，唤醒了广大群众、市民、工商人士等中下阶层的民族意识，为彻底地进行反帝反封建斗争做好了思想准备，随着中国工人阶级队伍日渐壮大，开始作为新的社会力量崭露头角。两者的结合预示着建立工人阶级政党的条件已经成熟了。

一、“从小组到全国”

最早酝酿在中国建立共产党的是陈独秀和李大钊。1920 年 2 月，陈独秀应邀到湖北武汉发表演讲，宣传马克思主义。2 月 8 日陈独秀回到北京的时候，北洋政府军警找上门来，对陈独秀提出了警告，要他待在家中等候处置。为了逃避军警的追捕，李大钊冒着生命危险，凭着自己的乡音和轻车熟路，乔装打扮以后，护送陈独秀共乘一辆骡车离开北京前往天津，以便从那里乘火车赴上海。一路颠簸，一路风尘，一边赶路，一边交谈。在不断摇晃的骡车之中，两人详细讨论了关于建党的意见，也留下了党史上“南陈北李，相约建党”的一段佳话。

这次“相约”很快就体现在了遥相呼应的建党准备之中。继 1920 年 3 月李大钊在北京大学组织成立马克思学说研究会之后，陈独秀于 5 月在上海发起组织马克思主义研究会，探讨社会主义学说和中国社会改造问题。8 月，陈独秀等在上海法租界老渔阳里 2 号《新青年》编辑部成立共产党早期组织，这实际上是中国共产党的发起组织，是各地共产主义者进行建党活动的联络中心①。10月，李大

①《马克思主义中国化一百年大事记（1921—2021 年）》，中央文献出版社 2021 年版，第 2 页。

钊等在北京大学图书馆李大钊办公室成立共产党早期组织，同年年底决定成立共产党北京支部，李大钊为书记[①]。

共产党早期组织十分注重通过书籍、报刊等传播媒介来扩大马克思主义的传播范围。1920年8月，陈望道翻译的《共产党宣言》中文全译本出版，此后还陆续出版了《科学的社会主义》《马克思资本论入门》《唯物史观解说》等介绍马克思主义的著作。9月，党的上海早期组织将《新青年》定为机关刊物，公开宣传马克思主义的基本理论，11月又创办半公开的刊物《共产党》月刊，介绍共产党的基本知识以及共产国际和各国共产党的状况，并且第一次在中国大地上树起共产党的旗帜，阐明了早期中国共产党人的基本主张。此后，上海的《民国日报》副刊《觉悟》、湖北的《武汉星期

◆ 北京大学红楼李大钊办公室

① 顾海良：《马克思主义中国化史》第1卷，中国人民大学出版社2018年版，第130页。

评论》、济南的《励新》半月刊等刊物都加入到宣传马克思主义的洪流之中。

为了启发工人阶级的觉悟，各地共产党早期组织还创办了以工人阶级为宣传对象的通俗刊物，如上海的《劳动界》、北京的《劳动音》《工人周刊》、广州的《劳动者》、济南的《济南劳动月刊》，对马克思主义进行宣传，对非马克思主义和反马克思主义进行批判。这些通俗刊物的创办者和主编大多具有丰富的办报、办刊经验，因此能在较短时间创办出针对性强、宗旨鲜明、充满斗争精神的报刊，比如 1920 年 9 月出版的《新青年》第八卷第一号增辟了“俄罗斯研究”专栏，连续发表 30 多篇译稿和文章介绍俄国革命形势和先进理念，为工人阶级拓宽世界眼光；如陈独秀在《劳动界》第一册发表的《两个工人的疑问》就通过“劳动是什么？就是做工。劳动者是什么？就是做工的人。劳动力是什么？就是人工。世界上若是没有人工，全靠天然生出来的粮食，我们早已饿死了”，以设问与回答的形式生动直白地向工人阶级解释了劳动和劳力等概念，也强调了劳动者的重要性。同时，还注重与读者互动，发布“本报欢迎工人投稿”的启事，并通过对工人来稿的看法和及时反馈，让工人能找到平台吐露心声，更能引发广泛的情感共鸣，形成心理认同。可以说，各地共产党早期组织的领导者和成员，充分发挥了知识分子的优势，最大限度地利用了传播媒介，卓有成效地推动了马克思主义在中国的传播。

正如马克思所言：“哲学家们只是用不同的方式解释世界，而问题在于改变世界。”[1] 随着马克思主义的宣传和教育面向工人阶级不

①《马克思恩格斯选集》第 1 卷，人民出版社 2012 年版，第 136 页。

断推进，党的早期组织还积极号召组建工会，支持工人们维护自身权益，积极地将理论付诸实践。1920 年，由李中、陈文焕等受进步通俗刊物影响的工人阶级先进分子发起，由党的上海早期党组织领导的、第一个纯系工人组成、真正代表工人利益的新型工会——上海机器工会在上海杨树浦召开成立大会，近 1000 人出席，孙中山、陈独秀也到会演讲，会上还讨论通过了党的上海早期组织领导下制定的最早的工会组织章程——《上海机器工会简章》。上海机器工会“谋本会会员的利益，除本会会员的痛苦”的宗旨，迅速引发工人阶级的认同，从发起到工会成立两个月的时间中迅速发展会员 370 余人。在各地党的早期组织推动下，各地工会有很大发展，相继创建了上海机器工会、上海印刷工会、北京长辛店工会、济南大槐树机车工厂工人俱乐部等。在工会组建和活动开展的过程中，马克思主义传播进一步扩大使工人阶级思想日益觉醒，逐渐掌握认识世界和改造世界的强大思想武器，积极开展罢工运动。在 1920 年 10 月之后不到半年时间里，先后发动的罢工就达 16 次之多[①]。

不仅如此，党的早期组织还将对工人阶级的马克思主义理论教育放在十分重要的位置。当时工人阶级工时长、工资少、生活苦、文化低，加上封建帮会和流氓势力的控制和威胁，使其无法正确认识受剥削受压迫的根源。为此，各地党的早期组织纷纷通过开办学校、创建社团等方式面向广大工人阶级进行系统的理论教育，如上海工人游艺会、社会主义研究会、济南励新学会、晋华书社、上海外国语学社、武汉夜校和北京长辛店劳动补习学校等。以北京长辛店劳动补习学校为例，学校分日夜两班，日班为工人子弟班，主要

① 顾海良：《马克思主义中国化史》第 1 卷，中国人民大学出版社 2018 年版，第 133 页。

授课内容与普通国民高等小学的课程类似；夜班为工人班，课程内容主要为社会学识、科学常识以及专业知识等，教员由党的北京早期组织以北京大学学生会名义派去。李大钊就曾在这里将“工人”二字合并为“天”字，以形象直白的解读让工人阶级认识到自身重要性，也将马克思主义如春风化雨一般播撒到工人的心中。就这样，党的早期组织运用工人熟悉的具体事例向工人灌输革命理论，收到了良好的教学效果，不仅日益增强了在工人群众中的影响，也进一步促进了马克思主义同工人运动的结合。

尽管当时的共产党早期组织多属于地方性组织，未能形成全国影响，且内部成员的思想和成分较为复杂，夹杂着许多无政府主义者和合法马克思主义者，加之组织架构较为简单，还不具备一个现代政党的基本要求，但是通过进一步加深马克思主义的内在理解和对外传播，党的早期组织已在思想上和组织上做好了准备，为接下来召开全国代表大会，建立集中统一的共产党组织，提供了充足的条件。

二、“其作始也简，其将毕也必巨”

公元 1921 年，是一个记录着中国共产党从幼小走向成熟，中国人民的面貌从积贫积弱转向焕然一新的历史起点。时至今日，尽管“七一”这个光辉的日子已经深深地铭刻在全党和全国各族人民的心中，但实际上中国共产党的创建并非一朝一夕完成的，也不是开一次会议、作一个决议那么简单。1919 年五四运动，促进了马克思主义的广泛传播，并使中国工人阶级登上了中国政治舞台，1920 年“南陈北李，相约建党”又使马克思主义的传播从自发个人行动转入有组织状态。由此，创建中国共产党的思想基础、阶级基础和组织基础基本具备，建党已水到渠成。

在党的北京早期组织成立之后，1921 年 3 月，李大钊撰写《团体的训练与革新的事业》一文公开呼吁创建工人阶级政党，他指出：“中国现在既无一个真能表现民众势力的团体，C 派的朋友若能成立一个强固精密的组织，并注意促进其分子之团体的训练，那么中国彻底的大改革，或者有所附托！”[①] 李大钊的呼吁和期待，恰好与共产国际的意图相合。共产国际也希望中国各地共产党早期组织能联合起来，组建一个全国性政党。6 月，共产国际代表马林和共产国际远东书记处代表尼克尔斯基先后到达上海，他们根据前期马克思主义的宣传情况和工人运动发展状况判断当前条件已经成熟，于是建议尽快召开全国代表大会，正式成立中国共产党。决定一经作出，很快各地共产党早期组织就收到通知，各派两名代表到上海出席会议。

湘江之畔，28 岁的毛泽东接到“开会通知”后兴奋不已，在没有告知亲朋好友的情况之下，借着暮色的掩映与何叔衡从长沙小西门码头登上开往上海的火轮。这一情形被当时稍知内情的何叔衡同事谢觉哉在日记里记录了下来：“午后六时，叔衡往上海，偕行者润之，赴全国○○○○○之招。”[②] 看似普通的五个小圆圈，却反映出黑暗动荡的年代共产党人所面临的重重压力，以及他们置身于黑暗之中仍坚持寻求真理之路的坚毅精神。代表大会原定于 6 月 20 日召开，但由于路途遥远，交通不便，北京、汉口、广州、长沙、济南和日本的代表，直到 7 月 23 日才在上海聚齐。对代表们而言，当时

①《李大钊全集》第 3 卷，人民出版社 2013 年版，第 350 页。

②谢觉哉：《谢觉哉日记》，人民出版社 1984 年版，第 49 页。

也许并没有意识到那是一段伟大历史的开端，毕竟很多伟大事物在诞生之初，都容易被忽略、被轻视。只有多年以后蓦然回首，才会深切地知道，1921 年 7 月 23 日——那个看似平凡无奇的日子之后，中国命运已经开始悄然转变。

1921 年 7 月 23 日晚，中国共产党第一次全国代表大会在上海法租界望志路 106 号（今兴业路 76 号）开幕，参加大会的代表是：上海的李达、李汉俊，北京的张国焘、刘仁静，长沙的毛泽东、何叔衡，武汉的董必武、陈潭秋，济南的王尽美、邓恩铭，广州的陈公博，旅日的周佛海；包惠僧受陈独秀派遣出席了大会。大会拟定的议事日程主要有两点，第一，各地代表汇报工作；第二，起草党的纲领和工作计划。根据会议代表写给共产国际的报告和部分一大代表的回忆，在讨论党的纲领时，曾发生激烈的争论。具体争论些什么问题呢？第一，共产党员是否能做官和当国会议员。第二，革命的斗争方式问题。第三，无产阶级政党是否应当同其他政党联合。会场中一大代表们的讨论可谓热火朝天。需要指出的是，这并不是意气之争，而是反映了代表们对中国前途和命运的深切关心，反映了他们严肃认真的态度。代表们所触及的，绝不仅仅是“党员可不可以当官”这样的“小”问题，而是中国共产党究竟要不要建立集中统一的组织、应不应实行“铁的纪律”、该不该与无政府主义

◆ 中国共产党第一次全国代表大会会址

展开坚决斗争等至关重要的“大”原则。可以说，代表们个个都是光明磊落，心怀热血与理想，在探讨问题的过程中都很坦率。

中国共产党第一次全国代表大会的召开可谓一波三折。会议的前几天都进行得很顺利，却在7月30日晚上本打算召开最后一次会议时，遭到了来自法租界巡捕房的搜查，所幸由于代表们警惕、转移及时没有造成任何损失。在这种情形下，继续留在上海开会风险太大，因此开会地点必须转移。代表们采纳了李达夫人王会悟提出的建议，决定将会议地点转移到浙江嘉兴的南湖之上。于是，就在一艘事先租好的南湖画舫里，代表们继续讨论昨天的会议内容。会议期间，一艘汽艇的马达声又让代表们误以为是军警而虚惊一场，为了尽快结束会议，大家都加快了讨论。

终于，在黄昏之中的桨声灯影里，具有划时代意义的中国共产党第一次全国代表大会结束了。全体代表在船舱中，紧握右拳，语气庄严，轻声呼喊：“共产党万岁、第三国际万岁、共产主义——人类的解放者万岁！”低沉却又轻快的声音推动着这一叶小小的红船，在嘉兴南湖水面上泛起层层涟漪。

历史的宏大开篇，总是在不经意间完成。毛泽东后来感叹说：“中国产生了共产党，这是开天辟地的大事变。”① 但在当时，毛泽东和其他代表可能都没有预料到，那幢石库门房子里发生的事情，那一叶吃水不深的红船，那群文质彬彬而内心火热的年轻人，绘制出了整个中国命运的转折点。当历史的回望再次聚焦这群年轻人时，13位代表中，8人有大学学历，其中4人留学日本、3人就读于北京大学，而在当时，全国能接受现代教育的人口不到1%。他们本可以

①《毛泽东选集》第4卷，人民出版社1991年版，第1514页。

选择在更轻松舒适的生活环境中度过一生，然而他们却选择了参与建党，甚至不惜为传播马克思主义的精神火种而牺牲生命。实际上，在跃上那一叶红船之时，他们的人生注脚已不再局限于个人命运的改变，而是标记着苦难民族的新生。

开天辟地一声雷。响雷过后，革命的火种已经点燃。中国共产党的成立，标志着在古老落后的中国出现了以马克思列宁主义为行动指南的，以社会主义和共产主义的实现为奋斗目标的全国性的工人阶级的先进政党。党的一大后，各级党组织在开展革命工作的过程中积极发展党员、建设党组织，到1922年5月全国团员人数达5000多人，7月全国党员总数已发展为195人[①]，壮大了马克思主义中国化的主体力量。还在共产国际的指导、配合下，进一步建立传播机构，通过发行各类刊物深入传播马克思主义，厘清当时一些非马克思主义、反马克思主义的错误思想。同时，通过举办工人学习，发展工会组织，举办系列纪念活动，建立妇女学校、农民协会等方式，将传播马克思主义理论与工人运动、妇女运动、农民运动紧密结合起来，使马克思主义成为中国共产党引领实现民族独立、人民解放的精神旗帜。从此，理念再无动摇，意志始终坚如磐石，在无数个危急时刻、紧要关头，一以贯之。

三、“旗子立起了，大家才有所指望”

中国共产党一经成立，就注重将马克思主义的立场、观点、方法运用于实际的革命活动中。党的一大召开时，确立了直接进行社会主义革命，建立无产阶级劳工专政，以达到共产主义社会

① 顾海良：《马克思主义中国化史》第1卷，中国人民大学出版社2018年版，第139页。

的战略构想。这符合马克思主义暴力革命和无产阶级专政学说。但是，党的一大还没有根据中国的实际制定出党在现阶段的革命纲领。

1922 年 7 月 16 日至 23 日，中国共产党第二次全国代表大会在上海举行。年轻的中国共产党人，靠着马克思主义的思想武装，靠着革命者的锐气、朝气，在《中国共产党第二次全国代表大会宣言》中分析了国际形势和中国社会半殖民地半封建的性质，第一次明确提出了彻底的反帝反封建的民主革命纲领，制定了党的最低纲领和最高纲领。党的最低纲领，即党在民主革命阶段的主要纲领是：消除内乱，打倒军阀，建设国内和平；推翻国际帝国主义的压迫，达到中华民族完全独立；统一中国为真正的民主共和国。党的最高纲领是：组织无产阶级，用阶级斗争的手段，建立劳农专政的政治，铲除私有财产制度，渐次达到一个共产主义社会。

◆ 中共二大会址纪念馆

一个政党的纲领就是它的一面旗帜。自中国近代以来，尽管中国人民历经无数次斗争，但还没有哪一个政党能明确地弄清革命的对象和动力，并有针对性地制定革命的纲领。而中国共产党成立仅一年后，就在党的二大上提出彻底反帝反封建的革命纲领。这充分表明，只有用马克思主义武装起来的中国工人阶级及其政党——中国共产党，才能为中国革命指明方向，才能领导中国革命走向胜利。从一大到二大，虽然只有短短的一年时间，但是中国共产党在对马克思主义的学习和理解上，在对中国国情的认识和对革命道路的探索上，在对世界无产阶级革命形势和中国革命的关系上，在制定革命行动纲领和加强党的自身建设能力上都取得了长足的进步。

党的二大之后，党领导下的全国工人运动继续高涨。从 1922 年 1 月香港海员罢工到 1923 年 2 月京汉铁路工人罢工，在持续 13 个月的时间里，全国发生大小罢工 100 余次，参加人数达到了 30 万以上。其中，最为惨烈的当属京汉铁路工人大罢工。

京汉铁路纵贯直隶、河南和湖北三省，是连接华北和华中的交通命脉，有重要的经济、政治和军事意义。京汉铁路的运营收入是军阀吴佩孚军饷的主要来源之一。1923 年 2 月 1 日上午，京汉铁路总工会在郑州举行成立大会。不料，军阀吴佩孚出尔反尔，公然撕下“保护劳工”的面纱，派军警阻止代表进入会场。总工会召开紧急秘密会议，决定移往武汉江岸，并组织全路罢工，抗议军阀暴行。2 月 4 日上午，长达 1200 公里的中国南北交通大动脉——京汉铁路全线瘫痪，所有客车、货车、军车一律停驶，钢铁巨龙顷刻变成一条僵蛇。罢工引起了帝国主义和反动军阀的恐慌，在帝国主义的支持与密谋下，一场惨绝人寰的血腥大屠杀开始了。7 日下午，工会代表正准备去谈判，被驻扎江岸的军阀部队包围会场，当场有 30 多名工友被乱枪和马刀打死，200 多人受伤，60 多人被捕。反动派逼迫江岸分会的委员长林祥谦下令复工，遭到断然拒绝。林祥谦高呼：“上工要总工会下命令，我的头可断，工是不上的！”他宁死不屈，英勇就义。在武昌，共产党员、武汉工团联合会法律顾问施洋也惨遭杀害。二七惨案中，前后共有 52 名工人牺牲，300 余人受伤，被捕入狱者 40 余人，被开除而流亡者 1000 余人。惨案发生后，各地军阀都对工人运动采取了高压政策，全国第一次罢工高潮被迫暂时转入低潮。

这是年轻的中国共产党领导的第一次工人运动高潮的顶点，也是中国工人阶级与封建军阀进行的一次生死抗争。血与泪的事实让中国共产党人认识到，打倒列强除军阀的任务绝不是轻轻松松就能完成的，要想获得胜利，必须争取一切可能的同盟者。在这样的背景下，中国共产党与当时因二次护法而受挫的孙中山一拍即合，在马林的建议下逐渐形成了国共两党合作的想法。

目标的契合与环境的考虑使广州成为召开党的三大的理想场地。1923 年 4 月，中共中央机关移驻广州，直到 9 月，才由广州春园迁往上海。6 月 12 日至 20 日，中国共产党第三次全国代表大会在广州举行。大会通过了《关于国民运动及国民党问题的议决案》，提出党在现阶段“应该以国民革命运动为中心工作”，决定同国民党实行党内合作，共产党员以个人身份加入国民党，但要在思想上、政治上、组织上保持独立性。党的三大开启了第一次国共合作的大门，标志着中国共产党以国共合作为基础的统一战线政策最终确立。在共产党和国民党的共同努力下，国民革命的思潮由南而北，以前所未有的速度向全国传播。此后，以广州为中心，汇集全国的革命力量，一场声势浩大的反帝反封建的革命运动，如滚滚洪流一般席卷中国大地。

然而，随着革命形势的发展，革命阵营内部的矛盾也逐渐暴露

◆ 中共三大会址纪念馆

出来，国民党内部的进一步分化使国共关系变得更为复杂化。1925年1月，党的四大总结国共合作一年来的经验教训，第一次明确提出了坚持无产阶级领导权和农民同盟军思想。毛泽东从中国革命的历史出发，论证了建立统一战线的重要性。他指出："谁是我们的敌人？谁是我们的朋友？这个问题是革命的首要问题。中国过去一切革命斗争成效甚少，其基本原因就是因为不能团结真正的朋友，以攻击真正的敌人。"① 这表明，认清革命的对象是取得革命胜利的前提，而"团结真正的朋友"，即建立革命统一战线是革命成败的关键，这标志着党对统一战线重要性的认识达到了一个新的高度。党的四大论证了建立革命统一战线的必要性和可能性，廓清了各革命阶级在统一战线中的地位和关系，提出了无产阶级领导权问题和

①《毛泽东选集》第1卷，人民出版社1991年版，第3页。

◆ 中共四大纪念馆

无产阶级在统一战线中的独立自主问题，中国共产党对统一战线理论认识进一步深化。这些思想虽然由于种种条件的限制，没能在实践中得到很好的贯彻，但却为毛泽东关于统一战线基本思想的系统阐述奠定了基础。

第三节 “马克思主义的本本是要学习的，但是必须同我们的实际情况相结合”

处于幼年时期的中国共产党在大革命的洪流中，对中国革命一系列基本问题进行了探索，形成了新民主主义革命的基本思想。尽管遭遇失败，但以毛泽东为代表的中国共产党人，不断从失败中总结经验，在反对“左”倾机会主义的斗争中，把马克思列宁主义同中国革命的具体实践相结合，终于探索出“农村包围城市、武装夺取政权”的革命道路。

一、共产国际与早期的中国革命

1919 年 3 月，列宁领导成立了全世界共产党和共产主义组织的国际联合组织——共产国际（第三国际）。它既是共产党和共产主义组织联合的国际组织，也是世界各国共产党的领导机构。在其存续的 24 年里，在 65 个国家建立了 76 个支部，发展了 300 多万名党员[①]，对积极推动马克思主义在世界各国的传播和践行起到了举足轻重的作用。毛泽东曾以“两头好，中间差”来评价共产国际与中国革命的关系，周恩来则认为：“两头好，也有一些问题；中间差，也不是一无是处。”[②]

不可否认，中国共产党成立初期，共产国际在思路指导、策略谋划、干部培养和物资保障等多方面都起到了重要的支柱作用。例如，通过派出维经斯基、布尔特曼、朴镇淳等共产国际来华代表，以撰写文章、座谈、演讲等方式促进马克思主义在中国的传播；通过建立共产国际东亚书记处、革命局等驻华机构指导中国共产党的创建；通过资助、出版各种马克思主义著作，组织开展反帝运动，促进马克思主义理论与实践相结合。不仅如此，1927 年，共产国际、联共（布）等多方提供的资金就高达 100 万元，而中国共产党自行筹备的金额却仅有 3000 元。由此可见，在大革命时期，中国共产党如果仅凭自身筹措的资金是无力支撑起中国革命的。共产国际的资

① 王子凤：《百年回眸与启示：共产国际及其与中国革命的关系》，《当代世界与社会主义》2021 年第 6 期。

②《周恩来选集》（下），人民出版社 1984 年版，第 300 页。

金援助不仅保障了中国共产党革命活动的开展，而且扩大了共产党的影响力，推动了中国革命事业的发展。

然而，1924 年共产国际五大召开之后，“左”的观点逐渐成为政治路线上的主流。组织建设上，通过《共产国际所属各国党的布尔什维克化》提纲，以反右倾的名义打击持不同意见的同志，导致共产国际和大多数党的“左”倾冒险主义和关门主义越来越严重。1928 年共产国际六大召开，“左”倾路线和理论体系形成，对革命形势的分析盲目乐观，认为资本主义总危机急剧发展，面临全面崩溃，无产阶级应该直接发动革命。同时，组织上的集权更加严重，要求共产国际各国支部无条件服从共产国际执委会。这种“左”倾错误政治路线和组织路线，在共产国际中间时期占主导地位。1922 年起，中国共产党成为共产国际的一个支部，它们之间的关系成为超越国界的上下级关系、领导与被领导的关系。在共产国际第七次代表大会以前，各国党作为其下设支部只有贯彻执行共产国际制定的路线、方针、政策的义务，而没有独立自主地制定路线、方针、政策的权利。因此，各国共产党的命运与共产国际的指导正确与否休戚相关。

共产国际的错误首先体现在重视国民党、轻视共产党。共产国际代表马林早在 1922 年 7 月就曾把国民党称作是“知识分子、侨民、士兵和工人组成的，不代表民族资产阶级和农民的‘工人党’”。鲍罗廷在 1926 年 1 月《中央执行委员会欢宴第二次代表大会之演词》中指出“国民党是唯一救中国的党”。从他们的话中足以看出，当时共产国际并没有对国民党的资产阶级性质作出恰当分析和正确判断，因此认为中国唯一重大的民族革命集团是国民党。1926 年 3 月 20 日，蒋介石制造出扑朔迷离的中山舰事件，借此把阴谋的帽子扣在了共产党头上。共产国际和联共（布）领导人对蒋介石的野心并非没有察觉，但他们更担心国共关系过早破裂，因此为了保住在华利益和对中共的绝对领导而向蒋介石作出了妥协和让步。后来又对汪精卫的反动性缺乏警惕，在汪精卫集团公开压制、摧残工农运动后，还希望用金钱援助拉住汪精卫集团，体现出共产国际对革命形势与中国社会各阶级力量和政治立场的变化缺乏足够了解和正确判断。

其次，共产国际忽视对共产党的武装建设。当时，共产党想建设一支武装军队，以具备与国民党抗衡的实力。但共产国际一方面极力压抑共产党的军事活动，另一方面却大力驰援国民党，不仅协助国民党建成黄埔军校，更将援华的大量物资用于国民党的建设。据不完全统计，1923 年至 1927 年，苏联共产国际支持国民党总经费约为 1776.1 万美元[①]。共产党曾对此提出质疑，要求建设自己的武装力量，而鲍罗廷以“此举易引起国民党的猜疑，不利统一战线巩固”为由，驳回意见。数量可观的物资使国民党的势力日益壮大，也使共产党逐步丧失与国民党争夺领导地位的能力。正如布哈林在中共六大所作的《中国革命与中国共产党的任务》报告中承认的那样：共产国际武装中国军阀而没有帮助中国共产党武装工农；结果，我国无产阶级创造的子弹射进了中国工农的头颅。

共产国际的错误认识跟它对大革命性质的错误理解紧密相关。列宁在共产国际二大的报告中明确指出：“任何民族运动都只能是资产阶级民主性质的。”并提出“推翻外国统治应当是殖民地的首要任务”[②]。基于此，共产国际认为，中国革命的性质是反对帝国主义的民族解放

① 朱洪：《重话大革命》，人民出版社 2006 年版，第 315 页。

②《共产国际、联共（布）与中国革命档案资料丛书》第 2 卷，北京图书馆出版社 1997 年版，第 120 页。

运动，是反帝优先、反封建其后的资产阶级民主革命，因此对中国人民的反帝运动给予极大帮助。然而实际上，大革命是十月革命后得到世界无产阶级支持的民族革命，是一场新式的反帝反封建的资产阶级民主革命。而没有认识到这一点的共产国际忽视了蒋介石、汪精卫等资产阶级人物的反动性本性，导致了大革命失败的不利局面。

受大革命时期共产国际领导人提出的中国革命“三阶段”理论和 1928 年 7 月共产国际六大提出的“第三时期”理论的影响，共产国际对中国革命的指导越来越“左”倾，以致中国共产党内“左”倾盲动错误、李立三“左”倾冒险错误、王明“左”教条主义错误接连产生。尤其是以王明为主要代表的“左”倾教条主义错误在中共中央长达四年之久的统治，给党的白区的工作、土地革命、根据地建设、红军反“围剿”战争带来了重大损失，最后导致中央红军第五次反“围剿”战争的失败，南方各根据地相继丢失，使红军不得不走上极为艰苦的长征之路。

二、“谁是我们的敌人？谁是我们的朋友？”

任何一个政党在成立之初都会经历人员规模不断扩大的过程。如何在不断扩大规模的同时保持党的先进性和纯洁性，是年轻的中国共产党面临的重要问题。作为一个马克思主义政党，以产业工人为代表的无产阶级是当之无愧的主体，一旦吸收大量非工人成分的人员，就可能会影响党的先进性和纯洁性。然而当时我国产业工人人数规模的现状又决定了仅仅依靠工人阶级不足以对抗强大的反动势力，那么如何才能破解这个难题？毛泽东运用马克思主义的阶级分析法准确地辨清了形势，找到了盟友。

1923 年二七惨案后，寻找强有力盟友的愿望使中共中央机关从上海迁到孙中山革命活动的大本营——广州，从而加速了国共合作的进程。比起当时资历深厚、影响广泛、号称拥有海内外30多万党员的国民党，共产党无论在资历、规模和影响范围上都无法与其平起平坐。在1923年6月召开的中共三大上，选举陈独秀、蔡和森、毛泽东、罗章龙、谭平山组成中央局。其中，陈独秀为中央局委员长，毛泽东为中央局秘书，罗章龙为会计，负责中央日常工作。而立之年的毛泽东，第一次进入党的领导核心层。

毛泽东很快认识到党内存在着两种倾向：第一种倾向，以张国焘为代表，只注意工人运动，不注意团结国民党内的革命力量，忘记了农民，这是“左”倾机会主义。第二种倾向，以陈独秀为代表，只注意同国民党合作，而忘记了农民，这是右倾机会主义[①]。尤其当时农民的主要攻击目标是土豪、地主、官员等，引发了这些势力的极大恐慌，将此污蔑为“痞子运动”。面对国民党右派和地主劣绅“痞子运动”“糟得很”的责难，陈独秀继续迁就妥协，在汉口召开的政治局特别会议上批评了轰轰烈烈的农民运动，完全没把农民当作真正的同盟军看待。

为了让党内早一些分清中国革命的敌人和朋友，更好地团结一切可以团结的力量，形成强大的斗争合力，1925年2月，毛泽东利用回韶山养病的机会进行社会调查。经过同各类人士接触、交谈，了解了韶山附近农民的生产、生活情况，农民的阶级状况和各种社会情况，并撰写了一系列用马克思主义阶级分析方法观察中国社会和中国革命的重要文章。

发表于1925年12月的《中国社会各阶级的分析》极具代表性。

①《毛泽东选集》第1卷，人民出版社1991年版，第3页。

文章中开宗明义地指出："谁是我们的敌人？谁是我们的朋友？这个问题是革命的首要问题。"毛泽东运用马克思主义的阶级分析方法进行深入分析，将当时的中国社会阶级主要分为地主阶级和买办阶级、中产阶级、小资产阶级、半无产阶级、无产阶级等，引导读者对各阶级的属性、本质有深刻认识。通俗来说，就是分析了各阶级的"前世今生"，所谓"前世"，就是这个阶级产生根源和阶级本质，"今生"就是这个阶级当前的生存环境、生存现状，而"未来"就是这个阶级对待革命的态度。他还指出："一切勾结帝国主义的军阀、官僚、买办阶级、大地主阶级以及附属于他们的一部分反动知识界，是我们的敌人。工业无产阶级是我们革命的领导力量。一切半无产阶级、小资产阶级，是我们最接近的朋友。那动摇不定的中产阶级，其右翼可能是我们的敌人，其左翼可能是我们的朋友——但我们要时常提防他们，不要让他们扰乱了我们的阵线。"①

通过确立中国社会各阶级的划分标准、对不同阶级的经济地位及其对于革命的态度的分析，厘清了我们党对不同阶级的态度和对待方式，也由此形成了中国新民主主义革命的基本思想：以无产阶级来团结小资产阶级、半无产阶级，争取中产阶级的左翼，提防中产阶级的中间派，共同抵抗勾结帝国主义的军阀、官僚、地主、买办和反动的中产阶级右翼。正如马克思在致约·魏德迈的信中所言，"无论是发现现代社会中有阶级存在或发现各阶级间的斗争，都不是我的功劳"②。尽管阶级学说并非马克思所首创，但借助马克思、恩格斯以阶级斗争为基本线索去观察分析历史与社会现实所形成的理

①《毛泽东选集》第1卷，人民出版社1991年版，第9页。

②《马克思恩格斯选集》第4卷，人民出版社2012年版，第425—426页。

论，毛泽东将马克思主义基本原理与中国实际相结合，厘清了中国革命的对象、动力、领导权、性质和前途等一系列问题。

实际上，毛泽东很早就开始运用阶级分析法进行思考和探索，这可以从他对洪秀全及其领导的太平天国运动的评价管窥一二。早在少年时期，毛泽东就对太平天国农民起义、义和团斗争等故事如数家珍，出身于农民家庭的他熟悉农民的实际状况，因此对这些穷人们在遭受到压迫和剥削而走投无路时所选择的反抗道路深感同情。随着阅历增长，社会现实问题让他对太平天国的兴亡有了更深的认识。1944 年，在看完郭沫若为纪念李自成领导农民起义胜利 300 周年所撰写的史学论述《甲申三百年祭》后，毛泽东写信给郭沫若说："倘能经过大手笔写一篇太平军经验，会是很有益的。"[①] 在 1949 年发表的《论人民民主专政》一文中，毛泽东还将洪秀全与康有为、严复和孙中山并列为在中国共产党出世前向西方寻找真理的一派代表人物[②]。尽管太平天国以改良的西方宗教做思想武器，看似与中国近代史的主流方向并不一致，然而其以推翻清王朝的专制统治为目标，客观上有以新的社会制度替代旧有社会制度的尝试，体现出被剥削者对剥削者的反抗精神。尤其是太平天国所颁发的纲领性文件《天朝田亩制度》体现出农民阶级对于"天下为公""消灭私有制"的大同社会的主张，与社会主义的部分内容也有较高的一致性。毛泽东指出，中国现阶段革命的主要对象或主要敌人不是别的，就是帝国主义和封建主义，就是帝国主义国家的资产阶级和本国的地主阶级[③]。这就决定了担负起反帝反封建的双重任务的太平天国等农民起义，不是单纯的农民革命战争，而是具有资产

①《毛泽东关于〈甲申三百年祭〉致郭沫若函》，《新文化史料》1994 年第 4 期。
②《毛泽东选集》第 4 卷，人民出版社 1991 年版，第 1469 页。
③《毛泽东选集》第 2 卷，人民出版社 1991 年版，第 633 页。

阶级性质的民主主义革命。

然而，毛泽东也在深刻思考太平天国的失败原因。早在1926年在广州农民运动讲习所讲课时，他就指出："洪秀全起兵时，反对孔教，提倡天主教，不迎合中国人的心理。曾国藩即利用这种手段，扑灭了他。这是洪秀全的手段错了。"[①] 1964年，他又在一次谈话中提到："历史上领导多头总是要失败的。太平天国的时候，洪秀全回了一趟广西，杨秀清说他回到天国了。洪秀全回来时，将领们都是拥护杨秀清的。其实那时杨秀清更年轻有为些，洪秀全应该服从杨秀清的领导。但洪秀全是创教者，是领袖。两权对立，所以失败了。"[②] 在对太平天国等农民起义的总结基础上，毛泽东进一步认清了中国的社会性质和革命形势，中国农民群众和城市小资产阶级群众，是愿意积极地参加革命战争，是革命战争的主力军，然而他们的小生产的特点，使他们的政治眼光受到限制[③]。这就决定了单纯依靠农民阶级无法取得革命的胜利，必须与工人阶级充分结合才能得到真正的解放。

马克思主义阶级理论不是教条，而是科学的方法论。针对当时革命面临的困境以及党内存在的两种错误思想倾向，毛泽东对中国社会各阶级占有生产资料的情况及其所代表的生产力属性进行综合分析，并将分析的结果用以指导中国革命的实践，帮助以共产党为领导的无产阶级寻找到真正的同盟军，促进了革命的胜利，从而在革命的实践中形成了具有中国特色的毛泽东阶级分析理论。这是

①广州农民运动讲习所旧址纪念馆编：《广州农民运动讲习所资料选编》，人民出版社1987年版，第195页。

②陈晋：《毛泽东之魂》（修订本），中央文献出版社1997年版，第370页。

③《毛泽东选集》第1卷，人民出版社1991年版，第183页。

毛泽东对马克思阶级理论的创造性运用与发展，是马克思主义的重要组成部分。

1925 年，毛泽东在韶山开办了 20 多所农民夜校，向农民进行马克思主义的启蒙教育，让他们意识到了蕴藏在自身中的巨大能量。同年，毛泽东离开韶山，前往大革命的策源地广州。1926 年，他担任第六届广州农民运动讲习所所长，培养农民运动人才。从广州农民运动讲习所毕业后，学员们奔赴全国各地，播撒革命火种，促进了全国农民运动的发展。随着革命形势的发展，毛泽东又在武昌创办了中央农民运动讲习所。在这里，毛泽东写成了 2 万多字的《湖南农民运动考察报告》，以大量确凿的事实，深刻揭示了中国革命成功的根本力量就在于千百万农民团结起来的革命。

三、“中国革命斗争的胜利要靠中国同志了解中国情况”

1927 年，蒋介石、汪精卫相继发动反革命政变，实行“清党”“分共”，公开背叛孙中山的国共合作政策和反帝反封建纲领，从而使第一次国内革命战争遭到失败，党员数量从大革命高潮时期的 6 万人骤减至 1 万多人。大革命失败之后，中国革命由之前的高涨逐渐转入了低潮。中国共产党并没有因此妥协，在各地组织了数量众多的武装起义斗争，但南昌起义、秋收起义等武装斗争均以失败告终。在当时悬殊的力量对比、艰苦的生活环境、残酷的斗争形势下，党和红军内就有一些人怀疑“红旗到底打得多久”，归根结底，是对能否生存下去产生了疑问。这是一个关乎革命斗志、革命前景的大问题。

事实证明，在当时的客观条件下，中国共产党人不可能像俄国十月革命那样通过首先占领中心城市来取得革命在全国的胜利，

◆ 秋收起义

党迫切需要找到适合中国国情的革命道路。1927 年八七会议后，毛泽东发动和领导了秋收起义，在攻打中心城市受挫后，转到井冈山，在宁冈、永新、茶陵、遂川等县恢复和建立党组织，发展武装力量，开展游击战争，实行工农武装割据，创立了党领导下的第一个农村革命根据地。

随着井冈山斗争的深入开展，毛泽东开始从理论上进一步思考中国革命道路问题。1928 年 10 月，湘赣边界党的第二次代表大会通过了毛泽东起草的《中国共产党湘赣边界第二次代表大会决议案》，《中国的红色政权为什么能够存在？》一文就是该决议案的第一部分“政治问题和边界党的任务”。11 月，毛泽东又撰写了《井冈山的斗争》一文。在两篇文献中，毛泽东用马克思主义的立场、观点和方法，分析了中国红色政权能够发生、存在的原因和条件，总结了井冈山根据地及其他地区建立小块红色政权的经验教训，着重回答了“红旗到底打得多久”的问题。同时，使井冈山的工农武装割据的实践上升为理论，形成了工农武装割据的思想，是马克思主义的基本原理和中国革命实际相结合的产物。

从进攻大城市转为向农村进军，是中国革命具有决定意义的新起点。毛泽东领导军民在井冈山建立第一个农村革命根据地，党领导人民打土豪、分田地。古田会议确立思想建党、政治建军原则，使革命力量有了大发展。毛泽东在创建和发展工农红军与农村革命根据地的实践中，根据马克思列宁主义基本原理，不再囿于经典著作和中央文件，而是认真研究中国社会的特点，着眼于中国的具体实际，撰写了《关于纠正党内的错误思想》《寻乌调查》《反对本本主义》和《星星之火，可以燎原》等著作。

在《反对本本主义》中，毛泽东提出了“没有调查，没有发言权”的著名论断。当时，共产国际不顾中国革命的实际情况，照搬俄国革命程序，把所谓的科学理论强加于中国的革命实践，而当时中国共产党内部分人打着“马克思主义”旗号，坚持俄国“城市中心论”。针对这种脱离具体实际，“唯书”“唯苏”和严重的教条主义“左”倾作风，毛泽东提出实践是真理的来源，一切结论产生于调查情况的末尾，而不是在它的先头；倡导到社会群众当中去开调查会，以实践的方式去收集解决问题的各种材料，离开实际调查去估量政治形势就会产生机会主义或盲动主义的错误；强调“马克思主义的‘本本’是要学习的，但是必须同我国的实际情况相结合”；认为“中国革命斗争的胜利要靠中国同志了解中国情况”“共产党的正确而不动摇的斗争策略，决不是少数人坐在房子里能够产生的，它是要在群众的斗争过程中才能产生的，这就是说要在实际经验中才能产生”[①]。文中所提出的以马克思主义为指导，探索中国革命道路的科学思想方法和认识论原则，实际上已经在创造性地把马克思列宁主义的基本原理与中国革命实际相结合，尤其是其中贯穿的实事求是、群众路线和独立自主的思想，在毛泽东思想形成和发展史上具有重要意义。

《星星之火，可以燎原》一文主要是为了批判当时党内的一种悲观思想。毛泽东在文中把建立农村革命根据地、实行工农武装割据的问题提到了异常突出的地位。他强调，红军和无产阶级领导下的农民武装以及建立的政权是促进革命形势高涨的最重要因素。他批评林彪等人对根据地建设的意义和影响没有足够的认识，指出单纯的流动游击不可能促进革命高潮的到来，只有将红军游击队与广大农民群众紧密结合，深入开展土地革命，革命才能不断向前发展。在这篇文章中，毛泽东实际上提出了以农村为中心的思想，中国革命要走农村包围城市、武装夺取政权的道路。对这条道路和中国革命的胜利，毛泽东用诗一般的语言表达了他的信心：“它是站在海岸遥望海中已经看得见桅杆尖头了的一只航船，它是立于高山之巅远看东方已见光芒四射喷薄欲出的一轮朝日，它是躁动于母腹中的快要成熟了的一个婴儿。”[②]

从此，党领导的农村革命根据地进入一个建立、巩固和发展的重要时期。到 1930 年夏天，全国大小根据地有十几块，红军发展到约 7 万人，连同地方武装共约 10 万人。各根据地和红军在极端艰苦的条件下保存和发展了革命力量，在中国大地上点燃了革命的星

①《毛泽东选集》第 1 卷，人民出版社 1991 年版，第 115 页。
②《毛泽东选集》第 1 卷，人民出版社 1991 年版，第 106 页。

星之火，形成了革命复兴的新局面。毛泽东在中国革命的关键时刻，在中国的特殊历史条件下，在既不能照搬巴黎公社又不能照搬苏联现成经验的情况下，创造性地解决了中国革命的根本问题即政权问题，提出了在小块农村地区和偏僻山村建立红色政权的理论，系统地阐述了这一政权的性质、使命和前途，体现了深刻的哲学世界观和丰富的实践经验的结合。它从中国半殖民地半封建的独特国情出发，根据中国广大人民还是农民的现状，揭示出中国革命发展必须遵循先农村后城市，以农村包围城市，最后夺取城市的客观规律。农村革命根据地的建立和发展，使中国共产党开始拥有一支强大的人民军队和巩固的战略基地，从而有条件和能力与占据着中心城市和交通要道的强大敌人进行长期斗争，并最终获得胜利。

毛泽东后来回忆说："我没有吃过洋面包，没有去过苏联，也没有留学别的国家。我提出建立以井冈山根据地为中心的罗霄山脉中段红色政权，实行红色割据的论断，开展'十六字'诀的游击战和采取迂回打圈战术，一些吃过洋面包的人不信任，认为山沟子里出不了马克思主义。"① 而实际上，"山沟里的马克思主义"和井冈山斗争的伟大实践，对中国革命道路的探索和抉择具有关键意义。历史已经证明，以毛泽东为代表的中国共产党人，以"独立地探讨马克思主义理论"的科学态度和勇气，冲破党内外教条主义的束缚，结合创建、发展红军和农村革命根据地的实践，开辟了中国革命的新道路。

四、"没有抽象的马克思主义，只有具体的马克思主义"

"强渡湘江血如注，三军今日奔何处？"1934 年年底，为突破蒋

① 金冲及：《毛泽东传（1893—1949）》，中央文献出版社 2004 年版，第 334 页。

介石的第四道封锁线，红军血染湘江，由8.6万余人锐减到3万余人。1935年新年伊始，刚刚进入贵州的红军正处在千钧一发的生死关头。

造成这样困局的原因主要与党内不断滋长的“左”倾情绪紧密相关。在处于幼年阶段的中国共产党中，不少领导干部多为二三十岁的年轻人。对中国社会历史的复杂性和中国革命的艰巨性缺乏深入调查和具体认识，使他们容易在思想上产生主观主义，加之共产国际及其代表的“左”倾思想和党内“左”倾情绪的影响，事实上模糊了资产阶级民主革命和社会主义革命的区别，导致党内长期盛行教条主义和本本主义，使他们在革命形势判断、革命性质、对象和动力等重大理论问题上作出了不正确的分析。此外，在农村革命根据地的经济困难、党和红军经费紧张、革命队伍成分复杂、部分人动机不纯、存在急躁心理等原因[①]的共同影响下，党内接连出现的“左”倾盲动、“左”倾冒险和“左”倾教条主义三次大的错误，给中国革命带来巨大损失。

长征前，毛泽东虽被撤销军事指挥权，但他始终对中国革命前途保持强烈的责任感和使命感。长征路上，他不断找张闻天、王稼祥等人谈话，争取党和红军领导层的大多数，挣脱教条主义枷锁。1934年12月12日，中共中央负责人在湖南通道召开紧急会议（即通道会议），研究行军路线是“西进”还是“北上”。六天后，进入贵州的红军召开长征以来的首次中共中央政治局会议，肯定了毛泽东的主张。1934年最后一天至次日凌晨，在瓮安猴场镇召开了“跨年”的猴场会议，被周恩来誉为“伟大转折前夜”，会议赞同强渡乌江，攻占遵义。以这些会议为前奏，毛泽东的卓越才能进一步

①顾海良：《马克思主义中国化史》第1卷，中国人民大学出版社2018年版，第280页。

得到实践检验。

遵义会议在党的历史上是一个生死攸关的转折点。在此之前，中国共产党无论在革命理论上还是在斗争实践中，都尚未成熟。毛泽东提出的一些正确理论、路线和策略，遭到在中央占据统治地位的右倾、“左”倾错误的反对、排斥和打击。对党有着巨大贡献的陈独秀受到资产阶级世界观和共产国际的错误影响，加之缺乏对中国社会和中国革命基本问题的深刻认识，提出了“二次革命论”“城市中心论”等错误思想理论，给中国革命带来了重大挫折。其后，受到共产国际关于资本主义总危机发展的“第三时期”理论影响，瞿秋白、李立三先后犯下的“左”倾盲动和“左”倾冒险错误给苏区、红军和国统区地下党组织带来严重损失。而给中国革命带来更大损失的，则是将共产国际的指示视为金科玉律的王明。身为“左”

◆ 遵义会议会址

倾狂热鼓吹者的他，不仅因战略策略失当使苏区革命力量在反“围剿”过程中损失惨重，还在党内大搞教条主义、宗派主义，造成了政治上、军事上、组织上和思想上的恶劣影响。上述错误倾向直接导致了各主要根据地的丢失和党在国民党统治区组织的严重破坏，从而引起了更多的领导干部和党员群众的怀疑和不满。党内一些犯过错误的同志也不断开始觉悟，毛泽东所代表的正确方向得到了越来越多人的认同。

1935 年 1 月 15 日到 17 日，遵义城内旧军阀公馆里，决定党的命运的遵义会议秘密举行。屋外寒冬腊月，屋内的火盆虽难以驱散寒意，但毛泽东洞若观火的发言却让与会者心头滚烫。毛泽东在会上作长篇发言，指出第五次反“围剿”失败的主要原因，是博古和李德以单纯防御路线代替决战防御，以阵地战、堡垒战代替运动战，以所谓“短促突击”战术原则支持单纯防御的战略路线。毛泽东的意见得到大多数与会者的赞同。负着伤、发着烧的王稼祥，躺在一张藤椅上参会，听完发言后直起身子，为毛泽东鼓掌。会议上许多同志坚决提议请毛泽东出来指挥。会后，主要根据毛泽东发言内容起草通过的《中央关于反对敌人五次“围剿”的总结的决议》，着重总结了第五次反“围剿”失败的经验教训，重新肯定了毛泽东根据战争时间经验总结出来的一系列正确的战略战术的基本原则，实现了从阵地战到运动战的转变，也正是这次会议，开始确立毛泽东同志在党中央和红军的领导地位，开始确立以毛泽东同志为主要代表的马克思主义正确路线在党中央的领导地位，开始形成以毛泽东同志为核心的第一代中央领导集体。

“群龙得首自腾翔，路线精通走一行。”朱德以诗的语言回顾了这次具有深远历史转折意义的会议。此后几个月，行进中的长征和行进中的会议不断巩固遵义会议成果。一系列会议构成了伟大转折的历史链条，找到了一条通向胜利的正确路线。有了坚强领导核心、有了正确路线指引，红军四渡赤水、巧渡金沙江、强渡大渡河、飞夺泸定桥……从此以后，红军转败为胜，胜利地完成了二万五千里长征。

遵义会议后，为了肃清“左”倾错误和右倾错误尤其是土地革命战争时期的“左”倾错误的影响，毛泽东写了《论反对日本帝国主义的策略》《中国革命战争的战略问题》《实践论》《矛盾论》等著作，开始从理论上系统地解决党的政治路线、军事路线和思想路线问题。这几篇著作以马克思主义为指导，立足中国实际，反对主观主义特别是教条主义，开始全面地解决中国革命和中国革命战争的一系列重大理论和路线问题，已经勾勒出马克思主义中国化的时代特征与气象。

1938 年 10 月，毛泽东在党的六届六中全会上作《抗日民族战争与抗日民族统一战线发展的新阶段》的政治报告，首次提出了“马克思主义的中国化”的命题，指出“没有抽象的马克思主义，只有具体的马克思主义。所谓具体的马克思主义，就是通过民族形式的马克思主义，就是把马克思主义应用到中国具体环境的具体斗争中去，而不是抽象地应用它”[①]。从1930年“马克思主义的‘本本’是要学习的，但是必须同我国的实际情况相结合”，到 1938 年“马克思主义必须和我国的具体特点相结合并通过一定的民族形式才能实现”，标志着中国共产党人的思想理论一步一步走向自觉与成熟。

“马克思主义的中国化”这一重大命题和重大任务的正式提出，

①《马克思主义中国化一百年大事记（1921—2021年）》，中央文献出版社2021年版，第58页。

说明了以毛泽东同志为主要代表的中国共产党人对马克思主义中国化的思想认识达到了一个全新的水准，标志着马克思主义中国化已逐渐上升为全党的意志，成为全党的理论自觉，为实现马克思主义中国化的第一次历史性飞跃奠定了思想基础。

第 二 章

民族独立　人民解放

——毛泽东思想引领中国发展开启新纪元

中国共产党的历史，就是一部不断推进马克思主义中国化时代化的历史，不断进行理论创新、理论创造的历史。毛泽东是马克思主义中国化的伟大开拓者，以毛泽东同志为主要代表的中国共产党人在探索中国革命和建设的实践中，创立了毛泽东思想。毛泽东思想与马克思主义以及中国化时代化的马克思主义内在相连。回溯毛泽东思想，可以管窥过去为什么归根到底是马克思主义行，是中国化时代化的马克思主义行，启示今天我们怎样才能继续谱写马克思主义中国化时代化新篇章。

第一节 马克思主义中国化的第一次历史性飞跃

毛泽东思想开拓了马克思主义中国化的伟大事业，是马克思主义中国化第一次历史性飞跃的原创性理论成果。系统梳理毛泽东思想的发展历程、所解决的时代课题和主要内容，对于深入理解毛泽东思想实现了马克思主义中国化的第一次历史性飞跃，理解归根到底是马克思主义行，是中国化时代化的马克思主义行，具有重要的理论意义和现实意义。

一、毛泽东思想的形成和发展

《中共中央关于党的百年奋斗重大成就和历史经验的决议》指出："毛泽东思想是马克思列宁主义在中国的创造性运用和发展，是被实践证明了的关于中国革命和建设的正确的理论原则和经验总结，是马克思主义中国化的第一次历史性飞跃。"毛泽东思想是马克思主义中国化第一次历史性飞跃的理论成果，这一原创性理论是马克思主义与 20 世纪中国社会和革命运动发展的必然结果，其形成经历了萌芽、初步形成、深化拓展和丰富完善四个阶段。

毛泽东思想的形成和发展过程，就是马克思列宁主义普遍原理同中国革命的具体实践相结合的过程。十月革命加速了中国的觉醒，1921 年中国共产党正式成立，诞生了马克思主义的工人阶级政党。中国共产党从理论上和实践上对马克思主义中国化道路进行了探索。幼年的中国共产党对马克思列宁主义基本原理和中国革命的认识较为肤浅和贫乏，在理论上准备还不够成熟，斗争经验不足，加上党内部分同志对俄国十月革命经验进行机械的、片面的理解，对共产国际的错误指导机械服从，党在摸索中前进，走了不少弯路。在建党后和大革命时期，以毛泽东同志为主要代表的中国共产党人对中国革命的重大问题进行了探索。毛泽东进行了深入的社会实践调查，在实际的革命斗争基础上，于 1925 年 12 月发表了《中国社会各阶级的分析》，论述了中国革命的前途问题，科学分析了中国社会各阶级的经济地位及其对革命的态度，提出了革命的首要问题是分清“谁是我们的敌人？谁是我们的朋友？”1927 年 3 月毛泽东又发表了《湖南农民运动考察报告》，肯定了农民革命斗争的重要性，回答了中国革命的一个基本问题——农民问题。在这两部作品中，形成了新民主主义革命理论的基本思想，标志着毛泽东思想正式萌芽。

幼年的中国共产党简单照搬模仿俄国以大城市为中心的革命道路，遭受了严重挫折。1927 年大革命失败后，以毛泽东同志为主要代表的中国共产党人为寻找中国革命的新道路进行了艰苦探索，决定放弃以城市为中心的革命路线，转向敌人力量薄弱的农村。毛泽东在领导秋收起义、建立井冈山革命根据地、开展土地革命和游击战争的实践中，深化了对中国革命的特点和规律的认识，撰写了《中国的红色政权为什么能够存在？》《井冈山的斗争》《星星之火，可以燎原》《反对本本主义》等著作，创立了农村包围城市、武装夺取政权革命理论，解决了在农村如何建设党和人民军队、建立和巩固政权等一系列重大问题。毛泽东始终坚持马克思列宁主义路线，他与党内盛行的教条主义、经验主义进行了坚决斗争，在与“左”倾和右倾错误思想的斗争中，毛泽东实现了把马克思列宁主义基本原理同中国革命具体实际的“第一次结合”，初步形成了实事求是、群众路线、独立自主的基本思想，这标志着毛泽东思想基本形成。

土地革命战争后期和抗日战争时期，毛泽东思想得到系统总结和多方面展开。以毛泽东同志为主要代表的中国共产党人对中国革命两次胜利和两次失败的经验教训进行了系统总结，立足于中国的基本国情，科学揭示了中国革命的特点和规律，形成了较为系统的哲学思想、军事思想、统一战线思想和党的建设思想，特别是系统阐述了新民主主义革命的基本理论、基本路线和基本纲领，制定了党在民主革命时期的基本方针、政策，这使得毛泽东思想得到深化拓展。新民主主义理论的提出，是毛泽东思想成熟的标志之一，是以毛泽东同志为主要代表的中国共产党人将马克思列宁主义普遍原理与中国革命的具体实践相结合的典范。1945 年党的七大把毛泽东思想确立为党的指导思想，并写入党章。党的七大之后，中国共产党人在毛泽东思想的指引下，组织发动带领中国人民，并团结各方面的可团结的力量，最终取得抗日战争的胜利和新民主主义革命在全国的最后胜利。

新中国成立以后，在探索中国建设社会主义道路的进程中，毛泽东把马克思列宁主义基本原理同中国具体实际进行“第二次结合”，提出社会主义改造和建立社会主义制度的基本思想，丰富和发展了毛泽东思想，创造性地丰富和发展了马克思主义，实现了马克思主义中国化的第一次历史性飞跃。

二、毛泽东思想科学回答时代课题

用马克思主义回答时代课题是中国共产党人的使命。任何科学理论的产生都需要一定的时代条件，问题是时代的声音，“每个时代总有属于它自己的问题，只要科学地认识、准确地把握、正确地解决这些问题，就能够把我们的社会不断推向前进。”① 毛泽东思想以强烈的问题意识、鲜明的问题导向，系统回答了中国革命的性质、道路、目标等重大问题，并开启了探索中国社会主义建设的伟大征程，构建起科学的关于中国革命和建设的理论体系，实现了马克思主义中国化的第一次历史性飞跃。

（一）在回答“进行什么性质的革命、如何进行革命”的时代课题中，成功开辟了中国革命新道路

毛泽东最伟大的功绩是指出了一条中国革命走向胜利的道路，毛泽东思想为中国人民所接受，转化为了改造中国社会的强大物质力量。新民主主义革命时期，党面临的主要任务是，反对帝国主义、封建主义、官僚资本主义，争取民族独立、人民解放，为实现中华民族伟大复兴创造根本社会条件。中国共产党人从不回避问题，毛泽东同志认识到要推翻压在中国人民头上的“三座大山”，不能教条主义对待马克思列宁主义，不能把马克思主义教条化、把共产国际决议和苏联经验神圣化，必须实现马克思主义中国化。首要问题是探索在中国这样的半殖民地半封建国家，进行什么性质的革命、如何进行革命。

实践证明，道路决定命运。1921 年 7 月 23 日党的第一次全国代表大会宣告了中国共产党正式成立。中国共产党的诞生，使中国革命有了正确的前进方向。

早期中国共产党对革命道路的探索，主要体现在对俄国十月革命具体道路和做法的模仿上，这种探索未能取得成功。以毛泽东同

① 中共中央宣传部：《习近平新时代中国特色社会主义思想学习纲要（2023 年版）》，学习出版社、人民出版社 2023 年版，第 300 页。

志为主要代表的中国共产党人，把马克思主义作为解决本国革命道路问题的工具，逐步找到了中国革命的具体道路，从危机中挽救了中国革命。1927 年大革命失败后，中国共产党创建发展了红军和农村革命根据地，逐步开辟了农村包围城市、武装夺取政权的道路。毛泽东创造性地解决了坚持和发展农村根据地所必须解决的一系列根本问题。毛泽东总结斗争的实践经验，找到了“自己的路”，中国革命的新道路具有两个主要特点，一是斗争的主要形式是长期的革命战争；二是进攻的主要形式是先占农村后取城市。

由此可见，面对“进行什么性质的革命、如何进行革命”这一时代课题，以毛泽东同志为主要代表的中国共产党人，把马克思列宁主义基本原理同中国具体实际相结合，对经过艰苦探索、付出巨大牺牲积累的一系列独创性经验作了理论概括，开辟了农村包围城市、武装夺取政权的正确革命道路，创立了毛泽东思想，为夺取新民主主义革命胜利指明了正确方向。

（二）在回答“如何巩固和建设社会主义”的时代课题中，深化了对社会主义建设道路的认识

中华人民共和国成立后，在新民主主义向社会主义的转变中，以毛泽东同志为主要代表的中国共产党人，对社会主义改造应该走什么路，如何巩固和建设社会主义进行了探索。1953 年中国共产党正式提出过渡时期的总路线：“从中华人民共和国成立，到社会主义改造基本完成，这是一个过渡时期。党在这个过渡时期的总路线和总任务，是要在一个相当长的时期内，逐步实现国家的社会主义工业化，并逐步实现国家对农业、对手工业和对资本主义工商业的社会主义改造。”概括地说，就是“一体两翼”“一化三改”，这条总路线是党和国家一切工作的指南，成为整个国家的统一意志。

◆ 手工业合作社社员入社登记

◆ 农业合作社社员入社登记

◆ 庆祝公私合营

1956年社会主义改造基本完成，实现了中国历史上最伟大最深刻的社会变革。社会主义革命和建设时期，党面临的主要任务是，实现从新民主主义到社会主义的转变，进行社会主义革命，推进社会主义建设，为实现中华民族伟大复兴奠定根本政治前提和制度基础。这个时期，中国共产党已经解决了新民主主义革命时期党面临的主要任务，社会主义基本制度确立以后，如何巩固和建设社会主义成为中国共产党人面临的重大理论和实际问题。此前，中国共产党曾向苏联学习，照搬苏联模式和经验，在实践中发现苏联模式并不符合中国国情。

因此，中国共产党人需要积极寻找一条适合中国国情的社会主义建设道路。以毛泽东同志为主要代表的中国共产党人从新的实践出发，把马克思列宁主义基本原理同中国具体实际进行“第二次结合”，继续推进马克思主义中国化进程。对社会主义建设的一系列问题进行探索，提出了关于社会主义建设的一系列重要思想，为此后开创中国特色社会主义道路提供了宝贵经验。

三、毛泽东思想的主要内容

科学理论是事关马克思主义政党前途命运的根本性问题，实践表明，只有掌握了科学理论的马克思主义政党，才能不断带领人民朝着正确的事业方向前进。

以毛泽东同志为主要代表的中国共产党人用新思想、新观点丰富和发展了马克思主义，创立了毛泽东思想的科学体系，是否把毛泽东思想看成一个完整的科学理论体系，不仅是一个重要的理论问题，更是一个重大的政治问题。“我们不能够只从个别词句来理解毛泽东思想，而必须从毛泽东思想的整个体系去获得正确的理解。”①

1941 年 1 月，皖南事变发生，新四军损失惨重。毛泽东认为事件发生的根本原因是，“有同志没有把普遍真理的马列主义与中国革命的具体实际联系起来”。为了统一党的思想，毛泽东要求把反对教条主义的问题提到党性的高度来认识。1942 年春，在延安开始整风运动，这是在全党范围内开展的一次马克思主义思想教育运动，主要解决党内的思想认识问题，提高全党特别是党的高级干部运用马克思主义的水平。延安整风对于全党坚持马克思主义基本原理同中国具体实际相结合，实现全党思想和行动的统一，具有极其重大和深远的意义。

①《邓小平文选》第 2 卷，人民出版社 1994 年版，第 43 页。

在延安整风的基础上，1945 年 4 月党的六届七中全会通过的《关于若干历史问题的决议》（以下简称第一个《历史决议》），从政治、军事、组织和思想四个方面，对以王明为代表的“左”倾教条主义错误进行了全面批判。第一个《历史决议》是马克思主义中国化关键节点形成的理论结晶，它高度评价了毛泽东运用马克思列宁主义基本原理解决中国革命问题的杰出贡献，明确了毛泽东的领导地位和毛泽东思想作为中国化的马克思主义理论在全党的指导地位。

◆ 毛泽东在延安作整风报告

1945 年 4 月至 6 月召开的中国共产党第七次全国代表大会上，刘少奇在《关于修改党的章程》中，第一次对毛泽东思想的主要内容作出了比较完整、系统的概括。会议明确提出毛泽东思想是“中国的马克思主义”这一重要判断，这为我们理解毛泽东思想作为科学理论体系提供了基本框架。

人民日报

RENMIN RIBAO

《关于建国以来党的若干历史问题的决议》，运用马克思主义的辩证唯物论和历史唯物论，对建国三十二年来党的重大历史事件特别是"文化大革命"作出了正确的总结，科学地分析了在这些事件中党的指导思想的正确和错误，分析了产生错误的主观因素和社会原因，实事求是地评价了伟大领袖和导师毛泽东同志在中国革命中的历史地位，充分论证了毛泽东思想作为我们党的指导思想的伟大意义。

——摘自六中全会公报

关于建国以来党的若干历史问题的决议

（一九八一年六月二十七日中国共产党第十一届中央委员会第六次全体会议一致通过）

建国以前二十八年历史的回顾

◆《关于建国以来党的若干历史问题的决议》

毛泽东思想确定为指导思想后，在从新民主主义转变为社会主义的探索过程中得到了新的发展。1981 年 6 月党的十一届六中全会通过的《关于建国以来党的若干历史问题的决议》（以下简称第二个《历史决议》）在以往的基础上，对毛泽东思想的基本框架作出了新的概括。第二个《历史决议》区分了毛泽东的晚年错误与毛泽东思想，科学评价了毛泽东和毛泽东思想的历史地位，并从六个方面和活的灵魂的三个方面对毛泽东思想的主要内容进行了概括，这六个方面即关于新民主主义革命、关于社会主义革命和社会主义建设、关于人民军队的建设和军事战略、关于政策和策略、关于思想政治工作和文化工作、关于党的建设。活的灵魂的三个方面即实事求是、群众路线、独立自主，这活的灵魂的三个方面是贯穿毛泽东思想全部内容的基本立场、观点和方法。

党的十五大指出，毛泽东思想是我们党将马克思主义同中国实际相结合实现第一次历史性飞跃的理论成果。党的十九届六中全会通过的第三个《历史决议》指出：毛泽东思想是被实践证明了的关于中国革命和建设的正确的理论原则和经验总结，是马克思主义中国化的第一次历史性飞跃。毛泽东思想作为马克思主义中国化第一次历史性飞跃的原创理论，集中体现了马克思主义中国化的鲜明时代特征和实践特色。

毛泽东思想实现了马克思主义中国化第一次历史性飞跃，主要表现在六个方面：一是新民主主义革命理论。毛泽东多次从危机中挽救中国革命，在毛泽东思想的指引下，中国共产党制定出正确的理论、纲领、路线、方针和政策，找到了正确的革命道路。新民主主义革命理论从中国的历史和现实出发，深入研究了中国革命的特点和规律，发展了马克思列宁主义关于无产阶级在民主革命中的领导权思想。二是社会主义革命和建设理论。新中国成立后，毛泽东依据过渡时期的经济政治条件，从理论上和实践上解决了“一穷二白”的中国建立社会主义制度的艰难任务。三是革命军队建设和军事战略的理论。毛泽东系统解决了如何把以农民为主要成分的革命军队建设成为一支无产阶级性质的、具有严格纪律的、同人民群众保持亲密联系的新型人民军队的问题；解决了在中国这样一个半殖民地半封建的东方大国，如何开展人民革命战争、应当实行什么样的战略战术、如何巩固国防等一系列重大方针政策。四是政策和策略的理论。毛泽东强调政策和策略是党的生命，精辟论证了制定和执行政策与策略的极端重要性。五是思想政治工作和文化工作的理论。毛泽东认为经济是基础，政治是经济的集中表现，观念形态的文化是一定社会的政治和经济的反映。六是党的建设理论。毛泽东思想回答了在一个工人阶级人数较少，农民和其他小资产阶级占人口大多数的国家，如何建设马克思主义的无产阶级政党的一系列问题。

习近平总书记在纪念毛泽东同志诞辰130周年座谈会上的讲话中指出，毛泽东同志是马克思主义中国化的伟大开拓者。这是对毛泽东同志在马克思主义中国化事业中所作出的一系列重要贡献的精准评价。毛泽东思想是马克思主义民族化的成功典范，毛泽东在实践中以独创性的理论发展了马克思主义，彰显了马克思主义的中国特色、中国风格、中国气派。它作为一个系统性的科学理论体系，为中国革命和建设提供了科学的世界观和方法论，至今仍有重要指导意义。

第二节 “中国人从此站立起来了”

受帝国主义的束缚和压迫，中华民族是不自由不平等的；受封建势力的束缚和压迫，中国人民是不自由不平等的。因此，1840 年鸦片战争以后，面临的首要任务是争得中华民族的独立和中国人民的解放。以毛泽东同志为主要代表的中国共产党人，带领中国人民推翻压在中国人民头上的“三座大山”，取得了新民主主义革命的胜利，建立了新中国，这是一个伟大的胜利。中国共产党成为执政党，解决了民族独立和人民解放的历史问题，为实现国家富强、人民富裕的历史任务创造了历史条件。

一、推动民族独立

民族独立是人民解放的前提，是实现人民解放的第一步。1949 年新中国成立，实现了百年来中国人民反对帝国主义侵略，争取民族独立的愿望。新中国成立后，中国周边的国际形势日趋严峻复杂，毛泽东在维护国家主权独立的过程中作出了重要贡献，他创造性地将马克思列宁主义的普遍真理与中国的具体国际形势相结合，进行了维护国家主权的斗争，具体体现在其一系列独立自主的外交方针、进行屹立世界的斗争和科技发展方针上，这充分奠定了“中国人从此站立起来了”的民族独立基础。

（一）制定和实施新中国外交方针

第二次世界大战后，世界逐渐形成美国和苏联两大阵营相互对峙的两极格局，出现了资本主义与社会主义两种制度的相互对抗。面对这样的国际形势，毛泽东为了最大可能地争取国际支持，制定了“另起炉灶”“打扫干净屋子再请客”“一边倒”三大外交方针。

1. “另起炉灶”。为了重新同世界各国建立新的外交关系，新中国不承认原南京国民政府与世界各国建立的外交关系。对于在中国的原各国使节，不当作外交代表对待，只当作普通侨民对待。

2.“打扫干净屋子再请客”。为防止帝国主义干扰、破坏新中国，首先就是清除帝国主义国家在中国的特权、势力和影响，不给它们留下活动的余地，在清理的基础上再考虑重新建立外交关系问题。

3. “一边倒”。毛泽东于 1949 年在《论人民民主专政》一文中提出向苏联社会主义阵营“一边倒”。毛泽东指出：“我们在国际上是属于以苏联为首的反帝国主义战线一方面的，真正的友谊的援助只能向这一方面去找，而不能向帝国主义战线一方面去找。”中华人民共和国成立的第二天苏联政府就决定与中国建立外交关系。中苏一建交，毛泽东就决定要访问苏联。1949 年 12 月 6 日，毛泽东首次走出国门，前往莫斯科访问苏联，这次出访巩固了中苏两国的邦交，发展了中苏两国人民的友谊。1950 年 2 月 14 日，《中苏友好同盟互助条约》在克里姆林宫举行，毛泽东带领中国代表团的主要成员参加了签字仪式，这是新中国成立后与其他国家签订的第一个平等条约，标志着新中国外交取得重大胜利。

（二）屹立世界的斗争

抗美援朝，保家卫国。1950 年 6 月 25 日，朝鲜半岛爆发战争，美国实行武装干涉，派海军第七舰队入侵台湾海峡，发动对朝鲜的

◆ 中国人民志愿军抗美援朝

全面战争，美军不顾中国政府的多次警告，超越“三八线”，直接威胁新中国的国家安全。面对世界上最强大的美帝国主义的军事挑衅和恫吓，成立仅一年的新中国敢不敢出兵参战、能不能打赢，成为以毛泽东同志为主要代表的中国共产党人必须要面对的问题。1950年10月上旬，中央政治局在毛泽东的领导下多次讨论，最后作出“一致认为我军还是出动到朝鲜为有利”的重大历史性决策。1950年10月18日晚毛泽东发布命令，组成中国人民志愿军，跨过鸭绿江，同朝鲜人民和军队并肩战斗。抗美援朝战争历时2年零9个月，中国人民志愿军共毙、伤、俘敌71万余人。它预示着中国人民在反对帝国主义侵略斗争中取得最后胜利。抗美援朝战争的伟大胜利，是中国人民站起来后屹立于世界东方的宣言书，是中华民族走向伟大复兴的重要里程碑。抗美援朝战争的胜利不仅捍卫了新生的中朝两国政权，而且也改变了战后世界的政治军事格局，它使帝国主义侵略者得到了必要的教训，“西方侵略者几百年来只要在东方一个海岸上架起几尊大炮就可霸占一个国家的时代是一去不复返了”① 。抗美援朝战争的胜利，增强了中国人民的民族自尊心和自豪感，使中国人民真正扬眉吐气地站起来了，巩固了新中国的国家安全，为新中国经济建设和社会改革创造了相对稳定的国际环境。

重返联合国。1949 年 10 月 1 日中华人民共和国成立后，中华人民共和国中央人民政府就成为代表全中国人民的唯一合法政府。中国是联合国的创始会员国和安全理事会的 5 个常任理事国之一。但是由于以美国政府为首的西方国家阻挠反对，中国在联合国的合法席位一直被台湾国民党当局“窃取”。新中国成立以来，毛泽东一直很重视恢复中国在联合国的合法席位这件事，他曾在 1950 年起草关于恢复中华人民共和国在联合国及安全理事会的合法权利的电报，但以美国为首的一些西方国家操纵联合国坚决反对，这一愿望在当时并未实现。

◆ 第二十六届联合国大会恢复中华人民共和国合法席位，中国代表团团长乔冠华开怀大笑

毛泽东多次提到“世界不能始终让美、苏两国霸占下去，中国人在世界上说话也得算数”“联合国，我们总有一天可以进去”。1971 年

①《建国以来重要文献选编》第 4 册，中央文献出版社 1993 年版，第 327 页。

10月25日，第二十六届联合国大会以76票赞成、35票反对、11票弃权通过恢复中华人民共和国在联合国及安全理事会的合法席位，承认了新中国在联合国的唯一合法代表身份，国民党集团的代表被驱逐出联合国一切机构。新中国恢复联合国席位是毛泽东思想指引中国外交的重大胜利，极大地提高了中国的国际地位，开启了中国走向世界的步伐。

（三）制定和实施新中国科技发展方针

实现国家工业化，离不开科学技术的革命性作用。第二次世界大战后，随着原子能、电子、计算机等尖端科学技术的发展，毛泽东认识到中国正处于新的科学技术和工业革命前夕。但是我国的尖端科学技术基础较为薄弱，毛泽东审视国内外形势，提出了要重点发展尖端科技的战略方针。

“两弹一星”工程是20世纪50—60年代中国组织实施的以研制原子弹、导弹和人造地球卫星为主要内容的重大国防工程。在苏联的援助下，中国于1958年建成了第一座实验性原子反应堆。新中国成立初期，我国一缺钱、二缺人、三缺技术。1959年6月，中苏关系破裂，苏联终止合同，随后撤走专家。毛泽东毅然决定：自己动手，从头摸起，准备用8年时间，造出原子弹。他明确指出：“要下决心，搞尖端技术。赫鲁晓夫不给我们尖端技术，极好！如果给了，这个账是很难还的。”中央把原子弹工程定名为“596工程”，要造“争气弹”。1960年，我国第一枚探空火箭和近程导弹发射成功；1964年10月16日，我国第一颗原子弹爆炸成功；1967年6月17日，我国第一颗氢弹空爆试验成功；1969年9月23日，我国成功进行首次地下核试验；1970年4月24日，我国第一颗人造地球卫星发射成功。

邓小平指出：“如果六十年代以来中国没有原子弹、氢弹，没有发射卫星，中国就不能叫有重要影响的大国，就没有现在这样的国际

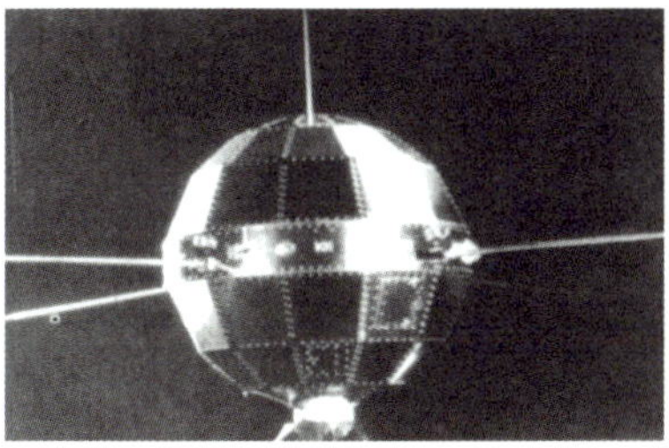

◆ 1970 年 4 月 24 日，我国第一颗人造地球卫星发射成功

◆ 1967 年 6 月 17 日，我国第一颗氢弹爆炸成功

◆ 1964 年 10 月 16 日，我国第一颗原子弹爆炸成功

地位。这些东西反映一个民族的能力，也是一个民族、一个国家兴旺发达的标志。”① 新中国“两弹一星”是在物质技术基础十分薄弱的条件下，在较短时间内成功研制出来的，创造了非凡的人间奇迹，更是中国人民挺直腰杆站起来，中华民族立于世界之林的重要标志。

二、指引人民解放

人民解放是“中国人从此站立起来了”的根本体现。1949 年 9 月

①《邓小平文选》第 3 卷，人民出版社 1993 年版，第 279 页。

21 日，毛泽东在中国人民政治协商会议第一届全体会议上的开幕词中向全世界宣告："诸位代表先生们，我们有一个共同的感觉，这就是我们的工作将写在人类的历史上，它将表明：占人类总数四分之一的中国人从此站立起来了。"[①] 9 月 30 日，他在为这次会议起草的宣言《中国人民大团结万岁》中指出："当着我们举行会议的时候，中国人民已经战胜了自己的敌人，改变了中国的面貌，建立了中华人民共

◆ 1949 年 9 月 21 日至 30 日，中国人民政治协商会议第一届全体会议举行

①《建国以来毛泽东文稿》第 1 册，中央文献出版社 1987 年版，第 6 页。

和国。我们四万万七千五百万中国人现在是站立起来了，我们民族的前途是无限光明的。”[①] 至此，在中国共产党的坚强领导下，扭转了长达一个多世纪的帝国主义对中国人民的奴役。中国人民的前途命运得到根本改变，精神面貌焕然一新，成为国家和民族的主人，走上了自由解放的道路，从此告别了人剥削人、人压迫人的旧社会。

（一）解放全中国

新中国成立之初，华南、西南和沿海岛屿仍为国民党军队所盘踞，国内还存在着相当数量的国民党反动派的军事力量，一定程度上威胁着刚成立的人民政权。毛泽东对此相当重视，他将更多精力放在了指挥人民解放战争方面，在毛泽东的精心部署之下，人民解放军摧毁了盘踞在中南和西南等地的国民党反动势力，和平解放了新疆和西藏。1950 年 5 月，中国除台湾和一些沿海岛屿及香港、澳门外，实现了全国解放和国土完整统一。

（二）改善人民物质生活

新中国成立之前，中国人民的贫困和不自由的程度世所罕见。为了解放人民，使人民能够过上真正文明的物质和精神生活，在一穷二白的基础上，发展生产力，尽快恢复国民经济，巩固新生的人民政权，是实现人民当家作主、自由解放的必由之路。

“受几千年压迫的农民，翻过身来。”[②] 人民大众最主要的部分是农民，农民的解放是人民自由解放的重要内容。农民是中华民族伟大复兴事业中的一个特殊群体，中国的农民是主要的被剥削者，不理解农民这个群体的解放，就不可能准确理解中国人民获得解放和

---

①《毛泽东文集》第 5 卷，人民出版社 1996 年版，第 347 页。
②《毛泽东文集》第 2 卷，人民出版社 1993 年版，第 379 页。

幸福的历史逻辑。早在大革命时期，毛泽东在组织农民运动时，就曾为了认识农村、农民，亲自走了1个多月，调查了当时农民运动比较高涨的长沙、湘潭、湘乡、衡山、醴陵5个县。土地革命战争时期，又在江西寻乌等地开展调查，深入了解中国农村与农民，提出“中国民主革命的主要力量是农民。忘记了农民，就没有中国的民主革命；没有中国的民主革命，也就没有中国的社会主义革命，也就没有一切革命。”[①] 新中国成立之初，在毛泽东思想的指导下，土地改革运动在全国广泛深入开展，这是一场空前规模的废除封建土地制度的土地改革。“解决土地问题，是一个最根本的问题，是一切工作的基本环节。不要怕农民得到土地，不要怕自由资产阶级动摇。只要我们实行了土地改革，农民得到土地，我们的力量就更强大，则更能巩固地团结他们。”[②]

1950年6月21日，经由毛泽东审定的土地改革法草案提交全国政协一届二次会议讨论通过。富农政策是这次土改的关键问题，草案对保存富农经济的政策进行了规定。1950年6月28日，《中华人民共和国土地改革法》经中央人民政府委员会第八次会议通过，由毛泽东签发。到1953年春，除若干少数民族聚居地区之外，在中国的大地上彻底废除了延续千年之久的封建土地所有制。毛泽东在马克思主义农民土地问题上作出了重大原创性贡献，这次土地改革调动了农民的生产积极性，解放了农村生产力，是一场深刻的社会变革。

（三）丰富人民精神生活

有效扫除文盲。新中国成立时，文盲现象比较普遍，文盲占全

①《毛泽东文集》第3卷，人民出版社1996年版，第305页。

②《马克思主义中国化一百年大事记（1921—2021年）》，中央文献出版社2022年版，第105页。

国人口的80%以上，其中，妇女群体的文盲占比高达90%，学龄儿童入学率仅占20%。广大穷苦农民大都没有接受过正规教育，普遍文化程度低，愚昧无知，思想落后，绝大部分是文盲或半文盲。陕甘宁边区首任边区教育厅厅长徐特立说："在西北，在我们到达以前，除了少数地主、官吏、商人以外几乎没有人识字。文盲几乎达百分之九十五左右。在文化上，这是地球上最黑暗的一个角落。"[①] 李维汉也回忆："知识分子缺乏，文盲高达百分之九十九；学校教育，除城镇外，在分散的农村，方圆几十里找不到一所学校，穷人子弟入学无门；文化设施很缺，人民十分缺乏文化生活；卫生条件极差，缺医少药，人畜死亡率很高。"[②] 中国人民虽然在政治上翻了身，但如果不识字，不提高文化素质，就无法造就高素质劳动力。因此，扫除文盲成为新中国极其重要的政治任务。

1949年8月，华北大学校长吴玉章给毛泽东写信，提出要进行文字改革，迅速有效地扫除文盲，毛泽东对此相当重视。1949年10月，中国文字改革协会成立，着手研究汉语拼音方案。1951年西南军区1.26万名官兵中试行中国人民解放军教员祁建华创造的"速成识字法"，即15天时间就可以学会1500个以上的字。这套"速成识字法"使得扫盲工作在全国范围内有效落地。1956年3月，成立全国扫除文盲协会，国务院发布文件提出用5—7年时间基本扫除文盲的目标。在党的领导下，扫盲工作有效地改善了广大群众文化严重落后的情况，民众教育取得了显著成效。1949—1958年，短短10年时间，全国近3000万人脱盲，开创了新中国群众文化教育事业发

①［美］埃德加·斯诺：《红星照耀中国》，董乐山译，新华出版社1984年版，第217页。
②李维汉：《回忆与研究》（下），中共党史出版社2013年版，第436页。

展的新局面，为开创中国的社会主义现代化事业新局面夯实了基础。

（四）解放广大妇女

“在一切斗争中，要是说男子的力量是很大，那末，女子的力量也是很大的。世界上的任何事情，要是没有女子参加，就做不成气。”① 人民的解放和幸福包含着妇女的解放，妇女解放是人民解放的重要力量之一。新中国成立前，广大妇女是反对帝国主义、反对封建主义的一支重要力量，妇女的解放与社会的解放密切联系，要求得真正的人民解放和幸福，就是要团结妇女。新中国成立后，党和政府为推动广大妇女解放而采取了重大的举措。

一是取缔妓院。娼妓制度是剥削制度的产物，严重污染社会环境。1949 年 11 月，北京市第二届各界人民代表会议通过了封闭妓院的决定，此后北京率先开展了取缔卖淫嫖娼的斗争，仅 12 个小时就封闭了全市 224 家妓院，解救收容妓女 1200 余名，帮助其脱离火坑，获得作为女性的自由和尊严。北京成为一所没有妓院的文明城市，这是一项伟大的社会变革。上海、天津、武汉、南京等城市效仿北京陆续取缔妓院。其后，各地人民政府开展了改造妓女的工作，帮助其医治性病，学习文化和生产，使这部分妇女自食其力，过上正常人的生活。二是改革旧的婚姻制度。旧中国的封建婚姻制度是一种压迫妇女，以夫权为中心的落后的婚姻制度，严重压迫和束缚了广大妇女的正当权益。新中国成立后，为建立新的社会生活，开始着手改革旧的婚姻制度。1950 年 5 月 1 日，第一部《中华人民共和国婚姻法》（以下简称《婚姻法》）正式颁布实施，明确规定了保护妇女的新婚姻制度，它明确规定：“废除包办强迫、男尊女卑、漠视子女利益的封建

①《毛泽东文集》第 2 卷，人民出版社 1993 年版，第 167 页。

◆ 北京市的基层干部在街头书写宣传第一部婚姻法的黑板报

婚姻制度；实行男女婚姻自由、一夫一妻、男女权利平等、保护妇女和子女合法利益的新婚姻制度。”从思想上、制度上划清了与封建婚姻制度的界限。旧的婚姻观念逐步改变，男女平等、婚姻自由等新的婚姻观念逐步树立。1952 年 12 月 26 日，毛泽东对宣传《婚姻法》提出了具体要求，党中央在宣传执行《婚姻法》中关于保护广大妇女的合法权益、建立新型婚姻家庭关系等方面做了大量工作，掀起了宣传《婚姻法》的热潮。妇女争取自身解放的觉悟逐渐提高，《刘巧儿》《小二黑结婚》等反映新婚姻观的电影和戏曲深入群众，群众普遍树立了婚姻自由、男女平等的思想，广大妇女从封建婚姻制度的束缚下得到解放，有效破除了买卖婚姻、歧视妇女等普遍现象，获得解放的广大妇女真正顶起了半边天。

第三节 “为建设一个伟大的社会主义中国而奋斗”
——继续推进马克思列宁主义基本原理与中国社会主义建设的具体实际相结合

社会主义基本制度的全面确立，实现了中国历史上最伟大、最广泛、最深刻的社会变革，巩固了中国民族独立、人民解放的成果。以毛泽东同志为主要代表的中国共产党人面临的崭新课题是“什么是社会主义”“如何建设社会主义”，毛泽东对适合中国情况的社会主义建设道路进行了艰苦探索，一方面，在探索初期毛泽东就强调中国的社会主义建设道路必须符合中国特点；另一方面，又指出，必须把马克思列宁主义基本原理同中国实际进行“第二次结合”，制定了把我国建设成为一个强大的社会主义国家的战略思想，“取得了社会主义建设的基础性成就，并为我们探索建设中国特色社会主义的道路积累了经验和提供了条件，为我们党和人民事业胜利发展、为中华民族阔步赶上时代发展潮流创造了根本前提，奠定了坚实的理论和实践基础”①。找到了在中国进行社会主义革命和建设的正确道路，“积累起在中国这样一个社会生产力水平十分落后的国家进行社会主义建设的重要经验”。②

① 习近平：《在纪念毛泽东同志诞辰120周年座谈会上的讲话》，《人民日报》2013年12月27日。

② 习近平：《在纪念毛泽东同志诞辰130周年座谈会上的讲话》，《人民日报》2023年12月27日。

一、“第二次结合”的历史背景

毛泽东是“第二次结合”的倡导者和开拓者。1956 年 4 月 4 日，毛泽东主持召开中央书记处会议，在讨论《关于无产阶级专政的历史经验》一文时，正式提出要实行“第二次结合”的思想，即把马克思列宁主义基本原理同中国革命和建设的具体实际进行“第二次结合”，他指出：“新中国成立以来，我们有过不是成功的探索和实践，但也不是没有缺点，没有片面性，这说明我们还没有完全地系统地掌握中国社会主义革命和建设的规律，还要在今后长时期内探索符合客观规律的正确道路。”①

“第二次世界大战之后，国际政治与经济格局发生了重大变化，世界形成了以美国和苏联为主导的资本主义社会和社会主义阵营对峙的局面，这两大阵营的对立是政治、经济、军事、文化和意识形态等方面的全面对立，这对包括中国在内的社会主义阵营影响极为深刻。”② 在经济方面，经过战后的恢复和重建期，世界经济进入一个快速发展时期。西方资本主义国家经济持续增长，社会主义国家也在经济方面取得显著成绩。“20 世纪 50 年代以来，两大阵营的对立以及社会主义阵营的风云变幻和世界经济所发生的深刻变化”③，构成了马克思列宁主义基本原理同中国实际进行“第二次结合”的国际背景，对中国进行社会主义建设产生了重大影响。

“不要再像过去那样迷信苏联。”“以苏为鉴”是毛泽东开启马克

① 中共中央党史研究室：《中国共产党的九十年》（社会主义革命和建设时期），中共党史出版社 2020 年版，第 466 页。

② 顾海良：《马克思主义中国化史》第 2 卷，中国人民大学出版社 2018 年版，第 183 页。

③ 顾海良：《马克思主义中国化史》第 2 卷，中国人民大学出版社 2018 年版，第 185 页。

思主义中国化“第二次结合”的重要因素。社会主义制度在中国建立后，该怎么建设？怎样巩固和发展？这是中国共产党面临的全新课题。因为毫无建设社会主义的经验，只有进行模仿。在恢复国民经济和各项建设的过程中，中共中央号召“学习苏联”。“苏联经济文化及其他各项重要的建设经验，将成为新中国建设的榜样。”① 中国无论是在社会主义的基本制度方面，还是在社会主义的基本建设方面，基本上都借鉴甚至模仿了苏联的经验和做法。随着中国社会主义生产力的发展，毛泽东已经认识到苏联的社会主义建设有落后的经验，也有错误的经验，意识到中国社会主义建设不能一味照搬苏联。苏共二十大以后，中共中央连续召开会议讨论赫鲁晓夫的秘密报告。毛泽东再次强调：“不要再硬搬苏联的一切了，应该用自己的头脑思索了，应该把马列主义的基本原理同中国革命和建设的具体实际结合起来，探索在我们国家里建设社会主义的道路。”② 苏联模式的利弊得失为毛泽东提出“第二次结合”提供了借鉴、创造了条件，是中国社会发展的历史必然。

二、“找出在中国进行社会主义革命和建设的正确道路”

毛泽东指出，在社会主义革命和建设时期，“第二次结合”的根本任务是“独立自主，调查研究，摸清本国国情，把马克思列宁主义的基本原理同我国革命和建设的具体实际结合起来，制定我们的路线、方针、政策。”“现在是社会主义革命和建设时期，我们要进行第二次结合，找出在中国进行社会主义革命和建设的正确道

①《建国以来毛泽东文稿》第 1 册，中央文献出版社 1987 年版，第 266 页。

② 吴冷西：《忆毛主席》，新华出版社 1995 年版，第 47 页。

路。”[1] 以毛泽东同志为主要代表的中国共产党人率先开启对中国社会主义建设道路的探索。这是一条既区别于已经僵化的苏联社会主义建设道路，也不同于西方资本主义的现代化道路，而是立足于解决“如何建设社会主义国家、怎样建设社会主义国家的问题”，独立自主建设中国社会主义，归根结底就是要探索出中国自己的社会主义建设道路。

毛泽东力图把社会主义建设的“中国经验”与“苏联经验”结合起来，探索新中国建设社会主义的新的道路，“现在我们有了自己的初步实践，又有了苏联的经验和教训，应当更加强调从中国的国情出发，强调开动脑筋，强调创造性，在结合上下功夫，努力找出在中国这块大地上建设社会主义的具体道路。”[2] 对于苏联模式，毛泽东旗帜鲜明地提出“以苏为鉴”，强调“引以为戒”，硬搬苏联的经验是不可取的，要把马列主义普遍真理同我们中国实际情况相结合。

社会主义建设理论是毛泽东思想的重要组成部分。毛泽东先后发表《论十大关系》和《关于正确处理人民内部矛盾的问题》两篇重要文献，对走适合中国国情的社会主义道路进行了详细论述，这为独立自主地探索中国社会主义建设道路指明了正确方向。其中《论十大关系》是毛泽东把马克思列宁主义基本原理同中国革命和建设的具体实际进行“第二次结合”的代表性著作。

《论十大关系》提出了为社会主义事业服务的基本方针，“一定要努力把党内党外、国内国外的一切积极的因素，直接的、间接的积极因素，全部调动起来，把我国建设成为一个强大的社会主义国家”。

① 吴冷西：《十年论战》（上），中央文献出版社 1999 年版，第 23—24 页。
② 吴冷西：《十年论战》（上），中央文献出版社 1999 年版，第 24 页。

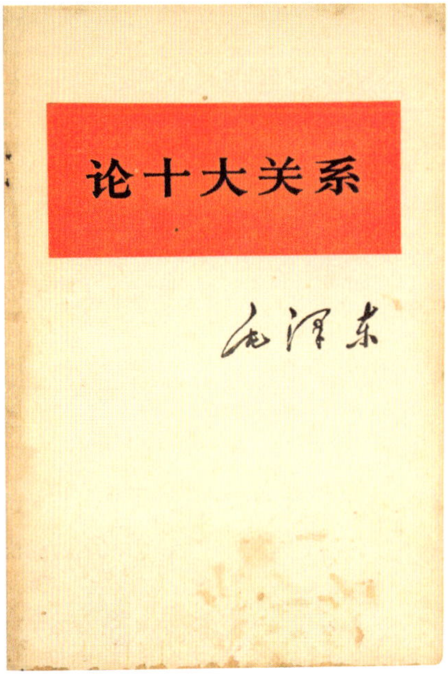

◆《论十大关系》

文章论述了社会主义革命和建设中的十大关系，一方面是对我国经济建设问题的总结，另一方面是鉴于苏联的经验教训。这十大关系分别是重工业和轻工业、农业的关系，沿海工业和内地工业的关系，经济建设和国防建设的关系，国家、生产单位和生产者个人的关系，中央和地方的关系，汉族和少数民族的关系，党和非党的关系，革命和反革命的关系，是非关系，中国和外国的关系。前五条关系讨论经济问题，从经济工作的各个方面入手调动一切积极因素；后五条关系讨论政治问题，初步提出了社会主义政治建设的若干建议。

在新的历史条件下，以毛泽东同志为主要代表的中国共产党人开始比较系统地探索中国自己的建设社会主义道路。自 1956 年提出十大关系起，开始找到一条适合中国社会主义建设的路线。《论十大关系》从理论上初步确定了中国式社会主义道路的指导思想，即借鉴正反两方面的经验，以经济建设为重点，由“走俄国人的路”转变为“走自己的路”，为党的八大的召开做了重要的思想理论准备。

三、“把我国建设成为一个强大的社会主义国家”

党的八大提出要总结七次大会以来的经验，团结全党，团结国内外一切可能团结的力量，为了建设一个伟大的社会主义的中国而

◆ 中国共产党第八次全国代表大会会场

奋斗。以毛泽东同志为主要代表的中国共产党人在“第二次结合”中的根本目的就是尽快使中国摆脱贫穷落后的面貌，“把我国建设成为一个强大的社会主义国家”，揭开了建设社会主义强国的历史序幕。这一时期，毛泽东在探索如何把中国建设成为社会主义现代化国家中，提出了关于社会主义建设的一系列重要思想，包括社会主义社会是一个很长的历史阶段，要严格区分和正确处理敌我矛盾和人民内部矛盾，正确处理我国社会主义建设的十大关系，走出一条适合我国国情的工业化道路，尊重价值规律，在党与民主党派的关系上实行“长期共存、互相监督”的方针，在科学文化工作中实行“百花齐放、百家争鸣”的方针等。

一是走出一条适合我国国情的工业化道路。“中国落后的原因，主要的是没有新式工业。日本帝国主义为什么敢于这样地欺负中国，就是因为中国没有强大的工业，它欺侮我们的落后。因此，消灭这种落后，是我们全民族的任务。”① 中国共产党努力于中国的工业化，在社会主义经济建设方面，毛泽东提出要以农业为基础、以工业为主导的方针。中国的工业化进程始于洋务运动，实现工业化一直是近代以来中国人梦寐以求的理想。国家工业化，是实现国家独立和富强的必由之路。“如果我们不能解决经济问题，如果我们不能建立新式工业，如果我们不能发展生产力，老百姓就不一定拥护我们。”② 新中国成立前中国基本属于落后的农业国，没有形成完整的工业体系。“中国工人阶级的任务，不但是为着建立新民主主义的国家而斗争，而且是为着中国的工业化和农业近代化而斗争。”③ 1945年4月，在党的七大政治报告中，毛泽东指出：“在新民主主义的政治条件获得之后，中国人民及其政府必须采取切实的步骤，在若干年内逐步地建立重工业和轻工业，使中国由农业国变为工业国。”④ 党的七大提出了实现中国工业化的宏伟任务。1949年3月党的七届二中全会在西柏坡召开，会议指出中国由农业国转变为工业国，由新民主主义社会转变为社会主义社会的发展方向，党的工作重心也由乡村转移到城市。

中国共产党对现代化的探索是从新中国工业化开始的。从中华人民共和国成立到社会主义改造基本完成，这是一个过渡时期，党在过渡时期是要在10年到15年或者更长一些时间内，基本上完成

①《毛泽东文集》第3卷，人民出版社1996年版，第146—147页。

②《马克思主义中国化一百年大事记（1921—2021年）》，中央文献出版社2022年版，第16页。

③《毛泽东选集》第3卷，人民出版社1991年版，第1081页。

④《毛泽东选集》第3卷，人民出版社1991年版，第1081页。

国家工业化，工业在国民经济中的比重超过农业。社会主义的社会制度已经基本上建立，国内的主要矛盾已经转变为人民对于建立先进的工业国的要求同落后的农业国的现实之间的矛盾。党和人民当前的主要任务就是要集中力量来解决这个矛盾，把我国从落后的农业国变成先进的工业国。毛泽东提出，社会主义现代化的战略目标是要把中国建设成为一个具有现代农业、现代工业、现代国防和现代科学技术的强国。社会主义现代化战略步骤的第一步是建成一个独立的比较完整的工业体系和国民经济体系。

1956年年底，一方面社会主义改造基本完成，另一方面第一个五年计划主要指标已经完成或接近完成。1955年年底到1956年年初，毛泽东提出在经济上实行多快好省的方针。1957年下半年以后，对社会主义建设道路的探索进入曲折发展阶段。1958年5月5日至23日，党的八大二次会议通过了“鼓足干劲、力争上游、多快好省地建设社会主义”的总路线。这条总路线是基于急于求成的思想下制定，工业方面提出“以钢为纲”，进行全民大炼钢铁运动，要求7年、5年乃至3年内实现15年钢产量，赶超英美；农业方面提出“以粮为纲”。由于片面追求工农业生产建设的高速度，强调“快”，忽视了国民经济的综合平衡，违背了客观经济规律，并未取得预期效果，反而造成了人力物力的巨大浪费，是党在探索建设社会主义道路中的一次严重挫折。

1962年上半年，全党集中力量对国民经济进行调整，党在经济工作方面采取了比较符合实际的方针、政策和措施，国民经济调整工作取得巨大成就。1964年12月21日至1965年1月4日，第三届全国人民代表大会第一次全体会议，提出了实现“四个现代化”的历史任务。党中央确定了分两步走实现现代化的战略构想：“在不太长的历史时期内，把我国建设成为一个具有现代农业、现代工业、现代国防和现代科学技术的社会主义强国，赶上和超过世界先进水平。”① “四个现代化”成为共同奋斗目标。20 世纪 50 年代到 70 年代，中国的社会主义现代化历经挫折，尽管不是一帆风顺，但党在探索社会主义建设道路上总结正面经验，吸取反面教训，依然取得巨大成就。

中国共产党在旧中国遗留下来“一穷二白”的基础上，建立了独立的、比较完整的工业体系和国民经济体系，实现了工业化从无到有的根本转变，综合国力大幅提高。以毛泽东同志为主要代表的中国共产党人从马克思主义中国化的立场出发，成功探索出了一条适合中国国情的工业化发展道路，这为改革开放和社会主义现代化建设新时期奠定了十分重要的经济基础。中国进入改革开放的新时期，邓小平曾指出：“我们能在今天的国际环境中着手进行四个现代化建设，不能不铭记毛泽东同志的功绩。”②

二是提出严格区分和正确处理敌我矛盾和人民内部矛盾的原则与方法。1956 年从国际上看共产主义运动出现大波折，苏共二十大后，东欧一些社会主义国家对苏联的大国沙文主义表示不满，波兰波兹南地区出现流血冲突，匈牙利布达佩斯等地发生示威游行。从国内看也出现群众闹事等事件。面对国内外这些新状况，如何吸取苏联和波匈事件的教训，积极解决我国社会主义社会不断出现的新矛盾，成为党中央关心的重大课题，以毛泽东同志为主要代表的中国共产党人对社会主义社会的矛盾进行了深入思考。

《关于正确处理人民内部矛盾的问题》是毛泽东 1957 年 2 月

①《马克思主义中国化一百年大事记（1921—2021 年）》，中央文献出版社 2022 年版，第 188 页。

②《邓小平文选》第 2 卷，人民出版社 1994 年版，第 172 页。

27日在最高国务会议第十一次（扩大）会议上的讲话，社会主义社会矛盾的学说，极大地丰富了马克思主义的科学社会主义理论。讲话创造性地提出要对两类不同性质的矛盾进行区分，集中反映了毛泽东关于世界范围内矛盾问题的思考。毛泽东指出，社会主义还存在两类不同性质的矛盾，一种是敌我之间的矛盾，一种是人民内部的矛盾。前者需要用强制、专政的方法解决，后者只能用民主的、说服教育的、“团结—批评—团结”的方法解决。这两类不同性质的矛盾在社会主义社会是客观存在的，但也是可以进行转换的。毛泽东为此制定了一系列正确处理人民内部矛盾的制度、公式和方针，至今仍有重要的指导意义。

明确了社会主义社会的基本矛盾及其特点。毛泽东指出，矛盾是普遍存在的，社会主义社会的基本矛盾仍然是生产关系和生产力之间、经济基础和上层建筑之间的矛盾，这些矛盾是非对抗性的，可以通过社会主义制度本身的自我调整和完善得到解决。这一观点为探索社会主义发展规律指明了方向。一百多年来中国共产党对中国社会主要矛盾的认识随着中国社会发展的不同历史时期和不同发展阶段逐步深化。社会主义社会基本制度确立后，我国社会的主要矛盾和主要任务也发生了相应变化。1956年9月党的八大明确提出：“我们国内的主要矛盾，已经是人民对于建立先进的工业国的要求同落后的农业国的现实之间的矛盾，已经是人民对于经济文化迅速发展的需要同当前经济文化不能满足人民需要的状况之间的矛盾”①。社会主要矛盾的变化决定了党的中心任务的变化，大会作出把党和国家的工作重点转移到社会主义建设上来的重大决定。团结一切力量解决这个社会主要矛

①《建国以来重要文献选编》第9册，中央文献出版社1994年版，第341页。

盾，让我国尽快地从落后的农业国变为先进的工业国。

三是提出“长期共存、互相监督”的方针。在社会主义民主政治建设方面，毛泽东提出处理好中国共产党同各民主党派的关系，要坚持“长期共存、互相监督”的方针。中国共产党与民主党派的关系是我国政党关系的重要组成部分。中国的民主党派多数成立于抗日战争和解放战争时期，它们在成立之日起，就与中国共产党建立了不同程度的合作关系，这种合作在中国革命斗争过程中发挥了积极作用。无论是在国共谈判还是解放战争过程中，中国共产党对各民主党派采取的是积极的争取和团结的政策。新中国成立后，各民主党派走上新的历史发展道路，地位发生了根本变化，毛泽东在同相关人士谈话时指出民主党派应积极参政，共同建设新中国，这符合中国人民的根本利益，也符合各民主党派和无党派人士的意愿。

毛泽东在总结中国共产党同民主党派长期合作的成功经验的基础上，吸取了国际共产主义运动的经验教训，提出在党与民主党派的关系上实行“长期共存、互相监督”的基本方针，这个方针实际上是扩大民主。1956 年 4 月 25 日，毛泽东在中央政治局扩大会议所作的《论十大关系》的讲话中，首先提出了“长期共存、互相监督”的思想，澄清了党内外对民主党派政治作用和历史地位的错误认识。1957年2月，毛泽东在最高国务会议第十一次（扩大）会议上作《关于正确处理人民内部矛盾的问题》的讲话时，对“长期共存、互相监督”的方针的提出及其重要意义又作了深刻的阐述。“长期共存”指共产党与民主党派一直共存到将来不需要政党为止；“互相监督”指各党派互相提意见、建议、批评。这个方针的提出，在民主党派和无党派民主人士中引起强烈反响并深受鼓舞，大大推动了各民主党派工作的活跃和发展，也使广大中共党员对人民民主统一战线重要性的认识提高了一大步。

四是形成“百花齐放、百家争鸣”的方针。20世纪50年代后期到60年代中期，新中国的文教卫生体育事业获得较大发展。在社会主义文化建设方面，毛泽东提出要坚持马克思主义的指导地位，实行“百花齐放、百家争鸣”的方针。为了调动一切积极因素，特别是广大科学技术工作者和文化艺术工作者“建设强大的社会主义国家”的积极性，为发展科学技术、繁荣文化艺术创造必要的民主条件，以毛泽东同志为主要代表的中国共产党人提出了在科学文化中贯彻“百花齐放、百家争鸣”的方针。早在1951年3月，毛泽东就曾为中国戏曲研究院成立题词“百花齐放，推陈出新”，这为我国的文艺繁荣事业指明了方向。1956年，毛泽东在中共中央政治局扩大会议总结讲话中指出艺术问题上的百花齐放，学术问题上的百家争鸣。同年5月2日正式提出“百花齐放、百家争鸣”的方针。毛泽东指出：“现在是新的社会制度刚建立的社会大变动时期，这当然要反映到人们的思想上来。对于错误的意见，不是压服，而是说服。领导我们的国家应该采用‘放’的方针，就是放手让大家讲意见，使人们敢于说话，敢于批评。”[①] 国家需要大量知识分子贡献自身理论，绝大多数知识分子是爱国的，愿意为社会主义服务的，也有少数知识分子对社会主义制度不那么欢迎和高兴。毛泽东认为思想改造，首先应是各种知识分子的思想改造，要帮助知识分子在政治上明辨是非、分清敌我，学会用科学的观点解释社会现象。1951年，毛泽东在报刊上开展了一场对新上映电影《武训传》的批判，他认

①《马克思主义中国化一百年大事记（1921—2021年）》，中央文献出版社2022年版，第162页。

为《武训传》所提出来的问题具有根本性质，对武训和电影《武训传》的歌颂污蔑了农民革命斗争，污蔑了中国历史，污蔑了中华民族。这是把反动宣传当成正当宣传，反映了我国文化界思想的混乱，资产阶级反动思想侵入了共产党员，应该彻底澄清在这个问题上的混乱，对知识分子进行思想改造。

“百花齐放、百家争鸣”是一个基本性也是一个长期性的方针，它不仅为科学和文化艺术的发展指明了正确的途径，也是我们进行一切工作的好方法，对社会主义民主政治建设也有重要的指导意义。“双百”方针反对了教条主义、思想僵化和文化专制主义，正确处理了政治与学术、政治与文化艺术之间的关系，贯彻了社会主义民主的原则和方法，是党在科学技术和文化领域实行民主的正确方针。这一方针是党的知识分子政策，是以尊重知识、尊重科学、尊重知识分子劳动的特点为出发点，它有利于党在社会主义事业中做好知识分子工作，充分发挥知识分子的特殊作用。1961 年 9 月，中共中央在《教育部直属高等学校暂行工作条例（草案)》中特别强调高等学校要正确执行“百花齐放、百家争鸣”的方针。1962 年 4 月，文化部党组和全国文联党组在《关于当前文学艺术工作若干问题的意见（草案)》中指出，进一步贯彻执行“百花齐放、百家争鸣”的方针，更好地为工农兵服务，为社会主义服务。这一时期，优秀的文艺作品不断诞生，如电影《江姐》《小兵张嘎》，小说《青春之歌》《红岩》，大型音乐舞蹈史诗《东方红》等作品深受人民群众喜爱。

第二篇

继往开来兴中华

——中国特色社会主义理论体系为中华民族富起来提供了科学指引

第三章

理论创新　伟大转折

——中国特色社会主义道路与理论的形成

方向决定前途，道路决定命运。习近平总书记强调：“道路问题是关系党的事业兴衰成败第一位的问题，道路就是党的生命。”中国特色社会主义道路，是在以毛泽东同志为核心的党的第一代中央领导集体带领全党全国各族人民对社会主义建设进行艰苦探索的基础上，以邓小平同志为核心的党的第二代中央领导集体带领全党全国各族人民在改革开放的伟大实际中开创，以江泽民同志为核心的党的第三代中央领导集体带领全党全国各族人民成功推向21世纪，以

胡锦涛同志为总书记的党的中央领导集体带领全党全国各族人民在新世纪继续推进的一条正确道路。习近平总书记强调："无论遇到什么风浪，在坚持中国特色社会主义道路这个根本问题上都要一以贯之，决不因各种杂音噪音而改弦更张。"① 在推进中国特色社会主义伟大实践的过程中，形成了包括邓小平理论、"三个代表"重要思想以及科学发展观等重大战略思想在内的科学理论体系——中国特色社会主义理论体系。中国特色社会主义理论体系是指导党和人民实现中华民族伟大复兴的正确理论，这个理论体系是马克思基本原理同当代中国实际、时代特征和优秀传统文化相结合的产物，是继毛泽东思想之后中国共产党人的重大理论创新，既坚持了马克思列宁主义、毛泽东思想，又与时俱进，开辟了马克思主义发展的新境界，实现了马克思主义中国化时代化新的飞跃。在前进道路上，要坚定不移高举中国特色社会主义伟大旗帜，坚持和拓展中国特色社会主义道路，坚持和丰富中国特色社会主义理论体系。

第一节 "一个伟大的战略转变"

粉碎"四人帮"后，广大干部群众强烈要求结束以阶级斗争为纲的错误理论和实践，彻底扭转十年内乱造成的严重局面，使中国社会主义建设事业重新奋起。与此同时，世界经济快速发展，科技进步日新月异。国内外发展大势都要求中国共产党尽快就关系党和国家前途命运的大政方针作出政治决断和战略抉择。为解决好这个

①《十九大以来重要文献选编》(中)，中央文献出版社 2021 年版，第 675 页。

问题，中国人民和中国共产党进行了两年时间的探索和准备。党的十一届三中全会，顺应时代潮流和人民愿望，作出把党和国家工作中心转移到经济建设上来、实行改革开放的历史性决策，实现了新中国成立以来党的历史上具有深远意义的伟大转折。

一、十字路口的重大考验

1975 年年初，在四届全国人大一次会议前后，邓小平相继担任中共中央军委副主席兼总参谋长、中共中央副主席、国务院第一副总理等职务，主持中央日常工作。受命于危难之际的邓小平，根据毛泽东提出的要安定团结、把国民经济搞上去等指示，在各种会议上强调全党要讲大局，明确而坚定地提出要进行全面整顿。整顿工作的深入展开势必触及“左”倾错误，1975 年 11 月下旬，“反击右倾翻案风”运动发动后，全面整顿被迫中断。这次整顿虽然只进行了不到一年，但有力地加速了“文化大革命”走向终结的进程，是实现历史性转折的前奏。“文化大革命”结束后，在两年多的时间里，虽然党和国家工作有所前进，经济建设、社会各项事业在一定程度上有所恢复和发展，但由于“左”的指导思想没有得到根本纠正，党和国家工作出现了在徘徊中前进的局面。中国向何处去的问题，再次摆在党和人民面前。

（一）面临的复杂严峻形势

“文化大革命”的结束使中国获得了有利的发展契机，但“文化大革命”带来的严重困难局面并没有随之而消失，各种问题堆积如山，部分地区的动乱尚未停止，党面临着十分严峻复杂的形势。粉碎“四人帮”以后，要在短期内尽快消除“文化大革命”造成的政治上思想上的混乱局面，如何彻底揭发批判“四人帮”，迅速扭转困难局面，实现全国安定团结，恢复和发展国民经济，肃清“左”的流毒和影响，拨乱反正，平反冤假错案，是摆在全党和全国人民面前的紧迫而重大的任务。

（二）消除混乱稳定局面

面对“文化大革命”之后的混乱局面，稳定局势成为当时最迫切需要解决的问题。党中央首先着手清查“四人帮”帮派体系，部署开展揭发批判“四人帮”的运动。经过艰苦努力，到 1977 年上半年，派性造成的武斗和动乱基本被制止。到 1978 年，全国绝大部分地区和单位的清查工作取得显著成果，人民群众期盼已久的安定政治局面开始形成。

◆ 首都群众在天安门广场举行集会和游行，庆祝粉碎“四人帮”

（三）再次出现新的冒进

1977 年 2 月 7 日，《人民日报》、《红旗》杂志和《解放军报》社论《学好文件抓住纲》提出了“两个凡是”的方针，即：“凡是毛主席作出的决策，我们都坚决维护，凡是毛主席的指示，我们都始终不渝地遵循”。这种拒绝对事物作任何分析的方针，在理论上违背了马克思主义基本原理，在实践上为新形势下坚持真理、修正错误设置了障碍。1977 年 8 月 12 日至 18 日，中国共产党第十一次全国代表大会在北京召开。大会宣告“文化大革命”已经结束，但这次大会未能从根本上着手纠正“文化大革命”的错误和制定新的路线方针政策。1978 年 2 月 26 日至 3 月 5 日，五届全国人大一次会议通过的《一九七六年到一九八五年发展国民经济十年规划纲要》又提出了较为宏大的计划，要求到本世纪末工业方面建成 120 个大项目，主要工业产品产量和经济技术指标分别接近、赶上和超过最发达的资本主义国家和世界先进水平。这一大规模建设规划反映了人民早日实现现代化的心愿，但在部署上仍然是老办法，一是继续提高积累率，扩大基本建设投资规模，使“文化大革命”时期出现的国民经济结构比例严重失调的矛盾更加突出；二是继续“抓革命促生产”的老模式，强调“以阶级斗争为纲”“抓纲治国”，继续搞运动和大会战。

二、国内外大势的审视洞察

科学判断形势是我们党制定正确路线、方针、政策的基础。“文化大革命”结束后，我们党在逐步拨乱反正的过程中，看到中国同发达国家的差距，有了奋起直追的紧迫感，从各方面促使着伟大转折的发生。中国共产党在对“文化大革命”、对中国发展落后状况的省思中另寻出路，在对当时国际形势的洞察中实现了转向。

（一）正视与发达国家的差距

第二次世界大战结束后，特别是二十世纪六七十年代，世界范围内的新科技革命迅猛发展，中国的发展与国际先进水平的差距进一步拉大。在新科技革命的推动下，美、欧、日等经济体的实力有了大发展、大提升，中国周边原来一些曾经比较落后的国家如韩国、新加坡，还有一些地区如中国的香港、台湾等，也都抓住机遇，获得快速发展。比如，1952 年，中国国内生产总值为 679 亿元人民币，约合 305 亿美元，人均约 53 美元，同期日本国内生产总值为 172.49 亿美元，人均约 200 美元，日本人均不到中国的 4 倍；而 26 年后，即到 1978 年，中国国内生产总值为 3645.2 亿元人民币，约合 2165 亿美元，人均约 222 美元，同期日本国内生产总值为 9807.32 亿美元，人均 8538 美元，日本人均相当于中国的 38 倍还要多，已跻身发达国家之列。日本炼钢工人平均每人一年生产 300 吨钢，而中国的炼钢工人平均每人一年生产的钢不过 10 吨左右。世界上一些国家的铁路早已实现牵引电气化、内燃化，而当时中国的蒸汽机车仍占机车总数的 80% 以上。在一些新兴工业部门，差距就更大。我国科学技术水平同世界先进水平相比，多数领域相差 15 到 20 年。对此，邓小平曾深有感触地指出：“中国六十年代初期同世界上有差距，但不太大。六十年代末期到七十年代这十一二年，我们同世界的差距拉得太大了。”[①] 经济科技的巨大差距，刺激中国转变的决心。

（二）加快奋起直追的步伐

对国际形势，特别是对发达国家情况的了解，加深了转变的紧迫感。从 1978 年起，党和国家领导层相继到国外考察出访。其中，邓小平先后 4 次出访了 11 个国家。邓小平在日本参观日产汽车公司时感慨：“我懂得什么是现代化了”。时任国务院副总理的谷牧，率团

①《邓小平文选》第 2 卷，人民出版社 1994 年版，第 231—232 页。

出访西欧5国的25个城市，欧洲经济运行及发展的自动化、现代化、高效率，给考察团成员留下了深刻印象，令谷牧产生了“咄咄逼人的紧迫感”。1978年7月至9月，在国务院召开的务虚会上，许多同志提出改革僵化的经济管理体制、引进国外先进技术和资金的建议。9月下旬，国务院召开的全国计划会议又提出经济工作必须实行三个转变：一是把注意力转到生产斗争和技术革命上来；二是把管理制度和管理方法转到按照经济规律办事的科学管理的轨道上来；三是从闭关自守或半闭关自守状态转到积极引进国外先进技术，利用国外资金，大胆进入国际市场的开放政策上来。一系列的会议更加表达了全党要转变的迫切心情。特别是1978年9月，邓小平在东北三省视察，走一路讲一路，他呼吁，世界天天发生变化，一定要根据现在的有利条件加速发展生产力，使人民的生活好一些。

（三）抵制“两个凡是”的错误思想

邓小平1977年4月10日致华国锋、叶剑英并转党中央的信中提出，我们必须世世代代地用准确的完整的毛泽东思想来指导我们全党、全军和全国人民，把党和社会主义的事业，把国际共产主义的事业，胜利地推向前进。5月3日，党中央转发这封信，肯定了邓小平的正确意见，“准确的完整的毛泽东思想”的提法很快得到党内许多干部的拥护，成为委婉地批评抵制“两个凡是”的思想武器。5月24日，邓小平在同中央两位同志谈话时，明确批评和反对“两个凡是”。邓小平指出：“按照‘两个凡是’，就说不通为我平反的问题，也说不通肯定一九七六年广大群众在天安门广场的活动‘合乎情理’的问题。”[①] “毛泽东思想是个思想体系”，“我们要高举旗

①《邓小平文选》第2卷，人民出版社1994年版，第38页。

帜，就是要学习和运用这个思想体系”。邓小平对“两个凡是”的批评，提出“准确的完整的毛泽东思想”，开了全党解放思想的先导，进一步鼓舞了许多干部和理论工作者，促使人们开始比较直接地批评某些主要的“左”倾理论观点。如经济理论界从1977年2月开展关于按劳分配和“资产阶级法权”等问题的讨论，《人民日报》《光明日报》等报刊选载了一批讨论的文章，把讨论推向了深入。所有这些都不同程度地抵制了“两个凡是”方针，为之后的战略转变奠定了基础。

三、战略转变的成功实现

1978年5月11日，《实践是检验真理的唯一标准》一文的发表，开启了关于实践是检验真理的唯一标准问题的讨论。随后引发的讨论及争论的一系列对党和国家发展的根本性重大性原则性问题在11月召开的中央工作会议上得以解决，中央工作会议成为实现历史性伟大转折的前奏，随后召开的党的十一届三中全会，作为一个伟大转折点载入党和国家发展的光辉史册。正如1979年1月1日，《人民日报》发表的社论《把主要精力集中到生产建设上来》所强调的：把党的工作重点转移到社会主义现代化建设上来，这是一个伟大的战略转变。

（一）开展真理标准问题大讨论

1978年5月10日，中央党校内部刊物《理论动态》刊登《实践是检验真理的唯一标准》一文。5月11日，《光明日报》以特约评论员名义公开发表这篇文章，新华社向全国转发。文章鲜明地提出：实践不仅是检验真理的标准，而且是唯一的标准。马克思主义的理论宝库不是一堆僵死不变的教条。不能拿现成的公式去限制、宰割、剪裁无限丰富的飞速发展的革命实践，应该勇于研究新的实践中提出的新问题。文章一经发表便在广大干部群众中引起强烈反响，引发了关于真理标准问题的讨论。尽管文章只是对马克思主义的基本常识作正面阐述，实际上却批判了“两个凡是”，因而立即引起“两个凡是”同实事求是两种观点的激烈争论。在关键时刻，邓小平对这场讨论给予及时而有力的支持。1978 年 6 月 2 日，他在全军政治工作会议上的讲话中着重阐述了毛泽东关于实事求是的观点，批评有些人在对待毛泽东和毛泽东思想问题上的“两个凡是”的错误态度，号召“拨乱反正，打破精神枷锁，使我们的思想来个大解放”。此后，《人民日报》《光明日报》《解放军报》等报刊连续发表文章，许多老一辈革命家也以不同方式支持或参与讨论。在邓小平等的大力支持下，中央各部门、地方和军队的负责人相继发表讲话或文章，表明支持的态度；社会各界更是踊跃参与，站到讨论的前沿。在多种力量的推动下，“打破僵化”“解放思想”的呼声越来越高，开始打破“两个凡是”和多年来盛行的个人崇拜的禁锢。真理标准问题的讨论为党重新确立实事求是的思想路线，纠正长期以来的“左”倾错误，实现历史性转折奠定了思想理论基础。实践表明，真理标准问题的讨论是党的十一届三中全会实现伟大历史转折的思想先导。

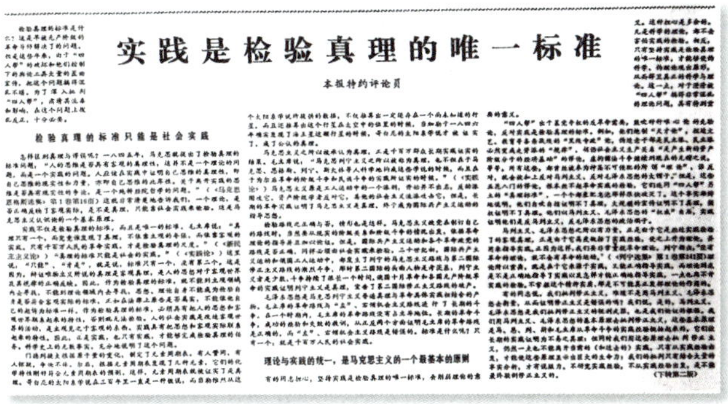

实践是检验真理的唯一标准

本报特约评论员

检验真理的标准只能是社会实践

理论与实践的统一，是马克思主义的一个最基本的原则

（下转第二版）

◆ 1978 年 5 月 11 日，《光明日报》发表文章《实践是检验真理的唯一标准》

（二）处在历史转折的前奏

1978 年 11 月 10 日至 12 月 15 日，中共中央工作会议在北京召开。

会上，许多老一辈革命家和领导骨干对“文化大革命”结束后两年来党的领导工作中出现的问题提出了批评，对党的工作重点转移到经济、政治方面的重大决策，党的优良传统的恢复和发扬等，提出了建议。与会者经过讨论，在这个问题上很快达到意见统一。

12月13日，在中央工作会议闭幕会上，邓小平作了题为《解放思想，实事求是，团结一致向前看》的重要讲话。他指出：“一个党，一个国家，一个民族，如果一切从本本出发，思想僵化，迷信盛行，那它就不能前进，它的生机就停止了，就要亡党亡国。”① 他提出各方面的新情况都要研究，各方面的新问题都要解决，尤其要注意研究和解决管理方法、管理制度、经济政策这三方面的问题。他强调，“再不实行改革，我们的现代化事业和社会主义事业就会被葬送”②。邓小平的讲话提出了一个“大政策”，就是要允许一部分地区、一部分企业、一部分工人农民，由于辛勤努力成绩大而收入先多一些，生活先好起来，一部分人生活先好起来，就必然产生示范力量，就会使整个国民经济不断地波浪式地向前发展，使全国各族人民都能较快地富裕起来。这次讲话实际上成为随后召开的党的十一届三中全会的主题报告，这次会议就成为党的十一届三中全会实现历史性伟大转折的前奏。

（三）开启历史新时期

1978年12月18日到22日，党的十一届三中全会在北京召开。全会决定，适应国内外形势的发展变化，必须及时地、果断地结束全国范围的大规模揭批林彪、“四人帮”的群众运动，从1979年起，

①《邓小平文选》第2卷，人民出版社1994年版，第143页。
②《邓小平文选》第2卷，人民出版社1994年版，第150页。

◆ 党的十一届三中全会会场

把全党的工作重点和全国人民的注意力转移到社会主义现代化建设上来。

党的十一届三中全会高度评价了关于真理标准问题的讨论，认为关于实践是检验真理的唯一标准问题的讨论，对促进全党同志和全国人民解放思想，端正思想路线，具有深远的历史意义；提出了改革开放的任务，由此，中国开始了从“以阶级斗争为纲”到以经济建设为中心、从僵化半僵化到全面改革、从封闭半封闭到对外开放的历史性转变。全会还讨论了民主法制问题，在讨论经济问题时完全同意邓小平关于发扬经济民主的论断。针对当时经济领域内的实际情况，要求在几年中逐步改变国民经济重大比例失调的状况，消除生产、建设、流通、分配中的混乱现象，解决人民生活中多年积累下来的一些问题；阐发了对外开放方针和重视科学、教育的方针，提出解决历史遗留问题必须遵循实事求是、有错必纠的原则。会议决定把对“文化大革命”的全面总结，留待以后适当时候去做。全会还增选了中央领导机构成员，从组织上加强了中央领导机构，保证了党的十一届三中全会确定的路线方针政策的贯彻执行。

由于上述一系列根本性的转变，党的十一届三中全会结束了粉碎“四人帮”后党和国家工作在徘徊中前进的局面。这次会议全面开启了党在思想、政治、组织等领域的拨乱反正，揭开了我国的改革开放的序幕。这一切，显示了党顺应时代潮流和人民愿望、勇敢开辟中国特色社会主义道路的坚强决心，标志着中国共产党人在新的时代条件下的伟大觉醒，正是这个伟大觉醒，孕育了新时期从理论到实践的伟大创造。党的十一届三中全会是中国进入社会主义事业发展新时期的光辉标志。它标志着中国共产党终于从严重的历史挫折中重新奋起，带领中国人民开始了改革开放和为实现社会主义现代化而奋斗的新长征。

第二节 中国特色社会主义新道路

道路决定命运，找到一条正确道路是多么不容易。中国特色社会主义不是从天上掉下来的，是党和人民历尽千辛万苦、付出各种代价取得的根本成就。正如习近平总书记所说，“中国特色社会主义道路是党和人民历经千辛万苦、克服千难万险取得的宝贵成果。中国特色社会主义道路，开拓于中国人民共同奋斗，扎根于中华大地，是给中国人民带来幸福安宁的正确道路”[①]。

一、成功开创中国特色社会主义道路

中国特色社会主义道路反映了中国改革开放和现代化建设的基

①《十九大以来重要文献选编》（中），中央文献出版社 2021 年版，第 675 页。

本经验，是实现国家繁荣富强和人民共同富裕的必由之路。但这条路的开辟不是轻轻松松就实现的，而是经历了长期的探索。

（一）中国特色社会主义道路的前提和基础

虽然中国特色社会主义命题是在改革开放的历史新时期提出的，中国特色社会主义道路是在改革开放的历史新时期开创的，中国特色社会主义理论体系也是在改革开放的历史新时期形成的，但其基础和源头可以追溯到此前的历史时期，即以毛泽东同志为核心的党的第一代中央领导集体带领党和人民探索中国自己建设社会主义道路的时期。虽然没有正式提出中国特色社会主义的命题，但以毛泽东同志为核心的党的第一代中央领导集体基于中国经济文化落后的基本现状，带领党和人民围绕“什么是社会主义”“怎样建设中国的社会主义”等问题，对适合中国国情的社会主义建设道路进行了一系列开创性的探索。以毛泽东同志为核心的党的第一代中央领导集体带领全党全国各族人民铲除了帝国主义和封建专制主义根基，完成了新民主主义革命，确立了人民民主专政的国体，进行了对农业、手工业和资本主义工商业的社会主义改造，确立了社会主义基本制度，成功实现了中国历史上最深刻的社会变革，为当代中国的发展奠定了根本政治前提和制度基础。在探索我国社会主义现代化建设过程中，党虽然犯了以阶级斗争为纲的“左”的思想错误，出现严重失误，经历严重曲折，但党在社会主义建设中取得的独创性理论成果和巨大成就，为新的历史时期开创中国特色社会主义提供了宝贵经验、理论准备和物质基础。正如邓小平在改革开放之初就已经指出的那样：“从许多方面来说，现在我们还是把毛泽东同志已经提出、但是没有做的事情做起来，把他反对错了的改正过来，把他没有做好的事情做好。今后相当长的时期，还是做这件事。当然，我们也有发展，而且还要继续发展。”①

（二）“走出一条中国式的现代化道路”

党的十一届三中全会后，出现若干值得注意的现象。这就是，一方面，一些同志仍然受“左”倾思想的束缚，对党的十一届三中全会以来党的路线、政策表现出某种不理解甚至抵触情绪；另一方面，社会上极少数人利用党纠正“左”倾错误的机会，打着“民主自由”“解放思想”的旗号，散布怀疑和否定共产党的领导、反对社会主义制度和毛泽东思想的言论，甚至主张走资本主义道路。党内也有极少数人思想发生动摇，他们不但不承认这股资产阶级自由化思潮的危险，甚至直接间接地加以某种程度的支持。如果听任这两方面的倾向发展下去，必将造成思想混乱，影响刚刚形成的安定团结局面。我们党一方面强调要坚持社会主义，另一方面不断总结历史经验，进行拨乱反正，探索建设社会主义的新路。1979 年 3 月，邓小平代表党中央在理论工作务虚会上讲话指出：在中国要实现四个现代化，必须坚持社会主义道路、坚持无产阶级专政即人民民主专政、坚持共产党的领导、坚持马列主义毛泽东思想。这四项基本原则“是实现四个现代化的根本前提”。他强调，一方面要继续肃清“四人帮”散布的极左思潮的流毒，另一方面也要同怀疑或反对四项基本原则的思潮作坚决斗争。这篇讲话表明，中国共产党所实行的改革开放，一开始就具有明确的社会主义方向。这既是对资产阶级自由化思潮的有力抵制，又是对党的十一届三中全会路线的进一步阐述。在这次会议上，邓小平首次提出“中国式的现代化道路”的命题，并强调：过去搞民主革命，要适合中国情况，走毛泽东同志开辟的农村包围城市的道路。现在搞建设，也要

①《邓小平文选》第 2 卷，人民出版社 1994 年版，第 300 页。

适合中国情况，走出一条中国式的现代化道路。之后，邓小平多次阐释中国式的现代化道路，如在1979年12月6日，邓小平在会见时任日本首相大平正芳时提出，我们要实现的四个现代化，是中国式的四个现代化。我们的四个现代化的概念，不是像你们那样的现代化的概念，而是“小康之家”。1980年1月，他又提出，在发展经济方面，要“寻求一条合乎中国实际的，能够快一点、省一点的道路”[①]。

（三）“走自己的路，建设有中国特色的社会主义”

实践在发展，对中国特色社会主义道路的探索也在前进。在党的十二大开幕词中，邓小平明确提出，我们的现代化建设，必须从中国的实际出发。无论是革命还是建设，都要注意学习和借鉴外国经验。但是，照抄照搬别国经验、别国模式，从来不能得到成功。这方面我们有过不少教训。把马克思主义的普遍真理同我国的具体实际结合起来，走自己的道路，建设有中国特色的社会主义，这就是我们总结长期历史经验得出的基本结论。从此，建设中国特色社会主义成为新时期中国共产党人全部理论和实践的主题。从那时起，历届中央领导集体，在理论创新和实践创新中不断深化对中国特色社会主义道路的认识。之后，在改革开放的伟大实践中，以邓小平同志为主要代表的中国共产党人进一步总结社会主义建设的历史经验特别是改革开放的新鲜经验，总结苏联模式的教训及其他国家谋求发展的得失，对中国特色社会主义道路进行了深入探索。党的十二届三中全会突破了把计划经济同商品经济对立起来的传统观念，提出了发展社会主义商品经济的思想。党的十三大系统地论述了社会主义初级阶段理论，制定了党在社会主义初级阶段“一个中心、

①《邓小平文选》第2卷，人民出版社1994年版，第246页。

两个基本点”的基本路线。由此规定了中国特色社会主义道路的基本走向和核心内容。1992 年在南方谈话中，邓小平提出了关于社会主义和改革开放的一系列独创性观点，进一步深化了对中国特色社会主义道路的认识，把中国特色社会主义推进到一个新的发展阶段。总之，党的十二大以来，邓小平指出，各项工作都要有助于建设有中国特色的社会主义。他立足这一主题，及时总结改革开放和现代化建设的实践，围绕“什么是社会主义、怎样建设社会主义”问题，在理论上提出许多重要的观点，创立了邓小平理论，邓小平理论的创立是中国特色社会主义道路成功开创的标志。

二、成功把中国特色社会主义推向 21 世纪

从党的十一届三中全会开始的探索，到党的十二大提出要走自己的道路，建设有中国特色的社会主义，并不是探索的结束，而是进一步探索中国特色社会主义道路的新起点。从那时开始，我们党在理论创新和实践创新中不断深化对中国特色社会主义道路的认识。以江泽民同志为核心的党的第三代中央领导集体带领全党全国各族人民，坚持党的基本理论和基本路线，在严重曲折和严峻考验面前，捍卫了中国特色社会主义，成功地把中国特色社会主义推向 21 世纪。概言之，从 1989 年到 2002 年，虽然世情、国情、党情发生了深刻变化，但我们党始终与人民休戚与共，中国特色社会主义道路越走越宽广。

（一）“事非经过不知难”

中国特色社会主义道路不是一帆风顺的，江泽民曾经用“事非经过不知难”来形容我们为建设中国特色社会主义所作出的艰辛努力。1989 年 6 月 23 日至 24 日，党的十三届四中全会召开，选举产

◆ 中国共产党第十四次全国代表大会会场

生了以江泽民同志为核心的党的第三代中央领导集体，开始了继续推进中国特色社会主义道路的征程。但此时，恰恰遇到国际国内政治风波的严峻考验，是听凭资产阶级自由化思潮泛滥，让苏联解体、东欧剧变的“多米诺骨牌”推倒中国社会主义的万里长城，还是把改革开放说成引进和发展资本主义，把经济领域的变革说成和平演变的主要危险？面对国内外的质疑，党带领全国人民坚定道路决心，踏实前进。从各个方面发展中国特色社会主义道路，提升综合国力。江泽民旗帜鲜明地指出，“社会主义是中国人民的历史选择，是中国走向现代化的必由之路。”[①] “想让中国放弃社会主义，回头走资本主义道路，这是完全错误，根本行不通的。”[②] 以江泽民同志为核心

①《江泽民文选》第1卷，人民出版社2006年版，第122页。
②《江泽民论有中国特色社会主义（专题摘编）》，中央文献出版社2002年版，第29页。

的党的第三代中央领导集体一方面深入总结我国社会主义建设和改革开放以来的经验教训，另一方面深入反思世界社会主义运动特别是苏联解体、东欧剧变的经验教训，继续深化对中国特色社会主义道路的认识。特别是，在党的十四大上，江泽民作题为《加快改革开放和现代化建设步伐，夺取有中国特色社会主义事业的更大胜利》的报告。提出要坚持用邓小平建设有中国特色社会主义理论武装全党；确定了建立社会主义市场经济体制的改革目标；针对“一手比较硬、一手比较软”的不足，在加快物质文明建设的同时，着力加强精神文明建设和党的建设，以及政治文明建设。在全面推进中国特色社会主义事业发展的过程中，进一步完善和发展了对中国特色社会主义道路的认识。

（二）“坚定不移地走建设有中国特色社会主义道路”

马克思指出，人们自己创造自己的历史，但是他们并不是随心所欲地创造，并不是在他们自己选定的条件下创造，而是在直接碰到的、既定的、从过去承继下来的条件下创造。中国特色社会主义道路就是如此。中国特色社会主义道路一经植根于中华大地，便显示出强大的生命力，成为引领当代中国发展进步的光辉道路，决不会因挫折而中断。正如江泽民强调：“这个问题的实质，就是全党同志要坚定不移地走建设有中国特色社会主义道路，充满信心地为建设有中国特色社会主义伟大事业而不懈奋斗。”[①] 1997 年，邓小平去世以后，中国面临着举什么旗、走什么路的重大历史关头。面对经济体制改革进入攻坚阶段，发展处于关键时期这样一个复杂局面，是退回到单一公有制和计划经济老路上去，还是从“私有化”中找

①《江泽民文选》第 3 卷，人民出版社 2006 年版，第 216 页。

出路？在关键时刻，以江泽民同志为核心的党的第三代中央领导集体坚决顶住来自“左”的和右的压力，尤其是在党的十五大上，江泽民作题为《高举邓小平理论伟大旗帜，把建设有中国特色社会主义事业全面推向二十一世纪》的报告，作出了一个历史性的决策，把邓小平理论作为党的指导思想写入党章；与此同时，制定了党在社会主义初级阶段的基本纲领，明确了公有制为主体、多种所有制经济共同发展是我国社会主义初级阶段的一项基本经济制度，强调要全面认识公有制，公有制实现形式可以而且应当多样化，不能笼统地认为股份制是姓“公”的还是姓“私”的，作出了全面参与经济全球化、加入世界贸易组织等的战略决策，同时提出西部大开发战略，促进了区域间优势互补、互帮互助的协调发展，从而在新的思想解放中坚持走中国特色社会主义道路，把建设中国特色社会主义全面推向21世纪。

（三）探索社会主义“永远不能停顿”

江泽民认为，中国特色社会主义道路是坚持马克思主义关于社会主义发展道路实践而形成的新形态，他认为这个新的形态是符合中国国情发展的，所以要在坚持中去完善，要在坚持中求发展。正如他所说：“建设有中国特色社会主义的实践在继续前进，我们对有中国特色社会主义的探索和认识也要继续下去，永远不能停顿。”[①] 在世纪之交，我们党面临着如何抓住战略机遇期，最广泛、最充分地调动一切积极因素，全面建设小康社会的重大历史关头。是以僵化的态度无视党的历史方位的变化，无视改革开放中社会生活和社会结构的深刻变化，墨守成规；还是因党和社会所发生的变化而改变党的性质和

①《江泽民文选》第3卷，人民出版社2006年版，第327页。

◆ 中国共产党第十六次全国代表大会会场

宗旨，不讲原则？在关键时刻，以江泽民同志为核心的党的第三代中央领导集体回应了各种错误观点的挑战，提出了“三个代表”重要思想，在庆祝中国共产党成立80周年大会上发表了重要讲话。2002年11月，江泽民在党的十六大报告中阐明了“三个代表”重要思想，提出了“全面建设小康社会”的奋斗目标，推动了中国特色社会主义道路的进一步发展。总之，以江泽民同志为核心的党的第三代中央领导集体，在实践中大大拓宽了中国特色社会主义的发展道路。正如习近平总书记在庆祝改革开放40周年大会上所高度评价的那样，“以江泽民同志为主要代表的中国共产党人，团结带领全党全国各族人民……在国内外形势十分复杂、世界社会主义出现严重曲折的严峻考验面前，捍卫了中国特色社会主义，确立了社会主义市场经济体制的改革目标和基本框架，确立了社会主义初级阶段的基本经济制度和分配制度，开创全面改革开放新局面，推进党的建设新的伟大工程，成功把中国特色社会主义推向 21 世纪。”[①]

三、在新形势下坚持和发展中国特色社会主义

党的十六大以来，以胡锦涛同志为总书记的中央领导集体，坚持以邓小平理论和“三个代表”重要思想为指导，深入分析我国进入新世纪以来经济社会发展呈现出来的阶段性特征，认真总结我国发展实践中的经验和存在的问题，借鉴国外发展经验，进一步深化对中国特色社会主义道路的认识。在艰巨复杂的国内外形势下，推进实践创新、理论创新、制度创新，科学地概括了中国特色社会主义道路，并沿着这条道路不懈前进，成功在新的历史起点上坚持和发展了中国特色社会主义。

（一）“中国共产党要走的道路，就是中国特色社会主义道路”

进入新世纪后，中国特色社会主义事业在取得重大成就的同时，我国经济社会发展呈现出新的阶段性特征。面对发展的黄金期和矛盾凸显期并存，以及实践中出现的困难、矛盾和问题，是用改革开放前的老办法还是搬用西方那一套来解决问题，在中国特色社会主义发展的这个关键时期，又一次出现了选择走什么路的问题。2002 年 11 月，党的十六届一中全会在北京召开，在这次会议中，产生了以胡锦涛同志为总书记的党的中央领导集体，接过了发展中国特色社会主义道路的指挥棒。新的中央领导集体强调要始终坚持中国特色社会主义道路，胡锦涛指出，“我们党能够在新时期开创出中国特色社会主义道路，其理论基础是对马克思列宁主义、毛泽东思想的科学继承，其时代背景是对国际形势和时代特征的科学把握，其历

① 习近平：《在庆祝改革开放 40 周年大会上的讲话》，《人民日报》2018 年 12 月 19 日。

史根据是对国内外建设社会主义正反两方面经验的科学总结，其现实依据是对我国改革开放和社会主义现代化建设生动实践、对最广大人民共同愿望的科学认识。”① 以胡锦涛同志为总书记的党中央，依据国内外形势的新变化，提出了“科学发展观”等一系列重大战略思想，继续坚持和发展了中国特色社会主义。科学发展观是我国在道路发展过程中的创新之举，它的提出为中国特色社会主义道路的运行提供了有效保障。在此基础上，以胡锦涛同志为总书记的党的中央领导集体坚定不移地以科学发展观为指导，按照科学发展观的相关精神对经济、政治、文化、社会、党的建设等多方面进行深入探索。例如，经济建设方面，胡锦涛在一如既往地推进工业的发展与进步的同时，还把建设的重点放在“三农”问题上，为解决“三农”问题提供了诸多政策优惠和制度支持。面对 2008 年美国的次贷危机引发的国际金融危机，胡锦涛强调我国要加快转变经济发展方式。政治建设方面，胡锦涛始终秉持“民主是社会主义的生命”这一理念，强调要加强社会主义民主法制建设，不断推进社会主义民主。文化建设方面，胡锦涛强调要引导广大干部群众特别是青少年树立以“八荣八耻”为主要内容的社会主义荣辱观，党的十六届四中全会还提出了要构建社会主义和谐社会。中国特色社会主义道路越走越宽，越走越稳。

（二）阐释中国特色社会主义道路的内涵

坚持中国特色社会主义道路，就是真正坚持社会主义。准确把握中国特色社会主义道路的丰富内涵，可以启迪我们更好地认识和理解这条道路、更好地坚持和拓展这条道路。邓小平提出了建设有

①《十七大以来重要文献选编》（上），中央文献出版社 2009 年版，第 97 页。

中国特色社会主义命题，后经历代领导人的丰富和完善，对这条道路的内涵有了完整的表述。胡锦涛在党的十七大上作了题为《高举中国特色社会主义伟大旗帜，为夺取全面建设小康社会新胜利而奋斗》的报告，报告指出："改革开放以来我们取得一切成绩和进步的根本原因，归结起来就是：开辟了中国特色社会主义道路，形成了中国特色社会主义理论体系。"胡锦涛强调："中国特色社会主义道路，就是在中国共产党领导下，立足基本国情，以经济建设为中心，坚持四项基本原则，坚持改革开放，解放和发展社会生产力，巩固和完善社会主义制度，建设社会主义市场经济、社会主义民主政治、社会主义先进文化、社会主义和谐社会，建设富强民主文明和谐的社会主义现代化国家。"这个表述凝结提升了对中国特色社会主义道路的认识。这一概括揭示了中国特色社会主义的领导力量、历史方位、基本路线、历史任务、总体布局和奋斗目标，是对改革开放 30 多年来我们党在社会主义建设方面的实践和认识的科学总结。在理论上回答了什么是中国特色社会主义道路、怎样坚持中国特色社会主义道路这一关系到中国长远发展的重大战略问题。这样一个完整、准确的定义就直接回击了所谓的"中国崩溃""中国无未来"的相关论调，坚定了对中国未来的信心，使中国特色社会主义道路经受住了历史性的考验。经过五年的实践和探索，党的十八大报告又对十七大报告关于中国特色社会主义道路概括在内涵上加以拓展，在境界上加以提升。

（三）中国特色社会主义是当代中国发展进步的旗帜

实践永无止境，创新永无止境。我们必须倍加珍惜、长期坚持和不断发展党历尽艰辛开创的中国特色社会主义道路。因为道路的选择具有历史必然性。马克思说，人们自己创造自己的历史，但是他们并不是随心所欲地创造，并不是在他们自己选定的条件下创造，而是在直接碰到的、既定的、从过去承继下来的条件下创造。中国道路的选择，是由中国近代社会面临的基本问题和历史任务决定的。走中国特色社会主义道路，是中国共产党带领人民主动顺应历史趋势，并在承继下来的历史条件下经过长期实践选择和开辟的，是近代以来中国历史发展的必然结果。事实表明，中国特色社会主义道路是引领中国发展进步的唯一正确道路，只有这条道路而不是别的什么道路能够指引中华民族实现伟大复兴。因此，胡锦涛指出："中国特色社会主义伟大旗帜，是当代中国发展进步的旗帜，是全党全国各族人民团结奋斗的旗帜。"① "在改革开放三十多年一以贯之的接力探索中，我们坚定不移高举中国特色社会主义伟大旗帜，既不走封闭僵化的老路、也不走改旗易帜的邪路"②。党的十六大以来，以胡锦涛同志为主要代表的中国共产党人，抓住重要战略机遇期，坚持用中国特色社会主义伟大旗帜凝聚社会共识，聚精会神搞建设，一心一意谋发展，对道路的内涵进行概括，对道路的地位给予高度肯定，对道路的特点进行系统分析，对道路的经验进行总结，对道路的要求进行明确，进一步深化和拓展了中国特色社会主义道路。正如习近平总书记所说："党的十六大以后，以胡锦涛同志为主要代表的中国共产党人，团结带领全党全国各族人民，坚持以邓小平理论和'三个代表'重要思想为指导，根据新的发展要求，深刻认识和回答了新形势下实现什么样的发展、怎样发展等重大问题，形成

① 胡锦涛：《高举中国特色社会主义伟大旗帜　为夺取全面建设小康社会新胜利而奋斗——在中国共产党第十七次全国代表大会上的报告》，人民出版社 2007 年版，第 1 页。

② 胡锦涛：《坚定不移沿着中国特色社会主义道路前进　为全面建成小康社会而奋斗——在中国共产党第十八次全国代表大会上的报告》，人民出版社 2012 年版，第 12 页。

了科学发展观，抓住重要战略机遇期，在全面建设小康社会进程中推进实践创新、理论创新、制度创新，强调坚持以人为本、全面协调可持续发展，形成中国特色社会主义事业总体布局，着力保障和改善民生，促进社会公平正义，推动建设和谐世界，推进党的执政能力建设和先进性建设，成功在新的历史起点上坚持和发展了中国特色社会主义。”①

第三节 马克思主义中国化新的飞跃

中国特色社会主义道路是中国共产党带领中国人民历尽千辛万苦找到的一条实现国家富强、人民幸福的正确道路。正如习近平总书记所说：“理论的生命力在于不断创新，推动马克思主义不断发展是中国共产党人的神圣职责。”② 在艰辛探索这条道路的过程中，中国共产党人把马克思主义的基本原理同中国的具体实际结合起来，不断推进理论的发展，以理论指导实践，在实践中深化认识，发展理论，从而实现了马克思主义中国化新的飞跃。

一、中国特色社会主义理论体系的形成过程

中国特色社会主义理论体系是在深入总结改革开放和社会主义现代化建设的实践经验中逐步形成，并给予改革开放和社会主义现代化建设以理论的指导。总体而言，大体经历了三大发展阶段。

---

① 习近平：《在庆祝改革开放40周年大会上的讲话》，《人民日报》2018年12月19日。
②《十九大以来重要文献选编》(上)，中央文献出版社2019年版，第434页。

（一）邓小平理论的创立与发展

党的十一届三中全会作出了改革开放和社会主义现代化建设的重大决策，开启了新的历史时期。新的历史时期有新的时代课题，这其中最重要的就是要弄清楚“什么是社会主义、怎样建设社会主义”这个首要问题。通过对自身革命和建设经验的总结、对国际共产主义运动的审视，邓小平在党的十二大开幕词中响亮提出“建设有中国特色的社会主义”的崭新命题。在改革开放和社会主义现代化建设的宏大实践中，邓小平重点围绕时代主题、改革开放、现代化建设、社会发展阶段和发展战略等重大问题，提出了一系列新观点新论断。

1984 年，党的十二届三中全会作出了《中共中央关于经济体制改革的决定》，提出了我国社会主义经济是公有制基础上的有计划的商品经济，展现了党对计划与市场关系问题的新认识，此后以城市为重点的经济体制改革全面展开。1987 年，党的十三大强调指出，改革开放是振兴中国的唯一出路，是人心所向，是大势所趋，不可逆转。面对中国实行的社会主义究竟处于什么阶段、如何判定发展阶段的问题，党的十三大报告第一次系统阐述了社会主义初级阶段理论，提出了党在社会主义初级阶段的基本路线、“三步走”发展战略。这样，关于邓小平理论是一个科学体系的思想观点已经在这次报告中初见雏形，它构成了建设有中国特色的社会主义理论的轮廓，初步回答了我国社会主义建设的阶段、任务、动力、条件、布局和国际环境等基本问题，规划了我们前进的科学轨道。党的十三大以后，中国共产党领导全国人民成功应对来自国内外的严峻挑战，保证了中国特色社会主义沿着正确方向不断发展。

理论创新的过程往往经过重大历史关头的考验而愈益展现出真理的光芒。20 世纪 80 年代末 90 年代初，中国再次面临走什么路、向何处去的重大选择。邓小平历时 35 天决定中国前途命运的“南方之行”为改革开放事业指明了新的方向。邓小平在南方谈话中，精辟分析了国际国内形势，科学总结了党的十一届三中全会以来的基本经验，重点围绕关系中国特色社会主义理论与实践的一系列重大问题作出创造性回答，破除了长期困扰和束缚人们思想解放的许多障碍。党的十四大充分吸收了南方谈话的重要成果，对邓小平理论作出了科学概括，主要包括社会主义发展道路、发展阶段、根本任务、发展动力，社会主义建设的外部条件、政治保证、战略步骤，社会主义的领导力量和依靠力量，以及祖国统一等九个方面，并提出把建设有中国特色社会主义理论写入党章。党的十五大正式提出“邓小平理论”这一科学概念，阐明了邓小平理论的历史地位和指导意义，要求把邓小平理论同马克思列宁主义、毛泽东思想一道，确

◆ 深圳特区

定为党在一切工作中的指导思想，并先后载入党章和宪法。

（二）“三个代表”重要思想的形成

1989 年 6 月，党的十三届四中全会是在关系党和国家命运的关键时刻召开的重要会议，产生了以江泽民同志为核心的党的第三代中央领导集体。大会强调要继续坚决执行党的十一届三中全会以来的路线、方针、政策，强调中国共产党作为工人阶级的先锋队和社会主义事业的领导力量，要随着形势和任务的变化，相应地转变斗争策略、活动方式、工作方法，但是党的性质不能变，共产主义的最高目标不能变。

这次大会后，以江泽民同志为主要代表的中国共产党人准确把握时代特征，科学判断我们党所处的历史方位，坚决捍卫中国特色社会主义，继承和发展了改革开放伟大事业，形成了“三个代表”重要思想，进一步丰富发展了中国特色社会主义理论体系。

20 世纪 90 年代以来，中国如何始终保持社会主义制度的优越性，党如何始终走在时代前列、应对改革开放以来自身建设面临的风险考验，成为这一时期党和国家领导人持续思考的历史课题。以江泽民同志为核心的党的第三代中央领导集体，高度重视推动建设有中国特色社会主义的经济、政治和文化，同时着力推动党的建设新的伟大工程。

1991 年，江泽民在建党 70 周年庆祝大会上首次提出了建设有中国特色社会主义的经济、政治和文化问题。他指出：“有中国特色社会主义的经济、政治、文化，是有机统一、不可分割的整体。加强这三方面的建设，根本目的是充分调动广大人民群众的积极性、推动社会生产力发展和社会全面进步。”[①] 1992 年 10 月，党的十四大突

①《江泽民文选》第 1 卷，人民出版社 2006 年版，第 161 页。

破了把市场经济与社会主义对立起来的传统观念，确定了建立社会主义市场经济体制的改革目标，系统论述了加强党的建设和改善党的领导问题。

1994 年，党的十四届四中全会就新形势下党的建设问题进行了专门研究，通过了《中共中央关于加强党的建设几个重大问题的决定》，提出要把中国共产党建设成为用建设有中国特色社会主义理论武装起来的，全心全意为人民服务、思想上政治上组织上完全巩固的、能够经受住各种风险、始终走在时代前列的马克思主义政党。

1997 年，江泽民在党的十五大上作了题为《高举邓小平理论伟大旗帜，把建设有中国特色社会主义事业全面推向二十一世纪》的报告。提出了“面向新世纪的中国共产党”这个具有鲜明时代特征和深刻内涵的党建命题，同时进一步明确了新的伟大工程的总目标，这不仅对中国共产党的领导和自身建设提出了更高的要求，而且结合当今世界的时代特征和我国社会主义现代化建设发展新的实际，给党的建设赋予了新的内容。报告还第一次全面阐述了建设有中国特色社会主义经济、政治、文化的基本目标和基本政策，提出了党在社会主义初级阶段的基本纲领。

21 世纪以来，中国共产党站在新的历史起点，汲取了改革开放以来的成功经验，从建党 70 多年来的历史进程中深刻总结了党要始终得到人民群众衷心拥护必须具备的关键因素，“三个代表”重要思想逐步形成。

2000 年 2 月 25 日，江泽民在广东考察工作时发表了题为《在新的历史条件下更好地做到“三个代表”》的重要讲话。在这篇讲话中，他指出：“总结我们党七十多年的历史，可以得出一个重要结论，这就是：我们党所以赢得人民的拥护，是因为我们党在革命、建设、改革的各个历史时期，总是代表着中国先进生产力的发展要求，代表着中国先进文化的前进方向，代表着中国最广大人民的根本利益，并通过制定正确的路线方针政策，为实现国家和人民的根本利益而不懈奋斗。”① 这是对“三个代表”重要思想第一次完整、准确的表述，同时深刻地说明“三个代表”重要思想是对党的历史经验的科学总结。

2001 年 7 月 1 日，江泽民在庆祝中国共产党成立 80 周年大会上的讲话和党的十六大报告，是“三个代表”重要思想形成科学体系的两个标志性文献。

江泽民在庆祝建党 80 周年的重要讲话中，第一次全面深刻地阐述了“三个代表”重要思想的科学内涵。江泽民指出：“我们党要始终代表中国先进生产力的发展要求，就是党的理论、路线、纲领、方针、政策和各项工作，必须努力符合生产力发展的规律，体现不断推动社会生产力的解放和发展的要求，尤其要体现推动先进生产力发展的要求，通过发展生产力不断提高人民群众的生活水平。”② “我们党要始终代表中国先进文化的前进方向，就是党的理论、路线、纲领、方针、政策和各项工作，必须努力体现发展面向现代化、面向世界、面向未来的，民族的科学的大众的社会主义文化的要求，促进全民族思想道德素质和科学文化素质的不断提高，为我国经济发展和社会进步提供精神动力和智力支持。”③ “我们党要始终代表中国最广大人民的根本利益，就是党的理论、路线、纲

①《江泽民文选》第 3 卷，人民出版社 2006 年版，第 2 页。

②《十五大以来重要文献选编》(下)，人民出版社 2011 年版，第 151 页。

③《十五大以来重要文献选编》(下)，人民出版社 2011 年版，第 154 页。

领、方针、政策和各项工作，必须坚持把人民的根本利益作为出发点和归宿，充分发挥人民群众的积极性主动性创造性，在社会不断发展进步的基础上，使人民群众不断获得切实的经济、政治、文化利益。”[①]

2002 年 11 月，江泽民在党的十六大报告中进一步深入阐述了“三个代表”重要思想，指出“三个代表”重要思想是对马克思列宁主义、毛泽东思想和邓小平理论的继承和发展，反映了当代世界和中国发展变化对党和国家工作的新要求，是加强和改进党的建设、推进我国社会主义自我完善和发展的强大理论武器，是全党集体智慧的结晶，是党必须长期建设的指导思想。大会决定将“三个代表”重要思想作为党必须长期坚持的指导思想写入党章。2004 年，“三个代表”重要思想写入宪法。

（三）科学发展观的形成与“中国特色社会主义理论体系”科学概念的提出

党的十六大以后，面对新世纪新阶段复杂多变的国际环境和艰巨繁重的改革发展任务，以胡锦涛同志为主要代表的中国共产党人，立足社会主义初级阶段基本国情，深入分析我国发展的阶段性特征，深刻回答我国社会主义经济建设、政治建设、文化建设、社会建设以及生态文明建设和党的建设中的重大问题，提出了科学发展观，开拓了马克思主义中国化的新境界。

2003 年 4 月 15 日，胡锦涛在广东考察时指出：我们要认清形势，进一步增强加快发展、率先发展、协调发展的历史责任感和使命感，坚持全面的发展观，通过促进社会主义物质文明、政治文明

---

①《十五大以来重要文献选编》（下），人民出版社 2011 年版，第 156 页。

和精神文明协调发展不断争创新优势。同年7月1日，胡锦涛在“三个代表”重要思想理论研讨会上指出：“发展是以经济建设为中心、经济政治文化相协调的发展，是促进人与自然相和谐的可持续发展。中国共产党人要坚持以兴国为己任、以富民为目标，走适合中国国情的社会主义发展道路，经过长时期的努力，不断使经济更加发展、民主更加健全、科教更加进步、文化更加繁荣、社会更加和谐、人民生活更加殷实，不断促进人的全面发展。”①

2003年7月28日，胡锦涛在全国防治“非典”会议上明确强调，我们的发展要更好地坚持全面、协调、可持续的发展观。同年8月28日至9月1日，胡锦涛在江西考察时指出，要牢固树立协调发展、全面发展、可持续发展的科学发展观，积极探索符合实际的发展新路子，进一步完善社会主义市场经济体制。这是首次明确使用“科学发展观”这一概念。

2003年10月，党的十六届三中全会通过的《中共中央关于完善社会主义市场经济体制若干问题的决定》，阐述了科学发展观的内涵和要求，提出要“坚持以人为本，树立全面、协调、可持续的发展观，促进经济社会和人的全面发展”；要按照“五个统筹”，即统筹城乡发展、统筹区域发展、统筹经济社会发展、统筹人与自然和谐发展、统筹国内发展和对外开放的要求来贯彻落实科学发展观。胡锦涛在党的十六届三中全会第二次全体会议上作了题为《树立和落实科学发展观》的重要讲话，进一步阐述了树立和落实科学发展观的重大意义和迫切性。

2004年3月10日，中央召开人口资源环境工作座谈会。胡锦涛

①《十六大以来重要文献选编》（上），中央文献出版社2005年版，第363页。

在讲话中对科学发展观作了深刻论述，指出坚持以人为本，全面、协调、可持续的发展观，是“从新世纪新阶段党和国家事业发展全局出发提出的重大战略思想”，要求全党同志都要深刻认识和落实科学发展观的重要意义，坚定不移地树立和落实科学发展观。

2007 年 10 月，党的十七大对科学发展观的时代背景、科学内涵、精神实质和根本要求进行了系统深入的阐述，提出科学发展观第一要义是发展，核心是以人为本，基本要求是全面协调可持续，根本方法是统筹兼顾，强调深入贯彻落实科学发展观，必须始终坚持“一个中心、两个基本点”的基本路线，必须积极构建社会主义和谐社会，必须继续深化改革开放，必须切实加强和改进党的建设。同时，会议明确指出：“中国特色社会主义理论体系，就是包括邓小平理论、‘三个代表’重要思想以及科学发展观等重大战略思想在内的科学理论体系。”

◆ 中国共产党第十七次全国代表大会会场

党的十八大进一步明确了科学发展观的历史地位、科学内涵和实践要求，提出科学发展观是中国特色社会主义理论体系最新成果，是中国共产党集体智慧的结晶，是指导党和国家全部工作的强大思想武器，并把科学发展观同马克思列宁主义、毛泽东思想、邓小平理论、“三个代表”重要思想一起作为党的指导思想写入党章。

中国特色社会主义理论体系的形成，深化了我们党对共产党执政规律、社会主义建设规律、人类社会发展规律的认识，为全党和全国各族人民提供了强大的思想保证和理论武装，丰富了马克思主义的理论宝库，实现了马克思主义中国化新的飞跃。

二、中国特色社会主义的基本问题

一个国家实行什么样的主义，关键要看这个主义能否解决这个国家面临的历史性课题。中国特色社会主义理论体系之所以成为党的指导思想，引领时代发展，关键在于它把握了历史发展规律，顺应了历史大势，适应于改革开放和社会主义现代化建设的需要，从理论和实践层面及时回答了中国之问、世界之问、人民之问、时代之问。

（一）什么是马克思主义，怎样坚持和发展马克思主义

马克思主义是党和人民的指路明灯，它引领近代中国实现民族独立、人民解放，也必然能引领改革开放的中国走出一条适合中国国情的特色道路，让人民群众真正富裕起来。只有深刻认识什么是马克思主义，正确坚持和发展马克思主义，才能源源不断地为中国特色社会主义理论体系注入生机活力。

新民主主义革命时期，以毛泽东同志为主要代表的中国共产党人就主张既要学习马克思主义的“本本”，也要结合我国的实际情况。社会主义建设时期，毛泽东进一步要求，必须读马克思这些老

祖宗的书，必须遵守基本原理，但是任何国家的共产党、任何国家的思想界，都要创造新的理论。直至改革开放之前，马克思主义在中国的充分运用已经证明，这是一个科学、开放、发展的理论，不是必须背得烂熟并机械地加以重复的教条。

20 世纪 80 年代末，随着改革开放的不断深入，国内政治风波的影响，“什么是马克思主义，怎样坚持和发展马克思主义”成为国内外共同关心的问题，同时是形成中国特色社会主义理论体系必须解决的根本理论问题。邓小平继承发展了毛泽东思想中关于科学对待马克思主义的正确观点，他认为：“马克思去世以后一百多年，究竟发生了什么变化，在变化的条件下，如何认识和发展马克思主义，没有搞清楚。绝不能要求马克思为解决他去世之后上百年、几百年所产生的问题提供现成答案。列宁同样也不能承担为他去世以后五十年、一百年所产生的问题提供现成答案的任务。真正的马克思列宁主义者必须根据现在的情况，认识、继承和发展马克思列宁主义。”① 在邓小平的影响下，既坚持“老祖宗不能丢”，又坚持“讲新话”，成为这一时期共产党人坚持和发展马克思主义的基本遵循。

21 世纪以来，江泽民、胡锦涛主张用科学的态度和正确的方法，坚持和发展马克思主义，走好中国特色社会主义发展道路。江泽民指出，“坚持马克思主义，绝不能采取教条主义、本本主义的态度，而应该采取实事求是、与时俱进的科学态度，坚持一切从发展变化着的实际出发，把马克思主义看作是不断随着实践的发展而发展的科学”②。胡锦涛从改革开放 30 年的历史经验出发，强调把马克思主义基本原理

①《邓小平文选》第 3 卷，人民出版社 1993 年版，第 291 页。
②《江泽民文选》第 3 卷，人民出版社 2006 年版，第 337 页。

同中国具体实际相结合，走自己的路，建设中国特色社会主义。

（二）什么是社会主义、怎样建设社会主义

什么是社会主义，如何在一个经济文化落后的东方大国领导和建设社会主义，是中国共产党人面临的一个全新课题。新中国成立后，党领导人民独立自主地探索适合中国国情的社会主义建设道路，取得了举世瞩目的重大成就，积累了宝贵的历史经验，但也出现了失误和挫折。1985 年，邓小平指出，“问题是什么是社会主义，如何建设社会主义。我们的经验教训有许多条，最重要的一条，就是要搞清楚这个问题”[①]。

党的十四大以后，我国社会主义市场经济体制进入改革攻坚阶段，原来不敢触及或很少触及的所有制问题打开突破口。20 世纪 90 年代中期以来，姓“公”姓“私”问题再次引发争论，一股“左”的暗流再次泛起。与此同时，邓小平逝世后，建设有中国特色社会主义道路能否继续走下去？改革开放以来的路线方针政策能否保持一贯性？中国共产党必须有力回应“什么是社会主义、怎样建设社会主义”这个首要的基本问题。这是中国特色社会主义理论体系形成发展的重要理论依据。

邓小平理论在形成发展过程中，从党的十二大提出“建设有中国特色的社会主义”的重大命题，党的十三大初步回答我国社会主义建设的阶段、任务、动力、条件、布局和国际环境等基本问题，到党的十四大、十五大比较系统地初步回答了中国社会主义的发展道路、发展阶段、根本任务、发展动力、外部条件、政治保证、战略步骤、党的领导和依靠力量以及祖国统一等系列基本问题，抓住了什么是社会

①《邓小平文选》第 3 卷，人民出版社 1993 年版，第 116 页。

主义、怎样建设社会主义这个根本问题，把对社会主义的认识提高到新的科学水平。党的十三届四中全会以后，以江泽民同志为主要代表的中国共产党人，紧密结合改革开放与社会主义现代化建设的伟大实践，提出了建立社会主义市场经济体制、坚持社会主义基本经济制度、建设社会主义法治国家、发展社会主义先进文化等任务，进一步回答了什么是社会主义、怎样建设社会主义这个基本问题。党的十六大以后，以胡锦涛同志为总书记的党中央，继续推进理论创新和实践创新，提出以人为本、坚持科学发展、建设创新型国家、建设社会主义新农村、构建社会主义和谐社会、建设社会主义核心价值体系等重大战略思想，进一步深化了什么是社会主义、怎样建设社会主义这个基本问题，把中国共产党对社会主义建设规律的认识提高到了新的水平。

（三）建设什么样的党、怎样建设党

加强党的自身建设，永葆先锋模范带头作用，是中国共产党立于不败之地的坚强政治保障。面对改革开放以来新的时代大潮和世界大势，建设什么样的党、怎样建设党是中国特色社会主义理论体系必须回应的基本问题，它关系着中国共产党如何永葆先进性和纯洁性，如何巩固党的执政地位，完成党的执政使命。党的十一届三中全会以后，中国共产党坚持把推进中国特色社会主义事业和加强党的建设、推进党的建设新的伟大工程紧密结合，对新形势下加强党的建设问题进行了艰辛探索。

邓小平在改革开放之初就在思考执政党建设的问题，他提出："执政党应该是一个什么样的党，执政党的党员应该怎样才合格，党怎样才叫善于领导？"[①] 强调要明确党在四个现代化中的地位和作用。

①《邓小平文选》第 2 卷，人民出版社 1994 年版，第 276 页。

党的十三届四中全会以后，江泽民深刻分析了党的建设面临的外部环境变化和涌现出来的新问题，强调在新的历史条件下加强党的执政能力建设，切实解决好提高党的领导水平和执政水平、提高拒腐防变和抵御风险能力两大历史课题，全面推进党的建设新的伟大工程，系统回答了在长期执政、对外开放、发展社会主义市场经济条件下，如何加强和改进党的建设这一根本问题。党的十六大以后，胡锦涛明确指出党的建设面临执政、改革开放、市场经济、外部环境等四大考验，精神懈怠、能力不足、脱离群众、消极腐败四大危险，要求以党的执政能力建设和先进性、纯洁性建设作为主线，坚持科学执政、民主执政、依法执政，以改革创新精神全面推进党的建设新的伟大工程，丰富和发展了马克思主义党的建设理论。

（四）实现什么样的发展、怎样发展

改革开放和社会主义现代化建设新时期，我国作为社会主义国家和最大的发展中国家，要走出一条建设社会主义的正确道路，增强综合国力，真正使人民摆脱贫困、尽快富裕起来，必须有力解决“实现什么样的发展、怎样发展”这个基本问题，这是党和人民共同面临的紧迫任务。

改革开放初期，邓小平科学判断我国社会发展阶段所处的历史方位，明确提出发展是当代世界的两大问题之一，是解决中国所有问题的关键，发展才是硬道理，并且提出了包含发展道路、发展动力、发展目标、发展战略等内容丰富的发展思想。党的十三届四中全会以后，江泽民进一步从党的性质、党的执政理念层面思考发展问题，明确提出发展是党执政兴国的第一要务，必须把坚持党的先进性落实到发展先进生产力、发展先进文化、实现最广大人民的根本利益上来，推动社会全面进步，促进人的全面发展。党的十六大

以后，面对空前激烈的世界经济实力和综合国力的竞争，面对我国改革发展进入关键期、攻坚期的风险挑战，胡锦涛深刻把握21世纪我国发展的阶段性特征，坚持把发展作为解决中国一切问题的关键，创造性地提出了科学发展观重大战略思想，强调坚持以人为本、全面协调可持续发展，对什么是发展、怎样发展、发展为了谁、发展依靠谁、发展成果由谁享有等重大问题作出了创造性的回答，使中国共产党对发展问题的认识达到新的高度。

三、中国特色社会主义理论体系的基本内容

中国特色社会主义理论体系是科学社会主义理论与中国实际相结合的产物，是科学社会主义理论在中国的创造性应用和发展，展现了中国共产党对马克思主义的坚定信仰，对社会主义和共产主义的坚定信念，中国共产党人伟大的历史主动精神。在中国特色社会主义理论体系的形成过程中，产生了邓小平理论、“三个代表”重要思想、科学发展观，这个理论体系以辩证唯物主义和历史唯物主义方法论为遵循，结合党自身执政经验和世界社会主义运动发展的历史经验，形成了彰显中国特色的马克思主义中国化理论成果。

（一）邓小平理论的基本内容

党的十一届三中全会以后，以邓小平同志为主要代表的中国共产党人，团结带领全党全国各族人民，深刻总结新中国成立以来正反两方面经验，围绕什么是社会主义、怎样建设社会主义这一根本问题，借鉴世界社会主义历史经验，创立了邓小平理论。1992年年初，88岁高龄的邓小平先后视察武昌、深圳、珠海、上海等地，发表了南方谈话。邓小平围绕如何推进改革开放、计划和市场的关系、解决中国发展问题的关键、巩固和发展社会主义制度的历史阶段等主题，

提出了“三个是否有利于”、社会主义本质、社会主义市场经济、社会主义初级阶段等系列重大理论，廓清了人们思想上的迷雾。这样，邓小平理论的基本框架最终形成，主要包括九个方面。

第一，在发展道路方面，强调走自己的路，不把书本当教条，不照搬外国模式，以马克思主义为指导，把实践作为检验真理的唯一标准，解放思想，实事求是，尊重群众的首创精神，建设有中国特色的社会主义。

第二，在发展阶段方面，作出了我国还处在社会主义初级阶段的科学论断，强调这是一个至少上百年的很长的历史阶段，制定一切方针政策都必须以这个基本国情为依据，不能脱离实际，超越阶段。

第三，在根本任务方面，指出社会主义的本质是解放生产力，发展生产力，消灭剥削，消除两极分化，最终达到共同富裕；强调现阶段我国社会的主要矛盾是人民日益增长的物质文化需要同落后的社会生产之间的矛盾，必须把发展生产力摆在首要位置，以经济建设为中心，推动社会全面进步；判断各方面工作的是非得失，归根到底，要以是否有利于发展社会主义社会的生产力，是否有利于增强社会主义国家的综合国力，是否有利于提高人民的生活水平为标准。科学技术是第一生产力，经济建设必须依靠科技进步和劳动者素质的提高。

第四，在发展动力方面，强调改革也是一场革命，也是解放生产力，是中国现代化的必由之路，僵化停滞是没有出路的。经济体制改革的目标，是在坚持公有制和按劳分配为主体、其他经济成分和分配方式为补充的基础上，建立和完善社会主义市场经济体制。政治体制改革的目标，是以完善人民代表大会制度、共产党领导多党合作和政治协商制度等为主要内容，发展社会主义民主政治。同经济、政治的改革和发展相适应，以“有理想、有道德、有文化、有纪律”为目标，建设社会主义精神文明。

第五，在外部条件方面，指出和平与发展是当代世界两大主题，必须坚持独立自主的和平外交政策，为我国现代化建设争取有利的国际环境。强调实行对外开放是改革和建设必不可少的，应当吸收和利用世界各国包括资本主义发达国家所创造的一切先进文明成果来发展社会主义，封闭只能导致落后。

第六，在政治保证方面，强调坚持社会主义道路、坚持人民民主专政、坚持中国共产党的领导、坚持马列主义毛泽东思想。这四项基本原则是立国之本，是改革开放和现代化建设健康发展的保证，又从改革开放和现代化建设中获得新的时代内容。

第七，在战略步骤方面，提出基本实现现代化分三步走。在现代化建设的长过程中要抓住时机，争取出现若干个发展速度比较快、效益又比较好的阶段，每隔几年上一个台阶。贫穷不是社会主义，允许和鼓励一部分地区一部分人先富起来，以带动越来越多的地区和人们逐步达到共同富裕。

第八，在领导力量和依靠力量方面，强调作为工人阶级先锋队的共产党是社会主义事业的领导核心，党必须适应改革开放和现代化建设的需要，不断改善和加强对各方面工作的领导，改善和加强自身建设。必须依靠广大工人、农民、知识分子，必须依靠各民族人民的团结，必须依靠全体社会主义劳动者、拥护社会主义的爱国者和拥护祖国统一的爱国者的最广泛的统一战线。党领导的人民军队是社会主义祖国的保卫者和建设社会主义的重要力量。

第九，在祖国统一方面，提出“一个国家、两种制度”的创造性构想。在一个中国的前提下，国家的主体坚持社会主义制度，香港、澳门、台湾保持原有的资本主义制度长期不变，按照这个原则来推进祖国和平统一大业的完成。

邓小平理论是贯通哲学、政治经济学、科学社会主义等领域，涵盖经济、政治、文化、党的建设等方面比较完备的科学体系，既继承前人又突破陈规，开拓了马克思主义的新境界。正是因为有先进理论的指导，我们党形成了社会主义初级阶段的基本路线和一系列方针政策，有力指引着改革开放和社会主义现代化建设的伟大实践。

（二）“三个代表”重要思想的基本内容

党的十三届四中全会以后，以江泽民同志为主要代表的中国共产党人，团结带领全党全国各族人民，坚持党的基本理论、基本路线、基本纲领和基本经验，进一步回答了什么是社会主义、怎样建设社会主义的问题，创造性地回答了建设什么样的党、怎样建设党的问题，形成了“三个代表”重要思想。“三个代表”重要思想在思想路线、发展道路、发展阶段和发展战略、根本任务、发展动力、依靠力量、国际战略、领导力量和根本目的等方面，进一步丰富发展了中国特色社会主义理论。

第一，在思想路线方面，指出要大力弘扬与时俱进的精神。与时俱进，就是强调党的全部理论和工作要体现时代性，把握规律性，富于创造性。能否始终做到这一点，决定着党和国家的前途和命运。坚持党的思想路线，解放思想，实事求是，与时俱进，是我们党坚持先进性和增强创造力的决定性因素。

第二，在发展道路方面，强调发展是党执政兴国的第一要务。必须用发展的办法解决前进中出现的问题；发展必须集中精力把经济搞上去；发展要善于抓住机遇，珍惜机遇，用好机遇；发展是社会主义物质文明、政治文明、精神文明的协调发展；发展包括促进人的全面发展；要正确认识和处理改革、发展、稳定的关系；发展必须毫不动摇坚持党在社会主义初级阶段的基本路线。

第三，在发展阶段和发展战略方面，提出二十一世纪头二十年是全面建设小康社会的阶段，明确了全面建设小康社会的目标；初步勾画了实现第三步战略目标的宏伟蓝图：二十一世纪第一个十年实现国民生产总值比2000年翻一番，使人民的小康生活更加宽裕，形成比较完善的社会主义市场经济体制；到建党一百年时，使国民经济更加发展，各项制度更加完善；到二十一世纪中叶新中国成立一百年时，基本实现现代化，建成富强民主文明的社会主义国家。

第四，在根本任务方面，强调社会主义的根本任务是发展社会生产力。始终代表中国先进生产力的发展要求，大力促进先进生产力的发展，是我们党站在时代前列，保持先进性的根本体现和根本要求。要坚持科学技术是第一生产力，要使生产关系和上层建筑的各个方面不断体现先进生产力的发展要求。

第五，在发展动力方面，指出改革是社会主义的自我完善和发展，是经济和社会发展的强大动力。改革的根本目的，就是要在各方面都形成与社会主义初级阶段基本国情相适应的比较成熟、比较定型的制度，使生产关系适应生产力的发展，使上层建筑适应经济基础的发展，使中国特色社会主义充满生机和活力。

第六，在依靠力量方面，强调要坚持统一战线，实现全国各民族、各党派、各阶层、各方面人民最广泛的团结。要坚持和完善中国共产党领导的多党合作和政治协商制度，巩固和发展社会主义民族关系，巩固和发展党同爱国宗教界的统一战线，认真做好非公有制经济代表人士、党外知识分子的工作，团结香港特别行政区同胞、澳门特别行政区同胞和台湾同胞、海外侨胞以及一切热爱中华民族的人们。

第七，在国际战略方面，指出世界要和平，人民要合作，国家要发展，社会要进步，是时代的潮流。要正确把握世界多极化和经济全球化的发展趋势，坚决反对各种形式的霸权主义和强权政治，维护世界和平，促进共同发展。

第八，在领导力量方面，强调办好中国的事情，关键取决于我们党。坚持中国共产党的领导，就是要坚持党在建设中国特色社会主义事业中的领导核心地位，发挥党总揽全局、协调各方的作用。贯彻“三个代表”重要思想，核心是坚持党的先进性。要不断巩固党自身的执政地位，紧跟世界发展进步的潮流，始终坚持党的先进性。

第九，在根本目的方面，指出建设中国特色社会主义，是我国各族人民实现自己利益、创造美好生活的共同事业，是亿万人民群众广泛参与的创造性事业。我们全部工作的出发点和落脚点，就是不断实现好维护好发展好最广大人民的根本利益。

“三个代表”重要思想，是我们党始终保持先进性历史经验的基本总结，既坚持了马克思主义的基本原理，又反映了当代世界和中国的发展变化对党和国家工作的新要求，丰富发展了马克思列宁主义、毛泽东思想和邓小平理论，继续指引着这一时期改革开放和社会主义现代化建设事业乘风破浪、扬帆远航。

（三）科学发展观的基本内容

党的十六大以后，以胡锦涛同志为主要代表的中国共产党人，高举邓小平理论和“三个代表”重要思想伟大旗帜，坚持立党为公、执政为民，求真务实、锐意进取，在全面建设小康社会的进程中不断推进实践创新、理论创新、制度创新，深刻认识和回答了新形势下实现什么样的发展、怎样发展等重大问题，形成了科学发展观。

第一，在发展道路方面，强调科学发展观的第一要义是发展。要牢牢扭住经济建设这个中心，聚精会神搞建设、一心一意谋发展，不断解放和发展社会生产力。更好实施科教兴国战略、人才强国战略、可持续发展战略，着力把握发展规律、创新发展理念、转变发展方式、破解发展难题，提高发展质量和效益，实现又好又快发展，为发展中国特色社会主义打下坚实基础。要努力实现以人为本、全面协调可持续的科学发展；实现各方面事业有机统一、社会成员团结和睦的和谐发展；实现既通过维护世界和平发展自己，又通过自身发展维护世界和平的和平发展。

第二，在核心本质方面，指出科学发展观的核心是以人为本。要以最广大人民的根本利益为本，尊重人民主体地位，坚持发展为了人民、发展依靠人民、发展成果由人民共享；正确反映和兼顾不同地区、不同部门、不同方面群众的利益，妥善协调各方面的利益关系，体现社会主义的人道主义和人文关怀，满足人们的发展愿望和多样性的需求，尊重和保障人权；要关注人的价值、权益和自由，关注人的生活质量、发展潜能和幸福指数，最终实现人的全面发展。

第三，在基本要求方面，强调要全面协调可持续发展，坚持统筹兼顾。坚持以经济建设为中心；坚持统筹城乡发展、区域发展、经济社会发展、人与自然和谐发展、国内发展和对外开放；正确认识和处理当前发展和长远发展、局部利益和全局利益、发展的平衡和不平衡以及政府和市场的关系；统筹国内国际两个大局，善于从国际形势发展变化中把握发展机遇、应对风险挑战，营造良好国际环境；既要总揽全局、统筹规划，又要抓住牵动全局的主要工作、事关群众利益的突出问题，着力推进、重点突破。

第四，在发展思路方面，指出用新的发展思路提高经济增长的质量和效益，实现又快又好发展。加快转变经济增长方式，切实走新型工业化道路；坚持做好“三农”工作，建设社会主义新农村；推进自主创新，建设创新型国家；建设资源节约型、环境友好型社会。

第五，在发展动力方面，强调在新的历史起点上继续推进社会主义现代化建设，说到底要靠深化改革、扩大开放。要毫不动摇地坚持改革方向，坚定改革的决心和信心，提高改革决策的科学性，增强改革措施的协调性，不断完善社会主义市场经济体制，全面提高对外开放水平。

第六，在战略布局方面，提出构建社会主义和谐社会的重大任务，使中国特色社会主义事业的总体布局更加明确地由社会主义经济建设、政治建设、文化建设“三位一体”发展为社会主义经济建设、政治建设、文化建设、社会建设“四位一体”，促进社会全面进步。要求团结一切可以团结的力量，调动一切可以调动的积极因素，发挥各方面的创造活力。

科学发展观反映了时代进步的要求，体现了实践发展的需要，为党和人民事业发展提供了科学的理论指导和有力的思想保证。在新的历史时期，把科学发展观贯穿于经济社会发展的全过程、落实到经济社会发展的各个环节，切实把经济社会发展转入以人为本、全面协调可持续发展的轨道，正是全面建设小康社会、加快推进社会主义现代化建设的实践方向。

伟大时代产生伟大理论，伟大理论指引伟大实践。中国特色社会主义理论体系在改革开放的伟大实践中显现出无可置疑的科学性和真理性，为我们运用马克思主义的立场、观点、方法，科学分析和回答我国改革发展面临的一系列重大问题提供了思想武器。它不但回答和解决了建设社会主义的一系列重大理论问题，具有巨大的精神力量，而且它一经武装广大党员、干部、群众，就在中国特色社会主义的伟大实践中转化为巨大的物质力量。

第四章

与时俱进 历史跨越

——中国特色社会主义成功推向21世纪

邓小平理论的创立、“三个代表”重要思想和科学发展观的形成，开创了充满生机活力的广阔道路，指引着改革开放和社会主义现代化建设不断向前。在中国特色社会主义理论体系的指引下，中国特色社会主义现代化建设的决策部署得以制定出台并与时俱进、前进道路上遇到的各种风险挑战被妥善应对并成功克服，经济社会取得了举世瞩目的发展奇迹和历史成就，改革开放和社会主义现代化建设大局得以巩固和发展，中国特色社会主义成功推向21世纪。

第一节 作出全面部署：一以贯之推进社会主义现代化建设

习近平总书记指出，坚持和发展中国特色社会主义是一篇大文章，邓小平同志为它确定了基本思路和基本原则，以江泽民同志为核心的党的第三代中央领导集体、以胡锦涛同志为总书记的党中央在这篇大文章上都写下了精彩的篇章[①]。“问渠那得清如许，为有源头活水来。”中国特色社会主义精彩篇章的成功绘就，得益于在中国特色社会主义理论体系的科学指引下，作出了实施改革开放的重大决策，在于对中国特色社会主义现代化作出了全面部署。

一、形成正确的现代化战略目标

在谈到建设初级阶段的社会主义时，邓小平强调：“我们现在所干的事业是一项新事业，马克思没有讲过，我们的前人没有做过，其他社会主义国家也没有干过，所以，没有现成的经验可学。我们只能在干中学，在实践中摸索。”[②] 为了把经济落后的东方农业大国建设成为现代化强国，以邓小平同志为主要代表的中国共产党人，经过艰苦卓绝的实践探索和理论创造，把小康社会确立为中国特色社会主义现代化建设的战略目标，正式提出了发展中

①《十八大以来重要文献选编》(上)，中央文献出版社 2014 年版，第 114 页。

②《邓小平文选》第 3 卷，人民出版社 1993 年版，第 258—259 页。

国家走向现代化的中国方案。以江泽民同志为核心的党的第三代中央领导集体确立了全面建设小康社会的奋斗目标，实现了小康社会的内涵拓展与战略升级。以胡锦涛同志为总书记的党中央创立了指引全面小康社会建设的科学发展观，提出了全面建成小康社会的目标任务。

（一）小康社会的战略目标与战略实现

实现小康目标、全面建设小康社会、全面建成小康社会，是改革开放以来中国共产党所领导的中国特色社会主义现代化建设最基本的实践活动。1979 年 12 月 6 日，邓小平在会见日本首相大平正芳时首次提出“小康之家”这样一个“中国式的四个现代化”的全新概念。

那么，到底什么是小康呢？邓小平从两个维度进行了限定。从国家层面来看，是要建成中国式现代化的小康社会；而从个人层面来看，就是要让老百姓的生活达到“不穷不富，日子比较好过”[①] 的小康水平，过上“比较殷实的小康生活”[②] 。

邓小平用“小康之家”这样一个中国历史上普通百姓所向往的吃穿不愁、日子好过的理想社会状态，来定位党在 20 世纪末所要实现的战略目标。与此同时，他又参照西方社会的标准，用世界上通用的衡量一个国家或地区生产水平和生活水平的人均国民生产总值，为“小康之家”这个笼统的、没有任何量化指标的概念确定了人均 1000 美元的标准。邓小平指出：“翻两番、小康社会、中国式的现代化，这些都是我们的新概念。”[③] 如此，第一次把中国共产党的战略

①《邓小平文选》第 3 卷，人民出版社 1993 年版，第 109 页。
②《十三大以来重要文献选编》(上)，人民出版社 1991 年版，第 17 页。
③《邓小平文选》第 3 卷，人民出版社 1993 年版，第 54 页。

目标同人民群众的生活密切地联系起来，从而使长期以来十分抽象的经济发展战略，变成了与每一个中国人利益攸关的具体的、明确的发展目标。这就使得小康目标既能为广大的中国百姓所熟知，又易于为世界各国所理解，还能根据世界经济发展水平进行调整，使之成为一个生动的、动态的、开放式的发展目标。

经过全党全国各族人民的共同努力，小康社会战略顺利推进，在理论和实践维度都有新的发展。从理论维度来看，1990 年 12 月 30 日，党的十三届七中全会通过了《中共中央关于制定国民经济和社会发展十年规划和“八五”计划的建议》。根据经济社会发展的客观实际，该《建议》对小康水平作出了“在温饱的基础上，生活质量进一步提高，达到丰衣足食”的新阐释，提出“这个要求既包括物质生活的改善，也包括精神生活的充实；既包括居民个人消费水平的提高，也包括社会福利和劳动环境的改善”①。《关于制定国民经济和社会发展十年规划和“八五”计划建议的说明》中则更加明确地指出：对于生活水平的提高，应该有更广义的理解，既包括物质生活，也包括精神生活。……各种社会服务增加，生活更加方便，文化生活更加丰富多彩。生活环境和劳动环境也会得到改善②。而从实践维度来看，小康社会的目标得以超预期完成。统计数据显示，截至 1990 年年底前翻一番的原定计划顺利实现，实际上增长了 1.3 倍。2000 年我国国内生产总值（GDP）达到 89404 亿元，人均 GDP 超过 850 美元，比 1980 年增长了 4.09 倍，超额完成人均 GDP 比 1980 年翻两番的任务③。

①《十三大以来重要文献选编》(中)，人民出版社 1991 年版，第 1401 页。
②《十三大以来重要文献选编》(中)，人民出版社 1991 年版，第 1353 页。
③《决胜全面建成小康社会》，人民出版社、党建读物出版社 2019 年版，第 10 页。

（二）全面建设小康社会的提出与发展

建设小康社会取得了巨大的成就，达成了预期的目标。然而横向比较看，实现总体小康的情况下我国人均 GDP 仍然比较低，同发达国家相比差距还很大，甚至同一些比较富裕的发展中国家相比也有较大差距。在这种背景之下，以江泽民同志为主要代表的中国共产党人明确提出全面建设小康社会的战略目标，并明确了新的任务和要求。

2002 年 1 月 14 日，江泽民在党的十六大文件起草组会议上发表讲话，明确了全面建设小康社会的战略目标。江泽民指出：全面建设小康社会“是实现现代化建设第三步战略目标必经的承上启下的发展阶段”①。承上启下，是说全面建设小康社会目标继承并发展了邓小平关于“小康社会”和“三步走”发展战略的思想，同时要为到本世纪中叶基本实现现代化，把我国建成富强民主文明的社会主义奠定基础。

党的十六大报告提出，要建成“经济更加发展、民主更加健全、科教更加进步、文化更加繁荣、社会更加和谐、人民生活更加殷实”② 的小康社会，江泽民强调，全面小康是一个经济体制、政治体制、文化体制进一步完善，经济、政治、文化全面发展的小康社会。全面建设小康社会，就要实现 21 世纪前 20 年的翻两番发展任务，即 2010 年实现国内生产总值比 2000 年翻一番；到建党 100 年时国内生产总值比 2010 年再翻一番，以推动国家经济发展，人民物质生活提升到更高水平。

①《十六大以来重要文献选编》（上），中央文献出版社 2005 年版，第 14—15 页。
②《十六大以来重要文献选编》（上），中央文献出版社 2005 年版，第 14 页。

◆ 居民在报销医药费用

◆ 学生进行体育锻炼

◆ 棚户区住户喜迁新居

◆ 老人在养老院做健身操

（三）全面建成小康社会的目标和要求

新世纪新阶段，以胡锦涛同志为总书记的党中央用科学发展观指引全面小康社会建设，围绕总体小康“低水平、不全面、发展不平衡”的问题不断推进实践创新、理论创新、制度创新，提出了构建社会主义和谐社会、加快生态文明建设的任务，丰富了社会主义文化建设的内容，把中国特色社会主义现代化建设推向崭新阶段，进而提出了全面建成小康社会的目标任务。

针对虽达到总体小康而发展低水平的客观实际，以胡锦涛同志为总书记的党中央提出要继续带领人民推动经济社会发展，不断满足人民日益增长的物质文化需要。科学发展观认为，发展不仅仅是增长，不仅仅是单纯扩大数量、追求速度，而是要重视发展的质量和效益。基于这样的认识，新世纪新阶段“又快又好”的发展基调转变为“又好又快”，并在党的十七大报告中为经济发展增加了“优化结构、提高效益、降低消耗、保护环境”① 四项限制性条件，把发展的质量和效益摆在了更为重要的位置。

针对虽达到总体小康而发展不全面的客观实际，以胡锦涛同志为总书记的党中央提出要树立和落实全面发展、协调发展和可持续发展。全面发展，最初是指全面推进经济建设、政治建设、文化建设。随着实践发展，其范围延伸到了社会建设领域。协调就是要促进现代化建设各个环节、各个方面相协调，促进生产力与生产关系、经济基础与上层建筑相协调。协调发展是对发展规律认识的深化，它意味着全面发展的各个方面、各个环节实际不仅不可或缺，而且相互间是协同互动的关系，经济发展决定着政治发展和文化发展，决定着全面小康的成效；反过来，政治发展和文化发展也会对经济发展产生作用，在一定条件下甚至可以产生决定性的作用。可持续是指促进人与自然的和谐，实现经济发展和人口、资源、环境相协调，走生产发展、生活富裕、生态良好的文明发展道路。

针对虽达到总体小康而发展不平衡的客观实际，以胡锦涛同志为总书记的党中央提出坚持统筹兼顾。做到正确认识和妥善处理中国特色社会主义事业中的各种重大关系，统筹城乡发展、区域发展、经济社会发展、人与自然和谐发展、国内发展和对外开放，统筹中央和地方关系，统筹个人利益和集体利益、局部利益和整体利益、当前利益和长远利益，充分调动各方面积极性。

总的来看，党的十六大召开后的十年间，我国经济社会发展取得了一系列历史性的成就。经济总量从世界第六位跃升到第二位，

---

①《十七大以来重要文献选编》(上)，中央文献出版社 2009 年版，第 15 页。

社会生产力、经济实力、科技实力迈上一个大台阶，人民生活水平、居民收入水平、社会保障水平迈上一个大台阶，综合国力、国际竞争力、国际影响力迈上一个大台阶，国家面貌发生新的历史性变化。进入总体小康阶段存在的低水平的、不全面的问题得到了有效解决。顺应社会主义现代化顺利推进并取得巨大成就的客观实际，同时为了鼓舞全国各族人民在加快推进社会主义现代化建设的道路上继续奋勇前进，以胡锦涛同志为总书记的党中央提出了 2020 年全面建成小康社会的目标任务和全新要求，推动着社会主义现代化奋斗目标由“全面建设”向“全面建成”演进。

二、作出科学的现代化战略部署

中国特色社会主义理论体系的指引，还表现为社会主义现代化战略部署的制定和完善。党的十二大确立了“两步走”的战略目标，党的十三大提出现代化“三步走战略”，随着时间推移和实践发展，20 世纪末在第一步、第二步战略目标顺利实现的情况下，“全面建设小康社会”的奋斗目标应运而生，“小三步走”战略部署提上日程。

（一）初步构想：“两步走”发展战略

党的十二届三中全会后，邓小平根据中国实际提出了一个立足基本国情，更加理性、更加务实、更加科学的中国式的现代化战略。根据邓小平的设想，第一步是从 20 世纪 80 年代至 20 世纪末的 20 年实现中国式的现代化，使人民生活达到小康水平；第二步是再花 30 年到 50 年时间，基本达到发达国家水平。1982 年 4 月，邓小平在会见几内亚比绍领导人时指出：“我们搞的现代化不是西方的现代化，是中国式的现代化，就是小康社会的现代化。没有三十年到五十年不行。现在正在努力实现第一阶段二十年的目标，就是在本世纪末，人均国民生产总值达到八百美元。”①

党的十二大对“第一步”进行了具体的战略部署和规划，即从1981年到2000年，力争使全国工农业的年总产值翻两番，“在战略部署上要分两步走：前十年主要是打好基础，积蓄力量，创造条件，后十年要进入一个新的经济振兴时期”②。党的十二大后，邓小平进一步发展和完善了“两个阶段”的战略构想。1985年4月，他在会见比利时领导人时指出：“我们制定了两个阶段的目标，第一个阶段的目标是从1980年开始，到本世纪末达到小康水平，人均国民生产总值达到八百美元；在这个基础上，再花三十至五十年时间，我们有可能接近你们发达国家的水平。这就是我们的两个阶段的目标。”③

（二）具体实践：“三步走”发展战略

随着改革开放后的快速发展变化，现实取得的成就使党在战略规划上作出了新的战略定位。统计数据显示，截至1990年年底前翻一番的原定计划顺利实现，实际上增长了1.3倍④。2000年我国国内生产总值（GDP）达到89404亿元，人均GDP超过850美元，比1980年增长了4.09倍，超额完成人均GDP比1980年翻两番的任务⑤。1986年6月，邓小平在会见外宾时提出：“到本世纪末，我们的目标是人均国民生产总值达到八百至一千美元，实现小康社会。”⑥ 人均

①《邓小平年谱（1975—1997）》（下），中央文献出版社2004年版，第816页。
②《十二大以来重要文献选编》（上），人民出版社1986年版，第16页。
③《邓小平年谱（1975—1997）》（下），中央文献出版社2004年版，第1038—1039页。
④《十三大以来重要文献选编》（中），人民出版社1991年版，第1352页。
⑤《决胜全面建成小康社会》，人民出版社、党建读物出版社2019年版，第10页。
⑥《邓小平年谱（1975—1997）》（下），中央文献出版社2004年版，第1124页。

国民生产总值从“八百美元”到“八百至一千美元”这一定量性目标的调整，是对实践发展的正确、客观的回应，也为“三步走”战略的提出奠定了重要的基础。1987 年 4 月，邓小平在会见西班牙客人时首次阐述了“三步走”战略部署，并把第二步的目标明确为“一千美元”，“我们原定的目标是，第一步在八十年代翻一番。以 1980 年为基数，当时国民生产总值人均只有二百五十美元，翻一番，达到五百美元。第二步是到本世纪末再翻一番，人均达到一千美元……我们制定的目标更重要的还是第三步，在下世纪用三十年到五十年再翻两番，大体上达到人均四千美元”[①]。党的十三大随之确定了“三步走”发展战略，即第一步，实现国民生产总值比 1980 年翻一番，解决人民的温饱问题；第二步，到 20 世纪末，使国民生产总值再增长一倍，人民生活达到小康水平；第三步，到 21 世纪中叶，人均国民生产总值达到中等发达国家水平，人民生活比较富裕，基本实现现代化。

（三）深化发展：“三步走”延伸“小三步走”

经过全党和全国人民的共同努力，“三步走”战略的第一步、第二步按照既定计划顺利推进，中华民族在 20 世纪末实现了由温饱到总体上达到小康水平的跨越。按照邓小平的设想，人民生活达到小康水平以后，小康社会的历史使命业已完成，跨入 21 世纪以后就要实施第三步，用 30—50 年的时间接近中等发达国家的水平。针对总体小康水平的现实状况，党的十四大报告中首次出现“两个一百年”的奋斗目标，即“再经过二十年的努力，到建党一百周年的时候，我们将在各方面形成一整套更加成熟更加定型的制度。在这样的基

①《邓小平年谱（1975—1997）》（下），中央文献出版社 2004 年版，第 1183 页。

础上，到下世纪中叶建国一百周年的时候，就能够达到第三步发展目标，基本实现社会主义现代化”①。在党的十五大上，以江泽民同志为核心的党中央继承了“两个一百年”奋斗目标的表述，并提出了“小三步走”：新世纪的第一个10年即2010年国民生产总值比2000年翻一番，再经过10年的努力，到建党100年时使国民经济更加发展，各项制度更加完善，到21世纪中叶新中国成立100年时基本实现现代化，建成富强民主文明的社会主义国家。“小三步走”是对邓小平分阶段、分步骤实现现代化思想的创新和发展。从战略构想来看，这是根据新的实际对原先的“第三步”规划进行的细化，对加快实现我国现代化作出的更加明确的安排，即从基本实现现代化的50年时间跨度中划出了20年用以全面建设小康社会。

三、完善合理的现代化总体布局

在中国特色社会主义理论体系的科学指引下，我国社会主义现代化战略布局不断完善，实现了从物质文明和精神文明一起抓的“两手论”到经济建设、政治建设、文化建设的“三位一体”，再到经济建设、政治建设、文化建设、社会建设的“四位一体”，然后到经济建设、政治建设、文化建设、社会建设以及生态文明建设“五位一体”的转变。

（一）“两手论”到“三位一体”

党的十二届三中全会通过的《中共中央关于经济体制改革的决定》指出，“社会主义物质文明和精神文明的建设要一起抓，这是我们党坚定不移的方针”。在1992年年初的南方谈话中，邓小平同

①《十四大以来重要文献选编》(上)，人民出版社1996年版，第47页。

◆《中共中央关于社会主义精神文明建设指导方针的决议》

志进一步强调："要坚持两手抓，一手抓改革开放，一手抓打击各种犯罪活动，这两只手都要硬"，体现了不仅在物质文明方面，在精神文明方面都要一起抓的决心。1986年党的十二届六中全会首次提出了"我国社会主义现代化建设的总体布局"[①]，并通过了《中共中央关于社会主义精神文明建设指导方针的决议》，明确社会主义精神文明建设的战略地位，提出"坚定不移地加强精神文明建设"的目标任务[②]。与此同时，《决议》首次提出了我国社会主义现代化建设"三位一体"的总体布局。在此基础之上，党的十三大报告明确社会主义初级阶段包括建设充满活力的社会主义经济、政治、文化体制。党的十四大进一步明确了政治建设的内涵，即加强思想政治工作、加强廉政建设、改进党的领导和党的工作作风，从而维护安定团结的政治局面。党的十四届五中全会又进一步明确了精神文明建设的内涵，即加强艰苦奋斗的优良传统教育，加强敬业创业精神的宣传，加强社会道德、爱国主义、集体主义、社会主义思想教育，树立正确的世界观、人生观、价值观。党的十五大指出，"经济建设、政治建设、文化建设"是有机统一的整体，是不

①《邓小平建设有中国特色社会主义论述专题摘编》新编本，中央文献出版社1995年版，第121页。

②《十二大以来重要文献选编》（下），人民出版社1988年版，第1173页。

可分割的整体，是党的基本路线在经济、政治和文化方面的具体展开，始终服务于“建设富强民主文明的社会主义现代化国家”的战略目标。因此，“三位一体”在此处强调“经济建设、政治建设、文化建设”三个方面。

（二）“三位一体”到“四位一体”

随着改革开放的持续深入和全面建设小康社会的稳步推进，以胡锦涛同志为总书记的党中央在经济建设、政治建设、文化建设的基础上提出了构建社会主义和谐社会和加快生态文明建设两项任务。2003 年的非典型性肺炎公共卫生事件暴露出了经济发展和社会发展存在不协调的严重短板。人们开始认识到，既要坚持以经济建设为中心，又要在经济发展的基础上实现社会全面发展。基于这一认识，党的十六届四中全会提出了“构建社会主义和谐社会”的任务，要求在中国特色社会主义的伟大实践中，更加自觉地加强社会主义和谐社会建设，使社会主义物质文明、政治文明、精神文明建设与和谐社会建设全面发展。构建社会主义和谐社会战略任务的提出，使中国特色社会主义事业总体布局更加明确地由社会主义经济建设、政治建设、文化建设“三位一体”发展为社会主义经济建设、政治建设、文化建设、社会建设“四位一体”，同时实现了社会主义现代化战略布局的升级。党的十六届五中全会进一步提出，“要按照构建民主法治、公平正义、诚信友爱、充满活力、安定有序、人与自然和谐相处的社会主义和谐社会的要求，正确处理新形势下人民内部矛盾，认真解决人民群众最关心、最直接、最现实的利益问题”。随之，党的十六届六中全会分别论述了我国在经济、政治、文化和社会等领域取得的一系列新的历史性成就，正式提出了“四位一体”思想。

（三）“四位一体”到“五位一体”

随着我国工业化的发展，出现了资源能源压力加大、环境污染严重、生态系统退化的严峻形势，对经济社会发展的“瓶颈”制约日益突出。党的十六大报告提出了改善生态环境、提高资源利用效率、促进人与自然和谐、不断增强可持续发展能力的要求。在此基础上，党的十七大报告进一步提出要改善生态环境质量，有效控制污染物排放，建设生态文明。党的十七届四中全会正式明确提出我国经济建设、政治建设、文化建设、社会建设以及生态文明建设全面推进。党的十七届五中全会肯定了“十一五”期间经济、政治、文化、社会以及生态文明等领域取得的重大进展，2012 年 11 月 17 日，习近平总书记在十八届中央政治局第一次集体学习时发表重要讲话，提出“五位一体”总体布局。随后“五位一体”总体布局在党的十八大以后的历次党代会报告中更加明确地予以强调，中国特

◆ 浙江安吉余村

色社会主义总体布局不断统筹推进。

深入梳理分析改革开放以来中国现代化战略的历史脉络和全面部署，可以发现中国式现代化的战略规划、战略目标、总体总局是一以贯之、一脉相承的。正是历届中央领导集体接续努力，中国现代化发展取得了举世瞩目的成绩，拓宽了发展中国家走向现代化的途径，为发展中国家通向现代化贡献了中国智慧和中国方案。

第二节　克服重大风险挑战：在世界历史发展重大关口举旗定向

20 世纪 80 年代末 90 世纪初，世界历史发展进程陡变：东欧剧变、苏联解体，国际共产主义运动遭遇重大挫折；中国经历了 1989 年政治风波，党和国家经受住了考验，却面临着严峻的外部形势。随着一系列社会主义国家江山变色和社会主义阵营的解体，西方思想界迫不及待地宣告“历史的终结”，认为人类历史的意识形态斗争已经以西方自由民主的胜利而告终，此后只会有局部的矛盾，自由民主制将不再拥有真正的对手。值此“危急存亡之秋”，马克思主义到底管不管用、社会主义向何处去等一系列重大问题摆在人们面前。如何回答这些问题，对中国共产党来说，不仅关系党的命运，而且关系到国家、民族的命运。在世界历史发展的重大关口，中国共产党坚定不移地高举中国特色社会主义伟大旗帜，坚持党在社会主义初级阶段的基本路线，推进改革开放，不仅增强了人们对社会主义、马克思主义的信心，而且为世界社会主义的发展注入了信心和动力。

一、国内国际形势严峻考验的重大历史关头人们的思想困惑

伴随着20世纪80年代末90世纪初国内外共产主义运动和社会主义事业发展所遭遇的一系列风波和挫折，中国的社会主义现代化建设和改革开放也遇到姓“资”姓“社”等问题的干扰，这些问题严重束缚着人们的思想，也严重影响着中国改革开放和社会主义现代化建设的进程。与此同时，在国际上东欧剧变、苏联解体所带来的震动严重影响了人们对社会主义和马克思主义的信心。

（一）国内改革方面姓“资”姓“社”的困扰

党的十一届三中全会以来，随着改革的推进，旧的计划经济体制逐渐解体，新的市场经济体制因素迅速成长。基于两种不同体制要素的新旧利益格局的冲突和摩擦日益加剧，经济运行中出现了一些问题。比如经济过热、通货膨胀的问题。当时，人们对改革开放产生了两种截然不同的看法：一种是用传统社会主义观点衡量改革、否定改革的“左”的看法；另一种是用新的社会主义观点看待改革、肯定改革开放的观点。但第一种看法迅速抬头，逐渐发展，开始影响整个社会思潮。

当时，虽然经过了治理整顿后我国经济走出了低谷，但我国经济存在的一些深层次问题尚未得到根本解决。国内对于改革开放中的种种政策到底姓“资”还是姓“社”的争论不绝于耳。随着国内外局势的变化，“左”的思想有所抬头。

（二）对外开放方面国际形势变化带来的挑战

在对外开放方面，国际形势的变化给我国带来了严峻挑战。1989年，美国政府和国会发表声明，对中国政府进行污蔑和攻击，

并宣布一系列“制裁措施”。7 月，西方七国首脑和欧洲共同体会议宣布对中国延缓世界银行贷款等。随后而来的东欧剧变、苏联解体更是令我国的外交举步维艰。

第二次世界大战后，依靠苏联的支持和援助，东欧国家建立了人民民主政权，走上社会主义发展道路。苏联与东欧各国先后组建了经济互助委员会，签订了华沙条约，在政治上、经济上和军事上建立了密切的关系。东欧各国社会经济一度取得较大发展。但其高度集中的政治经济体制越来越不适应世界经济特别是科技发展的形势。20 世纪后半期，东欧国家大多缓慢开始经济改革。戈尔巴乔夫上台后提出的外交“新思维”改变了苏联对东欧国家的政策。为了缓和与西方国家关系，苏联在“不干涉内政”的口号下，向东欧国家的领导人施加压力，要求实行苏联式的改革。同时听任东欧国家中的反对派向执政的共产党、工人党发起攻击，默认以美国为首的西方国家加紧对东欧实行和平演变，最终导致东欧国家的共产党纷纷丧失政权，国家更改名称，政权改变性质。

伴随东欧剧变而来的是苏联的解体。1991 年 9 月 6 日，波罗的海三国宣布独立。12 月 8 日，俄罗斯、白俄罗斯、乌克兰三国领导人签署《独立国家联合体协议》，宣布组成“独立国家联合体”。12 月 25 日，戈尔巴乔夫宣布辞去苏联总统职务。12 月 26 日，苏联最高苏维埃共和国院举行最后一次会议，宣布苏联停止存在，苏联正式解体，苏联解体分裂成 15 个国家。

东欧剧变和苏联解体是 20 世纪末国际形势发生的最重大变化，它标志着维系战后世界格局的雅尔塔体系的终结，两极世界对抗的结束，对国际局势和国际关系的变化，对世界社会主义运动的发展，产生了极大的影响。

对于中国来说，许多事情尚未理清头绪，接连又遭遇东欧剧变、苏联解体。社会主义大家庭顷刻间不战自溃，纷纷倒旗落马。西方敌对势力借此大肆宣扬“共产主义大溃败”，国内一些坚持资产阶级自由化的人也主张放弃四项基本原则，走“西化”的道路。党内和一部分干部群众中一度出现了对党和国家改革开放政策的模糊认识。这些实际上都涉及要不要坚持党的“一个中心、两个基本点”的基本路线以及中国走什么道路的问题。

严峻的事实发人深思：今后世界向何处去？社会主义命运将会如何？中国今后怎么办？如何回答这些问题，关系到马克思主义的命运，关系到社会主义的命运，关系到中国改革开放和社会主义事业的成败。

二、从理论上深刻回答长期困扰和束缚人们思想的重大问题

20 世纪 80 年代末、90 年代初的中国，处在社会主义改革开放、社会主义现代化道路探索不进则退的临界点上，处在选择前进方向的十字路口上。如果不迅速摆脱各种实践困境和思想困惑，任由各种不正确思想发展，党的十一届三中全会以来确立的正确的路线、方针、政策就会被扭曲，党的十三大确立的社会主义初级阶段的基本路线就会被扭转，中国现代化“三步走”的发展战略也会“流产”，社会主义改革开放事业就会中途搁置，中国的社会主义事业就会被葬送。在国内国际形势严峻考验的重大历史关头，中国共产党“任凭风浪起，稳坐钓鱼台”，以巨大的政治勇气和强烈的责任担当，坚定不移推进改革开放事业，坚持党在社会主义初级阶段的基本路线，不仅从理论上深刻回答了长期困扰和束缚人们思想的许多重大

问题，而且在实践上推动改革开放和社会主义现代化建设进入新的发展阶段，改革大潮最终汇聚成不可逆转的时代洪流，中国人民的面貌、社会主义中国的面貌、中国共产党的面貌发生了历史性变化。

（一）从理论上突破了中国改革开放姓“资”姓“社”的思想桎梏

自 1978 年中国改革开放推进以来，在一段时期内，旧的体制尚未完全解体，新的体制尚未完全建立，基于新旧两种体制的转换，实践中出现了一些问题，这些问题本应在发展中随着制度的完善而逐步解决，有些人却因为这些问题的存在而对改革开放产生了质疑，特别是关于改革开放中的一些具体政策到底姓“资”还是姓“社”的争论不绝于耳。1991 年苏联解体、苏共垮台后，这种争论日甚一日，甚至有人主张中国应该回到改革开放前的老路上去。

面对这种困惑，党的第二代中央领导集体的核心邓小平在多个场合发表谈话，强调要坚持改革开放。邓小平指出：“改革开放这个基本点错了没有？没有错。没有改革开放，怎么会有今天？这十年人民生活水平有较大提高，应该说我们上了一个台阶，尽管出现了通货膨胀等问题，但十年改革开放的成绩要充分估计够。”[①] 这就从思想上进一步明确了改革开放的正确性，明确了中国共产党坚定不移推进改革开放的决心。在 1992 年南方谈话中，邓小平更是明确指出：“不坚持社会主义，不改革开放，不发展经济，不改善人民生活，只能是死路一条。”[②] 明确了必须坚持改革开放的基本政策后，邓小平一针见血地指出：“改革开放迈不开步子，不敢闯，说来说去

①《邓小平文选》第 3 卷，人民出版社 1993 年版，第 306 页。
②《邓小平文选》第 3 卷，人民出版社 1993 年版，第 370 页。

就是怕资本主义的东西多了，走了资本主义道路。要害是姓‘资’还是姓‘社’的问题。判断的标准，应该主要看是否有利于发展社会主义社会的生产力，是否有利于增强社会主义国家的综合国力，是否有利于提高人民的生活水平。”[①]“三个有利于”标准的提出，极大地解放了人们的思想，它标志着我们党在坚持实事求是思想路线的基础上，对建设中国特色社会主义规律的认识前进了一大步。它的提出，有助于统一全党和全国人民的思想，排除意识形态方面姓“资”姓“社”的抽象争论，使人们思考问题由从空泛的议论到从实际效果出发，将注意力转移到进一步促进我国生产力的发展、综合国力的增强和人民生活水平的提高上来。

关于姓“资”还是姓“社”的问题，邓小平明确指出：“计划多一点还是市场多一点，不是社会主义与资本主义的本质区别。计划经济不等于社会主义，资本主义也有计划；市场经济不等于资本主义，社会主义也有市场。计划和市场都是经济手段。”[②] 邓小平的这个论断突破了过去公认的计划经济和市场经济是代表社会主义和资本主义两种经济制度本质属性的观念，为党的十四大正式提出社会主义市场经济体制的改革目标提供了直接思想指导。

面对当时社会上人们关于改革开放的种种争论，邓小平提出了“不争论”的原则。他认为：“对改革开放，一开始就有不同意见，这是正常的。”[③] 他说：“不搞争论，是我的一个发明。不争论，是为了争取时间干。”[④]

①《邓小平文选》第 3 卷，人民出版社 1993 年版，第 372 页。
②《邓小平文选》第 3 卷，人民出版社 1993 年版，第 373 页。
③《邓小平文选》第 3 卷，人民出版社 1993 年版，第 374 页。
④《邓小平文选》第 3 卷，人民出版社 1993 年版，第 374 页。

（二）从思想上明确了坚持党的基本路线的保障条件

党的基本路线，是指中国共产党在社会主义初级阶段的基本路线。党的十九大对其内容完整表述是：领导和团结全国各族人民，以经济建设为中心，坚持四项基本原则，坚持改革开放，自力更生，艰苦创业，为把我国建设成为富强民主文明和谐美丽的社会主义现代化强国而奋斗。我们一般将这条基本路线概括为“一个中心、两个基本点”。“一个中心”即“以经济建设为中心”，“两个基本点”即“坚持四项基本原则”“坚持改革开放”。

党的十一届三中全会以后，我们党逐步形成了我国正处于并将长期处于社会主义初级阶段的科学判断。1987 年 10 月，党的十三大对社会主义初级阶段理论做了系统阐述，并确定了社会主义初级阶段的基本路线。基本路线高度概括了党在社会主义初级阶段的奋斗目标、基本途径和根本保证、领导力量和依靠力量，以及实现这一目标的基本方针。这一路线在提出之际，关于是否坚持这条基本路线，人们并没有思想上的困惑。但是东欧剧变、苏联解体后，却出现了一股妄图否定这条路线的思潮。

1989 年，邓小平指出，四项基本原则和改革开放都没有错，“我们原来制定的基本路线、方针、政策，照样干下去，坚定不移地干下去”[①]。在随后召开的党的十三届四中全会上，新当选的中共中央总书记江泽民明确指出，“党的十一届三中全会以来的路线和基本政策没有变，必须继续贯彻执行。在这个最基本的问题上，我要十分明确地讲两句话：一句是坚定不移，毫不动摇；一句是全面执行，一以贯之”[②]。

---

①《邓小平文选》第 3 卷，人民出版社 1993 年版，第 307 页。
②《江泽民文选》第 1 卷，人民出版社 2006 年版，第 57 页。

党的基本路线决定着党和国家的生死存亡，关系着中国特色社会主义事业的兴衰成败。如果说中国特色社会主义是指引中华民族走向伟大复兴的旗帜，那么党的基本路线就是使这面旗帜风展如画的命脉。邓小平在南方谈话中强调："要坚持党的十一届三中全会以来的路线、方针、政策，关键是坚持'一个中心、两个基本点'。"[①]他还从时间上指出，基本路线要管 100 年，动摇不得。

关于如何坚持党的基本路线，邓小平指出："中国的事情能不能办好，社会主义和改革开放能不能坚持，经济能不能快一点发展起来，国家能不能长治久安，从一定意义上说，关键在人。"[②] 从培养改革开放所需要的干部的角度出发，邓小平提出了干部"四化"的标准，即要按照"革命化、年轻化、知识化、专业化"的标准，选拔德才兼备的人进班子。邓小平认为，党的基本路线能否坚持，关键靠这个。他还特别强调，"要靠大家努力，特别是要教育后代"[③]。与此同时，邓小平强调，"实事求是是马克思主义的精髓"[④]，"我们改革开放的成功，不是靠本本，而是靠实践，靠实事求是"[⑤]。

（三）从历史发展趋势角度提出了如何巩固和发展社会主义制度的问题

20 世纪 80 年代末 90 年代初的东欧剧变、苏联解体无疑是国际共产主义运动的重大损失，这是西方资本主义国家长期以来对社会主义国家进行和平演变的结果，也是社会主义国家长期以来反对资产阶级自由化不力的结果。东欧剧变、苏联解体后，社会主义在全

①《邓小平文选》第 3 卷，人民出版社 1993 年版，第 370 页。
②《邓小平文选》第 3 卷，人民出版社 1993 年版，第 380 页。
③《邓小平文选》第 3 卷，人民出版社 1993 年版，第 381 页。
④《邓小平文选》第 3 卷，人民出版社 1993 年版，第 382 页。
⑤《邓小平文选》第 3 卷，人民出版社 1993 年版，第 382 页。

球范围内的实践陷入了低潮，西方敌对势力开始大肆宣扬“共产主义大溃败”的不当言论，而国内外的一些民众也不可避免地陷入了思想的困境中。1992 年邓小平在南方谈话中理直气壮地指出，要用人民民主专政的力量巩固人民的政权，这是正义的事情。他提出，“在整个改革开放的过程中，必须始终注意坚持四项基本原则”[①]，“资产阶级自由化泛滥，后果极其严重”[②]。

面对世界社会主义出现的低潮，邓小平在南方谈话中满怀信心地指出：“我坚信，世界上赞成马克思主义的人会多起来的，因为马克思主义是科学。”[③] 他针对世界上一些人因为东欧剧变、苏联解体而对社会主义缺乏信心这一点，站在人类历史发展的高度指出：“封建社会代替奴隶社会，资本主义代替封建主义，社会主义经历一个长过程发展后必然代替资本主义。这是社会历史发展不可逆转的总趋势，但道路是曲折的。资本主义代替封建主义的几百年间，发生过多少次王朝复辟？所以，从一定意义上说，某种暂时复辟也是难以完全避免的规律性现象。一些国家出现严重曲折，社会主义好像被削弱了，但人民经受锻炼，从中吸收教训，将促使社会主义向着更加健康的方向发展。因此，不要惊慌失措，不要认为马克思主义就消失了，没用了，失败了。哪有这回事！”[④]

关于如何巩固和发展社会主义制度，邓小平强调：“巩固和发展社会主义制度，还需要一个很长的历史阶段，需要我们几代人、十几代人，甚至几十代人坚持不懈地努力奋斗，决不能掉以轻心。”[⑤]

---

①《邓小平文选》第 3 卷，人民出版社 1993 年版，第 379 页。
②《邓小平文选》第 3 卷，人民出版社 1993 年版，第 379 页。
③《邓小平文选》第 3 卷，人民出版社 1993 年版，第 382 页。
④《邓小平文选》第 3 卷，人民出版社 1993 年版，第 382—383 页。
⑤《邓小平文选》第 3 卷，人民出版社 1993 年版，第 379—380 页。

三、中国特色社会主义事业的发展和党的基本路线的坚持

20世纪80年代末90年代初，中国共产党人面对国内外的复杂形势，保持了理论上的清醒和政治上的坚定，在世界历史发展的重大关口继续高举中国特色社会主义伟大旗帜，坚持党的基本路线不动摇，不仅推动了中国特色社会主义事业的发展，改变了中国的面貌，而且为世界社会主义运动的发展注入了信心、提供了经验。

（一）明确提出我国经济体制改革的目标

1992年10月，在举世瞩目的党的十四大上，江泽民明确指出，中国经济体制的改革目标是建立社会主义市场经济体制。中国改革开放的步伐由此进一步加快。

党的十一届三中全会以后，我们党在实行改革开放过程中，不断深化对计划与市场关系的认识，逐步形成了以市场为取向的经济体制改革思路。

1992年年初，邓小平的南方谈话从根本上解除了把计划经济和市场经济看作属于社会基本制度范畴的思想束缚。

1992年6月9日，江泽民在中央党校省部级干部进修班上，阐述了他对计划与市场问题的思考。江泽民强调："我个人的看法，比较倾向于使用'社会主义市场经济体制'这个提法。"① 这为党的十四大进一步推进改革开放奠定了思想基础。

同年10月召开的党的十四大，明确我国经济体制改革的目标是建立社会主义市场经济体制。这是我国经济体制改革目标在理论上的重大突破。

①《江泽民文选》第1卷，人民出版社2006年版，第202页。

1993 年 11 月，党的十四届三中全会审议通过《中共中央关于建立社会主义市场经济体制若干问题的决定》，将党的十四大提出的经济体制改革的目标和原则具体化，明确了建立社会主义市场经济体制的基本任务和要求，勾画了其总体规划和基本框架。这一决定成为 20 世纪 90 年代推进经济体制改革的行动纲领。

明确建立社会主义市场经济体制的改革目标，解决了中国改革发展的一个关键性问题，是对马克思主义经济理论的创造性发展。此后，随着社会主义市场经济体制初步建立，2003 年召开的党的十六届三中全会审议通过的《中共中央关于完善社会主义市场经济体制若干问题的决定》，进一步提出要“建设统一开放竞争有序的现代市场体系”。党的十八大以来，我们党对政府和市场在资源配置中的作用及相互关系的认识有了质的提升，2013 年党的十八届三中全会通过的《中共中央关于全面深化改革若干重大问题的决定》，提出了“使市场在资源配置中起决定性作用，更好发挥政府作用”这一重大理论观点。中国的社会主义市场经济之路越走越宽广。

（二）完整形成党在社会主义初级阶段的基本纲领

1992 年邓小平南方谈话和党的十四大以后，党领导全国各族人民解放思想，开拓进取，继续沿着有中国特色社会主义道路阔步前进。在建立社会主义市场经济体制的深刻变革进程中，既实现经济快速增长，又成功进行宏观调控，在各个领域取得了巨大成就。与此同时，党中央坚持“两手抓、两手都要硬”的方针，加强宣传思想工作和社会主义精神文明建设。在党的领导下，改革如火如荼，中国特色社会主义事业在实践中不断发展，并催生着理论创新。

1997 年党的十五大首次使用“邓小平理论”这个概念，把这一理论作为指引党继续前进的旗帜。大会在进一步阐述了社会主义初级阶段理论后，明确阐述了建设有中国特色社会主义的经济、政治和文化的基本目标、基本政策，强调这三者有机统一，不可分割，构成党在社会主义初级阶段的基本纲领。这个纲领是改革开放以来党领导社会主义事业的重要经验总结，也是党的基本路线在经济、政治、文化等方面的展开。

（三）顺利实施我国跨世纪发展的战略部署

从党的十五大到21世纪的前10年，是我国实现现代化建设第二步战略目标、向第三步战略目标迈进的关键时期。在这个时期，我们党牢牢抓住历史机遇，开拓前进，坚持社会主义市场经济的改革方向，使改革在一些重大方面取得新的突破，并在优化经济结构、发展科学技术和提高对外开放水平等方面取得重大进展。在这一历史时期，我们党还坚持、加强和改善党的领导，充分发挥党的思想政治优势和组织优势，从严治党，保持党的先进性和纯洁性，增强了党的凝聚力和战斗力。

在迈向新世纪的征途上，我们党坚定不移地推进改革开放和现代化建设，在纷繁复杂的国际国内条件下，成功应对了亚洲金融危机，保持了经济持续增长和人民生活水平的提高，在周边许多国家因这场危机而出现经济衰退、货币大幅贬值的情况下，中国实现了人民币不贬值的承诺，为缓解这场影响全球的风暴作出了积极贡献；领导全国上下万众一心，军民协同作战，夺取了1998年抗洪抢险斗争的全面胜利；成功组织全国各界开展对“两国论”的批判，维护祖国统一；成功取缔“法轮功”邪教组织，维护社会稳定；针对以美国为首的北约轰炸我驻南斯拉夫联盟共和国大使馆的野蛮行径，开展坚决斗争，维护了国家主权和民族尊严。

◆ 九八抗洪

2000 年，随着我国“九五”计划的胜利完成，我国生产力水平又迈上一个大台阶，综合国力得到加强，人民生活总体上达到小康水平。这是中华民族发展史上的一个里程碑。2000 年 10 月，党的十五届五中全会通过《关于制定国民经济和社会发展第十个五年计划的建议》，提出从新世纪开始，我国将进入全面建设小康社会并加快推进现代化的新的发展阶段。2010 年，我国经济总量超过日本，成为世界第二大经济体。

党的十八大以来，我国经济持续较快发展，经济增速大大高于世界平均水平，经济总量稳居世界第二位，制造大国地位日益巩固，贸易大国地位不断提升，经济实力显著增强。2021 年，习近平总书记在庆祝中国共产党成立 100 周年大会上宣告：“经过全党全国各族人民持续奋斗，我们实现了第一个百年奋斗目标，在中华大地上全面建成了小康社会，历史性地解决了绝对贫困问题。”这是中华民族伟大复兴征程上的又一个重要里程碑。

上述一系列伟大成就的取得，充分显示了中国特色社会主义制度的显著优势，充分说明了党的基本路线的正确性和重要性，中国共产党在重大历史关头的关键抉择和坚定信心为推进改革开放和现代化建设，实现跨世纪发展奋斗目标注入了强大动力。

第三节 大踏步赶上时代：党领导人民取得系列重大成就

在把握历史前进的逻辑中前进，在顺应时代发展的潮流中发展。面对滚滚向前的世界大势，党领导人民开启改革开放的伟大航程，开创、坚持、捍卫、发展中国特色社会主义，使中国大踏步赶上了时代，交出了新时期中国共产党人的历史答卷。习近平总书记在庆祝改革开放40周年大会上的讲话中指出：“中华民族迎来了从站起来、富起来到强起来的伟大飞跃！中国特色社会主义迎来了从创立、发展到完善的伟大飞跃！中国人民迎来了从温饱不足到小康富裕的伟大飞跃！”这一重要政治论断，从国家事业、人民生活、民族发展三个维度，对中国特色社会主义理论体系指引中国特色社会主义伟大实践取得的重大成就进行了高度凝练的概括。

一、中国特色社会主义事业蓬勃发展，现代化建设成绩斐然

在绵延展开的历史史册中，每一时期都有深深嵌入历史的标志

◆ 2008 年北京奥运会开幕式

◆ 上海世博会中国馆

性符号。2008 年的北京奥运会使中国成为首个登上金牌榜首的亚洲国家。2010 年以“城市，让生活更美好”为主题的上海世界博览会，成为第一次在发展中国家举办的注册类世博会，书写了中国人民同世界各国人民交流互鉴的新篇章。从国民经济物资短缺到比较殷实、从贫困到小康，人民生活发生翻天覆地的变化；从引进技术到自主创新，一些前沿方向开始进入并跑、领跑；从基础产业和基础设施百废待兴，到信息畅通、公路成网、铁路密布、高坝矗立、西气东输、南水北调、高铁飞驰、巨轮远航、飞机翱翔……改革开放作为中国人民和中华民族发展史上的一次伟大革命，使人民生活显著改善，综合国力显著增强，国际地位显著提高。

（一）中国创造了人类历史上的经济增长奇迹

从人类经济发展历史角度看，世人经常将改革开放以来的中国称作人类历史上最快速持续经济增长的奇迹，这也是人类历史上空前绝后的最大规模和最广地理范围的快速现代化。在改革开放前期的 30 年中，GDP 年均增长 9.8%，40 年中年均增长 9.5%，在世界历史上是没有的。中国这一时期的增长速度事实上超过了“亚洲四小龙”的纪录，超过了明治维新时期的日本，也超过了南北战争之后的美国和19世纪德国的兴起等一系列西方发达国家的现代化速度。日本战后年均增长9%以上的经济高速发展，也只延续了从20世纪50年代到70年代的20年。1978年，我国国内生产总值只有1495亿美元，位列世界第十一。此后，一路超过意大利、法国、英国、德国、日本，2010年跃居世界第二，2012年高达8.53万亿美元。[①] 1978年，人均GDP仅为156美元；经过30年的努力，2012年达到6100美元。财政收入也由1132亿元增长到11.7万亿元，年均增长14.9%。中国进出口总额从1978年的206.4亿美元迅速增加到2012年的3.87万亿美元，已成为居世界第一位的对外贸易大国。中国进入了从工业经济大国向工业经济强国转变的新阶段。

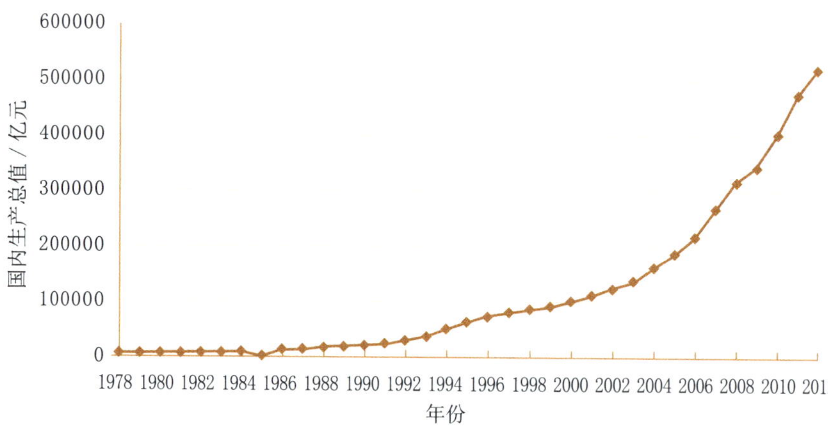

1978—2012年我国国内生产总值[②]

①赵智奎:《改革开放30年思想史》(上)，人民出版社2008年版，第19页。
②资料来源：国家统计局。

2011 年年底，美国《经济学人》杂志对比了中美两国过去 10 年的各项重要指标，描述了快速崛起的中国面貌。文章除了关注 GDP，还提到中国的钢铁生产量 1999 年就超过了美国，2011 年是美国的 6.6 倍；出口总值方面，中国 2007 年超过美国，2009 年又超过德国，成为世界上最大的出口国。经过分析预测，2023 年中国会成为全球最大消费市场。2019 年，台湾地区《旺报》也根据中国国家统计局数据（2018 年中国大陆与美消费规模的差距仅 2800 亿美元）预测，大陆可望最快于 2020 年超越美国，成为世界第一大消费市场。事实上，根据中国社会科学院发布的 2021 年《社会蓝皮书》，2019 年中国社会消费品零售总额达 41.2 万亿元，已成为世界第一大实物消费市场。2012 年，美国《外交政策》杂志和智库机构麦肯锡全球研究院预测了全球 2025 年最具活力的 75 个城市，中国数量最多，达 29 个，美国次多，仅有 13 个。

预测 2025 年全球最具活力的 75 个城市 ①

排名	城市	国家	排名	城市	国家	排名	城市	国家
1	上海	中国	26	巴黎	法国	51	莱茵	德国
2	北京	中国	27	苏州	中国	52	多伦多	加拿大
3	天津	中国	28	墨西哥城	墨西哥	53	孟买	印度
4	圣保罗	巴西	29	利雅得	沙特	54	凤凰城	美国
5	广州	中国	30	香港	中国	55	哈尔滨	中国
6	深圳	中国	31	曼谷	泰国	56	常州	中国
7	纽约	美国	32	布宜诺斯艾利斯	阿根廷	57	旧金山	美国

① 资料来源：美国《外交政策》杂志，2012 年 8 月 20 日刊。

（续表）

排名	城市	国家	排名	城市	国家	排名	城市	国家
8	重庆	中国	33	多哈	卡塔尔	58	合肥	中国
9	莫斯科	俄罗斯	34	里约热内卢	巴西	59	吉达	沙特
10	东京	日本	35	大连	中国	60	墨尔本	澳大利亚
11	武汉	中国	36	无锡	中国	61	罗安达	安哥拉
12	洛杉矶	美国	37	首尔	韩国	62	徐州	中国
13	佛山	中国	38	芝加哥	美国	63	特拉维夫	以色列
14	伊斯坦布尔	土耳其	39	新德里	印度	64	长沙	中国
15	南京	中国	40	宁波	中国	65	阿布扎比	阿联酋
16	成都	中国	41	济南	中国	66	利马	秘鲁
17	杭州	中国	42	厦门	中国	67	贝洛哈里桑塔	巴西
18	东莞	中国	43	雅加达	印度尼西亚	68	福州	中国
19	新加坡	新加坡	44	迈阿密	美国	69	安卡拉	土耳其
20	沈阳	中国	45	科威特城	科威特	70	圣地亚哥	美国
21	伦敦	英国	46	青岛	中国	71	费城	美国
22	休斯敦	美国	47	悉尼	澳大利亚	72	唐山	中国
23	达拉斯	美国	48	亚特兰大	美国	73	圣地亚哥	智利
24	西安	中国	49	巴西利亚	巴西	74	西雅图	美国
25	华盛顿	美国	50	台北	中国	75	班加罗尔	印度

（二）中国特色社会主义事业发展的康庄大道

回首改革开放的历史，中国共产党带领人民不懈探索，终于在符合中国国情和社会发展的前提下，成功建立了一套社会主义民主政治制度，走上了一条具有中国特色的社会主义政治发展道路。改革开放初期，邓小平针对“文化大革命”的教训指出，“没有民主就没有社会主义，就没有社会主义的现代化”①，提出通过进行政治体制改革来完善社会主义政治制度，从而增强党和国家的活力，进而发展社会主义民主政治。党的十三届四中全会以后，以江泽民同志为核心的党中央，坚持以邓小平理论为指导，在先前的基础上继续探索和推进社会主义民主政治建设。此后，党的十五大首次提出“依法治国”基本方略，党的十六大第一次把“建设社会主义政治文明”写入党章，自此中国进入了一个民主政治建设的新阶段。党的十七大以后，以胡锦涛同志为总书记的党中央，在新的历史起点上，继续大力推进民主政治建设，提出“人民民主是社会主义的生命”的科学论断，并科学阐述了中国特色社会主义政治发展道路的内涵。

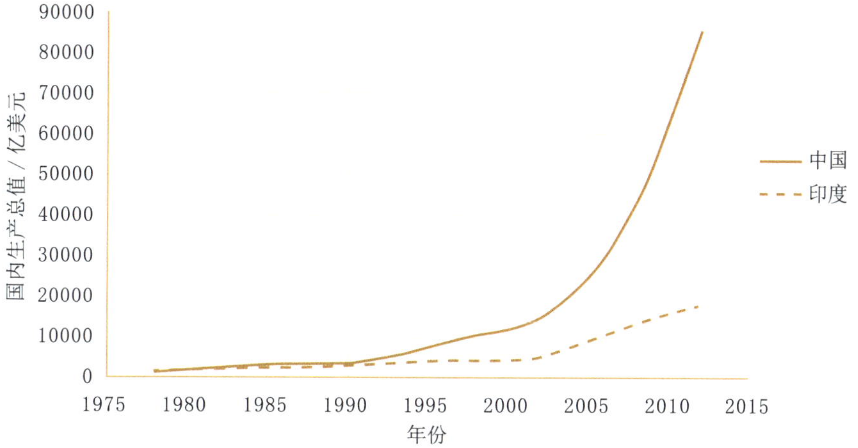

中国与印度 1978—2012 年国内生产总值对比 ②

①《邓小平文选》第 2 卷，人民出版社 1994 年版，第 168 页。
② 资料来源：世界银行。

西方媒体总是给印度冠上“世界上最大的民主国家”的头衔。然而，大多数在印度和中国都作过田野调查的学者承认，中国的政治体制在引导社会追求“最佳的选择”，以及在增进社会绝大多数群体的福祉上，要比印度更具优势、更具效能。对比印度与中国，20世纪50年代两国几乎处于相同的贫穷与落后状态，经过60余年的发展，中国在联合国开发计划署编列的“人类发展”所有指标上的表现都长期明显优于印度。2013年印度的成年人平均受教育年数仅仅与中国1985年的水平相当；印度在民众健康、卫生和平均寿命上落后中国的幅度都在20年之上。从经济规模上看，1991年印度GDP为2900亿美元，中国为4150亿美元，而2012年印度为1.8万亿美元时，中国则超过了其4倍，达到了8.3万亿美元。在城市建设方面，印度孟买市政府用15年进行的贫民区改造进度还不如重庆市一季度的棚户区改造量，上海建设一条地铁线，从规划、征收、发包到完工平均只需4年，这在行政效率低下的印度是不可想象的。

1978年至2012年，作为我国文化发展最稳定、成果最丰富的时期之一，文化领域呈现出万紫千红、欣欣向荣的可喜景象。与此同时，社会建设的任务也日益明确而现实地呈现在中国共产党人面前。中国共产党提出了构建社会主义和谐社会的战略决策，顺应了时代的发展。按照中共中央的部署，社会建设已全面展开，和谐社会建设也取得了显著的成效。从党的十六大开始，社会建设取得长足进步。党的十七大首次提出“建设生态文明”，将其与经济建设、政治建设、文化建设和社会建设相提并论，提高到国家发展战略的高度，变成社会主义建设的有机组成部分。党的十七届五中全会上，又进一步提出“加快建设资源节约型、环境友好型社会，提高生态水平”的战略决策。改革开放在经济、政治、文化、社会和生态文明领域相继取得了重大成就并继续向前推进。

二、中国人民生活跨入总体小康，逐步向共同富裕迈进

新中国成立后的近 30 年里，尽管中国在工业、国防等方面取得了巨大成就，农业生产的水平和条件也有了很大改善，但由于探索社会主义建设几经波折和长期实行优先发展工业的战略，社会生产力发展不快、不稳、不协调，人民生活相比过去并没有得到很大改善。根据联合国粮农组织对世界各国生活水平的划分标准，中国 1978 年恩格尔系数为 63.9%，属于贫穷国家，没有解决温饱。在这个意义上可以说，中国改革开放是由温饱不足倒逼的。改革开放以来，国家持续施行支农惠农政策，农田水利等基础设施建设进一步完善。我国粮食作物平均单产从 1978 年的 2527 公斤 / 公顷提高到 2012 年的 5299 公斤 / 公顷，提高 2.1 倍。全国粮食生产总量在 1984 年、1996 年和 2013 年分别跨上 4 亿吨、5 亿吨和 6 亿吨三大台阶。我国用世界 9% 的耕地和 6% 的淡水养活了 20% 的人口，成就举世瞩目。

（一）中国人民实现了从温饱到总体小康的跨越

党的十一届三中全会恢复了实事求是思想路线，中国开始将基层探索的家庭联产承包责任制、分配自留地等有效改善人民生活的经验逐渐向全国农村推广，并将“利用香港、发展内地”的局部开放政策也从经济特区向东部沿海港口城市、沿江内陆和沿边城市逐步推行。随着国民经济的快速发展和人民收入水平的逐步提高，中国恩格尔系数不断下降，2012 年我国农村居民恩格尔系数为 39.3%，城镇居民为 36.2%，到党的十八大召开时，人民生活水平已经在总体上达到了小康，这为 2020 年全面建成小康社会奠定了坚实基础。

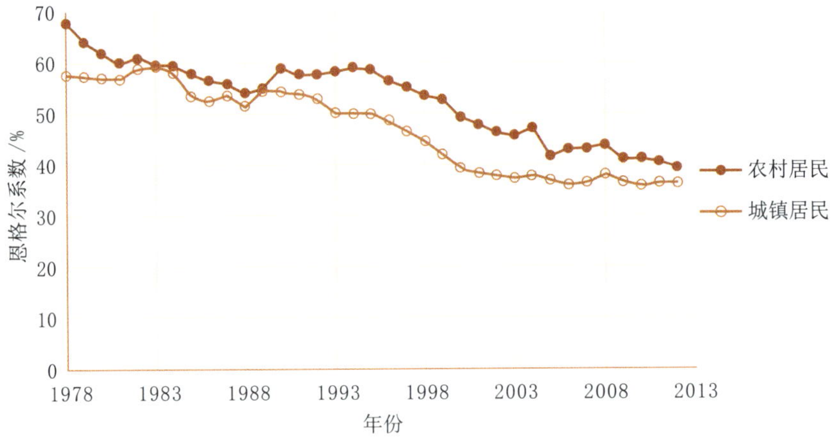

1978—2012 年我国城乡居民恩格尔系数①

“小康”是邓小平在 20 世纪 70 年代末 80 年代初制定中国经济社会发展战略时提出的概念，最初是指人均 GDP 达到 800 美元到 1000 美元的中国式的现代化标准，在生活上介于温饱和富裕之间的状态。随着改革开放的不断推进和中国经济社会等各项事业的进一步发展，小康的内涵也不断得到丰富和发展。1991 年国务院制定的《关于国民经济和社会发展十年规划和第八个五年计划纲要的报告》指出：“我们所说的小康生活，是适应我国生产力发展水平，体现社会主义基本原则的。人民生活的提高，既包括物质生活的改善，也包括精神生活的充实；既包括居民个人消费水平的提高，也包括社会福利和劳动环境的改善。”因此，小康成为一个包括经济、政治、文化、社会等各个方面发展水平的综合性目标。根据小康的这一内涵，中国确定了人均 GDP、人均住房面积、恩格尔系数、平均预期寿命、教育娱乐比重、森林覆盖率等 16 项检测小康水平的指标及其临

①资料来源：国家统计局。

测值。2008 年，党的十四届五中全会对“九五”时期实现第二步发展战略目标作出新的部署：到 2000 年实现人均国民生产总值比 1980 年翻两番，基本消除贫困现象，人民生活达到小康水平；到 2010 年，实现国民生产总值比 2000 年翻一番，使人民的小康生活更加宽裕。2000 年，“九五”计划主要任务超额完成，国内生产总值达 99776 亿元，年均增长 8.6%；人均国民生产总值比 1980 年翻两番的目标在 1997 年提前 3 年完成。“十一五”期间，国内生产总值年均增长 11.3%，2010 年超过 40 万亿元，成为仅次于美国的世界第二大经济体。城镇居民人均可支配收入和农村居民人均纯收入年均分别增长 9.7%、8.9%，人民生活明显改善。2020 年年底，全国所有贫困人口全部实现脱贫摘帽。英国学者阿塔尔·侯赛因曾指出，中国农村上亿人摆脱贫困，实现粮食自给自足，这是人类发展史上一个了不起的事情，也是改善人权的巨大成就①。同时，全国人民的生活质量随着城镇化水平快速提升，得到进一步提高。1978 年至 2012 年，我国城镇化水平从 17.92% 提高到 52.57%。这彰显了中国全面建成小康社会的决心与力度，彰显了党让人民共享改革发展成果、实现美好生活的使命感和紧迫感。

（二）中国人民坚定地迈向共同富裕的新征程

通过改革开放，全国人民的生活水平得到了极大的改善。广大人民群众在波澜壮阔的改革开放进程中既是参与者，也是受益者。我国改革开放仅仅用了 15 年，即到 1993 年，就彻底告别了计划经济时期物资短缺的票证时代，实现了商品市场活跃、社会产品敞开供应。

① 杨金海、吕增奎、郭兴利：《国外学者眼中的中国改革开放》，《北京日报》2008 年 12 月 29 日。

如果将个人分配收入的增幅与物价涨幅相比，大体上说，低收入和一般收入群体的工资平均增长了100倍，而物价平均仅上涨了十几倍。改革开放前，企业实行八级工资制，工作多年的二级工工资为42元。1956年工资改革，科研人员和高校助教的最低工资为42.5元，小学教师最低工资为26.6元。现在的高校和小学的教师最低工资平均提高百倍以上。居民财富的增加表现在消费支出的增长上。2012年，我国居民社会消费品零售总额达到21万亿元，比上年增长14.3%，最终消费支出达到27.5万亿元。又经过5年的奋斗，2017年全国居民恩格尔系数为29.3%，进入了联合国划分的富足区面（20%—30%）。改革开放以来，我国城镇居民人均可支配收入由1978年的343元增加到2012年的24565元，农村居民人均可支配收入由1978年的134元增加到2012年的8389元。经济收入的增加为生活质量的提高打牢了基础，改革开放以来，人们的消费结构日益多元化，广大城乡居民能够根据自己的需要自由选择和安排教育文化、旅游娱乐、医疗保健、交通通信、食品烟酒、衣着服饰等多种生活消费项目，极大地丰富了人民的物质和文化生活。正是基于改革开放带来我国生产力的巨大跃升和人民生活水平的极大改善这一国情的阶段性变化，2017年，党的十九大提出，我国社会的主要矛盾已经不再是人民日益增长的物质文化需要同落后的社会生产之间的矛盾，而是“转化为人民日益增长的美好生活需要和不平衡不充分的发展之间的矛盾”。社会主要矛盾的变化，标志着中国经济社会和国家面貌将进入人民生活由量到质、综合国力由富到强的更高水平的新的历史发展时期。

从经济增长的质量上看，中国的经济发展思路逐渐由初始“唯GDP”论过渡到可持续发展。早在1994年，诺贝尔奖获得者、经济学家保罗·克鲁格曼就曾发表论文批评东亚经济体的“苏联式”粗

◆ 三峡工程

放型增长模式。随着中国经济规模的逐渐扩大，中国自身也日益意识到转变自身经济发展方式的重要性。早在2003年7月，胡锦涛就提出了“坚持以人为本，树立全面、协调、可持续的发展观，促进经济社会和人的全面发展”。而在2017年召开的党的十九大上，习近平总书记明确提出“推进经济发展转型升级，建设现代化经济体系，推动中国经济发展走上高质量、可持续的新路子”。[①] 2016年1月18日，在省部级主要领导干部学习贯彻党的十八届五中全会精神专题研讨班上，习近平总书记强调，“我国在世界经济和全球治理中的分量迅速上升，我国是世界第二经济大国、最大货物出口国、第二大货物进口国、第二大对外直接投资国、最大外汇储备国、最大旅游市场，成为影响世界政治经济版图变化的一个主要因素”。改革开放以来，“我国经济实力、综合国力大幅提升……成功实现从低收入国家向中等收入国家的跨越……这样的巨变，在人类发展史上都是罕见的”。[②]

三、中华民族走上复兴之路，有力支撑了世界和谐

在改革开放之前，由于意识形态的分歧，特别是中国的经济实

① 易昌良主编：《中国创新发展研究报告》，人民出版社2019年版，第8页。

② 中共中央宣传部：《习近平总书记系列重要讲话读本（2016年版）》，学习出版社、人民出版社2016年版，第28页。

力与综合国力总体上处于相对较弱的水平，中国常常受到西方大国和来自苏联大国沙文主义的多方威胁，致使中国的国际影响力受限、国际处境艰难。在国家形象上，西方国家普遍对中国进行妖魔化和丑化宣传，使中国在世界舆论上长期被冠以“贫穷落后”的不民主国家形象，中国的国际话语权和国家软实力受到极大影响。

（一）中华民族重新融入世界大家庭

1978 年 12 月 16 日，中美正式建交。与此同时，邓小平果断提出对外实行开放的政策，把我国带入对外开放的轨道。我国对外开放的过程经历了点—线—面逐步开放的过程，从试点区的建立、“摸着石头过河”到现在的全方位开放，我们开放的目标是使中国向全球化迈进，使中国融入世界，成为世界不可或缺的重要组成部分，发挥一个大国应有的作用。由此，中国经济从封闭走向开放，逐渐与世界经济融为一体，开放型的经济体系逐步形成。我国建立

◆ 2001 年 11 月，中国加入世界贸易组织签字仪式现场

起了多种所有制经济并存和内外资企业共同参与的多元化经营的对外贸易体制，外商投资和境外投资管理体制逐步完善。从沿海到内地，从东部到中西部，全方位、宽领域、多层次对外开放格局确立，实现了从封闭半封闭状态到全面开放的根本转变。尤其是以加入世界贸易组织（WTO）为标志，我国开始全面参与经济全球化进程。中国已与世界绝大多数国家建立了外交关系，与几乎所有国家和地区开展了经贸往来。1978 年，我国对外贸易总额仅为 206.4 亿美元，居世界第 22 位，吸收外资和对外投资都不到 2000 万美元。2012 年，我国货物进出口总额增长到 3.87 万亿美元，实际利用外商直接投资达 1132.9 亿美元。外汇储备由 1978 年的 1.67 亿美元增长到 2012 年的 3.31 万亿美元，年均增长 25.6%。

改革开放以来，随着我国经济的迅速发展，中国的综合国力和国际影响力得到明显提高，国家形象也得到极大改善。在参与全球治理方面，中国成功加入了 WTO，积极参与经济全球化进程并致力于构建公正合理的国际政治经济新秩序；中国成为国际货币基金组织的第三大股东，提升了在国际经济规则制定中的发言权和投票权。在国家形象和软实力方面，中国通过在抗击汶川大地震等自然灾害中所表现出的“一方有难、八方支援”、通过成功举办 2008 年世界第 29 届奥运会和 2010 年世界博览会、通过积极承担起国际责任，在参与维和、对外援助、积极应对亚洲金融危机、处理全球气候变暖和朝核伊核问题等国际和地区事务中发挥积极作用等实际行动，让全世界人民认识到一个和平、繁荣、可亲的中国，有力地回应了西方舆论中曾经甚嚣尘上的“中国崩溃论”和“中国威胁论”。特别是党的十八大以来，中国提出共商共建共享的“一带一路”和构建人类命运共同体的倡议得到了国际社会的普遍认可和广泛响应，为构建持久和平、共同繁荣的世界贡献了中国智慧。

（二）中华民族逐步在世界舞台发挥积极作用

伴随改革开放的成就，世界上许多重大的国际和地区性事务，越来越离不开中国的积极参与和发挥作用。一是改革开放既促进了中华民族的伟大复兴，也对全人类作出了贡献。改革开放的前 30 余年间，中国的科技突飞猛进，装备制造业总量已位居世界第一，形成了门类齐全的产业体系，许多产品的技术已达到世界先进水平，成为国民经济的重要基础和国家实力的象征。中国载人航天飞行和“嫦娥”奔月的成功，均走在了世界前列，成为中国在航空航天等高科技领域所取得的骄人成绩的最有力印证。超级杂交稻、高性能计算机等一大批原创性科技成果，以及基础研究和前沿技术研究取得众多突破，为全人类的粮食安全和发展进步作出重要贡献。二是改革开放的成功经验为世界社会主义运动注入了一剂强心针。30 多年间，国际形势风云变幻，中国不仅经受住了苏联解体、东欧剧变的冲击，并且成功应对了西方势力的制裁，在国际上站住了脚，还进一步巩固了睦邻友好关系，更加改善了中国的国际环境。中国于 1997 年和 1999 年先后对

◆ 1997 年香港回归

◆ 1999 年澳门回归

香港、澳门恢复行使主权，使祖国的统一大业有了历史性突破。三是改革开放使中国重新融入世界并确立了新的发展道路。改革开放使中国的国民经济保持了数十年的快速增长，经济总量已稳居世界第二位。中国在世界经济中的地位随着综合国力的大大增强而进一步提升。中国加入 WTO 后，平均每年进口商品近 5000 亿美元，直接和间接地为相关国家和地区创造了约 1000 万个就业机会。中国经济已经成为世界经济增长的重要驱动力之一。四是中国的和平崛起为世界和平提供了有力支撑。改革开放至今，作为一个负责任的大国，中国一直是国际体系的参与者、建设者和维护者。中国已加入 130 多个政府间国际组织，签署了 300 多个国际条约。中国海军正在亚丁湾、索马里海域进行护航，同时中国还积极参与海地、黎巴嫩以及非洲一些地区的国际维和行动；在伊朗问题、朝核问题、苏丹达尔富尔问题、叙利亚问题等国际事务中发挥了重要的作用，赢得了广泛的钦佩和尊重。中国长久以来都是恐怖主义的坚决反对者，一直积极参与国际反恐合作，制定了全面的防扩散出口管制法律体系。

改革开放的光辉历程，极大地增强了民族的凝聚力、国家的综合实力和国际影响力，为党和国家事业全面发展奠定了坚实的物质基础，也极大地改善和提高了广大人民群众的生活水平，激发了他们进行中国特色社会主义建设的积极性、主动性和创造性。这些伟大成就的取得，得益于中国特色社会主义理论体系的科学指引，正是由于我们党不断推进理论创新，创立了邓小平理论、形成了“三个代表”重要思想、形成了科学发展观，才能够推动改革开放和社会主义现代化建设不断向前。随着全面深化改革的纵深推进，中华民族必将真正实现伟大复兴的梦想，中国特色社会主义必将更加蓬勃发展，中国人民必将迎来更加美好的幸福生活。

第三篇

守正创新耀中华

——习近平新时代中国特色社会主义思想为中华民族强起来提供了科学指引

第五章

百年变局　复兴中华

——习近平新时代中国特色社会主义思想创立的时代背景

时代是思想之母，实践是理论之源。中国特色社会主义进入新时代，这是一个需要理论而且一定能够产生理论的时代，是一个需要思想而且一定能够产生思想的时代。激荡的大时代、宏阔的大实践孕育创生博大精深的思想理论。当代中国正经历着我国历史上最为广泛而深刻的社会变革，也正在进行着人类历史上最为宏大而独特的实践创新。习近平新时代中国特色社会主义思想正是在这样的伟大时代中应运而生、顺势而成的，是立足时代之基、回答时代之问、引领时代之变的科学理论。

第一节　世界正经历百年未有之大变局

世界正经历百年未有之大变局，概括起来说，就是当前国际格局和国际体系正在发生深刻变化，世界治理体系正在发生深刻变革，国际力量对比正在发生深刻调整。这场变局不限于一时一事、一国一域，而是深刻的时代之变。世界多极化、经济世界化、社会信息化、文化多样化深入发展，新一轮科技革命和产业变革蓬勃兴起，世界治理体系和国际秩序变革加速推进，和平、发展、合作、共赢的时代潮流不可阻挡。同时，世界面临的不稳定性不确定性增大，世界经济增长乏力，单边主义、保护主义、霸权主义抬头，数字鸿沟和贫富差距扩大，极端主义和恐怖主义蔓延，网络安全、重大传染性疾病、气候变化等世界性挑战上升。世界怎么了？应该怎么办？这是整个世界都在思考的问题，也是当代中国共产党人必须回答的问题。以习近平同志为核心的党中央深刻洞悉国际格局演变的规律，准确把握世界潮流浩荡的脉动，积极推动构建人类命运共同体，为解决世界经济发展、国际政治安全、全球治理等一系列重大问题提供了新的方向、新的选择。中国智慧、中国方案、中国力量的影响力吸引力显著增强，进一步科学回答了中国之问、世界之问、人民之问、时代之问，中国日益发挥着世界和平建设者、全球发展贡献者、国际秩序维护者的重要作用，前所未有地走近世界舞台中央。习近平新时代中国特色社会主义思想，正是在把握世界发展大势、应对世界共同挑战、维护人类共同利益的过程中创立并不断丰富发展的。

一、当今世界格局发生深刻变化

纵观人类历史，世界发展从来都是各种矛盾相互交织、相互作用的综合结果，大变局孕育于其中，演进于其中。在世界大变局中，中国经济持续快速发展，中华民族伟大复兴不断前进，成为世界格局演变的重要力量。习近平总书记强调，中华民族伟大复兴，是造成世界百年未有之大变局的重要原因；世界面临百年未有之大变局，给中华民族伟大复兴带来重大机遇。在党的二十大报告中，习近平总书记指出，当前，世界之变、时代之变、历史之变正以前所未有的方式展开。一方面，和平、发展、合作、共赢的历史潮流不可阻挡，人心所向、大势所趋决定了人类前途终归光明。另一方面，恃强凌弱、巧取豪夺、零和博弈等霸权霸道霸凌行径危害深重，和平赤字、发展赤字、安全赤字、治理赤字加重，人类社会面临前所未有的挑战。世界又一次站在历史的十字路口，何去何从取决于各国人民的抉择。中国始终坚持维护世界和平、促进共同发展的外交政策宗旨，致力于推动构建人类命运共同体。

（一）世界经济格局的历史性变化

进入 21 世纪，世界大变局的调整呈现出一系列前所未有的新特征、新表现。世界经济版图发生的深刻变化前所未有，发达国家和发展中国家在国际分工体系中的地位角色发生重大转变，发达国家经济增长乏力，新兴经济体和发展中国家在世界经济中占据越来越大的份额，世界经济重心加快“自西向东”位移。新一轮科技革命和产业变革带来的新陈代谢和激烈竞争前所未有，不仅有力重构全球经济结构，而且深刻改变着人类的生产生活方式和思维方式，推动生产关系变革，给国际格局和国际体系的变化带来广泛深远影响。

世界经济格局的历史性演变。自第二次世界大战结束以来，随着北约与华约的建立，资本主义阵营与社会主义阵营开始形成，这一历史性的世界战略环境的变化，必然引起世界经济格局的重构。人类的现代经济发展史已经证明，资本主义的经济发展，一方面，给人类带来了巨大的物质财富，推动生产力高速发展，同时，生产社会化同私有制的矛盾产生的经济危机如影相随。另一方面，伴随着生产力的高速发展产生的无产阶级，为社会主义的诞生和发展提供了历史性的条件。苏联解体、东欧剧变，世界由“两极”进入“单极”，形成“一超多强”的局面。2007 年的亚洲金融危机以及 2008 年的世界经济危机影响深远，发达国家经济增长乏力，以中国为代表的新兴经济体发展迅猛，占世界份额和比重不断提升。中国自改革开放以来经济高速发展，2010 年超越日本，经济总量跃居世界第二，经济社会发展取得巨大成就，成为影响和改变世界格局的重要力量。

中国经济影响力不断增强。改革开放以来，中国共产党带领中国人民探索出了一条经得起实践检验、历史检验和人民检验的中国特色社会主义道路。沿着这条道路，中国的经济总量由 1978 年占世界经济的 1.8% 提升到 2022 年的 18.45%，对世界经济增长的贡献率超过 30%。在 1978 年的世界 GDP 总量中，美国的 GDP 总量占世界 GDP 总量的 27.8%，欧元区的 GDP 总量占世界 GDP 总量的 25.7%，日本的 GDP 总量占世界 GDP 总量的 12%。到 2022 年，美国的 GDP 总量占世界 GDP 总量的 23.93%，欧元区的 GDP 总量占世界 GDP 总量的 15.1%，日本的 GDP 总量占世界 GDP 总量的 5.14%。2022 年，我国经济总量达到 121 万亿元，按年平均汇率折算达 18 万亿美元，稳居世界第二位，占世界经济的比重超过 18%。这些经济数据已经证明，在社会主义的指引下，中国经济的总量和质量发生了历史性变化，给世界经济格局带来了新的变化。

全球科技中心发生转移。人类进入工业社会以来，科学技术的发展状况在很大程度上决定了人的生存和发展状况，科学技术的发展状况决定了国家的主权安全和发展安全。习近平总书记深刻指出："只有把核心技术掌握在自己手中，才能真正掌握竞争和发展的主动权，才能从根本上保障国家经济安全、国防安全和其他安全。"① 显然，追求更高水平的科学技术，对于世界各国的生存和发展而言，都具有不可忽视的战略作用。当前，世界主要大国的科技竞争愈加激烈，出现了三种趋势。第一，世界主要大国越来越重视基础研究与应用研究的双向融合。做好基础研究是进行应用研究的基本前提，而做好应用研究可以最大限度地把基础研究的科学认识转化为技术成果。第二，世界主要大国积极抢占以生命技术、航天技术、人工智能技术和新能源技术等为代表的科技前沿技术。当下，世界主要大国在生命科学基础研究、物理科学基础研究、信息科学基础研究和能源科学基础研究上获得了重大成绩，在这些领域获得了重大突破，为生命技术、航天技术、人工智能技术和新能源技术的发展提供了科学基础。第三，全球科技中心从以西方世界为主要科技创新中心逐渐转变为以中国为代表的新兴大国与西方世界共同作为世界主要科技创新中心。世界知识产权组织与相关研究机构联合发布的《2023 年全球创新指数报告》显示，包括中国、土耳其、越南、印度、菲律宾在内的部分中等收入经济体正在迎头赶上并改变创新格局，中国排名第 12 名，也是全球创新指数前 30 名中唯一的中等收入经济体。

①《习近平谈治国理政》第 1 卷，外文出版社 2018 年版，第 122 页。

世界产业布局深度调整。科学技术发展推动了世界新一轮的产业革命。在新的科学技术的推动下，世界各国在以生命技术、航天技术、人工智能技术和新能源技术等为代表的科技前沿技术领域取得了重大的成绩和突破，也为经济发展找到了新的发展动力和新的产业方向。中国等新兴经济体积极利用科学技术成果，加大科技创新的力度，在生命技术、航空航天、人工智能和新材料新能源等方面取得重大突破，深刻影响着世界产业布局调整，一大批新兴科技前沿成果被广泛运用，这种运用进一步推动生命技术、航空航天、人工智能和新材料新能源的“世界化”趋势，为人类整体的生存环境和发展环境奠定了扎实的物质条件。总之，中国经济长期的快速发展所带来的世界经济格局的变化，构成世界百年未有之大变局的重要内容。

（二）世界政治格局的历史性变局

世界格局的变化是经济、政治和国家关系的全方位变革。经济格局的调整必然会引起政治格局的变化，因为“政治是经济的集中表现……政治同经济相比不能不占首位”[①]。以中国为代表的新兴经济体对于世界经济发展的带动和引领使得亚太地区成为世界上经济最具有活力的地区，伴随着经济“东升西降”而来的是世界政治格局的历史性变化。中国高举全球化大旗，积极参与全球治理，成为多边合作的积极倡导者。中国的发展离不开世界，世界的和平发展、繁荣稳定离不开中国。当今中国与世界的关系已发生深刻变化，中国已不再是国际秩序的被动接受者，而是积极的参与者、建设者、引领者。世界对中国的关注，从未像今天这样广泛、深切、聚焦；中国对世界的影响，也从未像今天这样全面、深刻、长远。

①《列宁选集》第 4 卷，人民出版社 2012 年版，第 407 页。

资本主义体系危机不断。21 世纪以来，特别是伊拉克战争和 2008 年世界经济危机，世界各国清楚地认识到新自由主义政治理论和经济理论的破产，西方资本主义国家接连陷入长期的持续的经济和政治内耗，这是资本主义基本矛盾不可调和的表现。正如恩格斯所指出，资本主义社会的基本矛盾是生产的社会化和生产资料的私人占有之间的矛盾，它在阶级关系上表现为资产阶级与无产阶级的对立，在生产环节中表现为个别企业内部生产的有组织性与整个社会生产的无政府状态之间的矛盾。这些不可调和的矛盾不断地削弱资本主义制度的影响力。世纪疫情影响深远，逆全球化思潮抬头，单边主义、保护主义明显上升，世界经济复苏乏力，局部冲突和动荡频发，全球性问题加剧，世界进入新的动荡变革期。

纵横不出方圆，万变不离其宗。从根本上说，世界正在经历百年未有之大变局，是世界范围内生产力和生产关系矛盾运动的必然结果，反映了人类文明发展的大潮流大趋向。这个大变局，是从单极世界向协同共治的多极世界的转变，单边主义越来越不得人心，多极化成为不可阻挡的时代潮流，中国成为世界多极化进程中的一支重要力量。这个大变局，是现代化发展路径从一元走向多元的转变。在很长一段时间内，现代化被看作是西方化，而中国式现代化展现了实现现代化的全新路径。这个大变局，是从世界社会主义遭受严重曲折向科学社会主义在 21 世纪焕发勃勃生机的转变。苏联解体、东欧剧变后，西方人迫不及待宣称历史已经终结于资本主义制度，结果却是中国特色社会主义的巨大成功宣告了“历史终结论”的终结、“社会主义失败论”的失败。

中国特色社会主义新时代是为人类作更大贡献的时代。中国特色社会主义的发展，不仅实现了中国经济发展、社会稳定、人民幸福，而且成为世界经济走出低谷的“领头羊”，对世界经济的贡献年均超过 30%。中国是世界第一大贸易大国、第一大外汇储备国、第二大经济体以及超大规模的市场。中国特色社会主义进入新时代，是为人类作更大贡献的时代。中国的发展不是威胁，而是全球发展的机遇，中国始终是全球发展的贡献者。中国特色社会主义的成功，中国式现代化新道路的创造，为世界上大多数既想发展又想保持独立的国家提供了全新选择，贡献了中国智慧。

中国在全球治理领域承担更大责任、发出更多声音，成为多边合作的积极倡导者。中华文明在世界上的影响力与日俱增，成为文明多样发展中不容忽视的重要力量。中国特色社会主义的成功，使社会主义在同资本主义的较量中出现新的态势，社会主义优越性更加彰显。

二、全球治理体系发生深刻变革

和平与发展仍然是时代主题，但是不稳定性不确定性更加突出。时代之变和世纪疫情相互叠加，世界进入新的动荡变革期。以习近平同志为主要代表的中国共产党人，面对世界之变、世界之问，担负起大国责任使命，坚持开放包容、合作共赢，践行真正的多边主义，推动构建人类命运共同体，推动全球治理体系发生深刻变革。

（一）国际安全面临新挑战

进入 21 世纪以来，人类面临的安全问题和发展问题愈加复杂且正在走向失序的方向，这一趋势包括战争问题、公共卫生问题、气候问题，当然，还包括恐怖主义问题、粮食安全问题和能源安全问题，传统安全和非传统安全交织，人类面临着共同的安全挑战。

公共卫生问题是人类当下面临的一个致命的世界性问题。世界市场的形成，全球化的深入发展，国家与国家之间的紧密联系，让一个区域性的公共卫生问题随时可以变成国际性的公共卫生问题。肆虐全球的新冠疫情，由于各国之间紧密的经济联系，使得密切的人员往来成为传播新冠病毒得以迅速传播的主要方式。在这种情况下，国际性的公共卫生问题的出现，必然要求世界各国要采取符合共同利益的一致行动。但是，单边主义的作祟导致一致的国际行动难以实现，在气候问题、恐怖主义问题、粮食安全问题和能源安全问题上，也面临难以凝聚共识、动员资源和加强全球合作的困境。单边主义、霸权主义，不断将经济问题、疫情问题、发展问题、科技问题政治化、意识形态化、工具化，挑动对立和对抗，挑拨国家与国家之间的关系，甚至直接发动战争，造成不能团结一致有效应对全球挑战和全球问题。传统和非传统安全引起的各种冲突以及对生存空间和发展空间的争夺，造成了在处理和解决气候问题、恐怖主义问题、粮食安全问题和能源安全问题上缺乏切实有效的国际公共产品。气候问题、恐怖主义问题、粮食安全问题和能源安全问题的恶化又必然寻求能够有效治理全球问题的国际新秩序。

全球所面临的新危机新挑战一旦处理不好，人类的生存与发展就会出现历史上前所未有的危机和挑战。不管是战争问题、公共卫生问题、气候问题，还是恐怖主义问题、粮食安全问题和能源安全问题，都涉及世界各国人民的切身利益，事关各国人民的生存和发展，任何一个国家都不能置身事外，也难以单独解决这一系列复杂的全球性问题。每一个国家都有对世界安全和发展的现实需要，为了实现这两大战略目标，需要彼此寻找共同利益点，世界各国必须携手共进，推动构建人类命运共同体，共筑世界安全发展新保障。

（二）国际新秩序正在加速推进

国际关系的变化，必然导致国际秩序的改变。传统的国际秩序面对全球共同挑战与问题束手无策，同时，单边主义、霸权主义、冷战思维，合则用不合则弃的方式越来越不得人心。正如基辛格所承认的，“二十一世纪的国际关系会出现一个似乎相矛盾的特点：一方面愈来愈分散，一方面又愈来愈世界化。在国与国之间的关系上，这个新秩序会更接近十八、十九世纪的欧洲民族国家体系”①。但是，基辛格不可能承认以美国为首的西方发达国家已经习惯用政治操作、霸权主义、贸易保护主义的方式牺牲其他国家的利益来保全自身的利益。他更不可能承认，旧有的国际秩序是由美国等西方发达资本主义国家所主导的，也是为西方发达资本主义国家的根本利益服务的。因此，通过改革现有的国际经济体系和国际政治体系，是应对全球问题和挑战的必然要求。

中国高举和平合作的大旗，坚持合作共赢的理念，倡导国家无论大小都平等参与全球治理，推动国际治理体系向着公正、平等方向迈进。对此，习近平总书记深刻指出：“没有哪个国家能够独自应对人类面临的各种挑战，也没有哪个国家能够退回到自我封闭的孤岛。我们呼吁，各国人民同心协力，构建人类命运共同体，建设持久和平、普遍安全、共同繁荣、开放包容、清洁美丽的世界。”“要尊重世界文明多样性，以文明交流超越文明隔阂、文明互鉴超越文明冲突、文明共存超越文明优越。”② 基于人类共同安全、共同生存和共同发展的现实需要，最根本的是要推动不断改革完善以联合国为代表的国际政治体系以及以世界银行、世界贸易组织为代表的国际经济体系。在推动不断改革完善以联合国为代表的国际政治体系

①［美］亨利·基辛格：《大外交》，顾苏心、林天贵译，海南出版社2006年版，第7—8页。
②《习近平著作选读》第2卷，人民出版社2023年版，第48页。

过程中，要更加注重保护大多数发展中国家的政治权力和发展权力。中国坚定支持那些维护大多数发展中国家利益的国际政治规则，更加注重保护大多数发展中国家的经济主权和发展权力。党的二十大报告深刻指出，中国积极参与全球治理体系改革和建设，践行共商共建共享的全球治理观，坚持真正的多边主义，推进国际关系民主化，推动全球治理朝着更加公正合理的方向发展。坚定维护以联合国为核心的国际体系、以国际法为基础的国际秩序、以联合国宪章宗旨和原则为基础的国际关系基本准则，反对一切形式的单边主义，反对搞针对特定国家的阵营化和排他性小圈子。推动世界贸易组织、亚太经合组织等多边机制更好发挥作用，扩大金砖国家、上海合作组织等合作机制影响力，增强新兴市场国家和发展中国家在全球事务中的代表性和发言权。中国坚持积极参与全球安全规则制定，加

◆ 2020 年 8 月 14 日，中国赴黎巴嫩维和部队完成第 18 次轮换交接

强国际安全合作，积极参与联合国维和行动，为维护世界和平和地区稳定发挥建设性作用。

三、国际力量对比发生深刻调整

我们所处的是一个充满挑战的时代，也是一个充满希望的时代。20 世纪的世界风云激荡，两次世界大战重构世界格局，西方资本主义历经危机和发展，世界社会主义走过高潮和低谷，中华民族由近代不断衰落到根本扭转命运、持续走向繁荣富强。21 世纪的今天，世界又迎来大发展大变革大调整的时期。国际力量对比发生深刻调整，发达国家内部矛盾重重、实力相对下降，一大批发展中国家群体性崛起，成为影响国际政治经济格局的重要力量。西方发达国家主导的国际政治经济秩序越来越难以为继，发展中国家在国际事务中的影响力和话语权不断扩大，全球治理越来越向着更加公平合理的方向发展。人类前途命运的休戚与共前所未有，各国相互联系和彼此依存比过去任何时候都更频繁、更紧密，整个世界日益成为你中有我、我中有你的人类命运共同体。党的二十大报告深刻指出："中国提出了全球发展倡议、全球安全倡议，愿同国际社会一道努力落实。中国坚持对话协商，推动建设一个持久和平的世界；坚持共建共享，推动建设一个普遍安全的世界；坚持合作共赢，推动建设一个共同繁荣的世界；坚持交流互鉴，推动建设一个开放包容的世界；坚持绿色低碳，推动建设一个清洁美丽的世界。"

（一）二战后国际力量对比的深刻调整

第二次世界大战结束后，世界上形成了以苏联、美国为代表的东、西两大集团。这两大集团由于政治信仰不同，而处在相互敌视状态，他们都想削弱对方直到搞垮对方，所以就动用除军事行为以外的一切手段来打击对方，这包括经济封锁、政治攻击、颠覆破坏、军备竞赛等。世界上大多数国家主动或者被动加入了两大阵营，成为二战后世界经济政治格局的重要特征。冷战主要表现为以美国与苏联为首的两大军事集团之间的对峙。美苏两个超级大国之间的争夺，是世界长期不得安宁的主要根源。两大军事集团实力相当，谁都不敢轻易动用武力来结束对方与其的世界霸权争夺，但美苏争霸给世界和平与发展带来严重挑战，世界各国人民都渴望和平、反对战争。

20 世纪末的东欧剧变、苏联解体，给社会主义事业发展带来了重大打击，社会主义运动陷入低谷。在这一历史背景下，以弗朗西斯·福山为代表的西方政治学者认为，“自由民主的理想则已尽善尽美”。作为这一理想体现的“自由民主制度”也就“不是偶然之物……而是人之为人的本性的发现”。于是他得出结论：“自由民主也许是‘人类意识形态演化的终点’和‘人类政体的最后形式’，并因此构成‘历史的终结’。”① 显然，以弗朗西斯·福山为代表的西方政治学者，并没有科学地认识和理解资本主义私有制的历史性和局限性，也没有科学地认识和理解东欧剧变、苏联解体的真正原因。东欧剧变和苏联解体证明把社会主义教条化、僵化的苏联模式的失败，是脱离苏联人民群众所造成的失败。苏联社会主义的失败，一方面，证明了共产主义代替资本主义的长期性、艰巨性；另一方面，又证明了背离科学社会主义基本原则、僵化理解社会主义必然会遭遇重大挫折。苏联解体是 20 世纪最大的事件之一，影响了历史进程和世界格

①［美］弗朗西斯·福山：《历史的终结与最后的人》，陈高华译，广西师范大学出版社 2014 年版，第 71—72 页。

局，影响了世界话语权的转变。苏联解体标志着雅尔塔体系结束，终结两极格局局面，让世界格局开始走向多元化。战后美苏两国争霸的政治局面也相应地被打破，美国的霸权地位进一步加强，资本主义世界的凝聚力也慢慢下降，内部铁板一块的局面不复存在。两极格局结束削弱了第三世界的整体力量，和平与发展更加成为时代的主题，两极格局解体后的世界，呈现出世界格局多极化的趋势。

（二）冷战后国际力量对比的新变化

冷战之后，国际关系的性质发生了一些重要的变化，这个阶段最大的变化就是由冷战时期的两极格局逐渐转化为多极格局，形成“一超多强”的国际力量结构。世界多极化趋势更加明显，欧洲国家开始寻求独立的外交政策，中国、印度、俄罗斯、巴西等新兴国家迅速崛起。特别是中国的发展，成为冷战国家力量的重要变量。中国没有辜负社会主义，社会主义没有辜负中国。中国的成功探索和实践，再一次促使国际力量对比发生革命性变化。社会主义探索模式和建设模式并不是唯一的。马克思主义矛盾观已经深刻指出，事物的发展是普遍性和特殊性相统一的，任何一种社会主义发展模式的探索都要符合本国实际、文化传统以及人民的需要。正是在坚持实事求是理念的指导下，中国共产党带领中国人民成功走出了中国特色社会主义道路。

中国的成功使得国际力量对比发生革命性变化。习近平总书记指出，当今世界正经历百年未有之大变局，人类社会正经历大进步大调整大变革，与此同时，和平赤字、发展赤字、治理赤字，是摆在全人类面前的严峻挑战[①]。第一，中国特色社会主义道路的成功证明了马克思主义行、中国化时代化的马克思主义行。在私有制下，资本主

①《习近平谈治国理政》第2卷，外文出版社2017年版，第509页。

义社会的基本矛盾不可调和，经济危机爆发日益频繁，从美国次贷危机引发的世界金融危机进一步加深了西方资本主义的社会矛盾。中国不但成功抵御了经济危机，而且成为世界经济走出低谷的“领头羊”，愈加受到世界各个国家的关注和认同，社会主义力量在世界层面得到扩大和进一步的发展。第二，中国特色社会主义的成功壮大了维护和平的力量。资本的本性决定了西方发达资本主义国家要在世界层面获得剩余价值和利润，这必然导致对其他国家人民的剥削，加剧世界范围内的贫富分化和发展赤字鸿沟，加剧世界经济和政治的对抗。社会主义本质属性决定了中国是世界和平的维护者，中国坚决同第三世界国家站在一起，反对不公正的国际经济秩序和政治秩序，反对强权政治和霸权主义。习近平总书记指出：“实现我们的奋斗目标，必须有和平国际环境。没有和平，中国和世界都不可能顺利发展；没有发展，中国和世界也不可能有持久和平。”[①] 中国特色社会主义的成功，壮大了世界和平的力量。第三，中国式现代化新道路的成功为广大发展中国家提供了中国方案。中国的成功，走出了一条不同于资本主义国家的道路，创造了中国式现代化新道路，为广大发展中国家提供了新的国际公共产品，提供了全新选择。中国积极推动构建人类命运共同体，呼吁世界各国应摒弃零和博弈思维，坚持共同体思维，积极争取“人类命运共同体”价值的最大公约数，形成世界范围内的思想共识和合作共识，以“创造全人类共同发展的良好条件，共同推动世界各国发展繁荣”，“让发展成果惠及世界各国，让人人享有富足安康”[②] 。中国的成功和全球发展理念，赢得了绝大多数国家的理解、信

①《习近平谈治国理政》第 1 卷，外文出版社 2018 年版，第 248 页。
②《习近平谈治国理政》第 3 卷，外文出版社 2020 年版，第 434 页。

任和支持，也进一步壮大了世界和平的力量。

大变局加速国际力量的深刻调整。习近平总书记强调："大变局带来大挑战，也带来大机遇，我们必须因势而谋、应势而动、顺势而为。"要心怀"国之大者"，树立正确的历史观、大局观、角色观，深刻把握中华民族伟大复兴战略全局和世界百年未有之大变局的辩证关系，立足大局、统筹全局、引领变局、开创新局，努力实现变中求进、变中突破、变中取胜。我们必须保持战略定力，发扬斗争精神，决不屈服于任何外部压力，决不吞下任何损害中华民族根本利益的苦果。越是乱云飞渡、惊涛拍岸，越要处变不惊、沉着应对，把握战略主动，发挥制度优势，更好引领世界大变局朝着有利于中华民族伟大复兴、有利于世界和平与进步的方向发展。在党的二十大报告中，习近平总书记指出，面对国际局势急剧变化，特别是面对外部讹诈、

◆"一带一路"丝路金桥

遏制、封锁、极限施压，我们坚持国家利益为重、国内政治优先，保持战略定力，发扬斗争精神，展示不畏强权的坚定意志，在斗争中维护国家尊严和核心利益，牢牢掌握了我国发展和安全主动权。我们党团结带领人民，攻克了许多长期没有解决的难题，办成了许多事关长远的大事要事，推动党和国家事业取得举世瞩目的重大成就。

回顾国际力量对比的变化，是为了更好地理解和认识人类社会发展变化的基本规律，证明马克思主义行，中国化时代化的马克思主义行。中国特色社会主义是实现中华民族伟大复兴的必由之路。国际力量的对比，根源于不同国家综合实力的对比变化，中国共产党团结带领中国人民，正朝着全面建成社会主义现代化强国、实现第二个百年奋斗目标，以中国式现代化全面推进中华民族伟大复兴新征程中踔厉前行，必将深刻影响世界历史进程，推动国际力量对比发生深刻调整。

第二节　中华民族伟大复兴迎来光明前景

实现中华民族伟大复兴是党百年奋斗的主题。“中国共产党一经诞生，就把为中国人民谋幸福、为中华民族谋复兴确立为自己的初心使命。一百年来，中国共产党团结带领中国人民进行的一切奋斗、一切牺牲、一切创造，归结起来就是一个主题：实现中华民族伟大复兴。”[①] 为了实现中华民族伟大复兴，中国共产党团结带领中国人民，浴血奋战、百折不挠，创造了新民主主义革命的伟大成就，

①《习近平谈治国理政》第 4 卷，外文出版社 2022 年版，第 4 页。

◆ 国家博物馆《复兴之路》展览

使中国人民站了起来，中华民族任人宰割、饱受欺凌的时代一去不复返；为了实现中华民族伟大复兴，中国共产党团结带领中国人民，自力更生、发愤图强，创造了社会主义革命和建设的伟大成就，证明了只有社会主义才能救中国，只有社会主义才能发展中国；为了实现中华民族伟大复兴，中国共产党团结带领中国人民，解放思想、锐意进取，创造了改革开放和社会主义现代化建设的伟大成就，中国大踏步赶上了时代；为了实现中华民族伟大复兴，党的十八大以来，中国共产党团结带领中国人民取得历史性成就、发生历史性变革，中华民族迎来了从站起来、富起来到强起来的伟大飞跃。中华民族伟大复兴进入了不可逆转的历史进程。

一、中国特色社会主义进入新时代

科学判断所处历史方位并据此制定路线方针政策，是中国共产党长期奋斗积累的宝贵经验。习近平总书记在党的十九大报告中指出："经过长期努力，中国特色社会主义进入了新时代，这是我国发展新的历史方位。"这是一个分量很重、内涵很深的重大政治论断。党的二十大报告将"中国特色社会主义进入新时代"作为新时代十年经历的对党和人民事业具有重大现实意义和深远历史意义的三件大事之一，进一步彰显了这一论断的历史价值。

（一）中国特色社会主义进入新时代的主要依据

中国特色社会主义进入新时代，是在几代中国共产党人相继建立新中国、开启新时期、跨入新世纪、站上新起点的接续奋斗中实现的，是生产力充分发展的必然结果。改革开放以来，党和国家事业取得重大成就，经济社会快速发展，社会主义现代化建设取得巨大成就，党的建设新的伟大工程取得显著成效。党领导全国人民不懈奋斗所创造的辉煌成果，为我们继续前进奠定了坚实基础、创造了良好条件、提供了重要保障。同时一系列长期积累及新出现的突出矛盾和问题亟待解决。面对深刻复杂变化的国内外形势，以习近平同志为核心的党中央以巨大的政治勇气和强烈的责任担当，举旗定向、运筹帷幄，科学把握当今世界和当代中国的发展大势，统揽伟大斗争、伟大工程、伟大事业、伟大梦想，统筹推进经济建设、政治建设、文化建设、社会建设、生态文明建设"五位一体"总体布局，协调推进全面建设社会主义现代化国家、全面深化改革、全面依法治国、全面从严治党"四个全面"战略布局，坚持稳中求进工作总基调，党和国家事业全面开创新局面。

党的十八大以来，党和国家事业取得历史性成就、发生历史性变革，涵盖了从生产力到生产关系、从经济基础到上层建筑的各个方面，推动实现了社会整体的历史性发展和历史性飞跃，极大地改变了中国共产党的面貌、国家的面貌、人民的面貌、军队的面貌、中华民族的面貌，在党史、新中国史、改革开放史、社会主义发展史、中华民族发展史上具有里程碑意义。这必然带来新的历史性变化，推动中国特色社会主义进入一个新的历史阶段。

从发展阶段看，党的十八大以来，改革开放和社会主义现代化建设取得历史性成就，我国发展站到了新的历史起点上，中国特色社会主义进入新的发展阶段。党的理论创新实现了新飞跃，党的执政方式和执政方略有重大创新，发展理念和发展方式有重大转变，发展环境和发展条件有重大变化，发展水平和发展要求变得更高。从社会主要矛盾看，我国社会主要矛盾已经由人民日益增长的物质文化需要同落后的社会生产之间的矛盾，转化为人民日益增长的美好生活需要和不平衡不充分的发展之间的矛盾。从奋斗目标看，党的十九大到二十大是“两个一百年”奋斗目标的历史交汇期，我们既要全面建成小康社会、实现第一个百年奋斗目标，又要乘势而上开启全面建设社会主义现代化国家新征程，向第二个百年奋斗目标进军。从国际地位看，当代中国正处在从大国走向强国的关键时期，世界对中国的关注，从未像今天这样广泛、深切、聚焦，中国对世界的影响，也从未像今天这样全面、深刻、长远。这些重大变化，都需要从新的历史方位、新的时代坐标来科学认识和全面把握。

（二）中国特色社会主义进入新时代的科学内涵

新时代是承前启后、继往开来、在新的历史条件下继续夺取中国特色社会主义伟大胜利的时代。习近平总书记强调，“这个新时代是中国特色社会主义新时代，而不是别的什么新时代”[①]。新时代是

①《习近平谈治国理政》第3卷，外文出版社2020年版，第70页。

社会主义初级阶段中的一个阶段，不是别的什么阶段。用新时代界定当前我国发展新的历史方位，有利于进一步统一思想、凝聚力量，在新的起点上把中国特色社会主义事业推向前进。在新时代，就是要紧紧围绕坚持和发展中国特色社会主义这个主题，适应中国特色社会主义发展的新要求，让社会主义在中国展现出更加强大的生命力。这是着眼中国特色社会主义的历史发展，立足当今实际，谋划未来发展定位，明确了新时代的历史脉络，凸显了新时代的时空性。

新时代是决胜全面建成小康社会、进而全面建设社会主义现代化强国的时代。党的十九大提出在全面建成小康社会的基础上，分两步走在本世纪中叶建成社会主义现代化强国的战略安排。党的二十大报告提出："从现在起，中国共产党的中心任务就是团结带领全国各族人民全面建成社会主义现代化强国、实现第二个百年奋斗目标，以中国式现代化全面推进中华民族伟大复兴。"这是着眼国家发展目标，立足已有奋斗基础，对社会主义现代化建设作出的战略规划，明确了新时代的实践路径，凸显了新时代的实践性。

新时代是全国各族人民团结奋斗、不断创造美好生活、逐步实现全体人民共同富裕的时代。在新时代，要时刻不忘初心，始终把实现好、维护好、发展好最广大人民根本利益作为最高标准，着力使全体人民享有更加幸福安康的生活，着力在实现全体人民共同富裕上取得实实在在的新进展。这是着眼社会主义本质要求，立足奋斗方向，对人民的未来生活作出规划，明确了新时代的价值取向，凸显了新时代的人民性。

新时代是全体中华儿女勠力同心、奋力实现中华民族伟大复兴中国梦的时代。在新时代，凝聚起全体中华儿女同心共筑中国梦的磅礴力量，牢记使命、奋发有为、砥砺前行，就一定能够到达民族

◆ 中国（上海）自由贸易试验区

◆ “辽宁号”航母

◆ 北京大兴国际机场

◆ C919 大飞机

复兴的光辉彼岸。这是着眼共产党人的历史使命，立足团结奋斗，阐明中华民族的发展愿景，明确了新时代的民族特征，凸显了新时代的民族性。

新时代是中国不断为人类作出更大贡献的时代。在新时代，必须统筹国内国际两个大局，坚持和平发展道路，推动构建人类命运共同体。这是着眼大国担当，立足自身发展，对中国的世界角色作出前瞻性描述，明确了新时代的中国在世界上的定位，凸显了新时代的世界性。

（三）中国特色社会主义进入新时代的重大意义

历经了苦难与辉煌、曲折与胜利、付出与收获，中国特色社会主义进入新时代，这是党和国家事业发展的历史必然，是改革开放以来我国经济社会发展进步的历史必然，是我国社会主要矛盾变化的历史必然。党的二十大报告指出：“这是中国共产党和中国人民团结奋斗赢得的历史性胜利，是彪炳中华民族发展史册的历史性胜利，也是对世界具有深远影响的历史性胜利。”

进入新时代，意味着近代以来久经磨难的中华民族迎来了从站起来、富起来到强起来的伟大飞跃，迎来了实现中华民族伟大复兴的光明前景。实现中华民族伟大复兴是近代以来中华民族团结奋斗的最大公约数，是中国共产党与生俱来的历史使命。近代以后，中华民族历经磨难，到了最危险的时候。自那时以来，为了实现中华民族伟大复兴，无数仁人志士奋起抗争，但一次又一次地失败了。中国共产党成立后，团结带领人民前仆后继、顽强奋斗，历经苦难与辉煌、曲折与胜利、付出与收获，中国特色社会主义进入了新时代，中华民族正在实现从富起来到强起来的伟大飞跃，中华民族伟大复兴展现出前所未有的光明前景。

进入新时代，意味着科学社会主义在21世纪的中国焕发出强大的生机活力，在世界上高高举起了中国特色社会主义伟大旗帜。20世纪80年代末90年代初，世界社会主义遭受严重曲折。“社会主义失败论”“历史终结论”一度甚嚣尘上，“中国崩溃论”也不绝于耳。然而，中国顶住了巨大压力和挑战，坚守和捍卫了社会主义。中国特色社会主义取得了巨大成功，创造出令人惊叹的中国奇迹，谱写了社会主义发展的辉煌篇章，为历经磨难的社会主义注入了强大生命力，在世界上重振了人们对社会主义的信心。进入新时代，中国特色社会主义这面旗帜在当今世界更加鲜艳夺目、更加令人神往，成为引领21世纪科学社会主义发展的伟大旗帜，成为振兴世界社会主义的中流砥柱。

进入新时代，意味着中国特色社会主义道路、理论、制度、文化不断发展，拓展了发展中国家走向现代化的途径，给世界上那些既希望加快发展又希望保持自身独立性的国家和民族提供了全新选择，为解决人类问题贡献了中国智慧和中国方案。改革开放40多年来，中国创造了世界历史上的发展奇迹，成功走出了一条独具特色的中国式现代化道路，开创了不同于西方资本主义现代化的全新路径，打破了“现代化就是西方化”的迷思，打破了发展中国家对西方国家现代化的路径依赖，为广大发展中国家探索现代化道路提供了全新选择。我国的实践向世界说明了一个道理，推动一个国家实现现代化并不是只有西方制度模式这一条道，各国完全可以走出自己的路。

作出中国特色社会主义进入了新时代的重大政治论断，彰显了中国共产党与时代共同进步的先进性本色，以及把握历史规律和历史趋势的高度自觉和高度自信。中国特色社会主义进入新时代，科学标定了我国社会主义初级阶段新的历史方位，赋予党的历史使命、理论遵循、目标任务以新的时代内涵，为深刻把握习近平新时代中国特色社会主义思想提供了时代坐标。

二、我国社会主要矛盾发生新变化

习近平总书记指出：“中国特色社会主义进入新时代，我国社会主要矛盾已经转化为人民日益增长的美好生活需要和不平衡不充分的发展之间的矛盾。”[①] 这一重大政治论断，反映了我国社会发展的客观实际，指明了解决当代中国发展主要问题的根本着力点，丰富发展了马克思主义关于社会矛盾的学说。

（一）我国社会主要矛盾变化反映了时代要求

习近平总书记指出：“党的百年奋斗历程告诉我们，党和人民事

①《习近平谈治国理政》第3卷，外文出版社2020年版，第9页。

业能不能沿着正确方向前进，取决于我们能否准确认识和把握社会主要矛盾、确定中心任务。”[①] 在社会主义基本制度建立以后，1956年党的八大明确提出并阐释了我国社会主要矛盾：“我们国内的主要矛盾，已经是人民对于建立先进的工业国的要求同落后的农业国的现实之间的矛盾，已经是人民对于经济文化迅速发展的需要同当前经济文化不能满足人民需要的状况之间的矛盾。”改革开放后，我们党肯定了八大时的提法并作了进一步精简和提炼，将我国社会主要矛盾表述为：“人民日益增长的物质文化需要同落后的社会生产之间的矛盾。”这一表述，继承了党的八大的判断，同时更加符合中国实际，更加简洁、准确。从那时到党的十九大前，我们党一直沿用这个判断和表述，并根据这一主要矛盾制定和坚持了正确的路线方针政策，中国特色社会主义建设事业取得了巨大成就。

从党的八大算起，关于我国社会主要矛盾的提法至今已延续60多年，中国特色社会主义已进入了新的发展阶段，各方面条件、环境都发生了深刻变化。我国已解决了十几亿人的温饱问题，党的十九大时已总体上实现小康并将在不久后全面建成小康社会，人民美好生活需要日益广泛，再笼统讲“落后的社会生产”已经不符合今天的实际。我国社会生产力水平总体上显著提高，社会生产能力在很多方面进入世界前列，更加突出的问题是发展不平衡不充分。发展不平衡不充分问题，已经成为满足人民日益增长的美好生活需要的主要制约因素，只讲“日益增长的物质文化需要”，也已经不能真实反映人民群众变化的需求。这就使以前我国社会主要矛盾的提法已经不能准确反映变化了的客观实际，需要立足我国社会发展的历

①《习近平谈治国理政》第4卷，外文出版社2022年版，第30页。

史方位作出新的判断和表述。

党的十九大综合研判，明确提出“人民日益增长的美好生活需要和不平衡不充分的发展之间的矛盾”是新时代中国社会的主要矛盾，这是科学正确的，也是十分及时、十分必要的。我国社会主要矛盾变化的新表述，指明了解决当代中国发展问题的根本着力点，为推动党和国家事业发展提供了科学准确的认识前提。

（二）我国社会主要矛盾变化的深刻内涵

要深刻认识人民日益增长的美好生活需要。人的需要即人的本质，是人进行劳动创造活动的内在原因和根据，它受多种社会条件的制约和影响，并会随着需要的深化和扩展，不断创造出新的需要和新的对象，从而使人的生命活动过程也不断深化和扩展，不断丰富多彩、绚丽多姿。从人民需要看，新时代人民的需要发生了历史性变化。一是人民需要的内涵大大扩展。不仅对物质文化生活提出更高要求，而且从人的全面发展和社会全面进步的角度提出了更多需求，民主、法治、公平、正义、安全、环境等方面的需要日益增长起来了。人民的需要，已经从物质文化领域扩大到物质文明、政治文明、精神文明、社会文明、生态文明各个领域。二是人民需要的层次大大提升。在告别了短缺经济时代后，人民追求质量更高的生活，比如更好的教育、更稳定的工作、更满意的收入、更可靠的社会保障、更高水平的医疗卫生服务、更舒适的居住条件、更优美的环境、更丰富的精神文化生活。这些需求是多样化、个性化、多变性、多层次的。

要深刻认识不平衡不充分的发展。人民日益增长的美好生活需要，要求社会不断发展加以满足。从发展状况看，改革开放以来我国社会生产力水平总体上显著提高，社会生产能力在很多方面进入世界前列，更加突出的问题是发展不平衡不充分，这已经成为满足人民日益增长的美好生活需要的主要制约因素。所谓发展不平衡，从区域发展上看，有的地方快一些，有的地方慢一些，生产力布局还不平衡，比如城市和乡村、东部和西部。从发展各领域来看，既有达到甚至引领世界先进水平的生产力，也有大量传统的和相对落后的生产力，既存在产能过剩的情况，又存在有效供给不足的问题，特别是在群众就业、教育、医疗、居住、养老等方面面临不少难题，社会文明和生态文明建设领域还有不少明显的短板。从发展成果的共享看，不同群体之间也有不平衡，比如收入分配差距依然较大，贫富差别比较明显，社会上存在不少困难群众和弱势群体。所谓发展不充分，主要指创新能力不够强，实体经济水平有待提高，发展的能力和水平还需要加强，发展质量和效益还不高，转变发展方式还处于攻坚阶段，客观上还存在发展不够稳定和不持续的情况。

必须认识到，我国社会主要矛盾的变化，没有改变我们对我国社会主义所处历史阶段的判断，我国仍处于并将长期处于社会主义初级阶段的基本国情没有变，我国是世界最大发展中国家的国际地位没有变。只有立足社会主义初级阶段这个最大实际，从发展中国家的国际地位来判断社会主要矛盾的转化，才能更清晰地把生产力发展要求与现实的基本国情、世情牢牢联系起来，牢牢把握我国社会发展的阶段性特征，牢牢把握人民群众对美好生活的向往，针对我国社会主要矛盾的变化提出新思路、新战略、新举措。

（三）我国社会主要矛盾变化的重要意义

矛盾是事物发展的源泉和动力。抓住主要矛盾带动全局工作，是唯物辩证法的要求，也是我们党一贯倡导和坚持的方法论。习近平总书记在党的十九大上作出的关于我国社会主要矛盾变化这一重大政治论断，是坚持辩证唯物主义和历史唯物主义的世界观方法论，坚持党的实事求是思想路线，通过历史和现实、理论和实践相结合的分析得出的正确结论，反映了我国社会发展的客观实际，丰富和发展了马克思主义矛盾学说，是我们党的重大理论创新成果。

我国社会主要矛盾发生深刻变化，体现了党和国家事业发展战略重点的变化。习近平总书记指出，“我国社会主要矛盾的变化是关系全局的历史性变化，对党和国家工作提出了许多新要求”[①]。我国社会主要矛盾新的表述不是一个短期的概念，而是要管相当长的历史时期，具有很强的现实针对性、工作导向和实践要求。要结合当前任务和长远目标，在继续推动发展的基础上，着力解决好发展不平衡不充分问题，大力提升发展质量和效益，更好满足人民在经济、政治、文化、社会、生态文明等方面日益增长的需要，更好推动人的全面发展、社会全面进步。

应该看到，不平衡不充分的发展，是发展起来后的发展现象，新的社会主要矛盾是发展前进中的矛盾，是良性循环的矛盾。我国社会主要矛盾的变化，是社会主义在中国取得巨大成就的最好证明，标志着人民生活水平的提升、经济社会发展的前进上升。我国社会主要矛盾的变化表明，我们有条件、有能力乘势而上，踏上实现中华民族伟大复兴的新征程。

三、开启全面建设社会主义现代化国家新征程

建设社会主义现代化强国，实现中华民族伟大复兴，二者相辅相成，是中华民族的最高利益和根本利益。新时代要求我们在党的领导下，为全面建设社会主义现代化国家、全面推进中华民族伟大

①《习近平谈治国理政》第3卷，外文出版社2020年版，第9页。

复兴而团结奋斗。

（一）建设社会主义现代化强国是我们党确立的伟大目标

新中国成立不久，我们党就把促进“农业和交通运输业的现代化”“建立巩固的现代化国防”写入党在过渡时期总路线。1954 年，周恩来在第一届全国人民代表大会上首次提出包括现代化的工业、农业、交通运输业和国防在内的四个现代化目标。1956 年，党的八大将这一任务写入了大会通过的党章。1964 年，第三届全国人民代表大会提出“在不太长的历史时期内，把我国建设成为一个具有现代农业、现代工业、现代国防和现代科学技术的社会主义强国”。1975 年，第四届全国人民代表大会重申了分两步走、全面实现四个现代化的战略安排。党的十一届三中全会之后，邓小平指出，“我们从八十年代的第一年开始，就必须一天也不耽误，专心致志地、聚精会神地搞四个现代化建设”①，并强调“我们党在现阶段的政治路线，概括地说，就是一心一意地搞四个现代化。这件事情，任何时候都不要受干扰，必须坚定不移地、一心一意地干下去”②。自此之后，党的历次全国代表大会都强调社会主义现代化建设，一以贯之地推进建设社会主义现代化国家的历史进程。

党的十八大以来，以习近平同志为核心的党中央科学谋划全局，牢牢把握战略主动，坚定不移实现战略目标，领导我国改革开放和社会主义现代化建设取得历史性成就，党和国家事业全面开创新局面，中国特色社会主义进入新时代，中华民族现代化征程迎来千载难逢的发展机遇。党的十九大围绕新时代实现中华民族伟大复兴新

①《邓小平文选》第 2 卷，人民出版社 1994 年版，第 241 页。
②《邓小平文选》第 2 卷，人民出版社 1994 年版，第 276 页。

的历史使命，对新时代推进我国社会主义现代化建设作出新的顶层设计，提出分两步走在本世纪中叶建成社会主义现代化强国的战略安排。党的二十大将“以中国式现代化全面推进中华民族伟大复兴”作为新时代新征程中国共产党的使命任务。

只有坚持中国式现代化，才能把国家和民族发展进步放在自己力量的基点上，有效应对各种风险挑战，自强于世界民族之林；才能推动高质量发展，更好满足人民日益增长的美好生活需要，更好彰显以人民为中心的执政宗旨，更加增强广大人民群众的获得感、幸福感、安全感，更加巩固党的执政基础。以中国式现代化为推进方式统揽新时代伟大斗争、伟大工程、伟大事业、伟大梦想，任务极其艰巨、难度世所罕见、前景十分光明。

（二）分两步走全面建成社会主义现代化强国

“九层之台，起于累土。”实现社会主义现代化和民族复兴的伟大目标，没有捷径可走，不可能一蹴而就。只有把目标转化为一项又一项具体可行的任务，积小胜为大胜，才能在不断取得新的成就基础上抵达胜利的彼岸，这是我们党推进社会主义现代化建设的一条成功经验。

党的十九大立足全面建成小康社会进入决胜期、立足“两个一百年”奋斗目标的历史交汇期，提出“我们既要全面建成小康社会、实现第一个百年奋斗目标，又要乘势而上开启全面建设社会主义现代化国家新征程，向第二个百年奋斗目标进军”①；将第二个百年奋斗目标分为两个阶段来安排，即从 2020 年到 2035 年基本实现社会主义现代化，从 2035 年到本世纪中叶把我国建成富强民主文明和谐

①《习近平谈治国理政》第 3 卷，外文出版社 2020 年版，第 22 页。

美丽的社会主义现代化强国。

全面建成小康社会是实现中华民族伟大复兴中国梦的关键一步，是我们党向人民、向历史作出的庄严承诺。2021年7月1日，在中国共产党成立100周年之际，习近平总书记代表党和人民向党内外、国内外庄严宣告：经过全党全国各族人民持续奋斗，我们实现了第一个百年奋斗目标，在中华大地上全面建成了小康社会，历史性地解决了绝对贫困问题。现在，全党全国人民在胜利实现第一个百年奋斗目标基础上，正意气风发向着第二个百年奋斗目标迈进。

党的二十大明确提出："从现在起，中国共产党的中心任务就是团结带领全国各族人民全面建成社会主义现代化强国、实现第二个百年奋斗目标，以中国式现代化全面推进中华民族伟大复兴。""未来五年是全面建设社会主义现代化国家开局起步的关键时期"，不仅为迈向新征程描绘了更加明确清晰的路线图与时间表，而且在经济社会、内政外交、国防安全、党的建设等各个方面都提出了极为具体的目标要求。这些目标和部署，既保持一定的连续性稳定性，又根据实际情况及时进行调整，以更好适应发展了的新形势。集中统一领导的政治优势，使得党可以根据长远战略制定阶段性目标，有效协调整体利益和局部利益、长远利益和眼前利益，团结各方为了实现共同目标一起努力，国家的法律、政策也得以稳定连贯实施。

这一宏伟蓝图，与中华民族从站起来、富起来到强起来的历史逻辑高度契合，符合实现中华民族伟大复兴的现实需要，对动员全党全国各族人民万众一心实现中华民族伟大复兴的中国梦具有重大意义。展望21世纪中叶，我国物质文明、政治文明、精神文明、社会文明、生态文明将全面提升，实现国家治理体系和治理能力现代化，成为综合国力和国际影响力领先的国家，全体人民将享有更加幸福安康的生活，中华民族将以更加昂扬的姿态屹立于世界民族之林。

（三）紧紧抓住大有可为的历史机遇期

“来而不可失者，时也；蹈而不可失者，机也。”历史的发展总有一些关键的节点、关键的时期。一个国家的发展历程，也常常因此面临许多重要转折，或抓住机遇，顺势而为，事业获得大发展，或与机遇擦肩而过，跟不上时代，逐渐落后。中华民族在历史长河中创造过很多辉煌，但近代以来，我们却落后了，最后沦落到被动挨打的屈辱境地。如果再不抓住机遇，后果不堪设想。机遇千载难逢，机遇稍纵即逝。当前，世界百年未有之大变局加速演进，新一轮科技革命和产业变革深入发展，国际力量对比深刻调整，我国发展面临新的战略机遇。新的历史机遇期，是中华民族强起来、实现伟大复兴的机遇，是中国特色社会主义道路、理论、制度、文化更加成熟，更具引领力感召力的机遇，是中国人民创造美好生活、走向共同富裕的机遇，是中国共产党从建党百年迈向执政百年、进而铸就千秋伟业的机遇。只有紧紧抓住这个大有可为的历史机遇期，锐意进取、埋头苦干、勇于创新、永不懈怠，才能不负时代的馈赠、历史的厚待。

全面用好我国发展的重要战略机遇期。要树立机遇意识，认识到“克服了危即是机，失去了机即是危”，善于学会利用危机，在应对危机中创造机遇，化危为机，转危为安，变外部压力为发展动力，同时防微虑远、谋定后动，做好万全准备，调动和运用好国内外形势变化带来的一切积极因素，充分发挥我们的独特优势，抢占未来发展制高点。要快干、实干、会干，不彷徨、不犹豫，不图虚名、不务虚功，尊重客观规律、创新工作方法，增强把握负责局面的能力。要保持战略定力，把我国发展壮大作为最大机遇，集中力量把自己的事情办好，坚定朝着全面建成社会主义现代化强国这个宏伟目标不断前进。要团结奋斗，党的二十大报告指出，“团结奋斗是中国人民创造历史伟业的必由之路”。“围绕明确奋斗目标形成的团结才是最牢固的团结”是我们党百年奋斗的历史见证，也是对世界百年变局的深刻把握，“始终坚持大团结大联合”是我们党百年奋斗的宝贵经验，也是实现中华民族伟大复兴的必然要求。

新时代需要谋篇布局，新的伟大实践需要“先立乎其大”。旗帜引领方向，全面建设社会主义现代化国家要高举中国特色社会主义伟大旗帜坚定不移。这面旗帜上写着马克思列宁主义，写着中国化时代化的马克思主义，特别是其最新成果习近平新时代中国特色社会主义思想。习近平新时代中国特色社会主义思想，是在中国特色社会主义进入新时代的历史条件下形成的，是在中华民族迎来从站起来、富起来到强起来的伟大飞跃中创立并不断丰富发展的，是在伟大时代中应运而生、在当代中国的新实践新发展中顺势而成的，是立足时代之基、回答时代之问的科学理论，是全党全国人民以中国式现代化全面推进中华民族伟大复兴而奋斗的行动指南。

第三节　中国共产党自身建设面临的挑战

全面建设社会主义现代化国家、全面推进中华民族伟大复兴，关键在党。今天，我们比历史上任何时期都更接近、更有信心和能力实现中华民族伟大复兴的目标。同时，全党必须清醒认识到，实现中华民族伟大复兴绝不是轻轻松松、敲锣打鼓就能实现的，前进道路上仍然存在可以预料和难以预料的各种风险挑战。我们党在内忧外患中诞生、在历经磨难中成长、在攻坚克难中壮大，百年来成功应对了一系列重大风险挑战，积累了丰富的历史经验。习近平总书记在中国共产党第二十届中央纪律检查委员会第二次全体会议上强调：治国必先治党，党兴才能国强。新时代十年，党中央把全面从严治党纳入“四个全面”战略布局，刀刃向内、刮骨疗毒，猛药祛疴、重典治乱，使党在革命性锻造中变得更加坚强有力。全面从严治党永远在路上，要时刻保持解决大党独有难题的清醒和坚定。需要看到的是，党面临的执政考验、改革开放考验、市场经济考验、外部环境考验是长期的、复杂的，党面临的精神懈怠危险、能力不足危险、脱离群众危险、消极腐败危险是尖锐的、严峻的，党内存在的思想不纯、政治不纯、组织不纯、作风不纯等突出问题尚未得到根本解决。习近平总书记在党的二十大报告中指出：“全党必须牢记，全面从严治党永远在路上，党的自我革命永远在路上，决不能有松劲歇脚、疲劳厌战的情绪，必

◆ 国庆 70 周年大会群众游行中的“从严治党”方阵

须持之以恒推进全面从严治党，深入推进新时代党的建设新的伟大工程，以党的自我革命引领社会革命。”新时代新征程上，如何始终不忘初心、牢记使命，如何始终统一思想、统一意志、统一行动，如何始终具备强大的执政能力和领导水平，如何始终保持干事创业精神状态，如何始终能够及时发现和解决自身存在的问题，如何始终保持风清气正的政治生态，都是我们这个大党必须解决的独有难题。解决这些难题，是实现新时代新征程党的使命任务必须迈过的一道坎，是全面从严治党适应新形势新要求必须啃下的硬骨头。

一、“四大考验”是长期的、复杂的

党的十八大以来，以习近平同志为核心的党中央身体力行、率先垂范，坚定推进全面从严治党，坚持思想建党、理论强党和制度治党紧密结合，集中整饬党风，严厉惩治腐败，净化党内政治生态，党内政治生活展现新气象，赢得了党心民心，为开创党和国家事业新局面提供了重要保证。党的二十大报告指出，经过十八大以来全面从严治党，我们解决了党内许多突出问题，但党面临的执政考验、改革开放考验、市场经济考验、外部环境考验将长期存在。

（一）执政考验

无产阶级政党掌握政权是社会主义革命取得成功和社会主义不断发展的前提和基础。社会主义的发展离不开无产阶级政党的领导，中国特色社会主义的发展同样也不能离开中国共产党的领导，中国共产党是中国特色社会主义事业的领导核心，是我国唯一的执政党。中国共产党成为中国革命的领导力量、取得执政地位，成为中国特色社会主义的领导核心是历史发展的必然。

执政党的显著特征就是党的组织和党的干部掌握权力，他们时刻要经受如何对待权力的考验。中国共产党领导全国人民推翻了“三座大山”，成为全国范围的执政党，白色恐怖从此一去不复返，加入中国共产党也不再会有生死考验，这样就难免会有一些投机钻营者想方设法钻进党内，势必会影响党组织的纯洁性。同时一些经受了革命考验的党员拥有权力后经受不住权力带来的诱惑，思想观念、行为方式随之也发生了蜕变。邓小平曾就执政考验问题多次进行论述，他指出，“进了城，执了政，做官的条件是具备了的，这就最容易沾染官气。事实上，我们许多同志确实已经沾染了不少官气。所以，我们每天每时都要注意执政党的特点”①。在长期执政下，容易丧失革命性，必须直面问题。如群众反映的“少数党员、干部自我革命精神淡化，安于现状、得过且过；有的检视问题能力退化，患得患失、讳疾忌医；有的批评能力弱化，明哲保身、装聋作哑；有的骄奢腐化，目中无纪甚至顶风违纪，违反党的纪律和中央八项规定精神问题屡禁不止。”② 这些都是长期执政中存在的问题。

中国共产党作为执政党如何合理运用自身资源实现科学执政、民主执政、依法执政，做到执政为民，如何行之有效地行使权力，就要求中国共产党在实践的过程中，以史为鉴，不断总结党的自身建设的经验教训，借鉴西方国家的优秀成果，形成对党的建设的规律认识，推进党执政水平的科学化进程。

（二）改革开放考验

改革开放是中国社会发展的强大动力，是中国的强国之路。正如邓小平所说，不改革开放，只能是死路一条。实践证明，改革开

①《邓小平文选》第 1 卷，人民出版社 1994 年版，第 304 页。

②《习近平谈治国理政》第 3 卷，外文出版社 2020 年版，第 541 页。

放繁荣了我国经济，使我国综合国力有了显著提升，目前我国跃居世界第二大经济体就直接得益于改革开放。同时要看到，改革开放对中国共产党也是一种必须要面对的严峻考验。

改革开放打开了国门，“泥沙俱下”的情况也随之出现，对我们有益的东西进入了国内，对我们有害的东西也进入了国内。改革开放过程中一些黄赌毒在内的腐朽思想文化会席卷而来，一些中国历史上的种种腐朽思想文化也沉渣泛起、死灰复燃。由于改革开放阶段新旧体制并存与交替，法律制度不健全，政策措施一时跟不上，机会条件不均等，难免出现不少漏洞，让一些意志薄弱、素质低下的党员干部有机可乘、有油可揩。改革开放之初，就有一些党员领导干部为拜金主义、享乐主义、个人主义所蛊惑，铤而走险地谋取私利、违法犯罪。邓小平当时就尖锐地指出：“现在是什么形势呢？我们自从实行对外开放和对内搞活经济两个方面的政策以来，不过一两年时间，就有相当多的干部被腐蚀了。卷进经济犯罪活动的人不是小量的，而是大量的。……如果我们党不严重注意，不坚决刹住这股风，那末，我们的党和国家确实要发生会不会‘改变面貌’的问题。这不是危言耸听。”[①] 可以看出，改革开放是一把“双刃剑”。一方面，有利于中国在与西方国家互相交流的过程中，学习外国的先进技术和管理经验，合理利用外国的资源发展本国经济。另一方面，资产阶级腐朽思想和生活方式也会趁机进入中国。

改革发展任重道远，党的建设也面临改革开放所带来的各种挑战。改革开放导致利益结构的重新分配，一些党员领导干部贪污腐败，导致社会贫富差距进一步扩大，贪污腐败分子逐渐迷失在享乐

①《邓小平文选》第2卷，人民出版社1994年版，第402—403页。

主义中。然而，政治体制不是孤立存在的，必须要以经济体制作为依托，在经济发展中寻求解决问题的办法。

（三）市场经济考验

中国特色社会主义市场经济是一项伟大的理论创新。党的十二届三中全会对于建设什么样的经济体制做了明确说明，通过了《中共中央关于经济体制改革的决议》，为改革指明了方向。1992 年，我国把建立社会主义市场经济体制作为建设目标提了出来。党的十五大的召开，又进一步明晰了我国的基本经济制度，那就是要以公有制为主体，把其放在主要位置，并且多种所有制积极参与、共同发展。将社会主义与市场经济结合起来，这是中国共产党前无古人的创举。

社会主义市场经济推动了中国经济快速发展，创造出了世界经济史上的发展奇迹，使社会主义焕发了蓬勃的生机与活力，也为党的自身建设提供了坚实的物质基础。党的十八大以来，对政府和市场的关系做了科学定位，发挥市场在资源配置中的决定性作用，更好发挥政府作用。此后，社会主义市场经济体制随着社会环境的变化不断调整、不断完善、不断发展。但是，随着社会主义市场经济体制的建立和发展，也带来一些负面的影响。市场经济的原则是等价交换，倡导公平交易、多劳多得、少劳少得。虽然这些对于提高劳动生产率有极大的好处，但是容易让人们滋生以个人利益为导向的价值观，如“金钱万能观”。而政党是阶级性的集中体现，共产党的立场是人民立场，人民群众的利益和需求就是共产党员的责任，没有特殊利益和特权阶层的存在。然而，面对利益诱惑，一些人牺牲了个人利益，另一些人则放弃了党性，彻底放弃了党性修养，彻底忘记了自己是一名共产党员。市场经济的消极作用，除了表现在生产的盲目性等方面，还表现在拜金主义、唯利是图及投机心理。这些腐朽思想会从经济领域渗透到党和国家的政治生活及思想文化中，是腐败思想滋生蔓延的一个温床。

在发展社会主义市场经济中，我们党在建立健全社会主义市场经济体制方面取得了重要成绩和长足进步，提高了人民群众的竞争观念、效益观念和创新观念，促进了社会生产力的发展。然而，由于对市场经济的认识还不够全面，市场经济的弱点和消极因素逐渐暴露出来，影响着党员领导干部的工作作风及生活作风，中国共产党时刻面临市场经济对党的建设尤其是反腐倡廉建设的考验。

（四）外部环境考验

改革开放以来，中国共产党在聚精会神搞建设，一心一意谋发展的过程中，十分重视调适外部环境，营造有利于国家发展的外部环境。当前，我国发展仍然处于重要战略机遇期，但外部环境严峻复杂，直接考验着党的自身建设。

随着中国对外开放的不断推进，中国共产党面临的外部环境更加复杂多样，经济全球化的不断发展和政治多极化的不断演变，特别是自成为世界第二大经济体以来，外部环境对中国政治、经济、社会、意识形态以及安全方面的影响越来越显著。一些国家看到中国近几年发展迅速，心里难免不是滋味，用“中国崩溃论”来安慰自己；一些老牌的资本主义国家把中国视为假想敌，策划和宣扬“中国威胁论”，在国际上不断给中国制造矛盾摩擦，中国共产党面临着前所未有的严峻性、复杂性和长期性考验。中国作为世界上最大的社会主义国家，中国共产党作为世界上最大的共产党，在国际上既表现出一枝独秀，也显得有些形单影只。特别是美国到处拉帮结派、搞意识形态阵营，千方百计围堵、打压中国，在这样的国际环境中发展中国特色社会主义，对中国共产党来说确实是一个巨大的考验。西方资本主义国家始终没有放弃“西化”和分化中国的图谋，中国共产党仍然面临着西方资本主义政治制度的渗透与颠覆的压力。

中国在与世界各国进行经济合作的过程中，也必然会与一些国家发生经济利益的摩擦和纠纷。中国与日本、菲律宾、越南等邻国在领土、领海权益问题上存在矛盾冲突，一些国家直接插手台湾问题，严重威胁到国家主权，都是党面临的重大外部环境考验。习近平总书记在党的二十大报告中强调，我们必须增强忧患意识，坚持底线思维，做到居安思危、未雨绸缪，准备经受风高浪急甚至惊涛骇浪的重大考验。

二、“四种危险”是尖锐的、严峻的

党的二十大报告深刻指出：“经过十八大以来全面从严治党，我们解决了党内许多突出问题，但党面临的执政考验、改革开放考验、市场经济考验、外部环境考验将长期存在，精神懈怠危险、能力不足危险、脱离群众危险、消极腐败危险将长期存在。”面对世情、国情、党情的深刻变化，精神懈怠危险、能力不足危险、脱离群众危险、消极腐败危险更加尖锐地摆在全党面前，党内脱离群众的现象在一定程度上是存在的，集中表现在形式主义、官僚主义、享乐主义和奢靡之风这“四风”上。我们要对作风之弊、行为之垢来一次大排查、大检修、大扫除。习近平总书记指出我们党面对的“四种危险”，是裂化党群关系、干群关系，败坏党的形象的罪魁祸首，为人民群众所深恶痛绝，与党的宗旨格格不入。

（一）精神懈怠危险

我们来自哪里、现在何处、将走向何方？这是执政党自身的灵魂追问。马克思在《共产党宣言》中指出："过去的一切运动都是少数人的，或者为少数人谋利益的运动。无产阶级的运动是绝大多数人的，为绝大多数人谋利益的独立的运动。"① 这里既指明了无产阶级革命的目的，也规定了无产阶级政党的属性和宗旨。伟大理想一经确定，中国共产党人便矢志不渝，初心不改。对马克思主义的信仰，对社会主义和共产主义的信念，是共产党人的政治灵魂，是共产党人经受住任何考验的精神支柱。

回看中国共产党百年奋斗历程，坚守初心和使命始终是党凝聚力量、构建共识的伟大旗帜。习近平总书记指出："革命理想高于天。中国共产党之所以叫共产党，就是因为从成立之日起我们党就把共产主义确立为远大理想。我们党之所以能够经受一次次挫折而又一次次奋起，归根到底是因为我们党有远大理想和崇高追求。"② 然而，在长期执政下出现了部分党员理想信念有所动摇的问题与挑战，现实中，主要表现为部分党员干部理想信念缺失，如"在一些人那里，有的以批评和嘲讽马克思主义为'时尚'、为噱头；有的精神空虚，认为共产主义是虚无缥缈的幻想，'不问苍生问鬼神'，热衷于算命看相、求神拜佛，迷信'气功大师'；有的信念动摇，把配偶子女移民到国外、钱存在国外，给自己'留后路'，随时准备'跳船'；有的心为物役，信奉金钱至上、名利至上、享乐至上，心里没有任何敬畏，行为没有任何底线"③ 。这些问题的存在，说明了部分领导干部丧失了基本的政治立场，严重不符政治身份，把党的规章制度和纪律视为无物，已经变成党中的负向力量，成为党组织发展

①《马克思恩格斯文集》第 2 卷，人民出版社 2009 年版，第 42 页。
②《习近平谈治国理政》第 2 卷，外文出版社 2017 年版，第 34 页。
③《习近平关于全面从严治党论述摘编》，中央文献出版社 2016 年版，第 61 页。

的阻力。

面对各种风险挑战，要始终做到“打铁必须自身硬”，以极大的勇气和决心，刮骨疗毒、去腐生肌，通过不断自我革命，大力倡导批评和自我批评的优良作风，这不仅是教育群众的工作方法，更是党不断改造自己、提升自己、建强党的组织的有力武器，是推进事业发展的助推器。

（二）能力不足危险

党的十八大以来，以习近平同志为核心的党中央把干部能力建设提到全局高度，视之为治国理政的关键要素。习近平总书记指出：“只有以提高党的执政能力为重点，尽快把我们各级干部、各方面管理者的思想政治素质、科学文化素质、工作本领都提高起来，尽快把党和国家机关、企事业单位、人民团体、社会组织等的工作能力都提高起来，国家治理体系才能更加有效运转。”①

今天的部分党员干部不学习、不读书，对马克思主义经典著作知之甚少，对马克思主义基本原理一知半解，反而痴迷于西方某些歪理邪说，照抄照搬，完全不顾中国实际。习近平总书记指出：“马克思主义就是我们共产党人的‘真经’，‘真经’没念好，总想着‘西天取经’，就要贻误大事！”② 有些党员领导干部对共产党执政规律、社会主义建设规律和人类社会发展规律缺乏全面深入的了解，不按规律办事；有的领导班子在政策制定和执行过程中缺乏科学性和实践性，具有“拍脑袋决策、拍胸脯保证、拍屁股走人”行为的“三拍”干部依然存在。随着全球化、信息化和社会转型，中国社会的经济结

①《习近平谈治国理政》第1卷，外文出版社2018年版，第105页。

②《习近平关于全面从严治党论述摘编》，中央文献出版社2016年版，第66页。

构、分配方式、价值观念呈现多元化，许多社会关系失衡，社会行为失范，社会风险高发。面对各种复杂多变的自然风险和社会风险，不少党员领导干部的危机管理能力相对不足，缺乏防范意识和积极应对措施，对各种多发的社会风险缺乏细致深入的排查、了解和分析，没有形成完整有效的风险预防、风险控制和风险化解机制，公共危机的应急管理机制、组织体系和相关的法律法规也不健全。

马克思曾指出：“在科学上没有平坦的大道，只有不畏劳苦沿着陡峭山路攀登的人，才有希望达到光辉的顶点。”[①] 任何人只有不断学习才能增长知识，知识运用于实践，从而不断转化为能力。

①《马克思恩格斯文集》第 5 卷，人民出版社 2009 年版，第 24 页。

中国共产党自来非常重视学习，出台了《关于推进学习型党组织建设的意见》，指出“要大力营造和形成重视学习、崇尚学习、坚持学习的浓厚氛围，牢固确立党组织全员学习、党员终身学习的理念，建立健全管用有效的学习制度”，不断提高党员干部的学习能力。

（三）脱离群众危险

中国共产党百年奋斗历程充分证明，保持党与广大人民群众的血肉联系，坚持和发展密切联系群众的正确工作方法，是我们党和社会主义事业不断发展的根本保障。毛泽东说：“没有满腔的热忱，没有眼睛向下的决心，没有求知的渴望，没有放下臭架子、甘当小学生的精神，是一定不能做，也一定做不好的。必须明白：群众是真正的英雄，而我们自己则往往是幼稚可笑的，不了解这一点，就不能得到起码的知识。”[①] 党员干部向人民群众学习，才能真正了解群众疾苦，解决群众困难，与群众打成一片，提高党性修养和政治素养、思想认识、道德境界，全面增强政治本领，成长为忠诚、干净、担当的高素质领导干部。

改革开放以来，党的作风总体来说是好的，党与人民群众的关系比较和谐，但是也存在一些影响党群关系的问题，集中表现为形式主义、官僚主义、享乐主义和奢靡之风这“四风”问题，严重影响了人民群众对党的感情。习近平总书记指出：“加强和改进党的作风建设，核心问题是保持党同人民群众的血肉联系；马克思主义执政党的最大危险就是脱离群众。”[②] 脱离群众会严重影响党的形象，

①《毛泽东选集》第 3 卷，人民出版社 1991 年版，第 790 页。

②《习近平谈治国理政》第 1 卷，外文出版社 2018 年版，第 366 页。

◆ 解放战争中支援前线的人民群众

甚至有可能危及党的执政地位。以党组织渠道为主、其他渠道为辅是中国共产党党群沟通机制的一个典型特点。但是在实际的运用中，绝大部分的沟通信息还是主要通过党组织渠道来传递，其他渠道只是党组织这个渠道在某一方面的一个补充和延伸，信息容量和传递能力也有限。

随着社会矛盾的日益多样化，对领导干部的群众工作能力提出了新的要求。然而，部分领导干部却没有看到社会变化对能力提升所提出的要求，依然墨守成规，用老办法套用新情况，或者迫于压力勉强进行能力调整，而不是自愿、主动地去根据工作的需要提升自我，难免对于接受新能力、新方法出现一定的滞后性。党的二十大报告将“必须坚持人民至上”放在习近平新时代中国特色社会主义思想世界观和方法论的首要位置，将“坚持以人民为中心的发展思想”作为全面建设社会主义现代化国家新征程中的重大原则，体现出党密切联系群众，始终坚持人民立场的真挚情怀和一心为民的宗旨志趣。

（四）消极腐败危险

腐败是人类政治领域的顽疾，反腐败是当今世界性难题。在以政党政治为主流的当代国家治理中，腐败问题是关系到政党生死存亡的关键。消极腐败是指区别于我们日常所谓的贪污、行贿受贿等

◆ 廉洁文化“植入”公共场所，清风扑面浸润人心

行为的腐败，它主要是因为行政事业单位、国家企业等公职人员和党员干部因消极行为而致使所掌握的权力偏离正常的轨道，进而产生不良作风的现象。它的产生不是偶然的，它是一种特殊的、具有隐蔽性的腐败，更多地指向党员干部行为不端、作风不正，具体包括党政干部的工作消极、生活堕落、不作为、无所作为的各种腐化行为。

腐败是危害党的生命力和战斗力的最大毒瘤，反腐败是最彻底的自我革命。党的十九大报告指出，“人民群众最痛恨腐败现象，腐败是我们党面临的最大威胁”[①]。曾经有一段时间，由于管党治党乏力，缺乏有效监督，“运动式”和“一阵风”的反腐败方式，“刑不

①《习近平谈治国理政》第3卷，外文出版社2020年版，第52页。

上大夫”“软着陆”等官场潜规则，导致了少数领导干部心存侥幸、顶风作案，腐败形势愈演愈烈，部分地方出现“腐败窝案”，“塌方式腐败”严重损害了党的形象，是否敢于反腐败是摆在中国共产党人面前的艰难抉择。消极腐败在政治纪律、政治规矩上表现为，“为了自己的所谓仕途，为了自己的所谓影响力，搞任人唯亲、排斥异己的有之，搞团团伙伙、拉帮结派的有之，搞匿名诬告、制造谣言的有之，搞收买人心、拉动选票的有之，搞封官许愿、弹冠相庆的有之，搞自行其是、阳奉阴违的有之，搞尾大不掉、妄议中央的也有之”[①] 等“七个有之”的问题。习近平总书记深刻指出：“近年来，一些国家因长期积累的矛盾导致民怨载道、社会动荡、政权垮台，其中贪污腐败就是一个很重要的原因。大量事实告诉我们，腐败问题越演越烈，最终必然会亡党亡国！我们要警醒啊！”[②]

中国共产党作为百年大党，如何永葆先进性和纯洁性、永葆青春活力，如何永远得到人民拥护和支持，如何实现长期执政，是我们必须回答好、解决好的一个根本性问题。全党要以自我革命的政治勇气，着力解决党自身存在的突出问题，不断增强党自我净化、自我完善、自我革新、自我提高能力，经受“四大考验”、克服“四种危险”，确保党始终成为中国特色社会主义事业的坚强领导核心。党的二十大全面部署坚决打赢反腐败斗争攻坚战持久战，只要存在腐败问题产生的土壤和条件，反腐败斗争就一刻不能停，必须永远吹冲锋号。全面从严治党永远在路上，要时刻保持解决大党独有难题的清醒和坚定。

①《习近平关于党风廉政建设和反腐败斗争论述摘编》，中国方正出版社、中央文献出版社 2015 年版，第 50 页。

②《习近平谈治国理政》第 1 卷，外文出版社 2018 年版，第 16 页。

三、“四个不纯”等突出问题尚未得到根本解决

2018年7月3日，习近平总书记在全国组织工作会议上指出，党内存在的思想不纯、政治不纯、组织不纯、作风不纯等突出问题尚未得到根本解决。新时代我们党领导人民进行伟大社会革命，涵盖领域的广泛性、触及利益格局调整的深刻性、涉及矛盾和问题的尖锐性、突破体制机制障碍的艰巨性、进行伟大斗争形势的复杂性，都是前所未有的。我们必须增强忧患意识、责任意识，把党的伟大自我革命进行到底。

（一）思想不纯

坚定的理想信念是增强党性修养的核心内容和基本目标，是共产党员闪亮的政治标志，是滋养党员政治生命的关键要素，是党员先进性的集中体现，也是评判党员是否合格的基本指标。不忘初心，践行初心，从根本上要求每一个党员把不断坚定和强化理想信念作为孜孜以求的政治目标。

思想不纯，从根本上讲是信仰不纯、信念不纯，是世界观、人生观、价值观出现了偏差。尤其是在社会转型时期，党员面临着西方价值观念的渗透、各种利益的诱惑及社会矛盾凸显的严峻挑战，必须高度警惕理想信念淡化、弱化和异化的现象，这就更需要坚持不懈加强理想信念教育。苏联的衰落和解体告诉我们，一个政党的衰落，往往从理想信念的丧失或缺失开始。理想信念动摇是最危险的动摇，理想信念滑坡是最危险的滑坡。理想信念的稍稍动摇、思想上的小小缺口，体现在行动上就会弊病丛生。没有坚定的理想信念，统一思想、凝聚共识和汇集力量就会成为空谈。只有积跬步才能至千里，积小流才能成江海，理想信念不是空喊口号，它通过践行生活中的点滴小事

而逐渐形成，并在点滴小事中得以展现和巩固。只有通过点滴小事强化理想信念，将理想信念渗透于生活的方方面面，融入人的生活习惯和行为模式，理想信念才能得以强化，更加坚定。

党的辉煌历史告诉我们，只有树立坚定的理想信念，才能做到政治清醒、思想先进、行动自觉，才能引领伟大斗争、建设伟大工程、推进伟大事业、实现伟大梦想。新时代，党仍面临消极腐败、能力不足、脱离群众及精神懈怠的危险，追根溯源，理想信念淡薄、模糊与异化是危险产生的内在根源。树立坚定的理想信念是危险解决与转化的重要着力点，必须将培育坚定的理想信念作为党员党性修养的核心内容，不断丰富党员干部的精神世界，强化精神基因，提升精神境界，永葆共产党人政治本色。党的二十大报告深刻指出，坚持党性党风党纪一起抓，从思想上固本培元，提高党性觉悟，增强拒腐防变能力，涵养富贵不能淫、贫贱不能移、威武不能屈的浩然正气。

（二）政治不纯

注重党的政治建设是马克思主义政党的鲜明特征，中国共产党作为当今世界上最具影响力的马克思主义政党，从建立之初就将政治建设作为自身的根本性建设。在党的十九大报告中，习近平总书记结合管党治党的历史经验，特别是党的十八大以来全面从严治党的实践经验，提出“将党的政治建设摆在首位”，“政治建设是党的根本性建设，决定党的建设的效果和方向”等重要论断。

在全面从严治党的伟大实践过程中，党的政治建设取得了一系列重要成就。但是，我们也要看到，党内仍然存在着形形色色的问题，在党的政治建设方面仍然存在理想信念不坚定、政治领导力不强、政治能力不足、规矩和纪律意识不强等问题。党的政治建设还远没有到鸣金收兵的地步，我们要保持永远在路上的清醒，永远吹冲锋号，驰而不息地做好党的政治建设工作，为实现政治上的海晏河清而努力奋斗。在党的十九大报告提出党内存在的“思想不纯、组织不纯、作风不纯”的基础上，2018 年 7 月，习近平总书记在全国组织工作会议上又进一步指出了政治不纯的突出问题，体现了党中央坚持问题导向，对党的建设历史经验的深刻总结，对党情深刻变化的准确把握。党内存在的政治不纯问题，从其主体性建设看，在于一些党员、干部的信仰迷茫、精神迷失，在于理想信念这个“压舱石”出现了松动，在于世界观、人生观、价值观这个“总开关”出现了问题，简言之，是共产党人的“根”与“魂”发生了动摇。

习近平总书记指出：“注重从政治上建设党是我们党不断发展壮大、从胜利走向胜利的重要保证。”[①] 解决党内存在的政治不纯问题，是一项基础性工程，就是要大力加强思想建设，深入推进理论强党，坚持不懈地强化科学理论武装，尤其是要用习近平新时代中国特色社会主义思想武装头脑，真正解决好党员、干部的信仰、信念、信心问题，确保全党在政治立场、政治方向、政治原则、政治道路上同党中央保持高度一致，确保党的团结统一。

（三）组织不纯

党的组织建设是党的建设的重要方面，是党的建设的核心，是增强党的凝聚力、战斗力的关键。历史经验和当代现实表明，一个政党的组织建设越完善，其凝聚力和战斗力就越强，反之，政党将成为一盘散沙。加强党的组织和队伍建设始终是增强党的战斗力的

①《习近平谈治国理政》第 3 卷，外文出版社 2020 年版，第 92 页。

重要着力点，是实现党的与时俱进的内在要求。

党的十八大以来，党的组织建设取得了巨大成就，组织制度建设受到广泛重视并且取得明显成效，基层党组织建设大为加强，但也呈现出一些新情况新问题。少数党员的作风不正、不纯，对组织和上级甚至中央的决定阳奉阴违，严重损耗了党的凝聚力，涣散了党的战斗力，直接挑战党的执政安全。一些党员领导干部缺乏大局意识，总揽全局工作的意识和能力不强，一些部门和单位的领导干部充当“老好人”而丧失原则，往往落实工作敷衍塞责，消极怠工，或者搞形式主义，做表面文章，习惯使用行政手段、强制命令、家长制，不善于依照法律法规办事，影响了人民群众对党的信任和感情，削弱了党执政合法性的根基。着力强化党的组织建设，以组织建设规范党内政治生活，是新时代应对新挑战的内在要求。中国特色社会主义进入新时代，推进全面从严治党进程，就要不断纯洁党的队伍，自觉维护习近平同志党中央的核心、全党的核心地位，自觉维护以习近平同志为核心的党中央权威和集中统一领导，加强党的组织建设和队伍建设，提高党员领导干部的执政能力、执政本领和执政水平。

党的组织建设是一项需要长期努力的系统工程，考验着党的执政能力和执政智慧。党的二十大报告对加强党的组织建设提出了新的要求，突出强调了基层党组织建设的重要性。要切实将党的二十大精神落到实处，从党的最基层组织抓起，加强基层党组织的组织力建设，发挥基层党组织的教育作用和政治功能，创新党组织活动方式，不断提高党组织的凝聚力和战斗力，为党的组织建设奠定扎实的基础。要坚持大抓基层的鲜明导向，抓党建促乡村振兴，加强城市社区党建工作，推进以党建引领基层治理，持续整顿软弱涣散基层党组织，把基层党组织建设成为有效实现党的领导的坚强战斗堡垒。

（四）作风不纯

中国共产党一贯重视党的作风建设，中国共产党之所以能够从小到大、从弱到强，领导人民取得革命、建设和改革的伟大胜利和巨大成就，重要原因之一就是形成了一套属于自己的优良作风。理论联系实际、密切联系群众、批评和自我批评，是中国共产党的三大作风，集中体现了我们党的宗旨以及思想路线和根本工作路线，成为中国共产党区别于其他任何政党的重要标志。

执政党的党风问题关系党的执政根基。总体来说，党的十八大以来，党的作风建设取得了巨大成就，在国内外形势发生深刻变化的新的历史条件下，党的作风建设与新时代党的建设总要求还有一定的差距，还存在一些问题，有的问题还比较突出，甚至在个别地区还表现得非常严峻。这些问题耗散了人民群众的政治信任感，严重影响了党在人民群众中的形象，影响了党和政府执政的公信力，削弱了党的执政根基，进而威胁党的执政地位。部分党员干部思想和作风方面存在的种种问题，反映出党的肌体受到了严重侵袭，也对党的建设提出新的更高的要求。加强党的作风建设必须树立问题意识、强化问题导向，做到敢于正视问题、善于分析问题、勇于解决问题，持之以恒将党的作风建设推向新的高度。重视作风建设是党的优良传统和历史经验，是不断增强党的生命力的重要保证。新时代加强党的作风建设，就要继承和发扬党的三大优良作风，牢牢坚守纪律底线，实现党员干部思想上的彻底革命，落实习近平总书记对领导干部提出的作风过硬的基本要求。

习近平总书记指出，“党的作风是党的形象，是观察党群干群关系、人心向背的晴雨表。党的作风正，人民的心气顺，党和人民就能同甘共苦”[①]。中国共产党正领导全国各族人民建设史无前例的中国特色社会主义，这一历史使命十分艰巨，要努力做到“决不能因为胜利而骄傲，决不能因为成就而懈怠，决不能因为困难而退缩”，使中国共产党始终成为中国特色社会主义事业的坚强领导核心，勇担历史赋予的责任与使命。党的二十大站在时代发展的新高度，就坚持以严的基调强化正风肃纪进行全面部署，把握作风建设地区性、行业性、阶段性特点，抓住普遍发生、反复出现的问题深化整治，推进作风建设常态化长效化。习近平总书记在二十届中央纪委二次全会上指出，要继续纠治享乐主义、奢靡之风，把握作风建设地区性、行业性、阶段性特点，抓住普遍发生、反复出现的问题深化整治，推进作风建设常态化长效化。要把纠治形式主义、官僚主义摆在更加突出位置，作为作风建设的重点任务，研究针对性举措，科学精准靶向整治，动真碰硬、务求实效。在二十届中央纪委三次全会上，习近平总书记强调，要持之以恒净化政治生态。坚持激浊和扬清并举，严明政治纪律和政治规矩，严肃党内政治生活，破“潜规则”，立“明规矩”，坚决防止搞“小圈子”“拜码头”“搭天线”，有力打击各种政治骗子，严格防止把商品交换原则带到党内。坚持不懈整治选人用人上的不正之风，推动形成清清爽爽的同志关系、规规矩矩的上下级关系，促进政治生态山清水秀。要加强新时代廉洁文化建设。深入开展党性党风党纪教育，传承党的光荣传统和优良作风，激发共产党员崇高理想追求，把以权谋私、贪污腐败看成是极大的耻辱。要注重家庭家教家风，督促领导干部从严管好亲属

①《习近平谈治国理政》第2卷，外文出版社2017年版，第44页。

子女。积极宣传廉洁理念、廉洁典型，营造崇廉拒腐的良好风尚。

构建全面从严治党体系是一项具有全局性、开创性的工作。新时代十年全面从严治党的实践和理论探索中，我们党不断深化对自我革命规律的认识，积累了丰富实践经验，形成了一系列重要理论成果，系统回答了我们党为什么要自我革命、为什么能自我革命、怎样推进自我革命等重大问题。不断推进党的建设理论创新、实践创新、制度创新，初步构建起全面从严治党体系。全面从严治党体系应是一个内涵丰富、功能完备、科学规范、运行高效的动态系统。健全这个体系，需要坚持制度治党、依规治党，更加突出党的各方面建设有机衔接、联动集成、协同协调，更加突出体制机制的健全完善和法规制度的科学有效，更加突出运用治理的理念、系统的观念、辩证的思维管党治党建设党。要坚持内容上全涵盖、对象上全覆盖、责任上全链条、制度上全贯通，进一步健全全面从严治党体系，使全面从严治党各项工作更好体现时代性、把握规律性、富于创造性。

第六章

深邃思想 科学理论

——习近平新时代中国特色社会主义思想对发展马克思主义的原创性贡献

马克思主义是中国共产党立党立国、兴党兴国的根本指导思想。实践说明，中国共产党为什么能，中国特色社会主义为什么好，归根到底是马克思主义行，是中国化时代化的马克思主义行。拥有马克思主义科学理论指导是我们党坚定信仰信念、把握历史主动的根本所在。在马克思主义发展进程中，中国化、时代化使马克思主义在中华大地上绽放出灿烂的真理光芒。

第一节 习近平新时代中国特色社会主义思想是一个系统完整、逻辑严密的科学理论体系

党的十八大以来，中国共产党勇于进行理论探索和创新，以全新的视野深化对共产党执政规律、社会主义建设规律、人类社会发展规律的认识，取得重大理论创新成果，集中体现为习近平新时代中国特色社会主义思想。党的十九大、十九届六中全会提出的“十个明确”“十四个坚持”“十三个方面成就”概括了这一思想的主要内容，党的二十大以“六个必须坚持”为立足点系统回答了新时代中国特色社会主义发展的世界观和方法论，使得习近平新时代中国特色社会主义思想成为一个系统完整、逻辑严密的科学理论体系，必须长期坚持并不断丰富发展。

一、习近平新时代中国特色社会主义思想的主要内容

（一）以“十个明确”塑造了新时代中国特色社会主义发展的纲和魂

中国共产党之所以能不断从胜利走向胜利，一条根本性的经验就是坚持把马克思主义基本原理同中国具体实际相结合，不断推进马克思主义中国化。中国特色社会主义进入新时代，面临重大机遇和严峻挑战，在百年未有之大变局中涌现出了许多新的时代问题。而这些问题归根到底就是“新时代坚持和发展什么样的中国特色社会主义、怎样坚持和发展中国特色社会主义”“建设什么样的社会主义现代化强国、怎样建设社会主义现代化强国”“建设什么样的长期

执政的马克思主义政党、怎样建设长期执政的马克思主义政党”这三大重大时代课题。

“十个明确”是我们党立足于党的十八大以来治国理政新实践作出的理论新创造，以全新视野深化了中国共产党人对共产党执政规律、社会主义建设规律和人类社会发展规律的认识理解，回答了一系列重大时代理论和实践课题，证明了马克思主义的强大生命力。

习近平总书记指出：“中国特色社会主义最本质的特征是中国共产党领导，中国特色社会主义制度的最大优势是中国共产党领导。”回望来路，无论是创造经济发展奇迹，成为世界第二大经济体，还是持续向贫困宣战，解决千百年来困扰中华民族的绝对贫困问题；无论是提出小康社会目标，不断改善人民生活，还是全面建成小康社会，开启全面建设社会主义现代化国家新征程，中国特色社会主义取得的一切进步和成就，根本在于始终坚持党的全面领导。

习近平新时代中国特色社会主义思想明确坚持和发展中国特色社会主义，总任务是实现社会主义现代化和中华民族伟大复兴，在全面建成小康社会的基础上，分两步走在本世纪中叶建成富强民主文明和谐美丽的社会主义现代化强国，以中国式现代化推进中华民族伟大复兴。中国特色社会主义，是当代中国发展进步的旗帜，是改革开放以来党的全部理论和实践的主题，是党和人民历尽千辛万苦、付出巨大代价取得的根本成就。事实雄辩地证明：中国特色社会主义是根植于中国大地、反映中国人民意愿、适应中国和时代发展进步要求的科学社会主义。这条路，走得通、走得对、走得好。只有这条道路而没有别的道路，能够引领中国进步、增进人民福祉、实现民族复兴。

习近平新时代中国特色社会主义思想明确新时代我国社会主要矛盾是人民日益增长的美好生活需要和不平衡不充分的发展之间

的矛盾，必须坚持以人民为中心的发展思想，发展全过程人民民主，推动人的全面发展、全体人民共同富裕取得更为明显的实质性进展。习近平新时代中国特色社会主义思想所秉持的人民至上信念和价值取向，是解决新时代社会主要矛盾的根本着力点，进一步丰富了解决当代中国发展主要问题的实践要求。这是基于对我国社会所处历史方位和社会主要矛盾的准确认识和把握，也是习近平新时代中国特色社会主义思想对马克思主义人民立场的继承与升华。回望来时之路，正如习近平总书记所说："一百年来，党和人民取得的一切成就都是团结奋斗的结果，团结奋斗是中国共产党和中国人民最显著的精神标识。"党坚持紧紧依靠群众、广泛发动群众，充分激发蕴藏在人民群众中的创造伟力，领导中华民族实现了从站起来到富起来的伟大飞跃，并迎来了中华民族强起来伟大飞跃的新时代。

习近平新时代中国特色社会主义思想明确全面深化改革总目标是完善和发展中国特色社会主义制度、推进国家治理体系和治理能力现代化，明确全面推进依法治国总目标是建设中国特色社会主义法治体系、建设社会主义法治国家，明确必须坚持和完善社会主义基本经济制度，使市场在资源配置中起决定性作用，更好发挥政府作用，明确党在新时代的强军目标是建设一支听党指挥、能打胜仗、作风优良的人民军队，把人民军队建设成为世界一流军队。

习近平新时代中国特色社会主义思想明确中国特色大国外交要服务民族复兴、促进人类进步，推动建设新型国际关系，提出推动构建人类命运共同体的重大理念，指出了中国外交在国际大局中的方向和定位，在世界多极化、经济全球化、社会信息化、文化多样化深入发展，百年变局与世纪疫情交织叠加的背景下，尤为体现新时代中国特色大国外交的全球视野、世界胸怀与历史使命。

习近平新时代中国特色社会主义思想明确全面从严治党的战略方针，提出新时代党的建设总要求，全面推进党的政治建设、思想建设、组织建设、作风建设、纪律建设，把制度建设贯穿其中，深入推进反腐败斗争，落实管党治党政治责任，以伟大自我革命引领伟大社会革命。这一重要论断，深刻揭示了自我革命和社会革命相伴相随、互促共进的辩证关系，彰显了中国共产党人的初心使命、政治担当、历史自觉，具有深刻思想内涵和重大时代价值。

（二）以“十四个坚持”构筑了新时代中国特色社会主义发展的基本方略

“十四个坚持”既总结了党的十八大以来坚持和发展中国特色社会主义的经验，也从经济、政治、法治、科技、文化、教育、民生、民族、宗教、社会、生态文明、国家安全、国防和军队、“一国两制”和祖国统一、统一战线、外交、党的建设等各方面指明了新时代的实践路径。

从历史维度来看，“十四个坚持”的基本方略继承和发展了党的基本纲领、基本经验、基本要求，凝结着我们党在不同阶段总结的基本纲领、基本经验、基本要求的精华，蕴含着我们党在中国特色社会主义历史进程中积累的宝贵经验，体现了我们党对改革开放新时期理论和实践成果的一脉相承。基本方略没有割断与基本纲领、基本经验、基本要求的历史纽带。

从实践维度来看，“十四个坚持”生成于新时代的时空环境，是对新时代中国特色社会主义实践经验的高度凝练。党的十八大以来，以习近平同志为核心的党中央和中国共产党以巨大的政治勇气和强烈的责任担当，提出一系列新理念新思想新战略，出台一系列重大方针政策，推出一系列重大举措，推进一系列重大工作，解决了许多长期想解决而没有解决的难题，办成了许多过去想办而没有办成的大事。中国共产党在治国理政的实践中取得了宝贵的成就，成为“十四个坚持”的重要实践基础和思想内涵，以鲜活的实践成就了富有时代气息和强大生命力的理论。

从未来维度来看，“十四个坚持”是面向未来的方略，具有鲜明的前瞻性和未来指向。在阐述“党对一切工作的领导”的根本要求时强调，要提高党把方向、谋大局、定政策、促改革的能力和定力，确保党始终总揽全局、协调各方；在阐述“坚持以人民为中心”的基本立场时，强调要把人民对美好生活的向往作为奋斗目标，依靠人民创造历史伟业；在阐释“坚持社会主义核心价值体系”的重要论断时，强调发展社会主义先进文化，不忘本来、吸收外来、面向未来，更好构筑中国精神、中国价值、中国力量，为人民提供精神指引；在阐述“坚持在发展中保障和改善民生”的现实需求时，强调不断促进人的全面发展、全体人民共同富裕，同时强调建设平安中国，加强和创新社会治理，维护社会和谐稳定，确保国家长治久安、人民安居乐业；在阐述中国外交战略时，强调坚持推动构建人类命运共同体，始终不渝走和平发展道路、奉行互利共赢的开放战略，谋求开放创新、包容互惠的发展前景，始终做世界和平的建设者、全球发展的贡献者、国际秩序的维护者。

（三）以“十三个方面成就”彰显了习近平新时代中国特色社会主义思想的实践伟力

理论从实践中得来，实践是理论指导下的实践，理论只有在实践中才能不断丰富发展。“十三个方面成就”既是习近平新时代中国特色社会主义思想指导的结果，又以一系列重要原创性成果丰富发展了这一重要思想，充分说明习近平新时代中国特色社会主义思想开辟了马克思主义中国化时代化新境界。“十三个方面成就”全景展示了以习近平同志为核心的党中央治国理政理念、成就和经验，体现了中华民族迎来了从站起来、富起来到强起来伟大飞跃的伟大历程、成就和决心。

在坚持党的全面领导上，鲜明提出党的领导是党和国家的根本所在、命脉所在，是全国各族人民的利益所系、命运所系，全党必须自觉在思想上政治上行动上同党中央保持高度一致。党的领导是全面的、系统的、整体的，党中央集中统一领导是党的领导的最高原则。

在全面从严治党上，强调打铁必须自身硬，办好中国的事情，关键在党，关键在党要管党、全面从严治党。必须把党建设成为始终走在时代前列、人民衷心拥护、勇于自我革命、经得起各种风浪考验、朝气蓬勃的马克思主义执政党。

在经济建设上，提出我国经济发展进入新常态，已由高速增长阶段转向高质量发展阶段，强调贯彻新发展理念是关系我国发展全局的一场深刻变革。

在全面深化改革开放上，深刻认识到改革开放永无止境，改革只有进行时、没有完成时，必须以更大的政治勇气和智慧推进全面深化改革。深刻认识到开放带来进步，封闭必然落后，必须顺应经济全球化，实行更加积极主动的开放战略。

在政治建设上，深刻认识到要坚定对中国特色社会主义政治制度的自信，必须坚持党的领导、人民当家作主、依法治国有机统一，积极发展全过程人民民主。

在全面依法治国上，强调法治兴则国家兴，全面依法治国是中国特色社会主义的本质要求和重要保障，是国家治理的一场深刻革命。

在文化建设上，强调意识形态工作是为国家立心、为民族立魂的工作，没有高度文化自信、没有文化繁荣兴盛就没有中华民族伟大复兴。

在社会建设上，强调人民对美好生活的向往就是我们的奋斗目标，增进民生福祉是我们坚持立党为公、执政为民的本质要求。只有打赢脱贫攻坚战，才能确保全面建成小康社会、实现第一个百年奋斗目标。

在生态文明建设上，强调生态文明建设是关乎中华民族永续发展的根本大计，必须坚持绿水青山就是金山银山的理念，更加自觉地推进绿色发展、循环发展、低碳发展，坚持走生产发展、生活富裕、生态良好的文明发展道路。

在国防和军队建设上，强调强国必须强军、军强才能国安。提出新时代的强军目标，确立新时代军事战略方针。

在维护国家安全上，强调国泰民安是人民群众最基本、最普遍的愿望，提出总体国家安全观。

在坚持“一国两制”和推进祖国统一上，强调必须全面准确、坚定不移贯彻“一国两制”方针，坚持和完善“一国两制”制度体系，落实中央对特别行政区全面管治权。

在外交工作上，强调必须统筹国内国际两个大局，健全党对外事工作领导体制机制，加强对外工作顶层设计，对中国特色大国外交作出战略谋划。

（四）以“六个必须坚持”揭示了习近平新时代中国特色社会主义思想的理论特质

党的二十大报告指出：“实践告诉我们，中国共产党为什么能，中国特色社会主义为什么好，归根到底是马克思主义行，是中国化时代化的马克思主义行。”这“两个行”是高度一致的，统一于贯穿其中的科学世界观和方法论，必须坚持人民至上、坚持自信自立、坚持守正创新、坚持问题导向、坚持系统观念、坚持胸怀天下。“六个必须坚持”是内在统一、相互贯通的有机整体，深刻揭示了习近平新时代中国特色社会主义思想的理论品格和鲜明特质，是理解把握这一重要思想的基本点。“六个必须坚持”从世界观和方法论高度，系统概括了习近平新时代中国特色社会主义思想的立场观点方法，贯穿于习近平新时代中国特色社会主义思想之中。“六个必须坚持”既与马克思主义的世界观和方法论一脉相承，又来源于党的百年奋斗历史经验特别是党的十八大以来以习近平同志为核心的党中央治国理政经验总结，具有坚实的真理力量和强大的实践力量。

习近平新时代中国特色社会主义思想以“六个必须坚持”为主要内容，展现了新时代中国特色社会主义发展的立场观点方法，也深刻揭示了习近平新时代中国特色社会主义思想根本的政治立场、彻底的理论品格、独有的精神气质、科学的思想方法，是习近平新时代中国特色社会主义思想的精髓和灵魂。从思想渊源角度看，这些立场观点方法既坚持了马克思主义基本原理，又充分吸收了中华优秀传统文化的智慧精华，是马克思主义基本原理同中华优秀传统文化相结合的典范成果。而“六个必须坚持”作为党的二十大一个重大理论贡献，是我们党从世界观和方法论的高度深刻阐述的推进理论创新的科学方法、正确路径，为把握好、运用好这一科学理论的思想精髓、进一步提高全党马克思主义水平提供了“金钥匙”，为继续推进党的理论创新解决了“桥和船”的问题。

二、习近平新时代中国特色社会主义思想的内在逻辑体系

新时代党和国家事业取得历史性成就、发生历史性变革，归根结底是中国化时代化的马克思主义行，是习近平新时代中国特色社会主义思想行。而一个理论行不行，不仅是一个理论问题，更是一个实践问题，只有在实践中才能得到科学回答。习近平新时代中国特色社会主义思想以“十个明确”“十四个坚持”“十三个方面成就”为主要内容，以“六个必须坚持”串联起马克思主义中国化的新时代世界观和方法论，是新时代中国特色社会主义发展的指导思想。习近平新时代中国特色社会主义思想以科学的世界观和方法论为思想精髓，从理论层面回答了新时代中国特色社会主义“是什么”的问题，从实践层面回答了新时代中国特色社会主义“怎么做”的问题。“十个明确”“十四个坚持”“十三个方面成就”彼此呼应、相互贯通，明确了新时代坚持和发展中国特色社会主义的总目标、总任务、总体布局、战略布局和发展方向、发展方式、发展动力、战略步骤、外部条件、政治保证等基本问题，共同构成了习近平新时代中国特色社会主义思想的主要内容，使之成为系统完整、逻辑严密的科学理论体系。

（一）习近平新时代中国特色社会主义思想的逻辑基础

1. 政治保证：回答了新时代中国特色社会主义发展中“领导力量”的问题。“十个明确”“十四个坚持”“十三个方面成就”都鲜明地指出了党是最高政治领导力量，是新时代中国特色社会主义发展的政治保证，回答了新时代中国特色社会主义发展中“领导力量”的问题。“十个明确”明确了中国特色社会主义最本质的特征是中国共产党领导，“十四个坚持”提出坚持党对一切工作的领导，“十三个方面成就”在坚持党的全面领导上，鲜明提出党的领导是党和国

家的根本所在、命脉所在，是全国各族人民的利益所系、命运所系，全党必须自觉在思想上政治上行动上同党中央保持高度一致。党的领导是全面的、系统的、整体的，党中央集中统一领导是党的领导的最高原则。

2. 核心主题：回答了新时代中国特色社会主义发展中“举旗定向”的问题。“十个明确”“十四个坚持”“十三个方面成就”旗帜鲜明地指出新时代必须坚持和发展中国特色社会主义。中国特色社会主义是当代中国发展进步的根本方向，是发展中国、稳定中国、富裕中国、强盛中国的必由之路，也是实现中华民族伟大复兴的必由之路。中国特色社会主义包括党的全面领导、全面从严治党，也包括“五位一体”总体布局、“四个全面”战略布局，还包括国家安全、国防和军队建设、“一国两制”和祖国统一、生态文明、对外事务等多个方面。“十个明确”“十四个坚持”“十三个方面成就”从不同的角度对这些中国特色社会主义的关键问题进行了全面且深刻的阐释，也为新时代发展中国特色社会主义指明了道路。

（二）习近平新时代中国特色社会主义思想的逻辑内核

1. 战略安排：回答了新时代中国特色社会主义“怎么走”的问题。对于新时代建设什么样的社会主义现代化强国、怎样建设社会主义现代化强国，即“目标路径”之问，习近平新时代中国特色社会主义思想给出了明确的回答。新时代新征程，中国共产党的中心任务就是团结带领全国各族人民全面建成社会主义现代化强国、实现第二个百年奋斗目标，以中国式现代化全面推进中华民族伟大复兴。中国式现代化，是中国共产党领导的社会主义现代化，既有各国现代化的共同特征，更有基于自己国情的中国特色，具体表现为：中国式现代化是人口规模巨大的现代化；中国式现代化是全体人民共同富裕的现代化；中国式现代化是物质文明和精神文明相协调的现代化；中国式现代化是人与自然和谐共生的现代化；中国式现代化是走和平发展道路的现代化。

中国式现代化的本质要求是：坚持中国共产党领导，坚持中国特色社会主义，实现高质量发展，发展全过程人民民主，丰富人民精神世界，实现全体人民共同富裕，促进人与自然和谐共生，推动构建人类命运共同体，创造人类文明新形态。全面建成社会主义现

◆ 中国式现代化

代化强国，总的战略安排是分两步走：从2020年到2035年基本实现社会主义现代化；从2035年到21世纪中叶把我国建成富强民主文明和谐美丽的社会主义现代化强国。

2. 中国特色社会主义事业的路线图：总体布局与战略布局。习近平新时代中国特色社会主义思想对中国特色社会主义进行了全面的总体布局，包括了“五位一体”总体布局和“四个全面”战略布局。“五位一体”总体布局包括中国特色社会主义经济、政治、文化、社会、生态文明等五个方面，也是我国社会主义现代化建设展开的五个方向。“四个全面”战略布局则是新时代中国特色社会主义的总方略和总抓手。“五位一体”总体布局和“四个全面”战略布局共同回答了怎样制定并遵循科学的战略部署，将新时代中国特色社会主义事业推向新高度。总体布局和战略布局，是总的战略设计路线图，也是整体部署的任务书。对总体布局和战略布局任务和目标要求的概括，表明了我们党对中国特色社会主义建设规律和人类社会发展规律的新认识。深刻认识“五位一体”总体布局和“四个全面”战略布局，必须坚持系统思维，深入把握蕴含其中的整体性、协同性、动态性要求，全方位推动各项建设实现高质量发展。

（三）习近平新时代中国特色社会主义思想的逻辑外延

1. 安全战略：回答新时代中国特色社会主义安全保障的问题。国泰民安是人民群众最基本、最普遍的愿望。实现中华民族伟大复兴的中国梦，保证人民安居乐业，国家安全是头等大事。党的十八大以来，以习近平同志为核心的党中央顺应时代发展大势，从新时代坚持和发展中国特色社会主义的战略高度，把马克思主义国家安全理论和当代中国安全实践、中华优秀传统战略文化结合起来，创造性地提出总体国家安全观，为做好新时代国家安全工作提供了根本遵循和行动指南。

为做好新时代国家安全工作，习近平新时代中国特色社会主义思想以系统思维为引领，坚持构建大安全格局，为建设社会主义现代化国家提供坚强保障，提出贯彻总体国家安全观的十点要求。一是坚持党对国家安全工作的绝对领导；二是坚持中国特色国家安全道路；三是坚持以人民安全为宗旨；四是坚持统筹发展和安全；五是坚持把政治安全放在首要位置；六是坚持统筹推进各领域安全；七是坚持把防范化解国家安全风险摆在突出位置；八是坚持推进国际共同安全；九是坚持推进国家安全体系和能力现代化；十是坚持加强国家安全干部队伍建设。总体国家安全观，是新时代中国特色社会主义建设的基本方略之一，是习近平新时代中国特色社会主义思想的重要构成部分，为推动新时代中国特色社会主义事业提供了重要的安全保障，是新形势下维护和塑造中国特色大国安全的有力思想武器。在当前世界不稳定不确定因素日益增多、国际格局复杂多变的关键期，坚持以总体国家安全观为引领，对于我国妥善应对新问题新挑战，保障中国特色社会主义事业有序展开和深入具有重要指导意义和重大现实意义。

2. 强军战略：回答新时代中国特色社会主义军事保障的问题。习近平强军思想是习近平新时代中国特色社会主义思想的重要内容，从思想上为新时代发展中国特色社会主义提供了军事保障。习近平强军思想，坚持用马克思主义审视当代中国军事问题，敏锐洞察新时代军事领域的矛盾运动，深刻阐发军事与政治、战争与和平、稳局与塑势、威慑与实战、人与武器等重大关系。坚持政治引领，深刻阐明了军事力量的政治本质，就是要毫不动摇坚持党对人民军队的绝对领导，全心全意为人民服务，始终从政治高度思考和处理军

◆ 新中国成立 70 周年国庆大阅兵上的仪仗方队

事问题，忠实履行党和人民赋予的使命任务，坚决维护党中央、中央军委的权威，一切行动听从党中央、中央军委指挥。坚持以武止戈，能战方能止战，准备打才可能不必打，越不能打越可能挨打，这就是战争与和平的辩证法。坚持积极进取，就是要坚持以我为主，从实际出发，充分发挥自觉能动性，因势而谋，应势而动，顺势而为，善于下先手棋、打主动仗，善于危中寻机、化危为机，力争主动、力避被动，在稳当可靠基础上争取一切可能的胜利。坚持统筹兼顾，就是要贯彻总体国家安全观，统筹经济建设和国防建设，统筹军事斗争和其他方面斗争，统筹战建备重大任务，以重点突破带动整体推进，以协调联动提高综合效能。坚持敢打必胜，就是要发扬一不怕苦、二不怕死的战斗精神，敢于战胜一切困难，敢于压倒一切敌人，善于根据斗争目的选择合理的斗争方式，把握好斗争的时、度、效，依靠顽强斗争打开新天地。

3. 统一战略：回答新时代中国特色社会主义祖国统一的问题。“一国两制”是中国特色社会主义的伟大创举，是香港、澳门回归后保持长期繁荣稳定的最佳制度安排，必须长期坚持。全面准确、坚定不移贯彻“一国两制”、“港人治港”、“澳人治澳”、高度自治的方针，坚持依法治港治澳，维护宪法和基本法确定的特别行政区宪制秩序。坚持和完善“一国两制”制度体系，落实中央全面管治权，落实“爱国者治港”“爱国者治澳”原则，落实特别行政区维护国家安全的法律制度和执行机制。保持香港、澳门资本主义制度和生活方式长期不变，促进香港、澳门长期繁荣稳定。解决台湾问题、实现祖国完全统一，是党矢志不渝的历史任务，是全体中华儿女的共同愿望，是实现中华民族伟大复兴的必然要求。坚持贯彻新时代党解决台湾问题的总体方略，牢牢把握两岸关系主导权和主动权，坚定不移推进祖国统一大业。习近平新时代中国特色社会主义思想将“一国两制”和祖国统一有机协调起来，提出“和平统一、一国两制”方针是实现两岸统一的最佳方式，对两岸同胞和中华民族最有利。坚持一个中国原则和“九二共识”，在此基础上，推进同台湾各党派、各界别、各阶层人士就两岸关系和国家统一开展广泛深入协商，共同推动两岸关系和平发展、推进祖国和平统一进程。

4. 外交方略：回答新时代中国特色社会主义国际环境的问题。以习近平外交思想为核心的习近平新时代中国特色社会主义思想外交方略，站在人类社会发展进步的高度，提出推动建设新型国际关系、推动构建人类命运共同体等重要理念，走出一条中国特色大国外交新路。从 2013 年出访期间提出当今世界“越来越成为你中有我、我中有你的命运共同体”，到 2015 年在纽约联合国总部阐述构建人类命运共同体“五位一体”的总体路径；从 2017 年在联合国日内瓦总部进一步提出建设“五个世界”的总体布局，到 2020 年倡导打造人类卫生健康共同体倡议，再到 2021 年在第七十六届联合国大会一般性辩论上首次提出构建全球发展命运共同体，构建人类命运共同体思想在实践中不断完善、发展，“共同建设持久和平、普遍安全、共同繁荣、开放包容、清洁美丽的世界”的中国主张激荡起全球回响，提出了因应时代变局的中国方案。面对世界百年未有之大变局，习近平新时代中国特色社会主义思想外交方略凝聚时代力量的大国担当，回答了“世界怎么了、我们怎么办”的世纪之问，在习近平外交思想引领下，中国始终践行相互尊重、合作共赢的国际关系理念，超越了一国一域的狭隘范畴，超越了传统现实主义国际关系理论，为塑造面向 21 世纪的国际政治文明贡献力量。

第二节　习近平新时代中国特色社会主义思想的鲜明品质和时代价值

习近平新时代中国特色社会主义思想不断推进马克思主义中国化时代化，科学回答了新时代一系列重大理论和实践课题，深刻阐发了中国之路、中国之治、中国之理。党的二十大指出，继续推进实践基础上的理论创新，首先要把握好习近平新时代中国特色社会主义思想的世界观和方法论，坚持好、运用好贯穿其中的立场观点方法。我们党通过理论创新获得的强大生命力也在新时代的实践中不断得到充分检验和彰显。

一、习近平新时代中国特色社会主义思想的鲜明品质

习近平新时代中国特色社会主义思想鲜明回答了坚持和发展中国特色社会主义的总目标、总任务、总体布局、战略布局和发展方向、发展方式、发展动力、战略步骤、外部条件、政治保证等基本问题，构成了系统完整、逻辑严密的科学理论体系，具有鲜明的科学性、人民至上、民族性、实践性和引领性。

（一）习近平新时代中国特色社会主义思想具有鲜明的科学性

习近平总书记在党的二十大报告中深刻指出：“中国共产党为什么能，中国特色社会主义为什么好，归根到底是马克思主义行，是中国化时代化的马克思主义行。”科学理论的最基本的特征是能深刻揭示规律并解决实践中的问题。习近平新时代中国特色社会主义思想的科学性在于，其始终坚持马克思主义立场观点，坚持科学社会

◆ 在马克思诞辰 200 周年之际，中国赠送的马克思铜像在其故乡德国特里尔市揭幕

主义基本原则，科学总结世界社会主义经验教训，提出一系列具有开创性意义的新理念新思想新战略，内容丰赡，思想成熟，系统完整，总系统和子系统有机联系，体现理论逻辑、实践逻辑、历史逻辑的集成统一。

习近平新时代中国特色社会主义思想植根于亿万人民群众的深厚土壤，从人们现实生活中遇到的困难、问题出发，寻找认识世界和改造世界的方法论。党的十八大以来，面对国际国内纷繁复杂的形势，我们党始终坚持理论创新，不断深化对共产党执政规律、社会主义建设规律和人类社会发展规律的认识，集中体现在习近平新时代中国特色社会主义思想。党的二十大阐释了中国式现代化这一重大理论创新，这是我们党领导全国各族人民在长期探索和实践中历尽千辛万苦、付出巨大代价取得的重大成果。中国特色社会主义是科学社会主义理论逻辑与中国特色相结合的结果，创造了人民美好生活的伟大事业，用伟大奇迹证明了科学社会主义在新时代迸发出的巨大活力。

（二）习近平新时代中国特色社会主义思想彰显人民至上

人民至上是习近平新时代中国特色社会主义思想最鲜明的理论品格。习近平总书记始终将人民放在心中最高位置，2020 年 5 月 22 日，习近平总书记在参加十三届全国人大三次会议内蒙古代表团审议时强调，中国共产党根基在人民、血脉在人民，坚持人民至上，紧紧依靠人民、不断造福人民、牢牢植根人民。“不忘初心、牢记使命”也是习近平新时代中国特色社会主义思想体现人民至上这一理论品格的最直接表达。始终同人民群众在一起，为人民利益而奋斗，是马克思主义政党和其他政党的根本区别，中国共产党作为马克思主义政党，党性和人民性从来都是一致的、统一的，人民至上的价值追求贯穿党的全部工作中。

习近平新时代中国特色社会主义思想强调根基在人民，江山就是人民、人民就是江山，人民群众是历史发展和进步的主体力量，紧紧依靠人民创造历史伟业的观点，“人民是我们党执政的最大底气，是我们共和国的坚实根基，是我们强党兴国的根本所在”[①]；习近平新时代中国特色社会主义思想以一切为了人民为目标，在实现中国特色社会主义现代化目标中，将“为中国人民谋幸福，为中华民族谋复兴”作为初心和使命，把以人民为中心的思想贯穿“五位一体”总体布局和“四个全面”战略布局，群众路线是我们的生命线和根本工作路线，坚持党要始终保持与人民血肉联系的观点；一百多年来，我们党始终坚持全心全意为人民服务的根本宗旨，在改革开放新时期创造性地提出小康社会的目标，在新时代鲜明地提出“人民对美好生活的向往，就是我们的奋斗目标”、积极倡导构建人类命运共同体。“我将无我，不负人民”[②] 的深情告白说明，“习近平新时代中国特色社会主义思想是为人民代言、为人民立言，是书写在亿万中国人民心中的科学理论”[③]。新时代，我们要夺取全面建设社会主义现代化国家新胜利，必须坚定不移地走以人民为中心的中国式现代化之路，把党的正确主张变为群众的自觉行动，把群众路线贯彻到我国现代化建设的新征程。

（三）习近平新时代中国特色社会主义思想具有鲜明的民族性

习近平总书记在庆祝中国共产党成立100周年大会上明确提出

①《习近平谈治国理政》第3卷，外文出版社2020年版，第137页。

②《习近平谈治国理政》第3卷，外文出版社2020年版，第144页。

③江金权：《牢牢把握习近平新时代中国特色社会主义思想的基本立场观点方法》，《学习时报》2020年7月6日。

“把马克思主义基本原理同中国具体实际相结合、同中华优秀传统文化相结合”的要求，特别是提出要把马克思主义基本原理同中华优秀传统文化相结合。习近平总书记在学习贯彻党的二十大精神研讨班开班式上强调，“中国式现代化，深深植根于中华优秀传统文化，体现科学社会主义的先进本质，借鉴吸收一切人类优秀文明成果，代表人类文明进步的发展方向，展现了不同于西方现代化模式的新图景，是一种全新的人类文明形态”。中华优秀传统文化是中华民族的根和魂，是中国人民接受并信仰马克思主义的深厚文化基础和心理基础。习近平新时代中国特色社会主义思想既立足于现实的中国，又植根于历史的中国，例如以人民为中心的根本立场体现了民为邦本的文脉传承，“两山”理念是对天人合一思想的继承和创新，实现中华民族伟大复兴的中国梦则延续了大同理想，人类命运共同体和共享理念创造性地发展了中华优秀传统文化的和而不同、协和万邦、兼济天下、讲信修睦等思想，凝结着中国人民的伟大创造精神、伟大奋斗精神、伟大团结精神、伟大梦想精神。习近平新时代中国特色社会主义思想把中华优秀传统文化创造性地转化为中国共产党人积极弘扬的创新、开放、实践和担当等精神。正因如此，习近平新时代中国特色社会主义思想充盈着浓郁的中国味、深厚的中华情、浩然的民族魂，具有强大的历史穿透力、文化感染力、精神感召力，是彰显文化自信、饱含历史自觉、赓续中华文脉的理论。

习近平新时代中国特色社会主义思想不仅从民族传承中汲取力量，同时反过来进一步推进各民族团结和共同繁荣发展。习近平总书记指出，文化是一个民族的魂魄，文化认同是各民族团结的根脉。民族团结是我国各族人民的生命线，中华民族共同体意识是民族团结之本。要紧紧抓住铸牢中华民族共同体意识这条主线，深化民族团结进步教育，引导各族群众牢固树立休戚与共、荣辱与共、生死与共、命运与共的共同体理念，不断巩固中华民族共同体思想基础，促进各民族在中华民族大家庭中像石榴籽一样紧紧抱在一起。习近平新时代中国特色社会主义思想关于铸牢中华民族共同体意识的重要论述，是习近平总书记深刻把握中国历史文化和世界民族发展规律作出的重大论断，是我们党对民族工作认识的一次历史性飞跃，是新时代民族工作的鲜明主线和战略性任务。

（四）习近平新时代中国特色社会主义思想具有鲜明的实践性

坚持实事求是，一切从实际出发，在实践中检验和发展真理，是马克思主义最重要的理论品质和中国共产党的思想路线。习近平新时代中国特色社会主义思想彰显马克思主义从实际出发的实践导向。习近平新时代中国特色社会主义思想是产生、发展于治国理政实践的思想体系。

党的十八大以来，我们党在已有基础上继续前进，不断实现理论上和实践上的创新突破，成功推进和拓展了中国式现代化。针对新的历史条件下我们党面临的“四大考验”“四种危险”，创造性地提出全面从严治党，在新时代把党的自我革命推向深入；针对发展方式粗放、供给体系质量不高等问题，创造性地提出贯彻新发展理念、推进供给侧结构性改革，推动我国经济在高质量发展上不断迈出新步伐；针对农村贫困人口脱贫问题，创造性地提出精准扶贫精准脱贫，使脱贫攻坚取得决定性进展；针对我国生态文明建设水平总体滞后于经济社会发展的问题，创造性地提出绿水青山就是金山银山理念，生态文明建设成效卓著；等等。我们在实践上不断丰富，推进一系列变革性实践、实现一系列突破性进展、取得一系列标志性成果，推动党和国家事业取得历史性成就、发生历史性变革，特别是消除了绝对贫困问题，全面建成小康社会，为中国式现代化提供了更为完善的制度保证、更为坚实的物质基础、更为主动的精神力量。

（五）习近平新时代中国特色社会主义思想具有鲜明的引领性

习近平新时代中国特色社会主义思想总揽中华民族伟大复兴战略全局，直面世界百年未有之大变局，顺应日益走近世界舞台中央的历史大势，精准回应了人民群众关切的许多重大思想理论和发展实践问题，为开启全面建设社会主义现代化国家新征程指明了方向。习近平新时代中国特色社会主义思想吹响了全党全国各族人民在新时代伟大进军的号角，照耀着迈向民族复兴的伟大征程，凝聚起实现民族复兴的强大精神力量。在习近平新时代中国特色社会主义思想指引下，我们党领导全国各族人民，统揽伟大斗争、伟大工程、伟大事业、伟大梦想，推动党和国家事业取得全方位、开创性历史

◆ 2017 年 10 月 18 日，中国共产党第十九次全国代表大会在北京开幕

成就，发生深层次、根本性历史变革。

习近平新时代中国特色社会主义思想内涵十分丰富，涵盖了经济、政治、法治、科技、文化、教育、民生、民族、宗教、社会、生态文明、国家安全、国防和军队、“一国两制”和祖国统一、统一战线、外交、党的建设等各方面。党的十九大将习近平新时代中国特色社会主义思想确立为党的指导思想，作出“两个阶段”“两步走”的战略安排。既明确要全面建成小康社会、实现第一个百年奋斗目标，又提出乘势而上开启全面建设社会主义现代化国家新征程，向第二个百年奋斗目标进军。习近平总书记在党的二十大报告中提出：“全党同志务必不忘初心、牢记使命，务必谦虚谨慎、艰苦奋斗，务必敢于斗争、善于斗争，坚定历史自信，增强历史主动，谱写新时代中国特色社会主义更加绚丽的华章。”习近平新时代中国特色社会主义思想源于实践又指导实践，为新时代坚持和发展中国特色社会主义、推进党和国家事业提供了基本遵循和行动指南，为实现“两个一百年”奋斗目标和中华民族伟大复兴中国梦提供了路线图和方法论。

二、习近平新时代中国特色社会主义思想的时代价值

习近平新时代中国特色社会主义思想贯穿着马克思主义立场观点方法，闪耀着辩证唯物主义和历史唯物主义的理论光芒，是当代中国的马克思主义、二十一世纪的马克思主义，是马克思主义中国化时代化最新成果，是新时代坚持和发展中国特色社会主义的思想武器和行动指南。

（一）习近平新时代中国特色社会主义思想是当代中国马克思主义、二十一世纪马克思主义

习近平新时代中国特色社会主义思想是当代中国马克思主义。

这一思想，因其直面中国问题和当今时代课题，而具有了“当代性”“中国性”；因其内在贯穿的“魂脉”而归属于马克思主义，非别的什么主义。习近平总书记在党的二十大报告中指出，不断谱写马克思主义中国化时代化新篇章，是当代中国共产党人的庄严历史责任。回顾百年来中国共产党的历史，就是一部不断推进马克思主义中国化时代化的历史，是一部不断推进理论创新、进行理论创造的历史。在新民主主义革命时期，我们党实现了马克思主义基本原理同中国革命具体实际的“第一次结合”，毛泽东思想就是运用马克思主义认识总结中国革命客观规律的思想理论结晶。新中国成立不久，毛泽东明确提出要进行“第二次结合”，探索在中国建设社会主义的道路。经过艰辛探索，到党的十一届三中全会后真正实现了“第二次结合”，成功开创、坚持、捍卫、发展了中国特色社会主义，创立了邓小平理论，形成了“三个代表”重要思想、科学发展观。

党的十八大以来，中国特色社会主义进入新时代。面对“两个一百年”奋斗目标，面对我国社会主要矛盾已经转化为人民日益增长的美好生活需要和不平衡不充分的发展之间的矛盾，面对中华民族伟大复兴战略全局和世界百年未有之大变局，以习近平同志为主要代表的中国共产党人，直面新时代新变化，始终坚持用辩证唯物主义和历史唯物主义的世界观和方法论观察世界、分析问题，始终坚持把马克思主义基本原理同中国具体实际相结合、同中华优秀传统文化相结合，对关系新时代党和国家事业发展的一系列重大理论和实践问题进行了深邃思考和科学判断，回应并深刻系统回答了新时代坚持和发展什么样的中国特色社会主义、怎样坚持和发展中国特色社会主义，建设什么样的社会主义现代化强国、怎样建设社会主义现代化强国，建设什么样的长期执政的马克思主义政党、怎样建设长期执政的马克思主义政党等重大时代课题，提出了一系列原创性的治国理政新理念新思想新战略，创立了习近平新时代中国特色社会主义思想。

习近平新时代中国特色社会主义思想是二十一世纪马克思主义。以“世纪”为尺度命名马克思主义在我们党的历史上是第一次，“二十一世纪马克思主义”是对习近平新时代中国特色社会主义思想之理论地位、历史地位特别是世界地位的政治判定。其理由在于：这一思想的研究对象是21世纪最伟大的实践样本——中国样本，这一思想属于马克思主义在21世纪的主干形态，这一思想的世界意义在于为解决人类重大问题提供了中国方案。放眼21世纪思想星空，习近平新时代中国特色社会主义思想代表着马克思主义在21世纪目前阶段发展的最新成果、思想高峰，是改变中国、影响世界、引领时代的马克思主义当代形态。

（二）习近平新时代中国特色社会主义思想是中华文化和中国精神的时代精华

习近平新时代中国特色社会主义思想是马克思主义基本原理同中国具体实际相结合、同中华优秀传统文化相结合的理论创新成果。这一思想既是新时代中国特色社会主义伟大实践的理论升华，又从中华民族历史和中华优秀传统文化中获得理论滋养，将马克思主义理论与中华优秀传统文化熔于一炉，凝练为中华文化和中国精神的时代精华。

中华文化源远流长，博大精深，蕴含着中华民族和中国人民在五千多年历史传承中积淀形成的丰富思想智慧，联结着在华夏大地上从古至今绵延承续的中华优秀传统文化与我们党领导人民在革命、建设和改革中创造的革命文化和社会主义先进文化。习近平新时代中国特色社会主义思想深刻汲取中华优秀传统文化的思想精髓，从天人合一、道法自然到“两山”理念、生态文明思想，从仁者爱人、民为邦本到人民至上、以人民为中心的发展思想，从天下大同、协和万邦到“一带一路”倡议、推动构建人类命运共同体，等等，中华优秀传统文化的独特价值，所蕴含的丰富哲学思想、人文精神、开放包容理念，在新时代与马克思主义基本原理相结合，进行辩证性汲取、创造性转化、创新性发展，焕发出了熠熠光辉和强大的生命力。习近平新时代中国特色社会主义思想把马克思主义理论精髓和中华优秀传统文化精神相融通，既体现了马克思主义精神特质，又蕴含独特的中国精神气质，表现出当代中国马克思主义鲜明的中国风格、中国气派。习近平新时代中国特色社会主义思想深刻把握当今时代特征，对当代中国和中国共产党面临的重大而紧迫的时代课题进行了深邃思考和科学判断，把握时代特征，回答时代之问，指明时代发展方向，成为马克思主义中国化时代化的新典范，成为中华文化和中国精神的时代精华。

（三）习近平新时代中国特色社会主义思想实现了马克思主义中国化时代化新的飞跃

马克思主义中国化时代化的过程，是马克思主义在中国不断发展并指导中华民族实现伟大复兴的过程。习近平新时代中国特色社会主义思想实现了马克思主义中国化时代化新的飞跃。习近平新时代中国特色社会主义思想立足中华民族伟大复兴战略全局，是新时代中国特色社会主义伟大实践的理论结晶。习近平总书记坚持用马克思主义的立场、观点、方法观察时代、把握时代、引领时代，统筹中华民族伟大复兴战略全局和世界百年未有之大变局，以一系列具有战略性、前瞻性、创造性的新理念新思想新战略回答中国之问、世界之问、人民之问、时代之问，回应新形势新任务对党和国家事业发展提出的新要求，创立了习近平新时代中国特色社会主义思想。这一思想是在坚定推进具有许多新的历史特点的伟大斗争中，在中华民族迎来从站起来、富起来到强起来的伟大飞跃中形成并不断丰富发展的科学理论。

习近平新时代中国特色社会主义思想为发展马克思主义作出了原创性贡献，形成了科学理论体系。在马克思主义哲学方面，提出新时代我国社会主要矛盾发生变化的思想，这是对马克思主义社会矛盾学说的新发展。在马克思主义政治经济学方面，提出创新、协调、绿色、开放、共享的新发展理念，这是对马克思主义生产力理论的新发展；提出坚持和完善社会主义基本经济制度，使市场在资源配置中起决定性作用、更好发挥政府作用等思想，这是对马克思主义经济学说的新发展。在科学社会主义方面，提出坚持和加强党的全面领导、推进党的自我革命的思想，这是对马克思主义建党学说的新发展；提出坚持和完善中国特色社会主义制度、推进国家治理体系和治理能力现代化的思想，这是对马克思主义国家学说的新发展；提出构建人类命运共同体的思想，这是对马克思主义世界历史理论的新发展；等等。这些具有原创性的新论断、新命题、新理念、新战略，蕴含着世界观、认识论、方法论、价值观层面的突破。

习近平新时代中国特色社会主义思想产生于中国特色社会主义新时代，它之所以能够实现马克思主义中国化时代化新的飞跃，之所以能够成为指导中华民族实现伟大复兴的伟大理论，既在于这一理论始终坚持科学社会主义理论逻辑和中国社会发展历史逻辑的辩证统一，也在于这一理论始终与中华民族伟大复兴同向同行，应运而生于中华民族伟大复兴的现实需要，并在推动中华民族伟大复兴的过程中不断彰显其科学性、人民至上、民族性、实践性和引领性。

（四）习近平新时代中国特色社会主义思想为世界贡献了中国智慧、中国方案、中国力量

习近平新时代中国特色社会主义思想以宏阔的世界视野、深远的战略眼光，顺应了时代发展变化，回应了实践发展要求，是对共产党执政规律、社会主义建设规律、人类社会发展规律的深刻把握和科学遵循，正如党的二十大报告所阐述的，中国式现代化为人类实现现代化提供了新的选择，中国共产党和中国人民为解决人类面临的共同问题提供更多更好的中国智慧、中国方案、中国力量。

当今世界正经历百年未有之大变局，政治多极化、经济全球化、文化多样化和社会信息化深入发展，各国间的联系和依存日益加深。党的十九届六中全会深刻总结党的百年奋斗的宝贵历史经验，其中十分重要的一条就是坚持胸怀天下，体现了中国共产党将自身发展同人类进步事业发展相统一的全球格局、世界胸怀和大国担当。构建人类命运共同体蕴含着马克思主义的人民性和开放性的深刻内涵，符合开放、包容、共商、共建、共享的历史潮流。在习近平新时代中国特色社会主义思想指引下，中国积极参与全球治理体系改革和建设，努力为完善全球治理贡献中国智慧，同世界各国人民一道，推动国际秩序和全球治理体系朝着更加公正合理方向发展。习近平新时代中国特色社会主义思想洞察各国人民前途命运越来越紧密联系在一起的世界大势，提出构建人类命运共同体的中国方案和合作共赢的发展理念，得到各国人民的积极回应，写入联合国决议，为世界和平发展勾画了新蓝图，描绘了美好的愿景。

第三节 习近平新时代中国特色社会主义思想的世界观和方法论

习近平新时代中国特色社会主义思想，是坚持和运用辩证唯物主义和历史唯物主义的光辉典范，蕴含着丰富的马克思主义思想方法和工作方法，既是世界观、历史观，也是认识论、方法论；既讲是什么、怎么看，又讲怎么办、怎么干；既部署“过河”的方向和任务，又指导如何解决“桥或船”的问题，为我们认识问题、分析问题和解决问题提供了有效的“武器”和“钥匙”。

党的二十大报告指出：“中国共产党为什么能，中国特色社会主义为什么好，归根到底是马克思主义行，是中国化时代化的马克思

◆ 中国共产党第二十次全国代表大会会场

主义行。拥有马克思主义科学理论指导是我们党坚定信仰信念、把握历史主动的根本所在。”“推进马克思主义中国化时代化是一个追求真理、揭示真理、笃行真理的过程。”习近平新时代中国特色社会主义思想，坚持马克思主义立场观点方法和科学社会主义基本原理，把马克思主义基本原理同中国具体实际相结合、同中华优秀传统文化相结合，坚持人民至上，坚持自信自立，坚持守正创新，坚持问题导向，坚持系统观念，坚持胸怀天下，全面系统回答了新时代坚持和发展中国特色社会主义的一系列重大理论和实践问题，为马克思主义中国化时代化作出了原创性贡献，为我们党和人民认识世界、改造世界提供了强大的思想武器。习近平新时代中国特色社会主义思想蕴含着辩证唯物主义和历史唯物主义哲学精华，蕴含着马克思主义思想方法和工作方法思想精髓，为我们树立了灵活运用马克思主义思想方法和工作方法的光辉典范。

一、“两个结合”是推进马克思主义中国化时代化的根本途径

马克思主义是我们立党立国、兴党兴国的根本指导思想。马克思主义深刻揭示了自然界、人类社会、人类思维发展的普遍规律，是无产阶级政党和社会主义国家的强大思想武器，是指引人民创造美好生活的行动指南。同时，马克思主义不是一成不变的教条，而是不断发展的学说。一百多年来，中国共产党之所以能够带领中国人民取得革命、建设、改革的伟大胜利，实现从站起来、富起来到强起来的伟大飞跃，根本在于坚持从中国具体实际出发，注重从中华优秀传统文化中汲取养分，不断推进马克思主义中国化时代化，为党和国家事业发展提供科学指导。实践昭示并将继续证明，中国

共产党为什么能，中国特色社会主义为什么好，归根到底是马克思主义行，是中国化时代化的马克思主义行。

“中国共产党人深刻认识到，只有把马克思主义基本原理同中国具体实际相结合、同中华优秀传统文化相结合，坚持运用辩证唯物主义和历史唯物主义，才能正确回答时代和实践提出的重大问题，才能始终保持马克思主义的蓬勃生机和旺盛活力。”习近平总书记关于“两个结合”的重要论述，深刻揭示了马克思主义的鲜明理论特质，阐明了马克思主义在中国创新发展的科学规律，是全面建成社会主义现代化强国、实现第二个百年奋斗目标的基本遵循和以中国式现代化全面推进中华民族伟大复兴的理论指引。

（一）坚持和发展马克思主义，必须同中国具体实际相结合

党的十八大以来，习近平总书记以马克思主义政治家、思想家、战略家的非凡理论勇气、卓越政治智慧、强烈使命担当，对关系新时代党和国家事业发展的一系列重大理论和实践问题进行深邃思考和科学判断，提出一系列原创性的治国理政新理念新思想新战略。习近平新时代中国特色社会主义思想坚持把马克思主义基本原理同中国具体实际相结合、同中华优秀传统文化相结合，坚持解放思想、实事求是、与时俱进、求真务实，一切从实际出发；坚持古为今用、推陈出新，把马克思主义思想精髓同中华优秀传统文化精华贯通起来、同人民群众日用而不觉的共同价值观念融通起来，夯实了马克思主义中国化时代化的历史基础和群众基础。习近平新时代中国特色社会主义思想谱写了马克思主义中国化时代化新篇章，成为新时代党和国家事业发展的根本遵循。

马克思主义只有扎根于实践才能展现强大的生命力。中国共产党之所以能够完成近代以来各种政治力量不可能完成的艰巨任务，就在于始终把马克思主义这一科学理论作为自己的行动指南，并坚

持在实践中不断丰富和发展马克思主义。实践充分证明，马克思主义能不能在实践中发挥作用，关键在于能否把马克思主义基本原理同中国实际和时代特征结合起来。马克思主义是从实践中来到实践中去，在实践中接受检验并随实践不断发展的科学学说。马克思指出："哲学家们只是用不同的方式解释世界，而问题在于改变世界。"马克思主义是实践的理论，它始终强调理论与实践的统一，始终坚持与社会实际运动紧密结合，指引着人民改造世界的行动。马克思主义鲜明的实践品格激发了马克思主义的创造力，它不仅致力于科学地"解释世界"，而且致力于积极地"改变世界"。

习近平总书记强调："坚持以马克思主义为指导，是要运用其科学的世界观和方法论解决中国的问题，而不是要背诵和重复其具体结论和词句，更不能把马克思主义当成一成不变的教条。"① 当前，世界之变、时代之变、历史之变正以前所未有的方式展开，我国发展面临新的战略机遇、新的战略任务、新的战略阶段、新的战略要求、新的战略环境。坚持和发展马克思主义，必须坚持解放思想、实事求是、与时俱进、求真务实，一切从实际出发，着眼解决新时代改革开放和社会主义现代化建设的实际问题，不断回答中国之问、世界之问、人民之问、时代之问，作出符合中国实际和时代要求的正确回答，得出符合客观规律的科学认识，形成与时俱进的理论成果，更好指导中国实践。

（二）坚持和发展马克思主义，必须同中华优秀传统文化相结合

2021 年 3 月，福建武夷山九曲溪畔，习近平总书记走进朱熹

---

① 习近平：《高举中国特色社会主义伟大旗帜　为全面建设社会主义现代化国家而团结奋斗——在中国共产党第二十次全国代表大会上的报告》，《人民日报》2022 年 10 月 26 日。

园，发出这样的感叹：“如果没有中华五千年文明，哪里有什么中国特色？如果不是中国特色，哪有我们今天这么成功的中国特色社会主义道路？”只有植根本国、本民族历史文化沃土，马克思主义真理之树才能根深叶茂。中华优秀传统文化源远流长、博大精深，是中华文明的智慧结晶，其中蕴含的天下为公、民为邦本、为政以德、革故鼎新、任人唯贤、天人合一、自强不息、厚德载物、讲信修睦、亲仁善邻等，是中国人民在长期生产生活中积累的宇宙观、天下观、社会观、道德观的重要体现，同科学社会主义价值观主张具有高度契合性。坚持和发展马克思主义，必须坚定历史自信、文化自信，坚持古为今用、推陈出新，把马克思主义思想精髓同中华优秀传统文化精华贯通起来、同人民群众日用而不觉的共同价值观念融通起来，不断赋予科学理论鲜明的中国特色，不断夯实马克思主义中国化时代化的历史基础和群众基础，让马克思主义在中国牢牢扎根。

习近平新时代中国特色社会主义思想是当代中国马克思主义、二十一世纪马克思主义，是中华文化和中国精神的时代精华。以习近平同志为核心的党中央坚持以时代精神激活中华优秀传统文化的生命力，不断推进中华优秀传统文化创造性转化、创新性发展，使之成为治国理政的重要思想文化资源。比如，坚持人民至上，汲取“民惟邦本，本固邦宁”“以百姓心为心”的民本理念；促进人与自然和谐共生，秉承“天人合一”“道法自然”的天人之道；构建人类命运共同体理念，彰显“天下为公”“和衷共济”的博大胸怀；等等。一百多年来，我们党坚持运用马克思主义科学的世界观和方法论解决中国问题，得出符合客观规律的科学认识，坚持把马克思主义思想精髓同中华优秀传统文化精华贯通起来，不断推进马克思主义中国化时代化。习近平新时代中国特色社会主义思想坚持把马克思主义基本原理同中国具体实际相结合、同中华优秀传统文化相结合，彰显了高度的文化自觉和坚定的文化自信，实现了马克思主义中国化时代化新的飞跃。

二、“六个必须坚持”是马克思主义中国化时代化蕴含的世界观和方法论

习近平新时代中国特色社会主义思想是当代中国马克思主义、二十一世纪马克思主义，是中华文化和中国精神的时代精华，实现了马克思主义中国化时代化新的飞跃。党的二十大报告指出：“继续推进实践基础上的理论创新，首先要把握好新时代中国特色社会主义思想的世界观和方法论，坚持好、运用好贯穿其中的立场观点方法。”报告强调必须坚持人民至上、坚持自信自立、坚持守正创新、坚持问题导向、坚持系统观念、坚持胸怀天下。“六个必须坚持”既是深刻理解习近平新时代中国特色社会主义思想必须牢牢把握的基本点，也是继续推进理论创新必须始终坚持的基本点。

“六个必须坚持”虽然是第一次作为一个整体集中提出，但其主要内涵贯穿体现在“十个明确”“十四个坚持”“十三个方面成就”的全部内容之中。比如，在党的十九大报告所阐述的“十四个坚持”基本方略中，坚持以人民为中心、坚持人民当家作主、坚持在发展中保障和改善民生等，都是坚持人民至上的体现；坚持全面深化改革、坚持全面依法治国、坚持人与自然和谐共生、坚持总体国家安全观等，都蕴含着对系统观念的运用；坚持推动构建人类命运共同体，则是坚持胸怀天下的体现。“六个必须坚持”与党的百年奋斗历史经验一脉相承。党的十九届六中全会通过《中共中央关于党的百年奋斗重大成就和历史经验的决议》，把党的百年奋斗历史经验概

括为“十个坚持”，其中就有坚持人民至上、坚持理论创新、坚持独立自主、坚持胸怀天下等。“六个必须坚持”构成相互联系、内在统一的有机整体，为我们把握好习近平新时代中国特色社会主义思想的精髓、进一步提高全党马克思主义理论水平提供了“金钥匙”。

（一）必须坚持人民至上

党的二十大报告指出：“人民性是马克思主义的本质属性，党的理论是来自人民、为了人民、造福人民的理论，人民的创造性实践是理论创新的不竭源泉。一切脱离人民的理论都是苍白无力的，一切不为人民造福的理论都是没有生命力的。我们要站稳人民立场、把握人民愿望、尊重人民创造、集中人民智慧，形成为人民所喜爱、所认同、所拥有的理论，使之成为指导人民认识世界和改造世界的强大思想武器。”

习近平总书记指出：“人民是历史的创造者，是决定党和国家前途命运的根本力量。”“党的一切工作必须以最广大人民根本利益为

◆ 湖南十八洞村——中国的精准扶贫从这里起航

最高标准。检验我们一切工作的成效，最终都要看人民是否真正得到了实惠，人民生活是否真正得到了改善，人民权益是否真正得到了保障。”① 这展现出极其鲜明的人民立场。在习近平新时代中国特色社会主义思想中，人民占据着最高位置。人心是最大的政治，人民立场是最为根本的立场。人民立场是中国共产党的根本政治立场，是马克思主义政党区别于其他政党的显著标志。我们党自成立以来，团结带领人民进行革命、建设、改革，根本目的就是为了让人民过上好日子。党的十八大以来，无论是坚持“一个都不能少”打赢脱贫攻坚战，还是推进健康中国、平安中国、美丽中国建设，又或是解决人民最关心最直接最现实的利益问题，都充分展现了习近平总书记深厚的人民情怀，展现了习近平新时代中国特色社会主义思想的鲜明本色和根本立场。无论时代和条件如何变化，人民始终是我们党执政的最大底气，是我们共和国的坚实根基，是我们强党兴国的根本所在。

马克思主义是人民的理论，是人民实现自身解放的思想体系，其根本价值追求就是为人类求解放。人民性是马克思主义的本质属性，作为马克思主义执政党，我们的理论和实践都必须扎根人民、为了人民、造福人民。坚持人民至上充分体现了马克思主义的核心价值追求，是习近平新时代中国特色社会主义思想的价值原点。习近平总书记一再强调，要始终坚持全心全意为人民服务的根本宗旨，坚持党的群众路线，始终牢记江山就是人民、人民就是江山，坚持一切为了人民、一切依靠人民，坚持为人民执政、靠人民执政，坚持发展为了人民、发展依靠人民、发展成果由人民共享，坚定不移走全体人民共

①《习近平谈治国理政》第1卷，外文出版社2018年版，第28页。

同富裕道路，永远铭记人民对美好生活的向往就是我们的奋斗目标，依靠人民创造历史伟业。坚持人民至上、人民立场、以人民为中心的发展思想，包含了对中国特色社会主义价值取向、发展动力的科学回答和阐述，是对马克思主义唯物史观的创造性运用。

（二）必须坚持自信自立

党的二十大报告指出："中国人民和中华民族从近代以后的深重苦难走向伟大复兴的光明前景，从来就没有教科书，更没有现成答案。党的百年奋斗成功道路是党领导人民独立自主探索开辟出来的，马克思主义的中国篇章是中国共产党人依靠自身力量实践出来的，贯穿其中的一个基本点就是中国的问题必须从中国基本国情出发，由中国人自己来解答。我们要坚持对马克思主义的坚定信仰、对中国特色社会主义的坚定信念，坚定道路自信、理论自信、制度自信、文化自信，以更加积极的历史担当和创造精神为发展马克思主义作出新的贡献，既不能刻舟求剑、封闭僵化，也不能照抄照搬、食洋不化。"

"从来就没有什么救世主，也不靠神仙皇帝！要创造人类的幸福，全靠我们自己！"《国际歌》的歌词生动彰显了共产党人自信自立的精神气质。走自己的路，是党百年奋斗得出的历史结论。习近平总书记指出："今天，社会主义中国巍然屹立在世界东方，没有任何力量能够撼动我们伟大祖国的地位，没有任何力量能够阻挡中国人民和中华民族的前进步伐。"① 坚持自信自立，已经成为中国人民和中华民族的内在气质和精神风貌，是我们战胜前进道路上各种风险挑战的强大精神力量。习近平总书记在庆祝中国共产党成立100周年大会

①《习近平著作选读》第2卷，人民出版社2023年版，第274页。

上的重要讲话中指出："走自己的路，是党的全部理论和实践立足点，更是党百年奋斗得出的历史结论。"中国共产党经历了百年风雨，百年的奋斗历程深刻揭示出一个道理：适合自己的才是最好的，只有立足自身实际，坚持走自己的路，我们的事业才有前途和希望。走自己的路，必须做到自信自立，避免盲从迷信、确保正确方向、绝不封闭僵化。中国的问题必须从中国基本国情出发，由中国人自己来解答。我们要坚持对马克思主义的坚定信仰、对中国特色社会主义的坚定信念，坚定道路自信、理论自信、制度自信、文化自信，以更加积极的历史担当和创造精神为发展马克思主义作出新的贡献，既不能刻舟求剑、封闭僵化，也不能照抄照搬、食洋不化，而是要在自己选择的道路上昂首阔步走下去，把中国发展进步的命运牢牢掌握在自己手中，才能够不断创造新时代中国特色社会主义新辉煌。坚持自信自立，坚持和运用马克思主义的世界观和方法论，独立自主地解决自己的问题，充分体现了马克思主义具体问题具体分析的活的灵魂。

（三）必须坚持守正创新

党的二十大报告指出："我们从事的是前无古人的伟大事业，守正才能不迷失方向、不犯颠覆性错误，创新才能把握时代、引领时代。我们要以科学的态度对待科学、以真理的精神追求真理，坚持马克思主义基本原理不动摇，坚持党的全面领导不动摇，坚持中国特色社会主义不动摇，紧跟时代步伐，顺应实践发展，以满腔热忱对待一切新生事物，不断拓展认识的广度和深度，敢于说前人没有说过的新话，敢于干前人没有干过的事情，以新的理论指导新的实践。"

守正才能不偏离正道，创新才能顺应时势。习近平总书记强调："我们通过守正创新形成了中国特色社会主义理论体系，守正就不能偏离马克思主义、社会主义，但不是刻舟求剑，还要往前发展、与时俱进，否则就是僵化的、陈旧的、过时的。”[①] 守正是创新的基础，只有在守正基础上的创新才是有源之水、有本之木；创新才能更好地守正，只有创新才能使所守之“正”与时俱进，获得强大的生命力。守正与创新相辅相成，体现了“变”与“不变”、继承与发展、原则性与创造性的辩证统一。党的十八大以来，以习近平同志为核心的党中央坚持守正创新，在立场、方向、原则、道路等根本性问题上旗帜鲜明、毫不含糊；同时，面对快速变化的世界和中国，坚持立破并举，以巨大勇气和魄力推进各方面改革创新，使中国共产党的面貌、中国人民的面貌、社会主义中国的面貌、中华民族的面貌焕然一新。

马克思主义是我们立党立国、兴党兴国的根本指导思想，必须始终坚持其基本立场观点方法，不能有任何形式的曲解和歪曲。但是，马克思主义具有鲜明的实践品格，从来都不是僵死的教条和抽象的理论，而是扎根于实践并随着实践不断丰富和发展的具体的、鲜活的、开放的理论体系。我们要以科学的态度对待科学、以真理的精神追求真理，遵循唯物辩证法的基本逻辑，把唯物论、辩证法和价值论统一到人类解放的实践论中，具体问题具体分析，用发展着的马克思主义创造性地应对和解决不断遇到的新情况和新问题。坚定对马克思主义的信仰，用发展着的马克思主义指导新的实践，必须坚持马克思主义的本真精神，紧紧抓住马克思主义一以贯之的精髓，牢牢把握马克思主义一脉相承的“脉”，即守正；同时要在马克思主义基本原理同中国具体实际相结合、同中华优秀传统文化相结合的基础上，扎根社会实践、立足当今时代、面向现实问题，提

①《论党的青年工作》，中央文献出版社 2022 年版，第 185 页。

出新的思路、新的战略、新的举措，不断推动理论创新和实践创新，并在理论创新和实践创新的良性互动中不断根据新的实践活学活用马克思主义活的灵魂解决新的问题，即创新。我们从事的是前无古人的伟大事业，守正才能不迷失方向、不犯颠覆性错误，创新才能把握时代、引领时代。我们坚持和发展马克思主义永远不能丢的就是其实现人类解放的根本价值以及唯物辩证法的科学方法和基本态度，其他的具体结论和做法都可以而且必须随着时代的变化而不断守正创新，这也充分体现了创新和守正的历史辩证法。

（四）必须坚持问题导向

党的二十大报告指出："问题是时代的声音，回答并指导解决问题是理论的根本任务。今天我们所面临问题的复杂程度、解决问题的艰巨程度明显加大，给理论创新提出了全新要求。我们要增强问题意识，聚焦实践遇到的新问题、改革发展稳定存在的深层次问题、人民群众急难愁盼问题、国际变局中的重大问题、党的建设面临的突出问题，不断提出真正解决问题的新理念新思路新办法。"

人类认识世界、改造世界的过程，就是一个发现问题、解决问题的过程。习近平总书记强调："我们中国共产党人干革命、搞建设、抓改革，从来都是为了解决中国的现实问题。"① 党的十八大以来，我们党始终聚焦重大理论和实践问题，把问题作为研究制定政策的出发点，把化解矛盾、破解难题作为打开局面的突破口。正是基于对一系列重大时代课题的准确把握和科学回答，习近平新时代中国特色社会主义思想得以创立并不断丰富发展，彰显了强烈的问题意识和鲜明的问题导向。

①《习近平谈治国理政》第 1 卷，外文出版社 2018 年版，第 74 页。

马克思指出："问题就是公开的、无畏的、左右一切个人的时代声音。问题就是时代的口号，是它表现自己精神状态的最实际的呼声。"[①] 任何一种有价值的思想理论，都要能够有力回答时代问题，经得住时代的考验。理论必须扎根于实际，理论一旦脱离实际，就会变得空洞，不能解决现实问题，也就必然会失去生命力。每一个时代都有每一个时代的问题，当代中国正在经历人类历史上最为宏大而独特的实践创新，改革发展稳定任务之重、矛盾风险挑战之多、治国理政考验之大都前所未有，世界百年未有之大变局深刻变化前所未有，面临着许多亟待回答的理论和实践课题。我们要准确把握时代大势，勇于站在人类发展前沿，聆听人民心声，回应现实需要，坚持解放思想、实事求是、与时俱进，更好地把坚持马克思主义和发展马克思主义统一起来，坚持用马克思主义之"矢"去射新时代中国之"的"，及时科学回答中国之问、世界之问、人民之问、时代之问，推进马克思主义创新发展，让马克思主义展现出更强大、更有说服力的真理力量，指引党和国家事业再创新的奇迹、取得更大胜利。坚持问题导向和增强问题意识，充分彰显了马克思主义实事求是、不尚空谈和直面问题的实践品格。

（五）必须坚持系统观念

党的二十大报告指出："万事万物是相互联系、相互依存的。只有用普遍联系的、全面系统的、发展变化的观点观察事物，才能把握事物发展规律。我国是一个发展中大国，仍处于社会主义初级阶段，正在经历广泛而深刻的社会变革，推进改革发展、调整利益关系往往牵一发而动全身。我们要善于通过历史看现实、透过现象看

①《马克思恩格斯全集》第 40 卷，人民出版社 1982 年版，第 289 页。

本质，把握好全局和局部、当前和长远、宏观和微观、主要矛盾和次要矛盾、特殊和一般的关系，不断提高战略思维、历史思维、辩证思维、系统思维、创新思维、法治思维、底线思维能力，为前瞻性思考、全局性谋划、整体性推进党和国家各项事业提供科学思想方法。”

世界上的万事万物都是一个系统，小到个体生命，大到浩瀚宇宙，都是如此。因此，无论是认识世界还是改造世界，都必须坚持系统观念。系统观念是辩证唯物主义的重要认识论和方法论。党的十八大以来，以习近平同志为核心的党中央坚持系统谋划、统筹推进党和国家各项事业，提出统揽伟大斗争、伟大工程、伟大事业、伟大梦想，统筹推进“五位一体”总体布局、协调推进“四个全面”战略布局，对党和国家事业发展作出科学完整的战略部署。在这个过程中，系统观念是具有基础性的思想和工作方法。

系统是由若干相互联系、相互作用、相互依存的要素，按照一定的结构构成的整体。万事万物都是作为系统存在和发展的，事物作为系统而存在，都是处于和其他事物的千丝万缕的联系之中的，这些联系就构成了事物存在的现实条件。事物作为系统而发展，由阶段和阶段构成了过程，阶段和阶段之间的联系就构成了事物存在的历史条件。因此，万事万物都是普遍联系和永恒发展的，从来没有隔断历史的“飞来峰”，也没有孤立存在的原子。只有用普遍联系的、全面系统的、发展变化的观点观察事物，才能把握事物发展规律。中国特色社会主义事业涉及经济、政治、文化、社会、生态文明等多个领域，各领域之间相互联系、相互制约，推进伟大事业绝不是某一领域的单打独斗，任何一个领域的发展都有可能牵动其他领域，同时需要其他领域的密切配合。我们在工作中必须坚持系统观念，善于通过历史看现实、透过现象看本质，把握好全局和局部、当前和长远、宏观和微观、主要矛盾和次要矛盾、特殊和一般的关系，不断提高战略思维、历史思维、辩证思维、系统思维、创新思维、法治思维、底线思维能力，为前瞻性思考、全局性谋划、整体性推进党和国家各项事业提供科学思想方法。唯物辩证法是马克思主义的根本思想方法，坚持系统观念充分彰显了唯物辩证法的精髓和核心要义。

（六）必须坚持胸怀天下

党的二十大报告指出："中国共产党是为中国人民谋幸福、为中华民族谋复兴的党，也是为人类谋进步、为世界谋大同的党。我们要拓展世界眼光，深刻洞察人类发展进步潮流，积极回应各国人民普遍关切，为解决人类面临的共同问题作出贡献，以海纳百川的宽阔胸襟借鉴吸收人类一切优秀文明成果，推动建设更加美好的世界。"

马克思把人类幸福作为自己的毕生追求，哪怕颠沛流离、贫病交加，仍然矢志不渝。习近平总书记指出："马克思主义博大精深，归根到底就是一句话，为人类求解放。"中国共产党作为马克思主义政党，自成立之日起就始终以世界眼光关注人类前途命运，把实现共产主义作为最高理想和最终目标。人类是一个整体，地球是一个家园。面对共同挑战，任何人任何国家都无法独善其身，人类只有和衷共济、和合共生这一条出路。党的十八大以来，习近平总书记坚持将中国的前途命运同世界的前途命运紧紧联系起来，不断为解决人类面临的共同问题提供更多更好的中国智慧、中国方案、中国力量，充分彰显了胸怀天下的深厚情怀。

为绝大多数人谋福利，让人民大众摆脱自然界、人类社会和思想的奴役和压迫，实现每个人的自由全面发展，是马克思主义理论一以贯之的最高理想、价值追求和逻辑起点，这个价值理想也一直处在人类共同价值的制高点。中国共产党是以马克思主义为指导思想的政党，必须坚持马克思主义的基本立场，坚持人民立场，这就要求中国共产党必须把造福人民和人类解放作为自己的终身价值追求。中国共产党是为中国人民谋幸福、为中华民族谋复兴的党，也是为人类谋进步、为世界谋大同的党。坚持胸怀天下，是为中国人民谋幸福和为中华民族谋复兴的逻辑必然，既体现了中国共产党关注世界发展和人类事业进步的天下情怀，也体现了中国共产党致力于实现全人类解放的崇高的共产主义远大理想，以及立志于推动构建人类命运共同体的使命担当和博大胸襟。因此，我们要拓展世界眼光，深刻洞察人类发展进步潮流，积极回应各国人民普遍关切，为解决人类面临的共同问题作出贡献，以海纳百川的宽阔胸襟借鉴吸收人类一切优秀文明成果，推动建设更加美好的世界。坚持胸怀天下，充分体现了马克思主义的人类解放的世界历史视野。

把坚持马克思主义和发展马克思主义统一起来，结合新的实践不断作出新的理论创造，这是马克思主义永葆生机活力的奥妙所在，也是习近平新时代中国特色社会主义思想不断守正创新的内在逻辑。习近平新时代中国特色社会主义思想的世界观和方法论使我们更好地观察时代、把握时代、引领时代，以更宽广的视野、更长远的眼光来思考把握未来发展面临的一系列重大问题。

三、推进中国式现代化需要处理好六个重大关系

“推进中国式现代化是一个系统工程，需要统筹兼顾、系统谋划、整体推进”，在新进中央委员会的委员、候补委员和省部级主要领导干部学习贯彻习近平新时代中国特色社会主义思想和党的二十

大精神研讨班开班式上，习近平总书记对推进中国式现代化需要处理好的若干重大关系作出深刻阐释、提出明确要求，充分体现了马克思主义唯物辩证的思想方法，是我们党对推进中国式现代化认识的进一步深化。

党的二十大擘画了全面建设社会主义现代化国家、以中国式现代化全面推进中华民族伟大复兴的宏伟蓝图，吹响了奋进新征程的时代号角。正确处理好顶层设计与实践探索、战略与策略、守正与创新、效率与公平、活力与秩序、自立自强与对外开放等一系列重大关系，对于全党正确理解中国式现代化，紧密联系我国发展面临的新的战略机遇、新的战略任务、新的战略阶段、新的战略要求、新的战略环境，深刻认识实现全面建设社会主义现代化国家各项目标任务的艰巨性和复杂性，增强贯彻落实的自觉性和坚定性，努力在新征程上开创党和国家事业发展新局面，具有十分重要的意义。

（一）处理好顶层设计与实践探索的关系

一个村庄的变化，折射一个国家的前行足迹。党的二十大胜利闭幕后，习近平总书记来到陕西省延安市安塞区高桥镇南沟村。习近平总书记十分关心灌溉和用水问题，老乡们告诉总书记，他们通过筑水坝、搞滴灌和精细化管理，有效解决了用水和灌溉问题。一个微小视角，映射着中国乡村的沧桑巨变，也彰显着顶层设计与实践探索的辩证统一：国家围绕全面推进乡村振兴进行顶层设计，各地因地制宜创造性落实党中央决策部署，为推动农业强、农村美、农民富注入强劲动能。

顶层设计与实践探索是辩证统一的。党的二十大报告深刻阐述了中国式现代化的中国特色、本质要求、重大原则，这是推进中国式现代化的顶层设计。中国式现代化是分阶段、分领域推进的。实

◆ 陕西省延安市安塞区高桥镇南沟村

现各阶段发展目标，落实各领域发展战略，同样需要进行顶层设计。习近平总书记指出：“进行顶层设计，需要深刻洞察世界发展大势，准确把握人民群众的共同愿望，深入探索经济社会发展规律，使制定的规划和政策体系体现时代性、把握规律性、富于创造性，做到远近结合、上下贯通、内容协调。”推进中国式现代化是一个探索性事业，还有许多未知领域，需要我们在实践中去大胆探索，通过改革创新来推动事业发展，决不能刻舟求剑、守株待兔。各地区各部门要结合各自具体实际开拓创新，特别是在前沿实践、未知领域，鼓励大胆探索、敢为人先，寻求有效解决新矛盾新问题的思路和办法，努力创造可复制、可推广的新鲜经验。

（二）处理好战略与策略的关系

巩固拓展脱贫攻坚成果同乡村振兴有效衔接，农业农村发展呈现新面貌新气象；义务教育普及程度达到世界高收入国家平均水平，高等教育实现从大众化到普及化的历史性跨越；京津冀协同发展、长江经济带发展、粤港澳大湾区建设等区域重大战略，引领我国区域发展取得历史性成就……新时代十年来，高瞻远瞩的战略擘画，精准有力的策略举措，为成功推进和拓展中国式现代化提供了坚实支撑。

正确运用战略策略是我们党创造辉煌历史、成就千秋伟业、战胜各种风险挑战、不断从胜利走向胜利的成功秘诀。推进中国式现代化必须把这一成功秘诀总结好、运用好。要增强战略的前瞻性，准确把握事物发展的必然趋势，敏锐洞悉前进道路上可能出现的机遇和挑战，以科学的战略预见未来、引领未来；增强战略的全局性，谋划战略目标、制定战略举措、作出战略部署，都要着眼于解决事关党和国家事业兴衰成败、牵一发而动全身的重大问题；增强战略的稳定性，战略一经形成，就要长期坚持、一抓到底、善作善成，不要随意改变。策略是在战略指导下为战略服务的，是战略实施的科学方法。要取得各方面斗争的胜利，我们不仅要有战略谋划、坚定意志，还要有

◆ 建设中的深中通道

策略、有智慧、有方法。应该看到，实施战略的环境条件随时都在发生变化，每时每刻都会遇到新情况新问题。这就需要把战略的原则性和策略的灵活性有机结合起来，灵活机动、随机应变、临机决断，在因地制宜、因势而动、顺势而为中把握战略主动。

（三）处理好守正与创新的关系

观察中国的发展，“五年规划”是一个重要窗口。新中国成立以来，我国以 14 个五年规划（计划）书写了人类历史上最为波澜壮阔的现代化进程。在这个过程中，把我国建设成为现代化强国的目标坚定不移，同时根据不同阶段科学制定发展规划，正体现了守正与创新相统一的方法论智慧。知常明变者赢，守正创新者进。守正创新，既与中华民族几千年来恪守正道、革故鼎新的文化传统相承袭，又与我们党一贯坚持的解放思想、实事求是、与时俱进、求真务实的品格相贯通。中国式现代化的探索就是一个在继承中发展、在守正中创新的历史过程。在推进中国式现代化这项前无古人的开创性事业中，我们必须处理好守正与创新的关系，在守正中把稳舵盘、保持航向，在创新中寻求突破、扬帆远航。

守正创新是我们党在新时代治国理政中的重要思维方法。守正才能不迷失方向、不犯颠覆性错误，创新才能把握时代、引领时代。中国式现代化的探索就是一个在继承中发展、在守正中创新的历史过程。在推进中国式现代化的新征程上，首先要守好中国式现代化的本和源、根和魂，毫不动摇坚持中国式现代化的中国特色、本质要求、重大原则，确保中国式现代化的正确方向。同时要把创新摆在国家发展全局的突出位置，顺应时代发展要求，着眼于解决重大理论和实践问题，积极识变应变求变，大力推进改革创新，不断塑造发展新动能新优势，让创新在全社会蔚然成风。

（四）处理好效率与公平的关系

“山沟沟里绕蜡村，小路弯弯绕山转”，四川省阿坝藏族羌族自治州九寨沟县黑河镇绕蜡村曾是省级贫困村，受地理环境影响，当地交通、通信等基础设施建设一度落后。近年来，随着脱贫攻坚和乡村振兴的推进，“信息高速公路”铺进山旮旯，农村公路修进深沟偏寨，村子面貌焕然一新。在东西部扶贫协作帮扶资金的支持下，当地还建起了葡萄种植基地，村民以土地参股，2022 年亩产葡萄逾 2500 斤，总收入 52 万余元。政策支持、资金投入、对口帮扶……像绕蜡村这样的发展故事，在中华大地广泛上演，广大人民群众共享发展成果，走向共同富裕，生活蒸蒸日上。

公平要建立在效率的基础上，效率也要以公平为前提才得以持续。只有处理好效率与公平的关系，在做大“蛋糕”的同时分好“蛋糕”，才能让现代化建设成果更多更公平惠及全体人民。中国式现代化既要创造比资本主义更高的效率，又要更有效地维护社会公平，更好实现效率与公平相兼顾、相促进、相统一。要坚持和完善社会主义基本经济制度，毫不动摇巩固和发展公有制经济，毫不动摇鼓励、支持、引导非公有制经济发展，充分发挥市场在资源配置中的决定性作用，更好发挥政府作用，构建全国统一大市场，深化要素市场化改革，建设高标准市场体系，营造市场化、法治化、国际化一流营商环境，着力提高全要素生产率，加快建立以权利公平、机会公平、规则公平为主要内容的社会公平保障体系，保证人民平等参与、平等发展权利，扎实推进全体人民共同富裕取得更为明显的实质性进展。

（五）处理好活力与秩序的关系

春回大地，神州渐暖。在上海，周末各大商圈人潮涌动，消费潜力加速释放；在重庆，果园港港口码头汽笛鸣响，五颜六色的集装箱满载货物，从山城远赴世界各地；在新疆阿克苏地区，温宿县恰格拉克乡的乡亲们正忙着采摘、分拣、装箱、运输苹果，一道道工序有条不紊……今天，流动的中国充满生机活力、保持和谐有序，呈现既有活力又有秩序的时代画卷。

一个现代化的社会，应该既充满活力又拥有良好秩序，呈现出活力和秩序有机统一。中国式现代化应当实现、能够实现活而不乱、活跃有序的动态平衡。要深化各方面的体制机制改革，充分释放全社会创造潜能，鼓励科学家、企业家、艺术家等各方面人才特别是青年人才创新创造。要采取切实有效措施解决不愿担当、不敢担当、不善担当等问题，充分调动广大党员干部干事创业的积极性。要形成劳动创造财富、实干创造业绩、奋斗创造幸福的正确导向，充分激发全社会的创造活力。要统筹发展和安全，贯彻总体国家安全观，健全国家安全体系，增强维护国家安全能力，坚定维护国家政权安全、制度安全、意识形态安全和重点领域安全。

（六）处理好自立自强与对外开放的关系

截至 2023 年 2 月 14 日，被誉为“中国天眼”的 500 米口径球面射电望远镜（FAST）已发现 740 余颗新脉冲星。从落成运行到首次发现毫秒脉冲星，再到如今持续产出成果，中国在脉冲星观测和研究等领域实现从跟跑、并跑到领跑的跨越。FAST 也于 2021 年 3 月正式向全球开放共享，向全球天文学家征集观测申请，大大增加了人类有效探索宇宙的空间范围。“中国天眼”不仅推动中国科技进步，更让全人类看得更远，这是我们坚持自立自强与对外开放有机结合的生动缩影。

推进中国式现代化必须坚持独立自主、自立自强，坚持把国家和民族发展放在自己力量的基点上，坚持把我国发展进步的命运牢

◆ 被誉为“中国天眼”的 500 米口径球面射电望远镜（FAST）

牢掌握在自己手中。要加快构建新发展格局，夯实我国经济发展的根基，增强发展的安全性、稳定性，增强我国的生存力、竞争力、发展力、持续力。要健全新型举国体制，强化国家战略科技力量，加快科技自立自强步伐，解决外国“卡脖子”问题。要不断扩大高水平对外开放，深度参与全球产业分工和合作，用好国内国际两种资源，拓展中国式现代化的发展空间。

第七章

砥砺前行　伟大飞跃

——习近平新时代中国特色社会主义思想推动党和国家事业取得历史性成就、发生历史性变革

党的十八大以来，我们经历了对党和人民事业具有重大现实意义和深远历史意义的三件大事：一是迎来中国共产党成立100周年；二是中国特色社会主义进入新时代；三是完成脱贫攻坚、全面建成小康社会的历史任务，实现第一个百年奋斗目标。经过奋斗，全国832个县全部脱贫，12.8万个贫困村全部出列，近1亿贫困人口

实现脱贫，消除了绝对贫困和区域性整体贫困。十年来，我们坚持习近平新时代中国特色社会主义思想，采取一系列战略性举措，推进一系列变革性实践，实现一系列突破性进展，取得一系列标志性成果，经受住了来自政治、经济、意识形态、自然界等方面的风险挑战考验，推动党和国家事业取得历史性成就、发生历史性变革。

第一节 “两个确立”是党的十八大以来最重要的政治成果

党的十八大以来，我们党勇于进行理论探索和创新，以全新的视野深化对共产党执政规律、社会主义建设规律、人类社会发展规律的认识，取得重大理论创新成果，集中体现为习近平新时代中国特色社会主义思想。党确立习近平同志党中央的核心、全党的核心地位，确立习近平新时代中国特色社会主义思想的指导地位，体现了马克思主义理论逻辑、党的百年奋斗历史逻辑同新时代党和国家事业发展实践逻辑的有机统一，是我们党在新时代取得的重大政治成果、作出的重要历史贡献。我们必须从马克思主义政党的根本原则、党百年奋斗的历史经验，特别是从新时代取得的历史性成就、发生的历史性变革中，深刻领悟“两个确立”的决定性意义，增强坚定拥护“两个确立”、坚决做到“两个维护”的思想自觉、政治自觉、行动自觉。

一、“两个确立”的确立过程

一段时间以来，在坚持党的领导和加强党的建设上存在不少问题，有的问题还相当严重。2013 年 8 月 19 日，习近平总书记在讲话中指出一些党员干部信仰缺失的问题；2014 年 1 月 14 日，习近平总书记在讲话中指出干部队伍中存在的“圈子文化”的问题；2014 年 5 月 9 日，习近平总书记在讲话中指出党内存在潜规则的问题；2015 年 1 月 13 日，习近平总书记在讲话中指出一些党员干部违反政治规矩的现象；2016 年 1 月 12 日，习近平总书记在讲话中指出党员干部中存在的“两面派”行为和对违反政治纪律不敢斗争的现象；2016 年 6 月 28 日，习近平总书记在讲话中指出党内政治生态中组织和组织、个人和组织、个人和个人关系方面存在的问题。这些问题对党的全面领导造成了严重冲击，影响党的形象和威信，严重损害党群干群关系，引起广大党员、干部群众强烈不满和义愤。

针对以上种种问题，党中央强调必须严明党的政治纪律和政治规矩，把维护党中央权威和集中统一领导作为党的政治建设的首要任务，提高政治判断力、政治领悟力、政治执行力，胸怀“国之大者”，确保全党在政治立场、政治方向、政治原则、政治道路上同以习近平同志为核心的党中央保持高度一致。

党的十八大以来，习近平总书记坚持把历史、现实、未来相贯通，站在时代的高度，站在战略的高度，以历史的眼光，以世界的视野，全面思考和深入分析新时代党和国家事业发展面临的一系列重大理论与实践问题，先后在庆祝中国共产党成立 95 周年、中国人民解放军建军 90 周年、改革开放 40 周年、中华人民共和国成立 70 周年大会以及纪念毛泽东同志诞辰 120 周年、邓小平同志诞辰 110 周年、红军长征胜利 80 周年、五四运动 100 周年、中国人民抗日战争暨世界反法西斯战争胜利 75 周年、中国人民志愿军抗美援朝出国作战 70 周年等座谈会和大会上对党的历史进行总结。特别是围绕加强党的领导和加强党的建设，增强“四个意识”、坚定“四个自信”、做到“两个维护”，进行深刻总结。

党的十八大以来，习近平总书记以深厚的人民情怀、卓越的政治智慧、强烈的使命担当，领导全党全军全国各族人民砥砺奋进，使党和国家事业取得历史性成就和发生历史性变革，充分彰显了中国特色社会主义的强大生机活力，党心军心民心空前凝聚振奋。中国共产党和中国人民以英勇顽强的奋斗向世界庄严宣告，中华民族迎来了从站起来、富起来到强起来的伟大飞跃。

在这一过程中，习近平总书记成为众望所归、当之无愧的党的核心、人民领袖、军队统帅，党的十八届六中全会明确了习近平总书记党中央的核心、全党的核心地位；习近平新时代中国特色社会主义思想应运而生、顺势而成，党的十九大对习近平新时代中国特

◆ 阔步走进新时代，共享美好新生活

色社会主义思想的内涵作出了补充，确立了习近平新时代中国特色社会主义思想的指导地位，将习近平新时代中国特色社会主义思想写入党章，作为全党行动指南。党的十九届六中全会上，我们党郑重作出了“两个确立”具有决定性意义的重大政治判断。这是贯通历史与现实的必然逻辑，也是客观规律的深刻总结，是党的十八大以来最重要的政治成果。坚强的核心、科学的思想、伟大的事业相互辉映，推动实现中华民族伟大复兴进入不可逆转的历史进程。

二、“两个确立”的逻辑依据

“两个确立”是历史的必然选择、人民的必然选择、时代的必然选择，蕴含着深刻的历史逻辑、理论逻辑和实践逻辑。

（一）“两个确立”体现党的百年历史发展的必然选择

在实践中形成坚强的中央领导集体并维护这个集体的权威，对我们这样的大党、大国尤为重要。从中国共产党的百年历史可见，我们党什么时候具有坚强的领导核心，什么时候具有正确的指导思想，什么时候就能取得胜利。

遵义会议前，由于没有形成成熟的党中央，导致党的事业几经挫折，甚至面临失败危险。遵义会议确立了毛泽东同志在党中央和红军的领导地位，我们党开始形成坚强的领导核心，从此中国革命便焕然一新。社会主义革命和建设时期，我们进一步巩固党中央权威和集中统一领导，有力扭转了革命胜利后党内的不良风气，为稳固政权、自强谋新开辟道路。党的十一届三中全会重新确立了党的实事求是的思想路线，把党和国家的工作重心转移到社会主义现代化建设上，并作出改革开放的伟大决策，形成了以邓小平同志为核心的中央领导集体。核心的重新确立使党和国家的各项工作回归正轨，实现了具有深远意义的历史性转折，中国由此进入改革开放和社会主义现代化建设的新时期。在中国特色社会主义进入新时代的历史方位下，维护党中央权威和集中统一领导被赋予了更加深刻的政治意义。

毛泽东形象地比喻说，“一个桃子剖开来有几个核心吗？只有一个核心”。邓小平指出：“任何一个领导集体都要有一个核心，没有核心的领导是靠不住的。”[①] 1994年9月，党的十四届四中全会通过《中共中央关于加强党的建设几个重大问题的决定》，在党的重要文件中首次论述建立党的领导核心的极端重要性：“党的历史表明，必须有一个在实践中形成的坚强的中央领导集体，在这个领导集体中必须有一个核心。如果没有这样的领导集体和核心，党的事业就不能胜利。”[②]

我们党是具有强烈历史自觉和使命担当的马克思主义政党。“两个确立”是我们党深刻总结党的历史经验，特别是党的十八大以来中国特色社会主义伟大实践形成的最重要的政治成果，体现了我们党以宽广深邃的历史视野把握历史规律、推动党和国家事业发展的政治智慧，体现了我们党强烈的历史担当、高度的历史自觉和坚定的历史自信。

党的百年奋斗史雄辩地证明，坚强的领导核心和科学的理论指导关乎党和国家的前途命运，对于确保革命、建设、改革事业顺利发展具有决定性作用。

当前，“两个大局”相互交织、激荡，党正带领人民进行具有许多新的历史特点的伟大斗争，形势环境变化之快、改革发展稳定任务之重、矛盾风险挑战之多、对党治国理政考验之大，前所未有。

①《邓小平文选》第1卷，人民出版社1994年版，第66页。

②《中共中央关于加强党的建设几个重大问题的决定》，人民出版社1994年版，第12页。

踏上新的赶考路，坚定拥护和维护习近平同志的核心地位，全党就有定盘星，全国人民就有主心骨，中华“复兴号”巨轮就有掌舵者，面对惊涛骇浪就能够做到“任凭风浪起，稳坐钓鱼台”。

（二）“两个确立”体现无产阶级政党的理论发展的必然逻辑

高度重视党的领袖和科学理论在无产阶级政党创立和发展中的重要作用始终是马克思主义政党建设理论的一个基本观点。翻开马克思主义、世界社会主义发展史，维护党的权威和党的领袖的权威，始终是马克思主义政党的一条基本原则，也是被无产阶级斗争实践证明的宝贵经验。

马克思主义政党建设理论认为，发展无产阶级政党、建立无产阶级政权必须要有一个坚强的领导核心和科学的指导思想。在马克思、恩格斯看来，领袖权威对无产阶级政党建设具有极其重要的作用。马克思指出，每一个社会时代都需要有自己的大人物，如果没有这样的人物，它就要把他们创造出来。恩格斯在总结巴黎公社教训时深刻指出：“巴黎公社遭到灭亡，就是由于缺乏集中和权威。”[①] 列宁也特别重视党的杰出领袖对党意志统一的重要作用，他指出：“造就一批有经验、有极高威望的党的领袖是一件长期的艰难的事情。但是做不到这一点，无产阶级专政、无产阶级的‘意志统一’就只能是一句空话。”[②]

中国共产党是按照马克思主义建党学说建立和发展起来的无产阶级政党，在百年风雨历程中，中国共产党历经复杂严酷的斗争环境、艰苦卓绝的革命和建设实践，深刻认识到，社会主义国家必须

①《马克思恩格斯文集》第 10 卷，人民出版社 2009 年版，第 375 页。
②《列宁全集》第 42 卷，人民出版社 2017 年版，第 108 页。

确立一个强大的领导核心和科学的革命理论作为指导。党的一大党纲就明确了民主集中制的组织原则，并在之后历次的党章中一以贯之。在抗日战争时期，毛泽东就指出，“实行一元化的领导很重要，要建立领导核心，反对‘一国三公’。”[①] 1989年，邓小平明确指出：“任何一个领导集体都要有一个核心，没有核心的领导是靠不住的。”[②]

从新民主主义革命时期到社会主义革命和建设时期，再到改革开放和社会主义现代化建设新时期，我们党坚持解放思想和实事求是相统一、培元固本和守正创新相统一，不断开辟马克思主义新境界，创立了毛泽东思想、邓小平理论，形成了“三个代表”重要思想、科学发展观，使马克思主义理论始终充满活力，为党和人民事业发展持续提供科学理论指导。

党的十八大以来，以习近平同志为主要代表的中国共产党人深刻总结并充分运用党成立以来的历史经验，从新的实际出发，创立了习近平新时代中国特色社会主义思想，实现了马克思主义中国化时代化新的飞跃。习近平总书记洞察时代风云、把握时代脉搏、引领时代潮流，以非凡理论勇气提出一系列原创性的治国理政新理念新思想新战略，为习近平新时代中国特色社会主义思想的创立发挥了决定性作用、作出了决定性贡献，是这一思想的主要创立者。

“两个确立”是我们党对马克思主义科学理论的自觉实践，是对马克思主义建党学说的深化和发展。在我们这样一个有着9800多万名党员的大党、有着56个民族和14亿多人口的大国，如果党中央

①《毛泽东文集》第3卷，人民出版社1996年版，第69页。
②《邓小平文选》第3卷，人民出版社1993年版，第310页。

没有核心、全党没有核心，那是不可想象的，是很容易搞散的，是什么事情也办不成的。

（三）“两个确立”体现中国特色社会主义实践发展的必然结论

党的十八大以来，中国特色社会主义进入新时代。党面临的主要任务是，实现第一个百年奋斗目标，开启实现第二个百年奋斗目标新征程，朝着实现中华民族伟大复兴的宏伟目标继续前进。在世界格局深刻调整、国际竞争日趋激烈的时代条件下，在国内改革全面深化、发展全面推进的重要时期，党内“四大考验”“四种危险”现实地摆在面前，治国理政担子之重、难度之大超乎想象。实现历史使命、战胜风险挑战，我们比任何时候都更需要一个坚强的领导核心。

党的十八大以来，面对世所罕见、史所罕见的国内外复杂严峻环境和艰巨繁重的改革发展稳定任务，以习近平同志为核心的党中央以伟大的历史主动精神、巨大的政治勇气、强烈的责任担当，统筹把握中华民族伟大复兴战略全局和世界百年未有之大变局，团结带领全党全国人民攻克了许多长期没有解决的难题，办成了许多事关长远的大事要事，推动党和国家事业取得历史性成就、发生历史性变革。习近平总书记是经过历史检验、实践考验、斗争历练的当之无愧的党的核心，是赢得全党全国人民衷心拥护爱戴的人民领袖，是实现中华民族伟大复兴的领路人。

在推进新时代中国特色社会主义事业的砥砺奋进中，面对民族复兴征程上的各种风险挑战，以习近平同志为核心的党中央，以深厚的人民情怀、卓越的政治智慧、强烈的使命担当，带领全党全国各族人民发扬伟大的历史主动精神，统筹国内国际两个大局，贯彻党的基本理论、基本路线、基本方略，统揽伟大斗争、伟大工程、伟大事业、伟大梦想，坚持稳中求进工作总基调，对关系新时代党和国家事业发展的一系列重大理论和实践问题进行了深邃思考和科学判断，提出一系列原创性的治国理政新理念新思想新战略。习近平新时代中国特色社会主义思想是当代中国马克思主义、二十一世纪马克思主义，是引领党的伟大自我革命、推动伟大社会革命的行动指南。

“两个确立”是新时代我们党立足中国特色社会主义伟大实践、在推进中华民族伟大复兴历史进程中作出的重大政治判断，体现了党和国家事业发展的实践逻辑。“两个确立”顺应历史趋势、把握时代大势、反映人民心声，是在新时代坚持和发展中国特色社会主义的必然要求。

三、“两个确立”的价值意蕴

“两个确立”是体现全党共同意志、反映人民共同心声、顺应时代要求的重大政治判断，对推动全党进一步统一思想、统一意志、统一行动，不断把民族复兴伟业推向前进，具有重大而深远的历史意义和现实意义。

（一）“两个确立”为实现中华民族伟大复兴提供更为坚强的政治保证

确立习近平同志党中央的核心、全党的核心地位，确立习近平新时代中国特色社会主义思想的指导地位，是时代呼唤、历史选择、民心所向。

党的十八大以来，以习近平同志为核心的党中央团结带领全党全国各族人民开创了中国特色社会主义新时代，推动中华民族伟大复兴进入了不可逆转的历史进程。在推进新时代中国特色社会主义事业的砥砺奋进中，面对民族复兴征程上“船到中流浪更急、人到半山路更陡”的各种风险挑战，习近平总书记充分展现了马克思主义政治家的恢宏气魄、远见卓识、雄韬伟略，充分展现了大党大国领袖的政治智慧、战略定力、使命担当、为民情怀、领导艺术，赢得全党全军全国各族人民的衷心爱戴和高度信赖。

以习近平同志为主要代表的中国共产党人，创立了习近平新时代中国特色社会主义思想，成功实现了马克思主义中国化时代化新的飞跃，彰显了科学理论对伟大实践的引领作用，使当代中国马克思主义放射出更加耀眼的真理光芒。习近平新时代中国特色社会主义思想具有强大的真理力量、实践力量、精神力量，极大增强了中国共产党和中国人民应对重大挑战、抵御重大风险、克服重大阻力、解决重大矛盾的能力。习近平新时代中国特色社会主义思想为实现中华民族伟大复兴提供了更为完善的制度保证、更为坚实的物质基础、更为主动的精神力量，中华民族迎来了从站起来、富起来到强起来的伟大飞跃。

“两个确立”是时代、历史和人民的共同选择、郑重选择、必然选择，是党和国家之幸、人民之幸、中华民族之幸，必将以强大的号召力、坚定的推动力、坚实的保障力，为中华民族复兴伟业提供更为坚强的政治保证。

（二）“两个确立”为实现中华民族伟大复兴提供更为强大的思想指引

马克思主义是我们立党立国、兴党兴国的根本指导思想。马克思主义理论不是教条而是行动指南，必须随着实践发展而发展，必须中国化才能落地生根、本土化才能深入人心。我们党的历史是一部推进马克思主义中国化、不断丰富和发展马克思主义的历史，也是一部运用马克思主义理论认识和改造中国的历史。一百多年来，我们党坚持把马克思主义基本原理同中国具体实际相结合、同中华优秀传统文化相结合，创立了毛泽东思想、邓小平理论，形成了“三个代表”重要思想、科学发展观，创立了习近平新时代中国特色社会主义思想，指导党和人民事业不断开创新局面。

党的十八大以来，以习近平同志为核心的党中央统筹把握中华民族伟大复兴战略全局和世界百年未有之大变局，团结带领全党全军全国各族人民创造了新时代中国特色社会主义的伟大成就。习近平总书记对关系新时代党和国家事业发展的一系列重大理论和实践问题进行了深邃思考和科学判断，就新时代坚持和发展什么样的中国特色社会主义、怎样坚持和发展中国特色社会主义，建设什么样的社会主义现代化强国、怎样建设社会主义现代化强国，建设什么样的长期执政的马克思主义政党、怎样建设长期执政的马克思主义政党等重大时代课题，提出一系列原创性的治国理政新理念新思想新战略，是习近平新时代中国特色社会主义思想的主要创立者。党的二十大报告指出，党的十九大、十九届六中全会提出的“十个明确”“十四个坚持”“十三个方面成就”概括了习近平新时代中国特色社会主义思想的主要内容。这些战略思想和创新理念，是党对中国特色社会主义建设规律认识深化和理论创新的重大成果。实践充分证明，习近平新时代中国特色社会主义思想是当代中国马克思主义、二十一世纪马克思主义，是中华文化和中国精神的时代精华，实现了马克思主义中国化时代化新的飞跃。

在向第二个百年奋斗目标迈进的重大历史关头，“两个确立”是深刻总结党的百年奋斗、党的十八大以来伟大实践得出的重大历史结论，体现全党共同意志、反映人民共同心声，指引我们不断提高政治判断力、政治领悟力、政治执行力，切实用马克思主义立场观点方法观察时代、把握时代、引领时代，为坚持正确航向、推进民族复兴伟业提供了坚实的思想基础和科学的行动指南。

（三）“两个确立”为实现中华民族伟大复兴汇聚更为磅礴的奋进力量

我们党自诞生之日起，就把为中国人民谋幸福、为中华民族谋复兴确立为自己的初心和使命。一百多年来，我们党团结带领人民不懈奋斗、不断进取，成功开辟了实现中华民族伟大复兴的正确道路。中国从四分五裂、一盘散沙到高度统一、民族大团结，从积贫积弱、一穷二白到全面小康、繁荣富强，从被动挨打、饱受欺凌到独立自主、坚定自信，仅用几十年时间就走完发达国家几百年走过的工业化历程，创造了经济快速发展和社会长期稳定两大奇迹，走出了一条中国特色社会主义康庄大道，中国人民对美好生活的向往不断变为现实。

我们党领导的革命、建设、改革伟大实践，是一个接续奋斗的历史过程，是一项救国兴国强国进而实现中华民族伟大复兴的宏伟事业。在我们党成立100周年的重要历史时刻，党的十九届六中全会强调“两个确立”，充分体现了我们党对中国特色社会主义建设规律的深刻认识和把握，必将确保我们党更好团结带领人民在民族复兴新征程上创造新的历史伟业。习近平总书记指出：“中华民族伟大复兴，绝不是轻轻松松、敲锣打鼓就能实现的。全党必须准备付出更为艰巨、更为艰苦的努力。”[①] 前进路上，国际形势风云变幻、外部环境错综复杂，单边主义、保护主义、霸权主义不断抬头，各种“黑天鹅”“灰犀牛”事件时有发生，各种可以预见和难以预见的风险挑战

①《习近平谈治国理政》第3卷，外文出版社2020年版，第12页。

层出不穷，需要我们进行具有许多新的历史特点的伟大斗争。

新征程上，我们要深刻认识“两个确立”对新时代党和国家事业发展、对推进中华民族伟大复兴历史进程的决定性意义，坚定远大之志、激发进取之心、砥砺担当之勇，准确识变、科学应变、主动求变，不断增强战胜各种风险挑战的勇气、智慧和能力，不断破解发展难题、增强发展动力、厚植发展优势，不断巩固全国各族人民大团结，加强海内外中华儿女大团结，形成同心共圆中国梦的强大合力。

（四）“两个确立”为实现中华民族伟大复兴提供更为强大的组织优势

一百多年来，我们党坚持性质宗旨，坚定理想信念，坚守初心使命，勇于自我革命，取得革命、建设、改革一系列伟大胜利。其中，最重要的一条经验就是确保党始终成为领导伟大事业的核心力量，确保党中央、全党始终拥有坚强领导核心。一个国家、一个政党，领导核心至关重要。全党有核心，党中央才有权威，党才有力量。党中央的权威和集中统一领导，关乎党的创造力、凝聚力、战斗力，关乎党的事业兴衰成败，关乎党的生死存亡。党的十八大以来，以习近平同志为核心的党中央总揽全局、协调各方，开创了中国特色社会主义新时代，推动中华民族伟大复兴进入了不可逆转的历史进程。党的十九届六中全会以《中共中央关于党的百年奋斗重大成就和历史经验的决议》的形式进一步阐明“两个确立”这一重大历史结论、重大政治判断，进一步强调党中央集中统一领导是党的领导的最高原则，进一步彰显了党的领导这一中国特色社会主义最本质的特征、中国特色社会主义制度的最大优势，对于把我们党团结凝聚成“一块坚硬的钢铁”，心往一处想、劲往一处使，团结一致向前进，具有十分重大而深远的政治意义和历史意义。

◆ 2020 年国庆期间，天安门广场上的“万众一心”大花篮

四、“两个确立”的实践自觉

站在新的历史起点上，广大党员干部要深刻认识“两个确立”的极端重要性，切实增强对“两个确立”的政治认同、思想认同、理论认同、情感认同，把“两个确立”真正转化为坚决做到“两个维护”的思想自觉、政治自觉、行动自觉，转化为履职尽责、做好工作的实际行动。

（一）切实把“两个确立”转化为坚决做到“两个维护”的思想自觉

习近平新时代中国特色社会主义思想具有强大的真理力量、实践力量、精神力量，极大地增强了中国共产党和中国人民应对重大挑战、抵御重大风险、克服重大阻力、解决重大矛盾的能力。要进一步加强学习，要努力从新时代的原创性思想、变革性实践、突破性进展、标志性成果中，更加深刻领悟“两个确立”的决定性意义，自觉做习近平新时代中国特色社会主义思想的坚定信仰者、忠实实践者。要坚持“吾日三省吾身”，对照要求找差距，不断校正自己的思想和行为。

（二）切实把“两个确立”转化为坚决做到“两个维护”的政治自觉

党的十八大以来，中国能从前所未有的问题和挑战中迎难而上，能从盘根错节的利益交织中挺身向前，推动中华民族伟大复兴进入不可逆转的历史进程，根本在于有以习近平同志为核心的党中央的坚强领导，在于有习近平新时代中国特色社会主义思想科学指引。深刻领悟“两个确立”的决定性意义，把准政治方向、坚定政治立场，始终做到向习近平总书记看齐、向党中央看齐、向党的理论和路线方针政策看齐、向党中央决策部署看齐，坚决维护党中央定于一尊、一锤定音的权威，时刻在思想上政治上行动上同以习近平同志为核心的党中央保持高度一致。涵养绝对忠诚的政治品格，将“两个确立”内化于心、外化于行，始终在思想上高度信赖核心、感情上衷心爱戴核心、政治上坚决维护核心、组织上自觉服从核心、行动上始终紧跟核心，不断擦亮鲜明的政治底色，确保任何时候任何情况下都站得稳、靠得住、信得过。持续营造风清气正的政治生态，严守政治纪律和政治规矩，始终做政治上的明白人，不断提高政治判断力、政治领悟力、政治执行力。

（三）切实把“两个确立”转化为坚决做到“两个维护”的行动自觉

当前，百年变局加速演进，世界之变、时代之变、历史之变正以前所未有的方式展开，外部环境更趋复杂严峻和不确定。如何立足新发展阶段、贯彻新发展理念、构建新发展格局、推动高质量发展？如何未雨绸缪、加强监管，既防“黑天鹅”，更防“灰犀牛”，坚决防范化解重大风险？如何踔厉奋发、只争朝夕，实现人民对美好生活的向往？破解发展难题、增强发展动力、厚植发展优势，都需要深刻领悟“两个确立”的决定性意义，结合自身工作、各地发展实践，在智慧激荡、砥砺奋斗中，绘出实现中华民族伟大复兴的最大同心圆。

大道如砥，行者无疆。“两个确立”是时代、历史和人民的共同选择、郑重选择、必然选择，是党和国家之幸、人民之幸、中华民族之幸。当前，中国正处于民族复兴与百年变局相互交织的历史节点，深刻把握“两个确立”的必然逻辑，深刻领悟“两个确立”的决定性意义，切实把“两个确立”转化为坚决做到“两个维护”的自觉具有重要的政治意义和时代价值。

第二节 “五位一体”总体布局、“四个全面”战略布局不断推进

马克思、恩格斯指出：“一切划时代的体系的真正的内容都是由于产生这些体系的那个时期的需要而形成起来的。”[①] 这就告诉我们，“五位一体”总体布局与“四个全面”战略布局理论，是在回答时代所提出问题的基础上，在回应当代中国人主要关切问题的基础上产生，二者统一于中国特色社会主义现代化建设的实践之中。习近平

①《马克思恩格斯全集》第3卷，人民出版社1960年版，第544页。

新时代中国特色社会主义思想明确坚持和发展中国特色社会主义，总任务是实现社会主义现代化和中华民族伟大复兴，并以中国式现代化推进中华民族伟大复兴，其总体布局是“五位一体”，其战略布局是“四个全面”。深刻理解“两大布局”理论体系，对于推进中国式现代化，实现全面建设社会主义现代化国家和中华民族伟大复兴具有重要意义。

一、统筹推进“五位一体”总体布局

党的二十大报告指出，“我们对新时代党和国家事业发展作出科学完整的战略部署……明确‘五位一体’总体布局和‘四个全面’战略布局”。“五位一体”总体布局是党对社会主义建设规律认识不断深化的重大理论创新成果，历经改革开放以来不同时期中国特色社会主义建设规律认识的不断深化，从物质文明、精神文明“两个文明”，到经济建设、政治建设、文化建设“三位一体”，经济建设、政治建设、文化建设、社会建设“四位一体”，再到党的十八大以后的“五位一体”。“五位一体”总体布局统领中国式现代化道路的全面性，“基本实现社会主义现代化”和“建成社会主义现代化强国”强调的是全面性的现代化，包含物质文明、政治文明、精神文明、社会文明、生态文明等的全面提升。其中，经济建设是根本，政治建设是保障，文化建设是灵魂，社会建设是条件，生态文明建设是基础①。

（一）在经济建设上加快构建新发展格局，着力推动高质量发展

中国式现代化要求把握新发展阶段，贯彻创新、协调、绿色、

① 杨明伟：《中国特色社会主义是全面发展的社会主义》，《人民日报》2022 年 4 月 12 日。

开放、共享的新发展理念，加快构建新发展格局，推动高质量发展。2022 年 9 月 23 日，随着一声汽笛长鸣，海南自贸港至非洲国际远洋集装箱航线在洋浦国际集装箱码头正式开通运营，这是海南自贸港开辟的第二条洲际集装箱航线。与此同时，进博会、服贸会、消博会、广交会“四大展会”年年如约而至；21 个自贸试验区覆盖东西南北中；中老铁路、克罗地亚跨海大桥等基础设施项目建设捷报频传……新发展格局正在加快形成。面对严峻复杂的国际形势和艰巨繁重的国内改革发展稳定任务，习近平总书记指出，“我国经济发展进入新常态，已由高速增长阶段转向高质量发展阶段”，“必须完整、准确、全面贯彻新发展理念……加快构建以国内大循环为主体、国内国际双循环相互促进的新发展格局”。我们要坚持以推动高质量发展为主题，做好以下战略部署。

一是构建高水平社会主义市场经济体制。市场体系是社会主义市场经济体制的重要组成部分和有效运转基础。现代化经济体系要求市场体系容量巨大、结构合理、运行高效、统一开放、主体活跃、竞争有序。改革开放以来特别是党的十八大以来，我国市场体系建设取得长足进展，市场在资源配置中的决定性作用日益增强，市场发展环境持续改善。与此同时，一些束缚市场主体活力释放的体制机制障碍依然存在，我国市场体系建设还任重而道远，必须坚持和完善社会主义基本经济制度，持续推进现代市场体系建设，不断夯实我国经济长远发展根基。在这一过程中，要进一步深化要素市场化配置改革，坚决清除妨碍各种生产要素市场化配置的体制机制障碍，依法依规引导各类资本健康发展；要进一步推进全国统一大市场建设，打造市场化、法治化、国际化一流营商环境；要进一步完善产权保护制度、市场准入制度、公平竞争制度、社会信用制度等；

◆ 上海浦东新区深化“一业一证”改革，众多行业“一证准营”

要进一步全面对接国际高标准市场规则体系，有效利用全球要素和市场资源，使国内市场与国际市场更好联通。

二是建设现代化产业体系。实体经济是一国经济的立身之本、财富之源，是我国在国际经济竞争中赢得主动的根基。党的二十大报告专门提出建设现代化产业体系的要求，明确了产业发展的重点战略和基本方向，并指出，坚持把发展经济的着力点放在实体经济上，推进新型工业化，加快建设制造强国、质量强国、航天强国、交通强国、网络强国、数字中国。在实体经济和现代化产业体系中，制造业具有重要地位，其价值链长、关联性强、带动力大，在很大程度上决定着现代农业、现代服务业的发展水平，对建设现代化经济体系具有引领和支撑作用。建设现代化经济体系，首先要推进实体经济特别是制造业高质量发展，依靠创新推动实体经济供给质量提升，促进实体经济、科技创新、现代金融、人力资源协同发展，建设现代化产业体系。

三是全面推进乡村振兴和促进区域协调发展。进入新发展阶段，高质量发展对城乡区域发展提出了新要求，要求建立充分发挥各区域比较优势、各区域在合理分工基础上良性互动、城乡融合的城乡区域发展体系。从城乡发展体系建设看，要全面推进乡村振兴，坚持农业农村优先发展，巩固拓展脱贫攻坚成果，加快建设农业强国；要加快推进以人为核心的新型城镇化，推进农业转移人口市民化，促进城乡融合发展。从区域发展体系建设看，总体思路是发挥各区域比较优势，进行合理分工定位，通过要素合理流动实现各区域良性互动，最终形成优势互补、高质量发展的区域经济布局。从一定意义上看，协同推进乡村振兴、区域协调发展和新型城镇化战略，形成彰显优势、协调联动的城乡区域发展体系，本质上是推动新型工业化、信息化、城镇化、农业现代化“四化”同步发展的重要体现，是实现中国式现代化的必然要求。

四是推进高水平对外开放。可以说，现代化进程中的国家发展本质上是一个国家主动顺应经济全球化潮流、坚持与世界各国合作共赢从而实现国家繁荣发展的过程。推进中国式现代化必然也要求建设互利共赢、多元平衡、安全高效的开放型经济体系。在构建开放型经济体系中不断增强我国国际经济合作和竞争新优势，增强国内国际两个市场两种资源的联动效应，依托强大的国内经济循环体系和稳固的基本盘，更好形成对全球要素资源的强大吸引力、在激烈国际竞争中的强大竞争力、在全球资源配置中的强大推动力。

党的十八大以来，改革开放和社会主义现代化建设深入推进，书写了经济快速发展和社会长期稳定两大奇迹新篇章。2022 年我国经济总量突破 120 万亿元，2023 年达到 126 万亿元，稳居世界第二位。从人均水平来看，2022 年我国人均 GDP 达到 12741 美元，连续

◆“世界小商品之都”浙江义乌的国际商贸城

两年保持在1.2万美元以上[①]。新征程上，我们要坚持以推动高质量发展为主题，把实施扩大内需战略同深化供给侧结构性改革有机结合起来，增强国内大循环内生动力和可靠性，提升国际循环质量和水平，加快建设现代化经济体系，着力提高全要素生产率，着力提升产业链供应链韧性和安全水平，着力推进城乡融合和区域协调发展，推动经济实现质的有效提升和量的合理增长。

（二）在政治建设上发展全过程人民民主，保障人民当家作主

中国式现代化要求坚持党的领导、人民当家作主、依法治国的有机统一，健全人民当家作主制度体系。党的二十大召开前，很多网民都发现，有关网站、客户端上都有一个醒目的专栏：“我为党的二十大建言献策”。聚焦加强党的建设，希望深化年轻人对党的创新理论的理解与认识；建言国家治理，为统筹推进碳达峰碳中和提出

① 熊丽：《我国经济总量再上新台阶》，《经济日报》2023年1月18日。

对策；围绕民生期盼，建议完善和落实“双减”政策……超过 854.2 万条各类意见建议留言，蕴含着广大人民群众创造的新鲜经验。党的十八大以来，党始终坚持在顶层设计中广泛听取群众意见建议，在社会治理中尊重人民群众首创精神，在推进高质量发展的大潮中让亿万人民创新创造的活力充分涌流，在推进全过程人民民主建设中体现人民意志、保障人民权益、激发人民创造活力。我们要健全人民当家作主制度体系，做好以下战略部署。

一是加强人民当家作主制度保障。中国的全过程人民民主是中国共产党领导人民实现的，是紧紧围绕人民的。全过程人民民主的实践活动要广泛体现人民意志、维护人民利益、保障人民福祉，真实保障人民权益、有效激发人民创造活力，依靠人民主体参与，保障人民民主权利，用制度体系保证人民当家作主。人民代表大会制度是实现我国全过程人民民主的重要制度载体。在实践中，通过一系列法律制度安排，将民主选举、民主协商、民主决策、民主管理、民主监督各个环节贯通起来，确保人民当家作主。

二是全面发展协商民主。协商民主是实践全过程人民民主的重要形式。协商民主是党领导人民有效治理国家、保证人民当家作主的重要制度设计，是中国特色社会主义民主政治中独特的、独有的、独到的民主形式。在新的时代条

◆ 贵州省麻江县坝芒乡水城村水头组正在召开“院坝协商”圆桌会

件下，协商民主已经深深嵌入中国特色社会主义民主政治全过程。党的二十大报告提出，全面发展协商民主，要完善协商民主体系，健全各种制度化协商平台，推进协商民主广泛多层制度化发展。这是我们开展协商民主的重点任务。

三是积极发展基层民主。基层民主是全过程人民民主的重要体现。从近年来各地的实践探索来看，直接民主和间接民主相统一，是当前基层民主的主要趋势和特点。习近平总书记强调，我们要坚持和完善基层群众自治制度，发展基层民主，保障人民依法直接行使民主权利，切实防止出现人民形式上有权、实际上无权的现象。党的二十大报告指出，完善基层直接民主制度体系和工作体系，增强城乡社区群众自我管理、自我服务、自我教育、自我监督的实效。

四是巩固和发展最广泛的爱国统一战线。人心是最大的政治，统一战线是凝聚人心、汇聚力量的强大法宝。“统一战线因团结而生，靠团结而兴”[①]，是中国共产党凝聚人心、汇聚力量的政治优势和战略方针，是夺取革命、建设、改革事业胜利的重要法宝，是增强党的阶级基础、扩大党的群众基础、巩固党的执政地位的重要法宝，是全面建成小康社会、加快推进社会主义现代化、实现中华民族伟大复兴中国梦的重要法宝。统战工作的本质要求是大团结大联合，解决的就是人心和力量问题。完善大统战工作格局，要发扬“团结—批评—团结”的优良传统，在多样性中寻求一致性，把各方面智慧和力量凝聚起来，形成海内外中华儿女心往一处想、劲往一处使的强大合力，不断巩固和发展大团结大联合局面。

①《习近平著作选读》第2卷，人民出版社2023年版，第609页。

党的十八大以来，我国社会主义民主政治制度化、规范化、程序化全面推进，中国特色社会主义政治制度优越性得到更好发挥，生动活泼、安定团结的政治局面得到巩固和发展。新征程上，我们要健全人民当家作主制度体系，扩大人民有序政治参与，保证人民依法实行民主选举、民主协商、民主决策、民主管理、民主监督，发挥人民群众的积极性、主动性、创造性，巩固和发展生动活泼、安定团结的政治局面。

（三）在文化建设上推进文化自信自强，铸就社会主义文化新辉煌

中国式现代化要求坚定文化自信，建设社会主义文化强国。文化兴国运兴，文化强民族强。四川泸定地震后，救援队伍紧握绳索攀爬过江、抬着老乡踏过树枝“桥梁”，呈现新时代的“飞夺泸定桥”；重庆山火时，上千名志愿者的头灯连成一条拦截火海的防线，筑起“新的长城”。这一幕幕舍生取义、守望相助的场景感人至深，拓宽了中华文明的精神航道，照亮了中华民族的心灵家园，导引出一幅矢志富强、矢志复兴的壮丽精神画卷。我们要坚持马克思主义在意识形态领域指导地位的根本制度，做好以下战略部署。

一是建设具有强大凝聚力和引领力的社会主义意识形态。党的十八大以来，以习近平同志为核心的党中央牢牢把握意识形态工作领导权，全面落实意识形态工作责任制，打好意识形态斗争主动仗。高度重视意识形态工作，从维护国家安全高度推进意识形态领域的制度安排、战略部署，巩固马克思主义在意识形态领域的指导地位，发挥意识形态工作在培育时代新人、提升文明素养、引领社会舆论中的主导作用，巩固壮大奋进新时代的主流思想舆论。全面领导意识形态工作，将党的意识形态建设覆盖宣传思想工作、新闻舆论工

作、文艺工作、哲学社会科学工作、全媒体传播体系等各个方面，将意识形态工作的实践要求贯穿学校教育各阶段、各环节。

二是广泛践行社会主义核心价值观。党的十八大以来，以习近平同志为核心的党中央将培育和践行社会主义核心价值观作为重大战略任务，以社会主义核心价值观引领文化建设。弘扬以伟大建党精神为源头的中国共产党人精神谱系，深入开展社会主义核心价值观教育，深化爱国主义、集体主义、社会主义教育。社会主义核心价值观教育与文化育人深度结合，面向社会主义核心价值观宣传培育的新型文化产业蓬勃发展，弘扬社会主义核心价值观的文化载体日益丰富。社会主义核心价值观有机融入广大人民群众文化生活，优秀文化作品展演播映、经典读物学习宣传等专题性活动有序推进。

三是提高全社会文明程度。党的十八大以来，以习近平同志为核心的党中央坚持把马克思主义基本原理同中国具体实际相结合、同中华优秀传统文化相结合，实施中华优秀传统文化传承发展工程，推动中华优秀传统文化创造性转化、创新性发展，增强全社会文物保护意识，加大文化遗产保护力度。加快国际传播能力建设，向世界讲好中国故事、中国共产党故事，传播好中国声音，促进人类文明交流互鉴，国家文化软实力、中华文化影响力明显提升。

四是繁荣发展文化事业和文化产业。“源于人民、为了人民、属于人民，是社会主义文艺的根本立场，也是社会主义文艺繁荣发展的动力所在。”[①] 在文化事业方面，坚持以人民为中心的创作导向，

① 习近平：《在中国文联十一大、中国作协十大开幕式上的讲话》，人民出版社2021年版，第7页。

◆ 以诗为心，以乐为媒，古今交融中展现文化自信

全面繁荣新闻出版、广播影视、文学艺术、哲学社会科学事业等，着力提升公共文化服务水平，把人民满不满意作为检验文化事业发展的最高标准；同时，着实推进城乡公共文化服务体系一体建设，优化城乡文化资源配置，实现农村、城市社区公共文化服务资源整合和互联互通。在文化产业方面，深化文化体制机制改革，健全现代文化产业体系和市场体系，推动各类文化市场主体发展壮大，同时完善文化企业履行社会责任制度，以高质量文化供给增强广大人民群众的文化获得感、幸福感。

党的十八大以来，我国意识形态领域形势发生全局性、根本性转变，全党全国各族人民文化自信明显增强、精神面貌更加奋发昂扬，全社会凝聚力和向心力极大提升，为新时代开创党和国家事业新局面提供了坚强思想保证和强大精神力量。新征程上，我们要坚持马克思主义在意识形态领域指导地位的根本制度，坚持为人民服务、为社会主义服务，坚持百花齐放、百家争鸣，坚持创造性转化、创新性发展，以社会主义核心价值观为引领，发展社会主义先进文化，弘扬革命文化，传承中华优秀传统文化，满足人民日益增长的精神文化需求，巩固全党全国各族人民团结奋斗的共同思想基础，不断提升国家文化软实力和中华文化影响力。

（四）在社会建设上增进民生福祉，提高人民生活品质

中国式现代化要求在社会建设上以促进社会公平正义、增进人民福祉为出发点和落脚点。山东省德州市陵城区于集乡大于集村是国家级农村社会经济调查观察点，全村有 40 个记账户。十年来的“收支账”，写下收获满满：收入水平持续提升，村民于光平的账上记着“2022 年 6 月，收到合作社分红 1000 元”；生活水平更上一层楼，村民张德香记着“2017 年，花 3.5 万元买了辆二手轿车”；民生短板不断补齐，村民于振瑞记着“2022 年 2 月到乡卫生院看病，新农合报销 534 元”……一个个数字，照见了“人民对美好生活的向往，就是我们的奋斗目标”[①]，凸显了“让老百姓过上好日子是我们一切工作的出发点和落脚点”[②]。我们要实现好、维护好、发展好最广大人民根本利益，做好以下战略部署。

一是完善分配制度。分配制度是促进共同富裕的基础性制度。目前我国收入分配中还存在一些突出的问题，主要是收入差距拉大、劳动报酬在初次分配中的比重较低、居民收入在国民收入分配中的比重偏低。要坚持按劳分配为主体、多种分配方式并存，构建初次

①《习近平谈治国理政》第 1 卷，外文出版社 2018 年版，第 4 页。

②《习近平生态文明思想学习纲要》，学习出版社、人民出版社 2022 年版，第 35 页。

分配、再分配、第三次分配协调配套的制度体系。要完善按要素分配政策制度，探索多种渠道增加中低收入群众要素收入，多渠道增加城乡居民财产性收入。要加大税收、社会保障、转移支付等的调节力度。完善个人所得税制度，规范收入分配秩序，规范财富积累机制，保护合法收入，调节过高收入，取缔非法收入。2020—2022年，全国居民人均可支配收入年均实际增长 4.4%，2023 年上半年同比增长 5.8%，与经济增长基本同步①。

二是实施就业优先战略。就业是最基本的民生。要健全就业公共服务体系，完善重点群体就业支持体系，加强困难群体就业兜底帮扶。要消除影响平等就业的不合理限制和就业歧视，使人人都有通过勤奋劳动实现自身发展的机会。要完善促进创业带动就业的保障制度，支持和规范发展新就业形态。要吸取一些西方国家经济“脱实向虚”的教训，不断壮大实体经济，提高经济增长的就业带动力，不断促进就业量的扩大和质的提升。要加强职业教育和技能培训，提高劳动者素质，更好适应高质量发展需要，切实防范规模性失业风险。

三是健全社会保障体系。社会保障体系是人民生活的安全网和社会运行的稳定器。我国建成世界上规模最大的社会保障体系，全国基本养老、失业、工伤保险参保人数分别为 10.6 亿人、2.4 亿人、3 亿人②。要把增进民生福祉、促进社会公平作为发展社会保障事业的根本出发点和落脚点，使改革发展成果更多更公平惠及全体人民。要坚持制度引领，围绕覆盖全民、统筹城乡、公平统一、安全规范、可

---

①盛来运：《中国经济高质量发展大势没有变》，《经济日报》2023 年 9 月 22 日。

②邱明：《全国基本养老保险参保人数达 10.6 亿人》，《光明日报》2023 年 10 月 31 日。

持续等目标加强多层次社会保障体系建设。要强化问题导向，紧盯老百姓在社会保障方面反映强烈的烦心事、操心事、揪心事，紧盯制约社会保障体系建设的硬骨头，不断推进改革。要完善基本养老保险全国统筹制度，实施渐进式延迟法定退休年龄，促进多层次医疗保障有序衔接，保障妇女儿童合法权益，促进残疾人事业全面发展，以及加快建立多主体供给、多渠道保障、租购并举的住房制度。

四是推进健康中国建设。人民健康是民族昌盛和国家强盛的重要标志。要把人民健康放在优先发展的战略地位，立足国情，将促进健康的理念融入公共政策制定实施的全过程，加快形成有利于健康的生活方式、生态环境和经济社会发展模式，实现健康与经济社会良性协调发展。要以普及健康生活、优化健康服务、完善健康保障、建设健康环境、发展健康产业为重点，努力全方位、全周期保障人民健康。要优化人口发展战略，实施积极应对人口老龄化国家战略，深化医药卫生体制改革，健全公共卫生体系，加强重大疫情防控救治体系和应急能力建设。2022 年，我国人均预期寿命达到了 77.9 岁，位居中高收入国家前列。

党的十八大以来，我国社会建设全面加强，人民生活全方位改善，社会治理社会化、法治化、智能化、专业化水平大幅提升，形成了人民安居乐业、社会安定有序的良好局面，续写了社会长期稳定奇迹。新征程上，我们要实现好、维护好、发展

◆ 重庆市沙坪坝区康居西城公租房小区

好最广大人民根本利益，紧紧抓住人民最关心最直接最现实的利益问题，坚持尽力而为、量力而行，深入群众、深入基层，采取更多惠民生、暖民心举措，着力解决好人民群众急难愁盼问题，健全基本公共服务体系，提高公共服务水平，增强均衡性和可及性，扎实推进共同富裕。

（五）在生态文明建设上推动绿色发展，促进人与自然和谐共生

中国式现代化是人与自然和谐共生的现代化，要求加强生态文明制度建设，建设美丽中国。2022 年 2 月 4 日，北京冬奥会开幕。与历届冬奥会不同，北京冬奥会 3 大赛区 26 个场馆全部使用绿色电力，意味着奥运会史上首次实现全部场馆 100% 绿色电能供应。从场馆照明、冰面运维、雪道造雪，到电视转播、计时计分，再到安保安检、后勤保障等，北京冬奥会全面使用绿电，用实际行动践行了“保护生态环境就是保护生产力，改善生态环境就是发展生产力，决不以牺牲环境为代价换取一时的经济增长”。我们要推进美丽中国建设，做好以下战略部署。

一是加快发展方式绿色转型。推动经济社会发展绿色化、低碳化是实现高质量发展的关键环节。这一时期，绿色发展方式加快形成。实行资源总量和强度双控制度，推动能源生产和消费革命，能源结构调整不断加快，中国已经成为世界利用新能源和可再生能源第一大国。这一时期，绿色生活方式日益成为人们的普遍共识和共同追求。党中央倡导简约适度、绿色低碳的生活方式，反对奢侈浪费和不合理消费，引导形成文明健康的生活风尚。这十年，我们全国单位 GDP 二氧化碳排放下降了 34.4%，煤炭在一次能源消费中的占比也从 68.5% 下降到了 56%。可再生能源开发利用规模、新能源汽车产销量都稳居世界第一。

二是深入推进环境污染防治。当前，我国生态环境质量稳中向好的基础还不稳固，从量变到质变的拐点还没有到来。比如，耕地数量逼近 18 亿亩红线，水土流失、土地沙化、草原退化情况严重；一些地区由于盲目开发、过度开发、无序开发，已经接近或超过资源环境承载能力的极限；全国一些地区持续遭遇雾霾袭击，大气污染、水污染、土壤污染等各类环境污染呈高发态势。在战略层面上，必须保持污染防治攻坚战的战略定力，坚持方向不变、力度不减。从战术层面上，要坚持精准、依法、科学治污。在行动层面上，我们已经围绕污染防治攻坚战谋划了八大标志性战役。2021 年全国地级以上城市细颗粒物（$PM_{2.5}$）平均浓度比 2015 年下降了 34.8%，全国地表水 Ⅰ—Ⅲ 类断面比例达到了 84.9%。土壤污染风险得到有效管控，我们实施了禁止洋垃圾入境，实现了固体废物“零进口”的目标。

三是提升生态系统多样性、稳定性、持续性。坚持山水林田湖草沙是一个生命共同体，全面加大生态系统保护力度。通过采取全面停止天然林商业性采伐、实施沙化土地封禁保护区试点、加大退耕还林还草退牧还草工程力度、全面停止新增围填海、推进大规模国土绿化等一系列重要举措，森林、草原、湿地等重要生态功能区得到休养生息。自然保护地面积占全国陆域国土面积达到 18%，300 多种珍稀濒危野生动植物野外种群得到了很好的恢复。

四是积极稳妥推进碳达峰碳中和。坚定践行多边主义，努力推动构建公平合理、合作共赢的全球环境治理体系。推动应对气候变化《巴黎协定》达成、签署、生效和实施，宣布碳达峰碳中和目标愿景，充分展现负责任大国担当。成功举办《生物多样性公约》第十五次缔约方大会（COP15）第一阶段会议，会议发布《昆明宣言》，提出设立昆明生物多样性基金，开启全球生物多样性治理新篇章。

倡导建立“一带一路”绿色发展国际联盟和“一带一路”生态环保大数据服务平台，开展南南合作，帮助发展中国家提高环境治理水平。

党的十八大以来，党中央以前所未有的力度抓生态文明建设，全党全国推动绿色发展的自觉性和主动性显著增强，美丽中国建设迈出重大步伐，我国生态环境保护发生历史性、转折性、全局性变化。新征程上，我们要推进美丽中国建设，坚持山水林田湖草沙一体化保护和系统治理，统筹产业结构调整、污染治理、生态保护、应对气候变化，协同推进降碳、减污、扩绿、增长，推进生态优先、节约集约、绿色低碳发展。

二、协调推进“四个全面”战略布局

“四个全面”战略布局是党的十八大以后逐渐形成的。中国特色社会主义进入新时代，正需要新的战略布局。“四个全面”战略布局是全面建设社会主义现代化国家、全面深化改革、全面依法治国、全面从严治党。其中，无论是之前的全面建成小康社会还是党的十九届五中全会之后的全面建设社会主义现代化国家，在“四个全面”中居于引领地位，是战略目标；全面深化改革、全面依法治国、全面从严治党是缺一不可的三大战略举措，分别提供动力源泉、法治保障和政治保证[①]。

（一）在全面建设社会主义现代化国家上开启了向第二个百年奋斗目标进军新征程

中国式现代化需要坚持中国特色社会主义道路。全面建设社会

① 张天培：《党在新时代治国理政的新方略》，《人民日报》2021 年 4 月 29 日。

主义现代化国家是坚持和发展中国特色社会主义的总任务。1949 年 3 月 23 日，党中央离开西柏坡前往北平。临行前，毛泽东握别依依不舍的父老乡亲，面带微笑，大手一挥：“进京赶考去！”2021 年 7 月 1 日，习近平总书记在天安门城楼上，向全世界庄严宣示：“现在，中国共产党团结带领中国人民又踏上了实现第二个百年奋斗目标新的赶考之路。”从执政全国的赶考，到建成强国的赶考，再到民族复兴的赶考，“答卷”的中国共产党人，一棒接一棒，永远在路上。从现在起，中国共产党的中心任务就是团结带领全国各族人民全面建成社会主义现代化强国、实现第二个百年奋斗目标，以中国式现代化全面推进中华民族伟大复兴。

一是全面建成小康社会取得伟大历史性成就。自改革开放之初提出小康社会的战略构想以来，中国共产党始终把人民对美好生活的向往作为奋斗目标，几代人一以贯之、接续奋斗。党的十八大以来，党中央提出要突出抓重点、补短板、强弱项，坚决打好防范化解重大风险、精准脱贫、污染防治三大攻坚战。经过努力，脱贫攻坚战如期打赢，意味着全面建成小康社会的底线任务已经完成、标志性指标已经达到。我国经济实力、科技实力、综合国力和人民生活水平跃上了新的大台阶，全面建成小康社会取得伟大历史性成就。

二是奋力夺取全面建设社会主义现代化国家新胜利。建设社会主义现代化国家，一直是党和国家的奋斗目标。从党的十九大到党的二十大，是“两个一百年”奋斗目标的历史交汇期。党中央高瞻远瞩，指明向第二个百年奋斗目标进军的“时间表”“路线图”。党的十九大对实现第二个百年奋斗目标作出分两个阶段推进的战略安排，提出到 2035 年基本实现社会主义现代化，到本世纪中叶把我国建成富强民主文明和谐美丽的社会主义现代化强国。党的二十大报告站在民族复兴和百年变局的制高点，明确全面建成社会主义现代化强国总的战略安排：从2020年到2035年基本实现社会主义现代化；从2035年到本世纪中叶把我国建成富强民主文明和谐美丽的社会主义现代化强国。未来五年是全面建设社会主义现代化国家开局起步的关键时期。

（二）在全面深化改革上着力破解深层次体制机制障碍

中国式现代化需要坚持深化改革开放。全面深化改革总目标是完善和发展中国特色社会主义制度、推进国家治理体系和治理能力现代化。从“厕所革命”到垃圾分类，从加强食品安全监管到减轻学生课业负担，从公立医院高质量发展到重要民生商品价格调控……翻开中央全面深化改革委员会（领导小组）的“会议台账”，攸关民生福祉的大事小情摆上议事日程，一切围绕百姓关切，涉及衣、食、住、行、教育、医疗、养老等各个环节，干一件是一件，干一件成一件。正是因为笃定“改革只有进行时、没有完成时，停顿和倒退没有出路”①，新时代的中国共产党人“敢于啃硬骨头，敢于涉险滩”②，把我国制度优势更好转化为国家治理效能。

一是深入推进改革创新。党的十八大以来，党中央已召开60多次中央深改领导小组和中央深改委会议，部署了一系列重大改革事项，点面结合、统筹兼顾，促动制度建设形成整体合力。截至2020年年底，各方面共推出2485个改革方案。党的十八届三中全会提出的改革目标任务总体如期完成。经济体制改革不断完善，各类经营

① 曲青山：《从五个维度认识把握“两个确立”》，人民出版社2022年版，第127页。
②《习近平著作选读》第1卷，人民出版社2023年版，第7页。

主体茁壮成长，高新技术企业从 2012 年的 3.9 万家增长至 2022 年的 40 万家，贡献了全国企业 68% 的研发投入，762 家企业进入全球企业研发投入 2500 强。[①] 政治体制改革稳步推进，社会主义民主政治制度化、规范化、程序化正在全面推进，中国特色社会主义政治制度优越性得到了更好发挥；文化体制改革创新发展，全党全国各族人民文化自信明显增强，全社会凝聚力和向心力极大提升；社会体制改革全面推进，全国 832 个贫困县全部摘帽，12.8 万个贫困村全部出列，近 1 亿农村贫困人口实现脱贫；生态文明体制改革加快推进，绿水青山就是金山银山的理念深入人心；党的建设制度改革扎实推进，管党治党朝着实现制度化、规范化方向发展。

二是坚定不移扩大开放。习近平总书记深刻认识到，“开放带来进步，封闭必然落后”[②]，“我国发展要赢得优势、赢得主动、赢得未来”[③]，必须实行更加积极主动的开放战略。我国坚持共商共建共享，推动共建“一带一路”高质量发展。2013 年 11 月，“推进丝绸之路经济带、海上丝绸之路建设，形成全方位开放新格局”作为一项重大决策部署，写入《中共中央关于全面深化改革若干重大问题的决定》。我国坚持对内对外开放相互促进、“引进来”和“走出去”更好结合，推动贸易和投资自由化、便利化，构建面向全球的高标准自由贸易区网络，建设自由贸易试验区和海南自由贸易港，推动规则、规制、管理、标准等制度型开放。我国成为 140 多个国家和地区的主要贸易伙伴，货物贸易总额居世界第一，吸引外资和对外投资居世界前列，形成更大范围、更宽领域、更深层次对外开放格局。

---

① 李玉举、连欣：《新时代做好经济工作的行动指南》，《经济日报》2023 年 9 月 13 日。

②《习近平著作选读》第 2 卷，人民出版社 2023 年版，第 213 页。

③ 曲青山：《从五个维度认识把握“两个确立”》，人民出版社 2022 年版，第 128 页。

（三）在全面依法治国上推进法治中国建设

中国式现代化需要坚持走中国特色社会主义法治道路。全面推进依法治国总目标是建设中国特色社会主义法治体系、建设社会主义法治国家。2018 年 3 月 17 日，全票当选国家主席的习近平左手抚按宪法，右手举拳，宣读誓词：“我宣誓：忠于中华人民共和国宪法，维护宪法权威……”这是人民共和国历史上首次国家领导人宪法宣誓。2021 年 12 月 3 日，山西农业大学太谷校区的大学生们在老师的带领下诵读《中华人民共和国宪法》条文，共同参与国家宪法日“宪法晨读”活动。开展宪法宣誓、组织宪法晨读、推出宪法主题专列、开设群众法治讲堂……党的十八大以来，以习近平同志为核心的党中央推动宪法完善和发展，坚定维护宪法尊严和权威，把宪法实施提高到一个新的水平，夯实奋进新时代的宪法根基，为中华民族伟大复兴提供根本法治保障。

一是加快建设法治国家。完善以宪法为核心的中国特色社会主义法律体系。党的十八大到 2022 年 4 月，全国人大通过了宪法修正

◆ 基层法官背着国徽去开庭

◆ 浙江移动微法院

案，全国人大及其常委会新制定法律68件，修改法律234件，通过有关法律问题和重大问题的决定99件，作出立法解释9件，现行有效法律292件。跟上一个10年相比，新制定的法律数量增加了1/3，修改的法律数量增加了近2倍，通过有关法律问题和重大问题的决定增加了1.5倍[①]。

二是加快建设法治政府。扎实推进依法行政。坚持“法定职责必须为、法无授权不可为”，转变政府职能，优化政府职责体系和组织结构，推进机构、职能、权限、程序、责任法定化，提高行政效率和公信力。严格公正司法。深刻理解“法律的生命力在于实施，法律的权威也在于实施”的精神实质，深化以司法责任制为重点的司法体制改革，推进以审判为中心的诉讼制度改革，“努力让人民群众在每一个司法案件中感受到公平正义”[②]。

三是加快建设法治社会。法治社会是构筑法治国家的基础。坚持依法治国和以德治国相结合，弘扬社会主义法治精神，传承中华优秀传统法律文化，引导全体人民做社会主义法治的忠实崇尚者、自觉遵守者、坚定捍卫者。深入开展法治宣传教育，增强全民法治观念，培育全社会办事依法、遇事找法、解决问题用法、化解矛盾靠法的法治环境。推进多层次多领域依法治理，提升社会治理法治化水平，坚决改变违法成本低、守法成本高的不公正不合理现象。发挥领导干部示范带头作用，紧紧抓住领导干部这个“关键少数”，产生“头雁效应”。

（四）在全面从严治党上深入推进新时代党的建设新的伟大工程

中国式现代化需要坚持和加强党的全面领导。全面从严治党要

---

①朱宁宁：《中国特色社会主义法律体系完善取得显著进展》，《法治日报》2022年4月26日。

②《习近平著作选读》第1卷，人民出版社2023年版，第34页。

求全面推进党的政治建设、思想建设、组织建设、作风建设、纪律建设。延安杨家岭，毛泽东同志旧居墙上，悬挂着一张已经发黄的照片，那是1945年夏，毛泽东到机场迎接前来考察的黄炎培一行。2022年10月27日，正在这里瞻仰革命圣地的习近平总书记走进窑洞，细致端详照片，思考着“窑洞对”提出的历史之问。延安时期，面对黄炎培提出的如何跳出“其兴也勃焉，其亡也忽焉”的历史周期率的问题，毛泽东给出了第一个答案，就是“让人民来监督政府”。党的十八大以来，以习近平同志为核心的党中央在全面从严治党实践中给出了第二个答案，这就是自我革命。

一是坚持和加强党中央集中统一领导。党的领导是全面的、系统的、整体的，必须全面、系统、整体加以落实。坚持和加强党中央的集中统一领导，就要深刻理解“两个确立”，进一步做到“两个维护”，使其成为全党的政治自觉、思想自觉、行动自觉。党的十八大以来，以习近平同志为核心的党中央，以“十年磨一剑”的定力推进全面从严治党，以“得罪千百人，不负十四亿”的使命担当推进史无前例的反腐败斗争，管党治党宽松软状况得到根本扭转，全面从严治党取得了历史性、开创性成就。

二是思想建党和制度治党同向发力。坚持不懈用习近平新时代中国特色社会主义思想凝心铸魂。自2013年以来，党中央先后开展党的群众路线教育实践活动、“三严三实”专题教育、“两学一做”学习教育、“不忘初心、牢记使命”主题教育、党史学习教育，以及学习贯彻习近平新时代中国特色社会主义思想主题教育，用党的创新理论武装全党。完善党的自我革命制度规范体系。党中央坚持制度治党、依规治党，以党章为根本，以民主集中制为核心，完善党内法规制度体系，先后印发《中国共产党党组工作条例》《中国共产党地方委员会工作条例》等党内法规，重新修订《中国共产党廉洁自律准则》《中国共产党纪律处分条例》，前者重在立德，后者重在立规。

三是统筹推进党的各项建设。作风建设关乎事业成败、人心向背。制定实施中央八项规定，是我们党在新时代的徙木立信之举，必须常抓不懈、久久为功，直至真正化风成俗，以优良党风引领社风民风。要继续纠治享乐主义、奢靡之风，把纠治形式主义、官僚主义摆在更加突出位置。纪律是管党治党的“戒尺”。党规制定、党纪教育、执纪监督全过程都要贯彻严的要求，既让铁纪“长牙”、发威，又让干部重视、警醒、知止，使全党形成遵规守纪的高度自觉，使每一个共产党员特别是领导干部进一步养成在受监督和约束的环境中工作生活的习惯。反腐败是最彻底的自我革命。当前，反腐败斗争形势依然严峻复杂，遏制增量、清除存量的任务依然艰巨。必须深化标本兼治、系统治理，一体推进不敢腐、不能腐、不想腐。从党的十八大到党的二十大，全国纪检监察机关共立案审查调查464.8万余件、处分457.3万人，其中，立案审查调查中管干部553人，处分厅局级干部2.5万多人、县处级干部18.2万多人[①]。

总而言之，“两大布局”彰显中国式现代化道路的系统性。“五位一体”总体布局贯穿于全面建设社会主义现代化国家的各项指标之中，“四个全面”战略布局是“五位一体”总体布局的阶段性战略举措。一方面，“五位一体”总体布局是“四个全面”战略布局的现实基础。全面建设社会主义现代化国家是经济建设、政治建设、文化建设、社会建设、生态文明建设五个方面协调统一、齐头并进的

① 肖培：《坚持不敢腐、不能腐、不想腐一体推进》，《人民日报》2023年1月16日。

结果。进入新发展阶段，为解决经济减速、贫富差距扩大、官员腐败、社会失序等现实问题，我们党提出了全面深化改革、全面依法治国、全面从严治党，确保开启全面建设社会主义现代化国家新征程。另一方面，“四个全面”战略布局是推进“五位一体”总体布局的战略重点。“五位一体”是中国共产党治国理政必须关注的五个领域，客观存在于中国特色社会主义现代化过程之中。“四个全面”战略布局则是中国共产党治国理政必须紧抓的战略重点，从实践看是当前和今后一个时期各项工作的关键环节、重点领域、主攻方向。

第三节　中华民族伟大复兴的战略支撑更加牢固

新时代十年，以习近平同志为核心的党中央以伟大的历史主动精神、巨大的政治勇气、强烈的责任担当，统筹国内国际两个大局，采取一系列战略性举措，推进一系列变革性实践，实现一系列突破性进展，取得一系列标志性成果。党的二十大报告明确把贯彻总体国家安全观、国防和军队建设、推进“一国两制”实践和中国特色大国外交等四个方面的内容纳入新时代十年的伟大变革之中，这些变革性实践和突破性进展为中国特色社会主义道路行稳致远提供了强大战略支撑。

一、国家安全得到全面加强

走进4月的北京丰台花园，沐浴着温暖春光，享受着盎然春意，“总体国家安全观主题公园”的立体字十分醒目。这是北京市首家总体国家安全观主题公园，也是全民国家安全教育基地。此刻，丰台花园“4·15”全民国家安全教育日宣传活动正在如火如荼地开展，市民们在游园的同时增强了对总体国家安全观的理解，国家安全人人有责的观念渐入人心。新时代的十年，面对百年变局与世纪疫情交织，我国经济社会发展面临各种威胁与挑战，国家安全形势日益严峻，“黑天鹅”“灰犀牛”事件时常发生。2019 年 1 月，习近平总书记在省部级主要领导干部坚持底线思维着力防范化解重大风险专题研讨班开班式上强调：“深刻认识和准确把握外部环境的深刻变化和我国改革发展稳定面临的新情况新问题新挑战，坚持底线思维，增强忧患意识，提高防控能力，着力防范化解重大风险，保持经济持续健康发展和社会大局稳定。”2019 年 9 月，习近平总书记在中央党校（国家行政学院）中青年干部培训班开班式上进一步强调，“当前和今后一个时期，我国发展进入各种风险挑战不断积累甚至集中显露的时期。”新时代的十年，我们贯彻总体国家安全观，国家安全领导体制和法治体系、战略体系、政策体系不断完善，在原则问题上寸步不让，以坚定的意志品质维护国家主权、安全、发展利益，国家安全得到全面加强。共建共治共享的社会治理制度进一步健全，民族分裂势力、宗教极端势力、暴力恐怖势力得到有效遏制，扫黑除恶专项斗争取得阶段性成果，有力应对一系列重大自然灾害，平安中国建设迈向更高水平。

（一）坚持总体国家安全观，构建新安全格局

习近平总书记坚持把马克思主义国家安全理论和当代中国安全实践、中华优秀传统战略文化结合起来，创造性地提出了总体国家安全观。总体国家安全观是习近平新时代中国特色社会主义思想的重要组成部分，系统回答了中国特色社会主义进入新时代，如何既解决好大国发展进程中面临的共性安全问题，又处理好中华民族伟

大复兴关键阶段面临的特殊安全问题这个重大时代课题，是系统完整、逻辑严密、相互贯通的科学理论体系，闪耀着马克思主义真理光芒，是做好新时代国家安全工作的根本遵循。

（二）统筹发展和安全，推动高质量发展

习近平总书记指出："坚持统筹发展和安全，坚持发展和安全并重，实现高质量发展和高水平安全的良性互动，既通过发展提升国家安全实力，又深入推进国家安全思路、体制、手段创新，营造有利于经济社会发展的安全环境，在发展中更多考虑安全因素，努力实现发展和安全的动态平衡，全面提高国家安全工作能力和水平。"[①] 发展和安全是一体之两翼、驱动之双轮。安全是发展的前提，发展是安全的保障，二者相辅相成、不可偏废。统筹发展和安全，增强忧患意识，做到居安思危，是我们党治国理政的一个重大原则。党的十八大以来，以习近平同志为核心的党中央统筹中华民族伟大复兴战略全局和世界百年未有之大变局，坚持统筹发展和安全，坚持发展和安全并重，带领全党全国各族人民攻坚克难、团结奋斗，努力实现高质量发展和高水平安全的良性互动。在新征程上，我们要贯彻总体国家安全观，健全国家安全体系，增强维护国家安全能力，提高公共安全治理水平，完善社会治理体系，以新安全格局保障新发展格局。要坚定不移把发展作为党执政兴国的第一要务，坚定不移推动高质量发展，牢牢把握加快构建新发展格局这个战略基点，不断壮大我国经济实力、科技实力、综合国力。要更好统筹发展和安全，既办好保证国家安全这个"头等大事"，又抓好发展这个"第一要务"，不断筑牢国家安全屏障，有效化解风险挑战，推动中

①《习近平谈治国理政》第 4 卷，外文出版社 2022 年版，第 390 页。

国式现代化事业乘风破浪、行稳致远。

（三）巩固国家安全人民防线，维护国家安全

2014 年 4 月 15 日，习近平总书记主持召开中央国家安全委员会第一次会议并指出："既重视国土安全，又重视国民安全，坚持以民为本、以人为本，坚持国家安全一切为了人民、一切依靠人民，真正夯实国家安全的群众基础。"2016 年 4 月 15 日，在首个全民国家安全教育日到来之际，习近平总书记进一步强调："要坚持国家安全一切为了人民、一切依靠人民，动员全党全社会共同努力，汇聚起维护国家安全的强大力量，夯实国家安全的社会基础，防范化解各类安全风险，不断提高人民群众的安全感、幸福感。"这些重要论述，阐明了维护国家安全的最终目的与根本力量。十年来，我们积极开展形式丰富的国家安全宣传教育活动，让青少年更加深刻地认识到国家安全。设立全民国家安全教育日，全面实施国家安全法，深入开展全民国防教育，切实增强全民国家安全意识，凝聚起全国各族人民维护国家安全的共识与合力。国家安全机关依法严格履行职能职责，大力开展维护政治安全、反间谍等执法活动，侦办了一批危害国家政治安全的大案要案。此外，针对涉及改革发展稳定、内政外交国防、治党治国治军等方面的风险挑战，中国共产党人发扬敢于斗争的精神，增强

◆ 各地开展形式多样的国家安全教育活动

善于斗争的本领，明确斗争的方向、立场、原则，抓住斗争的重点、难点、策略，从而驾驭了各种复杂局面、解决了各种重大风险挑战，为新时代坚持和发展中国特色社会主义提供了安全保证。

二、中国特色强军之路越走越宽广

如果有人问，新时代十年国防和军队建设取得的历史性成绩有哪些？答案是去观看国庆 70 周年阅兵。2019 年 10 月 1 日 10 时 15 分，阅兵仪式开始，标兵就位，军乐团吹响阅兵式号角。习近平主席乘坐红旗检阅车，经过金水桥，驶上长安街。阅兵总指挥、中部战区司令员乙晓光报告受阅部队列队完毕，习近平主席下达检阅开始的命令。10 时 43 分，北京天安门城楼前，空中护旗梯队拉开了国庆 70 周年阅兵分列式的序幕，3 架直升机分别悬挂中国共产党党旗、中华人民共和国国旗、中国人民解放军军旗，同其他直升机组成编队飞过天安门上空。随后，20 架直升机组成巨大的“70”字样，象征中华人民共和国走过 70 年光辉历程。天安门前，仪仗方队高擎党旗、国旗、军旗，沿着东长安街阔步走来。气势如虹的领导指挥方队、陆军方队、海军方队、空军方队、火箭军方队紧随其后，展示钢铁长城的时代风貌；战略支援部队方队、联勤保障部队方队、院校科研方队、文职人员方队首次亮相国庆阅兵，显示改革强军的崭新气象；武警部队方队步伐铿锵，展示忠诚卫士的使命担当；女兵方队英姿飒爽，展示巾帼不让须眉的豪迈情怀；预备役部队方队、民兵方队亮相阅兵场，体现我国后备力量建设的时代风采；维和部队方队威武雄壮，体现中国军队作为和平之盾的贡献与力量……15 个徒步方队，迈着雄健的步伐依次通过天安门广场，接受祖国和人民检阅。

党的十八大以来，以习近平同志为核心的党中央，把握强国强军时代要求，与时俱进创新党的军事指导理论，形成了习近平强军思想，实现了马克思主义军事理论中国化时代化新的飞跃。在习近平强军思想的科学指引下，国防和军队建设发生历史性变革、取得历史性成就，人民军队实现整体性革命性重塑，为国家改革发展稳定提供了可靠而安全的保障。

（一）深入推进政治建军

2014年10月30日，习近平总书记亲自决策和领导的全军政治工作会议在古田召开。会议对强军兴军作出新的政治擘画，开启了政治建军的时代篇章。习近平总书记在会上强调："坚持党对军队绝对领导是强军之魂，铸牢军魂是我军政治工作的核心任务，任何时候都不能动摇。"党的十八大以来，党中央和中央军委持续加强军队党的领导和党的建设工作，党的十九大通过的党章，增写中央军事委员会实行主席负责制的内容，把这一党对军队绝对领导的根本制度和根本实现形式在党章中确立下来。2018年8月召开的中央军委党的建设会议，部署了新时代军队党的领导和党的建设工作。全军深入推进军队党风廉政建设和反腐败斗争，严肃查处郭伯雄、徐才厚、房峰辉、张阳等严重违纪违法案件并彻底肃清其流毒影响，人民军队政治生态发生根本性好转。

（二）全面推进改革强军

国防和军队改革是全面深化改革的重要内容。党的十八大以来，习近平总书记亲自领导和部署国防和军队现代化建设。在这轮新中国成立以来最为广泛、最为深刻的国防和军队改革中，人民军队领导指挥体制、现代军事力量体系、军事政策制度得以重构，裁减现役员额30万胜利完成，形成了军委管总、战区主战、军种主建新格局。国防和军队改革“三大战役”取得显著成绩，长期积累的体制性障碍、结构性矛盾、政策性问题得到根本性解决，为新时代国防和军队建设注入了强劲动力，我们打赢未来战争的信心更盛、能力更强。

（三）不断推进科技强军

面对新一轮科技革命汹涌来袭，习近平总书记作出科技是核心战斗力的重大论断，发出建设创新型人民军队的时代号令，明确要求把创新摆在我军建设发展全局的核心位置。党的十八大以来，科技创新驱动的国防和军队现代化建设硕果累累。我国第一艘航空母舰辽宁舰、第一艘国产航空母舰山东舰、完全自主设计建造的首艘弹射型航空母舰福建舰先后下水，15 式新型轻型坦克、远程箱式火箭炮、直 -20 直升机列装部队，歼 -20 飞机、歼 -16 飞机、歼 -10C 飞机代次搭配、形成实战能力，东风 -17 导弹、东风 -26 导弹等批量装备，军队武器装备建设取得重大进展，人民军队保家卫国的能力显著增强。

（四）积极推进人才强军

人才是发展的第一资源，新型军事人才是实施新时代强军战略的重要资源和支撑。党的十八大以来，党中央和中央军委始终坚持人才工作正确政治方向，聚焦备战打仗培养人才，加强军事人员现代化建设布局，深化军事人力资源政策制度改革，推动人才领域开放融合。习近平总书记明确提出人民军队好干部标准是对党忠诚、善谋打仗、敢于担当、实绩突出、清正廉洁。中央军委印发《关于加强新时代军队人才工作的决定》，中央军委办公厅同步印发《关于加强联合作战指挥人才建设的若干措施》《关于加强新型作战力量人才建设的若干措施》《关于进一步激发科技人员创新活力动力的若干措施》《关于加强高水平战略管理人才建设的若干措施》等政策，为锻造新时代德才兼备的高素质、专业化新型军事人才提供了重要保障。人民军队坚持和落实军队好干部标准，全面推进军事人民能力提升、素质提升，进一步完善和优化“三位一体”新型军事人才培养体系，人才为国防和军队高质量发展提供了坚强支撑。

（五）推进依法治军

现代化国家必然是法治国家，现代化军队必然是法治军队。习近平总书记深刻指出：“深入推进依法治军、从严治军，是全面推进依法治国总体布局的重要组成部分，是实现强军目标的必然要求。”① 党领导人民军队以习近平强军思想和习近平法治思想为指导，贯彻落实依法治军战略，加快构建中国特色军事法治体系、军事法规制度体系、军事法治实施体系、军事法治监督体系、军事法治保障体系。针对军队在一定程度存在的重人治、轻法治，有法不依、执法不严、违法不究的现象，全面推进军队法治教育，广泛开展法律知识学习，积极开展法治军营创建活动，以形成浓厚的法治氛围，进一步强化官兵的法治信仰和法治思维，使官兵学法、懂法、用法、守法、执法蔚然成风、形成自觉，促进了治军方式的根本性转变，为强军事业提供了法治保障。

三、全面准确推进“一国两制”实践

为什么中国从古至今一直强调统一？为什么中国人总是渴望统一？有人说，自秦始皇统一中国后，就将统一的情结植入了中华儿女的 DNA 之中。还有的人说，因为我们有家国情怀，有共同的血脉和文化。当前，实现祖国完全统一是中华民族伟大复兴的必然要求。

①《论坚持全面依法治国》，中央文献出版社 2020 年版，第 130 页。

党的十二大报告指出，我们全面准确推进“一国两制”实践，坚持“一国两制”、“港人治港”、“澳人治澳”、高度自治的方针，推动香港进入由乱到治走向由治及兴的新阶段，香港、澳门保持长期稳定发展良好态势。我们提出新时代解决台湾问题的总体方略，促进两岸交流合作，坚决反对“台独”分裂行径，坚决反对外部势力干涉，牢牢把握两岸关系主导权和主动权。

（一）全面准确、坚定不移贯彻“一国两制”方针

一是“一国两制”理论和实践迈入崭新境界。1982 年 1 月 11 日，邓小平在会见美国华人协会主席李耀滋时首次提出“一个国家，两种制度”概念。“一国两制”构想最早是为解决台湾问题提出的，但首先被运用于解决香港、澳门回归祖国的问题上，并取得成功。党的十八大以来，习近平总书记就“一国两制”作出重要论述。习近平总书记指出：“必须把维护中央对香港、澳门特别行政区全面管治权和保障特别行政区高度自治权有机结合起来，确保‘一国两制’方针不会变、不动摇，确保‘一国两制’实践不变形、不走样。”[①] 针对“一国两制”在实践中出现的新情况、新问题，党中央审时度势，果断决策，制定香港国安法，建立健全香港特别行政区维护国家安全的法律制度，修改完善香港选举制度，确保了“爱国者治港”原则得到落实，推动香港局势实现由乱到治的重大转折。

二是香港、澳门保持繁荣稳定良好发展局面。习近平总书记指出：“背靠祖国、联通世界，这是香港得天独厚的显著优势。”“中央政府完全支持香港长期保持独特地位和优势，巩固国际金融、航运、贸易中心地位，维护自由开放规范的营商环境，保持普通法制

①《习近平著作选读》第 2 卷，人民出版社 2023 年版，第 21 页。

度，拓展畅通便捷的国际联系。”多年来，在党中央坚强领导下，香港经济社会蓬勃发展，连续20多次被评为全球最自由经济体第一位，城市竞争力在全球长期位居前列。特别是香港国安法实施后，香港市场、社会各界和全球资本对香港的信心持续增强，2021年母公司在海外及内地驻港公司达9049家，创历史新高。2022年上半年，共有50087家公司在香港成立，新公司数量稳健增长。

三是香港、澳门加快融入国家发展大局。习近平总书记指出：“中央全力支持香港抓住国家发展带来的历史机遇，主动对接‘十四五’规划、粤港澳大湾区建设和‘一带一路’高质量发展等国家战略。”[①] 2019年，中共中央、国务院印发《粤港澳大湾区发展规划纲要》，标志着粤港澳大湾区建设成为国家战略并全面实施。近年来，随着莲塘/香园围口岸、新横琴口岸、青茂口岸的开通，“一站式通关”“合作查验、一次放行”等通关便利落实，内地与港澳的往来愈加快捷便利，2/3的出入境旅客可通过自助方式通关。广深港高铁、港珠澳大桥和多个口岸相继建成开通，横琴、前海、南沙等重大合作平台建设加快推进，内地与港澳规则衔接、机制对接不断深化，生产要素跨境流动更加快捷，便利港澳居民在内地发展的政策措施持续完善。

四是港澳同胞国家意识和爱国主义精神日益增强。习近平总书记指出，我们要全面准确贯彻“一国两制”、“港人治港”、“澳人治澳”、高度自治的方针，严格依照宪法和基本法办事，支持特别行政区政府和行政长官依法施政、积极作为，支持香港、澳门融入国家发展大局，增强香港、澳门同胞的国家意识和爱国精神，维护香港、

①《习近平著作选读》第2卷，人民出版社2023年版，第604页。

澳门长期繁荣稳定。十年来，港澳同胞的国家意识和爱国主义精神持续强化，爱国爱港爱澳力量持续壮大，以爱国爱港爱澳为核心、同“一国两制”方针相适应的主流价值观更加深入人心。数以十万计的港澳青年到祖国内地就学、就业、创业、置业，他们以越来越强烈的民族自豪感和主人翁意识书写精彩人生，内地同胞和港澳同胞共襄中华民族伟大复兴的浩荡征程。

（二）扎实推进祖国统一进程

一是两岸政治交往取得历史性突破。加强政治交往和对话协商，是推动两岸关系良性发展的重要基础。2015 年 11 月 7 日，习近平总书记同时任台湾地区领导人马英九实现 1949 年以来两岸领导人首次会晤和直接对话，充分显示我们坚持党中央对台工作大政方针的原则坚定性和策略灵活性，充分展示我们牢牢把握两岸关系发展的主导权、主动权和为两岸同胞谋福祉的极大诚意，向世人表明两岸中国人完全有智慧、有能力解决好我们自己的问题。这也标志着两岸政治交流互动上升到新高度，也成为两岸关系发展道路上一座新的里程碑。

二是秉持和践行“两岸一家亲”理念。台湾自古以来就是中国领土不可分割的一部分。新中国成立后，由于历史原因，使得台湾在抗日战争胜利后，虽然重归中国版图，但还是与祖国的大陆处于骨肉分离、两岸隔绝的状态。两岸同胞是一家亲，广大台湾同胞无时无刻不希望能够回到祖国母亲的怀抱，期盼早日与大陆的亲人们团聚。十年来，我们进一步完善促进两岸交流合作、保障台湾同胞福祉的制度安排和政策措施，实行卡式台胞证，实现福建向金门供水，制发台湾居民居住证，逐步为台湾同胞在大陆学习、创业、就业、生活提供同等待遇，持续率先同台湾同胞分享大陆发展机遇。

两岸在科教文卫等各领域交流显著增强。

三是经贸合作成果丰硕。两岸经贸合作是两岸交流的重要内容。2018 年以来，大陆方面先后出台促进两岸经济文化交流合作的“31 条措施”“26 条措施”。其中，2019 年 11 月，国务院台湾事务办公室、国家发展改革委经商中央组织部等 20 个有关部门出台的《关于进一步促进两岸经济文化交流合作的若干措施》（简称“26 条措施”）涉及为台湾企业提供同等待遇和为台湾同胞提供同等待遇的措施各 13 条。我们还出台助力台胞台企发展的“11 条措施”“农林 22 条措施”，以及扩大开放台湾居民在大陆申设个体工商户的政策，助力台胞台企分享更多大陆发展机遇、享受更多同等待遇。新时代十年，两岸贸易和台商对大陆投资显著增长。2011 年两岸贸易额为 1600.3 亿美元，2021 年增至 3283.4 亿美元，十年之间翻了一番。

四是谋划祖国和平统一的光明前景。解决台湾问题、实现祖国完全统一，是党矢志不渝的历史任务，是全体中华儿女的共同愿望，是实现中华民族伟大复兴的必然要求。党的十八大以来，习近平总书记围绕对台工作和祖国统一作出一系列重要论述，形成新时代党解决台湾问题的总体方略。这一方略要求对台工作必须坚持党的领导，坚持一个中国原则和“九二共识”，坚定反对“台独”分裂，坚决反对外来干涉。可以说，统一的时、势、义始终在祖国大陆这一边，祖国统一的历史伟业必将完成。2022 年 8 月，国务院台湾事务办公室、国务院新闻办公室发表《台湾问题与新时代中国统一事业》白皮书，对新时代新征程上推进祖国统一作出部署。我们阐明中国共产党和中国政府在新时代推进实现祖国统一的立场和政策，展现了中国共产党和中国人民追求祖国统一的坚定意志和坚强决心，谋划了祖国和平统一的光明前景，在海峡两岸及港澳地区引发强烈反响，有力提振了我们矢志追求国家统一的精气神，极大增强岛内和海外反“独”促统力量的信心和勇气，凝聚了支持和促进祖国统一和民族复兴的磅礴伟力。

四、全面推进中国特色大国外交

新中国成立初期，以美国为首的西方国家不甘心在中国的失败，采取了对新中国政治孤立、经济封锁和军事威胁的政策。周恩来作为新中国的总理兼外交部长，以外交领域为阵地开始了艰难的破局之战，并从一开始就充分表现出独立自主的精神。改革开放以来，中国共产党始终坚持独立自主的和平外交政策，坚定不移维护国家主权、安全、发展利益。特别是党的十八大以来，世界变革更趋强劲，逆全球化、单边主义、保护主义、霸权主义抬头，国家之间的竞争和冲突日益激烈，机遇与挑战前所未有。面对新的世界格局和时代趋势，党始终以世界眼光关注人类前途命运，从人类发展大潮流、世界变化大格局、中国发展大历史正确认识和处理同外部世界的关系。我们推动构建人类命运共同体，坚定维护国际公平正义，倡导践行真正的多边主义，旗帜鲜明反对一切霸权主义和强权政治，毫不动摇反对任何单边主义、保护主义、霸凌行径。我们完善外交总体布局，积极建设覆盖全球的伙伴关系网络，推动构建新型国际关系。我们展现负责任大国担当，积极参与全球治理体系改革和建设，赢得广泛国际赞誉，我国国际影响力、感召力、塑造力显著提升。

（一）形成了习近平外交思想

习近平总书记就党的对外工作是什么、为什么、做什么、怎么做以及靠谁做等重大理论和实践问题作出一系列重要论述。2018 年 6 月 22 日至 23 日召开的中央外事工作会议，会议全面总结了党的十八大以来中国对外工作取得的历史性成就，回答了新时代如何做好对外工作的重大理论和实践问题。确立了习近平外交思想的指导地位，明确了推进新时代中国特色大国外交的根本遵循和行动指南。2023 年 12 月 27 日至 28 日召开的中央外事工作会议又进一步系统总结新时代中国特色大国外交的历史性成就和宝贵经验，深刻阐述新征程对外工作面临的国际环境和肩负的历史使命，对当前和今后一个时期的对外工作作出全面部署。习近平外交思想是习近平新时代中国特色社会主义思想的重要组成部分，是马克思主义基本原理同中国特色大国外交实践相结合的重大理论成果，是以习近平同志为核心的党中央治国理政思想在外交领域的集中体现。习近平外交思想根植于时代又引领时代，随着世界百年未有之大变局加速演进，中华民族伟大复兴进入不可逆转的历史进程，要求我们心怀“国之大者”，统筹“两个大局”，在纷繁复杂的世界乱局中精准研判历史和时代大势，在新的时代背景下推动和完成中华民族伟大复兴。这一思想坚持把马克思主义基本原理同中国特色大国外交的形势任务结合起来，深刻回答了中国应推动建设什么样的世界、构建什么样的国际关系，新形势下中国需要什么样的外交、怎样办外交等一系列重大理论和实践问题。这一思想将中华优秀传统文化进行创造性转化和创新性发展，明确了新的国家安全观、人类文明观、人权观、正确义利观。

（二）打造全方位、多层次、立体化的外交布局

党的十八大以来，在习近平外交思想的科学指引下，中国积极构建和持续完善全方位、多层次、立体化的外交布局。十年来，我们

坚持对话而不对抗、结伴而不结盟，不断深化与世界各国的协同协调、合作共赢。中国共产党同世界上600多个政党和政治组织保持着不同形式的联系。我们先后应邀派出数十批对外宣讲团，在近百个国家和地区举办了500多场形式多样的宣介，同逾万名外国政党政要以及知名人士进行面对面的交流。同时邀请600多位外方人员观摩地方市县级党委常委会会议和基层党组织活动，还向全球网络直播县委常委会会议以及村民代表大会。习近平总书记先后出席中国共产党与世界政党高层对话会、中国共产党与世界政党领导人峰会等重要会议，阐明在新型国际关系基础上建立新型政党关系的重大意义与深刻内涵，为世界不同政党之间的互动互信注入了强劲力量。

2013年10月，习近平总书记在出席周边外交工作座谈会并发表重要讲话时指出：做好周边外交工作，是实现“两个一百年”奋斗目标、实现中华民族伟大复兴的中国梦的需要，要更加奋发有为地推进周边外交，为我国发展争取良好的周边环境，使我国发展更多惠及周边国家，实现共同发展。十年来，我们按照亲诚惠容理念和与邻为善、以邻为伴的周边外交方针深化同周边国家关系，稳定周边战略依托，打造周边命运共同体。我们秉持正确义利观和真实亲诚理念加强同广大发展中国家团结合作，整体合作机制实现全覆盖。中国建交国总数增至183个，同110多个国家和地区组织建立伙伴关系，“朋友圈”扩大，伙伴关系网络覆盖全球。习近平总书记提出的全球发展倡议、全球安全倡议等，赢得了世界各国广泛认可和赞誉，人类命运共同体理念深入人心。

（三）积极参与全球治理体系改革和建设

十年来，全球治理体系深度变革。以习近平同志为核心的党中央积极参与引领全球治理体系改革和建设，积极推动全球治理领域的理论创新和实践创新，展现了胸怀天下的气度与负责任大国的担当。中国坚定维护以联合国为核心的国际体系、以国际法为基础的国际秩序、以联合国宪章宗旨和原则为基础的国际关系基本准则，累计派出5万多人次参加联合国维和行动，率先实现联合国千年发展目标，带头落实联合国2030年可持续发展议程。我们坚持共商共建共享的全球治理观，始终维护和践行真正的多边主义，坚决反对单边主义、保护主义、霸权主义、强权政治，积极推动经济全球化朝着更加开放、包容、普惠、平衡、共赢的方向发展，中瑞创新战略伙伴关系、中俄新时代全面战略协作伙伴关系、中印更加紧密的发展伙伴关系等先后建立和巩固。中国积极推进国际和地区热点问题的政治解决，在气候变化、减贫、反恐、网络安全和维护地区安全等领域发挥着建设性和不可替代作用。特别是积极落实气候变化《巴黎协定》，明确提出2030年“碳达峰”与2060年“碳中和”目

◆ 2023年6月18日，一列中欧班列（渝新欧）国际铁路货运班列从重庆发出

标，制定印发《关于完整准确全面贯彻新发展理念做好碳达峰碳中和工作的意见》。中国已经同150多个国家和30多个国际组织签署200多份共建“一带一路”合作文件，建立了近百个双边合作机制。我们把共建“一带一路”同各国发展战略、区域和国际发展议程有效对接、协同增效，通过双边合作、三方合作、多边合作等各种形式，鼓励更多国家和企业深入参与，共同把全球市场的“蛋糕”做大、把全球共享的机制做实、把全球合作的方式做活，共同把经济全球化动力搞得越大越好、阻力搞得越小越好。

第八章

胸怀天下　开创未来

——不断开辟当代中国马克思主义、二十一世纪马克思主义新境界

理论的生命力在于不断创新，推动马克思主义不断发展是中国共产党人的神圣职责。以习近平同志为主要代表的中国共产党人，坚持用马克思主义观察时代、解读时代、引领时代，用鲜活丰富的当代中国实践来推动马克思主义发展，用宽广视野吸收人类创造的一切优秀文明成果，坚持在改革中守正出新、不断超越自己，在开放中博采众长、不断完善自己，不断深化对共产党执政规律、社会

主义建设规律、人类社会发展规律的认识，不断开辟当代中国马克思主义、二十一世纪马克思主义新境界。

第一节　在创造人类文明新形态上提供中国方案

一百多年来，中国共产党团结带领人民走出了一条符合我国国情的中国式现代化新道路，为实现中华民族伟大复兴创造了根本的社会条件，也为创造人类文明新形态提供了中国智慧。作为一个表达人类社会发展与进步的现实性概念，文明形态诠释了特定历史阶段人类社会的发展水平和文明程度。一部人类文明形态演进史象征着一部人类社会发展史，不同的社会形态背后意味着它蕴含着不同价值取向、发展水平和特定内涵的文明形态。习近平总书记在庆祝中国共产党成立 100 周年大会上庄严宣告："我们坚持和发展中国特色社会主义，推动物质文明、政治文明、精神文明、社会文明、生态文明协调发展，创造了中国式现代化新道路，创造了人类文明新形态。"人类文明新形态这一全新命题的提出，鲜明地昭示了一种新的文明已然冲破旧的文明的边界，一种历史的、实践的、全新的文明形态由此获得了新生和发展的契机。党的二十大报告深刻指出，"在新中国成立特别是改革开放以来长期探索和实践基础上，经过十八大以来在理论和实践上的创新突破，我们党成功推进和拓展了中国式现代化"。中国式现代化的提出，标示着一种全新的文明形态的出现。

一、中国式现代化道路是党领导人民的成功创造

党的十八大以来，中国特色社会主义进入新时代，中华民族迎来

了从站起来、富起来到强起来的伟大飞跃。党的十九大站在新的更高的历史起点上，对实现第二个百年奋斗目标作出分两个阶段推进的战略安排，提出到2035年基本实现社会主义现代化，到21世纪中叶把我国建成富强民主文明和谐美丽的社会主义现代化强国。打赢脱贫攻坚战、全面建成小康社会，如期实现第一个百年奋斗目标，是中华民族伟大复兴向前迈出的一大步。党的二十大在全面建成小康社会基础上，部署新时代新征程党的使命任务，中国共产党的中心任务就是团结带领全国各族人民全面建成社会主义现代化强国、实现第二个百年奋斗目标，以中国式现代化全面推进中华民族伟大复兴。从新中国第一个五年计划到第十四个五年规划，一以贯之的主题是把我国建设成为社会主义现代化国家。在这个过程中，党对建设社会主义现代化国家在认识上不断深入、在战略上不断成熟、在实践上不断丰富，加速了我国现代化发展进程，为新发展阶段全面建设社会主义现代化国家奠定了实践基础、理论基础、制度基础。习近平总书记在新进中央委员会的委员、候补委员和省部级主要领导干部学习贯彻习近平新时代中国特色社会主义思想和党的二十大精神研讨班上指出，党的领导直接关系中国式现代化的根本方向、前途命运、最终成败。党的领导决定中国式现代化的根本性质，只有毫不动摇坚持党的领导，中国式现代化才能前景光明、繁荣兴盛；否则就会偏离航向、丧失灵魂，甚至犯颠覆性错误。

（一）在探索中华民族伟大复兴的历史进程中生成

中国式现代化道路不是从来就有的，也不是一蹴而就的，而是在探索中华民族伟大复兴的历史进程中走出来的。从历史进程来看，中国式现代化与中华民族伟大复兴是一体两翼的关系。一部中国近代救亡图强的复兴史，也是一部中国被迫走向世界、艰难探索现代化道路的历史。近代以来，中国从一个拥有五千多年辉煌历史的文明大国逐步沦为半殖民地半封建社会，中华民族遭受了前所未有的劫难。从那时起，实现中华民族伟大复兴就成为中国人民和中华民族最伟大的梦想。习近平总书记对此作了高度总结：“一百年来，中国共产党团结带领中国人民进行的一切奋斗、一切牺牲、一切创造，归结起来就是一个主题：实现中华民族伟大复兴。”[①] 党在百年奋斗历程中深刻地认识到，近现代中国面临着两大历史任务：一是求得民族独立和人民解放，就是要改变受剥削、受奴役的地位，必须从根本上推翻半殖民地半封建的统治；二是实现国家繁荣富强和人民共同富裕，就是要彻底改变近代中国经济、文化落后的状况，全面建成社会主义现代化强国。实现这两个历史任务的过程，就是实现中华民族伟大复兴的过程，而在世界现代化背景下实现中华民族复兴，摆脱贫穷落后的状况，也就必须走现代化道路。从这个意义上来看，民族复兴与实现现代化又是目的和手段的关系。

实现中华民族伟大复兴是近代以来中国人民的共同梦想，无数仁人志士为此苦苦求索、进行各种尝试，但都以失败告终。探索中国现代化道路的重任，历史地落在了中国共产党身上。在新民主主义革命时期，我们党团结带领人民，浴血奋战、百折不挠，经过北伐战争、土地革命战争、抗日战争、解放战争，推翻帝国主义、封建主义、官僚资本主义“三座大山”，建立了人民当家作主的中华人民共和国，实现了民族独立、人民解放，为实现现代化创造了根本社会条件。新中国成立后，我们党团结带领人民进行社会主义革命，消灭在中国延续几千年的封建制度，确立社会主义基本制度，实现了中华民族有史以来最为广泛而深刻的社会变革，建立起独立的比较完整的工

① 习近平：《在庆祝中国共产党成立100周年大会上的讲话》，《人民日报》2021年7月2日。

业体系和国民经济体系，社会主义革命和建设取得了独创性理论成果和巨大成就，为现代化建设奠定了根本政治前提和宝贵经验、理论准备、物质基础。改革开放和社会主义现代化建设新时期，我们党作出把党和国家工作中心转移到经济建设上来、实行改革开放的历史性决策，大力推进实践基础上的理论创新、制度创新、文化创新以及其他各方面创新，实行社会主义市场经济体制，实现了从生产力相对落后的状况到经济总量跃居世界第二的历史性突破，实现了人民生活从温饱不足到总体小康、奔向全面小康的历史性跨越，为中国式现代化提供了充满新的活力的体制保证和快速发展的物质条件。

（二）在与其他国家现代化道路的比较鉴别中发展

作为后发展国家，中国式现代化道路绝不是闭门造车的产物，而是在借鉴各国现代化道路成功经验中发展起来的。从“师夷长技以制夷”开始，我们在探寻救国图强之路时经历了学习西方的器物、制度到文化的艰难过程。中国共产党成立后，将马克思主义与中国革命实际相结合，成功地实现了人民解放和民族独立，为独立探索现代化道路提供了政治前提条件。新中国成立后，作为一个经济文化落后的大国，如何实现工业化、走社会主义现代化的强国之路是摆在党面前的一个难题。党深刻认识到，我们在一穷二白的基础上搞现代化，必须善于学习别国的发展经验。为了把一个落后的农业国发展为先进的工业国，我们曾向苏联和其他社会主义国家学习，毛泽东曾说，“我们要进行伟大的五年计划建设，工作很艰苦，经验又不够，因此要学习苏联的先进经验”，而且要求“一切我们用得着的，统统应该虚心地学习”[①]。但是学习不等于照抄照搬，“必须有

①《毛泽东文集》第6卷，人民出版社1999年版，第263—264页。

分析有批判地学，不能盲目地学，不能一切照抄，机械搬用”①，而是要在比较鉴别中吸取他们的经验教训，独立自主地探索出自己的发展道路，独立建成较为完整的工业体系。改革开放后，为抓住时机，紧跟世界发展潮流，我们积极向西方发达国家学习，也向南斯拉夫等繁荣富裕的社会主义国家学习，正如邓小平说的那样：“社会主义要赢得与资本主义相比较的优势，就必须大胆吸收和借鉴人类社会创造的一切文明成果，吸收和借鉴当今世界各国包括资本主义发达国家的一切反映现代社会化生产规律的先进经营方式、管理方法。”② 在虚心学习别国发展经验的基础上，我们坚持在马克思主义的指导下，立足中国国情，用几十年的时间走完发达国家几百年走过的工业化历程，并且突破了资本主义现代化模式的种种弊端。《中共中央关于党的百年奋斗重大成就和历史经验的决议》指出，中国式现代化道路创造了人类文明新形态，拓展了发展中国家走向现代化的途径，给世界上那些既希望加快发展又希望保持自身独立性的国家和民族提供了全新选择。

中国式现代化深深植根于中华优秀传统文化，体现科学社会主义的先进本质，借鉴吸收一切人类优秀文明成果，代表人类文明进步的发展方向，展现了不同于西方现代化模式的新图景，是一种全新的人类文明形态。中国式现代化打破了“现代化等于西方化”的迷思，展现了现代化的另一幅图景，拓展了发展中国家走向现代化的路径选择，为人类对更好社会制度的探索提供了中国方案。中国式现代化蕴含的独特世界观、价值观、历史观、文明观、民主观、

①《毛泽东文集》第 7 卷，人民出版社 1999 年版，第 41 页。
②《邓小平文选》第 3 卷，人民出版社 1993 年版，第 373 页。

生态观等及其伟大实践，是对世界现代化理论和实践的重大创新。中国式现代化为广大发展中国家独立自主迈向现代化树立了典范，为其提供了全新选择。

（三）在全体中国人民自力更生守正创新的团结奋斗中创造

中国式现代化道路不仅需要广泛学习世界各国先进经验，更离不开广大中国人民立足中国国情、独立自主的团结奋斗。中国共产党的成功恰恰是她能够团结一切可以团结的力量、动员一切可以动员的资源、调动一切可以调动的因素。在党领导人民群众自力更生、艰苦奋斗的实践中，我们夺取了新民主主义革命伟大胜利、完成了社会主义革命和建设、进行了改革开放和社会主义现代化建设、开创了中国特色社会主义新时代。每一个历史时期所取得的伟大成就，离开了中国人民自力更生、守正创新的团结奋斗都是完不成的。新民主主义革命时期，党团结带领人民开展独立的武装斗争，经过28年浴血奋战，实现了民族独立和人民解放，彻底结束了旧中国一盘散沙的局面；社会主义革命和建设时期，党团结带领人民集中力量发展生产力，为把我国建设成一个具有现代农业、现代工业、现代国防和现代科学技术的社会主义强国而不懈努力；改革开放和社会主义现代化建设新时期，党团结带领人民进行了经济、政治、文化、社会等各领域的改革建设，为实现现代化提供了体制保证和物质条件；中国特色社会主义新时代，党团结带领人民有效应对严峻复杂的国际形势和接踵而至的巨大风险挑战，以奋发有为的精神把新时代中国特色社会主义不断推向前进。

二、中国式现代化鲜明的科学内涵和重要特征

一个国家走向现代化，既要遵循现代化一般规律，更要符合本

国实际，具有本国特色。党的二十大报告指出，中国式现代化，是中国共产党领导的社会主义现代化，既有各国现代化的共同特征，更有基于自己国情的中国特色。中国式现代化是人口规模巨大的现代化，是全体人民共同富裕的现代化，是物质文明和精神文明相协调的现代化，是人与自然和谐共生的现代化，是走和平发展道路的现代化。这一论述深刻揭示了中国式现代化的科学内涵。这既是理论概括，也是实践要求，为全面建成社会主义现代化强国、实现中华民族伟大复兴指明了一条康庄大道。新中国成立特别是改革开放以来，我们用几十年时间走完西方发达国家几百年走过的工业化历程，创造了经济快速发展和社会长期稳定的奇迹，为中华民族伟大复兴开辟了广阔前景。实践证明，中国式现代化走得通、行得稳，是强国建设、民族复兴的唯一正确道路。

◆ 农村行路难、吃水难、用电难、如厕难问题得到解决

（一）人口规模巨大的现代化

现代化的本质是人的现代化，人口问题是一个国家发展面临的全局性、长期性、战略性问题。人口规模巨大是我国的基本国情，是中国式现代化的重要特征。习近平总书记指出：“我们这个世界上最大发展中国家实现了现代化，意味着比现在所有发达国家人口总和还要多的中国人民将进入现代化行列，其影响将是世界性的。”[①] 中国式现代化将会深刻影响世界历史进程，彻底改写现代化的世界版图。

实现人口规模巨大的现代化，要有“大”的样子。习近平总书记强调：“中国共产党是世界上最大的政党，大就要有大的样子。”我国的现代化征程实际上就是从优先关注人的发展，并大力投资教育和健康起步的。我国现代化致力于实现人的全面发展、社会全面进步。我国不断推进人口规模巨大现代化的过程，也是人口素质显著提升、民生福祉不断增进的过程，是人口受教育水平、健康水平、社会保障水平不断提高的过程。人力资源优势为我国经济高质量发展注入了持久动力，也为加快迈入现代化提供了强有力保障。

（二）全体人民共同富裕的现代化

治国之道，富民为始。共同富裕是社会主义的本质要求，是中国式现代化的重要特征，也是社会主义现代化的一个重要目标。党的十八大以来，中国共产党带领人民群众打赢了脱贫攻坚战，全面建成了小康社会，开启了乡村振兴的崭新篇章，迎来了扎实推动共同富裕的历史阶段。习近平总书记强调：“共同富裕是全体人民的富裕，是人民群众物质生活和精神生活都富裕，不是少数人的富裕，

---

① 中共中央宣传部：《习近平新时代中国特色社会主义思想学习纲要》，学习出版社、人民出版社 2019 年版，第 60 页。

也不是整齐划一的平均主义，要分阶段促进共同富裕。”[1] 为适应社会主义矛盾发生的新变化，我们必须将实现全体人民共同富裕作为根本着力点，不断增进民生福祉。

党的十九届五中全会审议通过的《中共中央关于制定国民经济和社会发展第十四个五年规划和二〇三五年远景目标的建议》，在到 2035 年基本实现社会主义现代化远景目标部分，提出“全体人民共同富裕取得更为明显的实质性进展”；在改善人民生活品质部分，突出强调“扎实推动共同富裕”，提出了一些重要要求和重大

◆ 低保户展示最低生活保障金领取证

◆ 免除学杂费后开心的小学生

◆ 免除农业税后欣喜的农民

◆ 农村老人领到养老金

① 中央农村工作领导小组办公室：《习近平关于“三农”工作的重要论述学习读本》，人民出版社、中国农业出版社 2023 年版，第 81 页。

举措。在新征程上扎实推动共同富裕，一方面，必须通过不断解放和发展生产力解决不充分发展的问题，充分发挥市场在资源配置中的决定性作用，在新发展格局中提高发展质量，创造和积累财富，奠定共同富裕的物质基础；另一方面，要坚持以人民为中心的发展思想，改进完善分配方式，坚决防止贫富分化，自觉主动解决地区差距、城乡差距、收入分配差距，促进社会公平正义，逐步解决发展的不平衡问题。党的二十大报告深刻指出："共同富裕是中国特色社会主义的本质要求，也是一个长期的历史过程。我们坚持把实现人民对美好生活的向往作为现代化建设的出发点和落脚点，着力维护和促进社会公平正义，着力促进全体人民共同富裕，坚决防止两极分化。"

（三）物质文明和精神文明相协调的现代化

物质文明和精神文明协调发展是社会全面进步的基础和前提，是中国式现代化的应有之义。习近平总书记指出："只有物质文明建设和精神文明建设都搞好，国家物质力量和精神力量都增强，全国各族人民物质生活和精神生活都改善，中国特色社会主义事业才能顺利向前推进。"① 与西方"串联式"现代化进程不同，中国式现代化是一个"并联式"的发展过程，工业化、信息化、城镇化、农业现代化等在时间和空间上是叠加发展的，要求不仅实现"家家仓廪实、衣食足"的物质富裕，更要实现"人人知礼节、明荣辱"的精神富裕，推动两者的协调发展。物质富足、精神富有是社会主义现代化的根本要求。物质贫困不是社会主义，精神贫乏也不是社会主义。我们不断厚植现代化的物质基础，不断夯实人民幸福生活的物

①《习近平谈治国理政》第 1 卷，外文出版社 2018 年版，第 153 页。

质条件，同时大力发展社会主义先进文化，加强理想信念教育，传承中华文明，促进物的全面丰富和人的全面发展。

全面建设社会主义现代化国家，精神文化的地位不可替代。现代化不仅要看一个社会经济发展的水平，更要看一个社会在价值领域、思想领域、道德领域、文化领域的发展水平。一是努力满足人民群众更高的精神文化需求。没有精神文化生活的充实，就不可能有真正美好的生活，就不是真正的社会主义现代化。随着新时代社会主要矛盾发生变化，特别是实现全面小康之后，人民生活水平迈上新台阶，对美好生活的向往要求更高，特别是精神文化生活需求会越来越突出。只有加强精神文明建设的质量，加强文化强国建设，生产出更多更好的精神文化产品，才能更好适应人民对美好生活的新期待，让人民的精神文化生活更丰富，精神文化获得感、幸福感更充实。二是要促进提升国民素质和社会文明程度。从根本上来看，社会主义现代化国家必然要求物的全面丰富的同时人的全面发展。因此，以人民思想道德素质、科学文化素质的提高，进一步带动人民身心健康素质的明显提高，提高整个社会文明程度，是现代化建设的题中应有之义。党的十九届五中全会审议通过的《中共中央关于制定国民经济和社会发展第十四个五年规划和二〇三五年远景目标的建议》用六个“新”概括“十四五”时期经济社会发展的主要目标，其中一个“新”就是“社会文明程度得到新提高”。社会文明程度是衡量一个国家现代化水平的基础指标。推动社会文明程度不断得到新提高、达到新高度，是全面建设社会主义现代化国家的重要目标要求和重要保证，也是建设社会主义文化强国的重大任务。切实推动社会的文明进步，促进国民素质和社会文明程度提升，体现着社会主义现代化建设的文明内涵和文化根基。三是要激发凝聚人民群众精神力量。全面建设社会主义现代化国家在“四个全面”战略布局中居于引领地位，在现代化新征程中，全党全国各族人民要团结奋进，中国特色社会主义要进一步展现出旺盛的生命力，要应对重大挑战、抵御重大风险、克服重大阻力、解决重大矛盾，更加需要坚定的信心、统一的意志，更加需要文化的引领、精神的支撑。在新的历史起点上，我国现代化坚持社会主义核心价值观，加强理想信念教育，弘扬中华优秀传统文化，不断丰富人民精神文化生活，增强人民精神力量。

（四）人与自然和谐共生的现代化

人与自然和谐共生是中华民族永续发展的现实诉求，是中国式现代化的鲜明特色。习近平总书记指出：“既要创造更多物质财富和精神财富以满足人民日益增长的美好生活需要，也要提供更多优质生态产品以满足人民日益增长的优美生态环境需要。”[①] 西方现代化建立在消耗自然资源创造社会财富的基础上，走的是一条先污染后治理的老路。而中国式现代化坚决摒弃破坏自然的现代化模式，奉行的是节约优先、保护优先、自然恢复为主的发展方针，走的是一条人与自然和谐共生的绿色发展道路。党的二十大报告深刻指出：“人与自然是生命共同体，无止境地向自然索取甚至破坏自然必然会遭到大自然的报复。我们坚持可持续发展，坚持节约优先、保护优先、自然恢复为主的方针，像保护眼睛一样保护自然和生态环境，坚定不移走生产发展、生活富裕、生态良好的文明发展道路，实现中华民族永续发展。”

建设人与自然和谐共生的现代化，推动形成绿色发展方式和生

①《习近平著作选读》第2卷，人民出版社2023年版，第172页。

活方式，深刻总结了西方工业化进程中的经验教训，是发展观的一场深刻革命。这里一个核心的问题是如何正确处理经济发展和生态环境保护的关系问题。生态环境保护和经济发展不是此消彼长的对立关系，而是辩证统一的关系，保护生态环境就是保护生产力、改善生态环境就是发展生产力。要坚持和贯彻新发展理念，坚决摒弃以牺牲生态环境换取一时一地经济增长的做法，让良好生态环境成为经济社会持续健康发展的支撑点，坚定不移走绿色低碳循环发展之路，不断开拓生产发展、生活富裕、生态良好的文明发展道路。坚持人与自然和谐共生，是为了满足人民日益增长的美好生活需要，要提供更多优质生态产品以满足人民日益增长的优美生态环境需要，要在美丽中国建设中推动引导形成绿色发展方式和生活方式，改善生产环境和生活环境，让良好生态环境成为人民幸福生活的增长点。

（五）走和平发展道路的现代化

走和平发展道路是中国共产党的根本遵循，是中国式现代化的核心理念。我国不走一些国家通过战争、殖民、掠夺等方式实现现代化的老路，那种损人利己、充满血腥罪恶的老路给广大发展中国家人民带来深重苦难。我们坚定地站在历史正确的一边、站在人类文明进步的一边，高举和平、发展、合作、共赢旗帜，在坚定维护世界和平与发展中谋求自身发展，又以自身发展更好维护世界和平与发展。习近平总书记指出：“中国人民要建设社会主义现代化强国，但我们坚持走和平发展道路，不会走扩张主义和殖民主义道路，更不会给世界造成混乱。”[1] 党的十九届六中全会将“胸怀天

---

①《习近平会见美国国防部长马蒂斯》，《人民日报》2018 年 6 月 28 日。

下”作为中国共产党百年奋斗的历史经验之一，强调既通过维护世界和平发展自己，又通过自身发展维护世界和平，同世界上一切进步力量携手前进。中国与世界是一个命运共同的统一体，只有坚持共商共建共享的全球发展观，才能不断为人类文明进步注入智慧和力量。

走和平发展道路的现代化，首先要把中国自己的事办好。习近平总书记指出：“我们要坚持把自己的事情办好，不断发展中国特色社会主义，不断壮大我国综合国力，充分展示我国社会主义制度的优越性。”[①] 要求始终坚持中国特色社会主义发展道路，不断提升国家治理体系和治理能力的现代化水平，把我国建设成为富强民主文明和谐美丽的社会主义现代化强国。走和平发展道路的现代化，就要推动中国为世界作出更多贡献。中国共产党始终以世界眼光关注人类前途命

◆ 马尔代夫中马友谊大桥

①《习近平在中共中央政治局第四十三次集体学习时强调　深刻认识马克思主义时代意义和现实意义　继续推进马克思主义中国化时代化大众化》，《人民日报》2017 年 9 月 30 日。

运，坚定地站在历史正确的一边，站在人类进步的一边。[①] 面对人类社会发展难题，中国与世界要始终坚持合作共赢的发展理念，推动各国之间政策沟通、设施联通、贸易畅通、资金融通、民心相通，不断实现全世界人民对于美好生活的向往，不断为世界作出更大的贡献。推动世界各国共同发展，全世界人民携起手来共同建设一个持久和平、普遍安全、共同繁荣、开放包容、清洁美丽的世界，推动构建人类命运共同体，使得人类历史的车轮向着光明的未来奔腾前进！

三、中国式现代化道路创造了人类文明新形态

中国共产党团结带领人民在坚持和发展中国特色社会主义进程中走出的中国式现代化道路，是经济、政治、文化、社会、生态文明建设全面推进，物质文明、政治文明、精神文明、社会文明、生态文明协调发展的全链条、全方位、全覆盖的现代化，这样的现代化理念、现代化道路既切合中国实际，体现了社会主义建设规律，也体现了人类社会发展规律，形成了面向未来的人类现代文明的中国形态。

（一）人类文明新形态终结一元现代性

中国的现代化道路肇始于西方文明的冲击。对于一个历史悠久、民族众多、内外交困的大国而言，要完成从传统农业文明向现代工业文明的平稳过渡绝非易事。如何在剧烈动荡与复杂多变的历史行进中“火中取栗”，获取“中国的现代性”，成为困扰几代中国人的心结。在 21 世纪，笼罩于西方现代性方案之上的“典范”光环日渐消散，反思并力图超越西方现代性方案，谋划合乎自身实

①《中共中央关于党的百年奋斗重大成就和历史经验的决议》，《人民日报》2021 年 11 月 17 日。

际的现代性之路逐渐成为话语的主流。历史的发展已经证实，西方的现代性方案无法被妥善地套嵌于中国的现实语境之中。在反思以西方为中心的一元现代性叙事中，中国人成功开辟了一条符合自身国情的中国道路，为拓展现代性发展道路提供了现实经验。人类文明新形态是在基于中国式现代化道路所表征的多元现代性发展取向的基础上，对人类文明发展的时代创想，它将有力消解一元现代性的叙事逻辑和现实影响，开启多元现代性发展道路和谐统一的世界格局。

人类文明新形态内蕴的多元现代性发展取向，是中国智慧在世界范围内的拓展和灵活运用。随着中国特色社会主义进入新时代，中国的现代化越发深度嵌入全球化进程，中国与世界互融互促、双向建构的趋势越发明显。面对人类社会命运相连、休戚与共的交往现实，面对西方一元现代性实践在世界范围内造就的各种现实危机，需要立足于中国自身发展实践和经验，从剖析一元现代性问题的本质出发，以科学的理念回应“中国向何处去”“世界向何处去”等一系列现实之问，破解关乎中国人民乃至世界人民前途命运等重大时代课题。人类文明新形态凝结了中国人民在现代化求索道路上长期思考和反复实践凝练的智慧结晶，将有助于纠偏一元现代性叙事的弊端，为拯救现代性危机，推动世界整体和谐发展提供有力的思想指引。

（二）人类文明新形态打破“历史终结论”

西方中心主义者宣扬“历史终结论”。从现代性的起源看，西方资本主义诞生后所进行的实践活动从一开始就使现代文明浸染了西方色彩，也内在地包含了西方资本主义对东西方关系的基本规定，即“它使未开化和半开化的国家从属于文明的国家，使农民的民族从属于资产阶级的民族，使东方从属于西方”[①]。基于这一经验事实，西方中心主义者把西方文明解释为人类文明唯一的、普遍的形式，认为资本主义文明是唯一优越和优先的发展范式，现代化进程就是西方现代性在世界范围内的输出和运用，西方现代性值得所有国家无条件、无差别地照搬和模仿，任何一种偏离西方现代性的发展范式都是对现代性基本原则的抛弃和对现代化道路的背叛。弗朗西斯·福山曾断言：“如果我们现在还无法想象出一个完全不同于我们自己这个现实世界的世界，或者未来世界没有以一种明显的方式体现对当今秩序的彻底改善，我们就应该承认历史本身已经走到了尽头。”[②] 实际上，这种观点内在地包含了这样一种理论假设，即“现代欧洲发展起来的现代性文化方案和那里出现的基本制度格局，将最终为所有正在现代化的社会和现代社会照单全收”[③]，这显然是一种典型的“历史终结论”，是对人类社会发展规律的背离和偏废。

人类文明新形态开创了社会主义文明新境界。中国式现代化新道路的创造与发展充分证明，这种“历史终结论”的观点是狂妄的、荒谬的、错误的。具体而言，中国式现代化新道路确立了社会权利与社会责任、无形市场与有形政府有机结合的社会主义市场经济，超越了西方国家以个人权利或自由资本为基础的自由主义市场经济；形成了以人民当家作主为核心理念的实质性、普遍性、彻底性的人民民主政治，推进了全过程人民民主，超越了西方国家“一人一票”和党派轮流执政下的金钱民主和选举民主；形成了能够包容各

①《马克思恩格斯文集》第 2 卷，人民出版社 2009 年版，第 36 页。

②［美］弗朗西斯·福山：《历史的终结与最后之人》，黄胜强、许铭原译，中国社会科学出版社 2003 年版，第 57—58 页。

③［以］艾森斯塔特：《反思现代性》，旷新年、王爱松译，生活·读书·新知三联书店 2006 年版，第 36 页。

类无害性异质型外来文化的“多元融合型柔性文化观念”，超越了西方“文明中心主义”下的“文化优越”“文化冲突”的思维模式；实现了以“人类社会”和“以人民为中心”为立足点的发展格局，超越了西方国家以“市民社会”和“利益至上”为出发点的运行逻辑；等等。中国式现代化新道路昭示了与西方现代化完全不同的发展方向，体现了推动世界社会主义运动走出低谷的强劲势头，彰显了科学社会主义在中国大地的蓬勃发展，不仅解构了“历史终结论”、超越了西方现代性，还创造了人类文明新形态、书写了中国式新现代性理论范式，使中国正从西方现代性影响中国的时代向中国现代性影响世界的时代转变。

（三）人类文明新形态超越“国强必霸论”

西方中心主义者坚持“国强必霸论”。从西方国家开启现代文明的历史经验看，西方国家霸权地位的建立与强化总是伴随着海外扩张、殖民掠夺、战争侵略。马克思曾指出，“资产阶级……它迫使一切民族——如果它们不想灭亡的话——采用资产阶级的生产方式……它按照自己的面貌为自己创造出一个世界”[①]，西方国家的现代化使世界形成了中心与边缘、殖民与依附的发展格局。二战结束后，尽管广大发展中国家成功摆脱了西方国家的殖民统治，但这并不意味着西方霸权主义、强权政治的完全消亡。相反，西方国家将霸权主义的价值观念简化为市场经济制度、政治民主制度、人权保障制度等意识形态教条，大肆向广大发展中国家宣传、推销、兜售这些观念的普适性，以强化自己在经济、政治、意识形态等领域的隐性霸权。

人类文明新形态树立了和平崛起的典范。人类文明新形态的创

①《马克思恩格斯文集》第2卷，人民出版社2009年版，第35—36页。

造超越国强必霸这一模式，其世界历史意义也突出地表现为：中国式现代化新道路开启了和平崛起的典范，创造了一种有别于“国强必霸”的文明新形态。中国式现代化新道路正是克服西方现代性后果的同时能够超越“国强必霸”的崛起逻辑，人类文明新形态的世界历史意义才能真正得以彰显。中国式现代化新道路是在西方现代性的裹挟下快速展开并迅速触动其限度的，因而其就必然会在特定转折点上突破西方现代性的局限从而展现出另辟新路的价值张力，而这种价值张力在今天看来就是创造了不同于资本主义文明的人类文明新形态。

党的二十大报告提出中国式现代化的本质要求是，坚持中国共产党领导，坚持中国特色社会主义，实现高质量发展，发展全过程人民民主，丰富人民精神世界，实现全体人民共同富裕，促进人与自然和谐共生，推动构建人类命运共同体，创造人类文明新形态。这些本质要求决定了中国式现代化的价值取向，确保了中国式现代化作为新的文明形态的轨迹路线。历史和实践充分证明，人类文明新形态已然打破了以“威斯特伐利亚体系”为基础的现代国际关系，超越了“国强必霸”的西方现代性固有逻辑，将成为引领世界发展的典范。

推进中国式现代化，是一项前无古人的开创性事业，必然会遇到各种可以预料和难以预料的风险挑战、艰难险阻甚至惊涛骇浪，必须增强忧患意识，坚持底线思维，居安思危、未雨绸缪，敢于斗争、善于斗争，通过顽强斗争打开事业发展新天地。要保持战略清醒，对各种风险挑战做到胸中有数；保持战略自信，增强斗争的底气；保持战略主动，增强斗争本领。要加强能力提升，让领导干部特别是年轻干部经受严格的思想淬炼、政治历练、实践锻炼、专业训练，在复杂严峻的斗争中经风雨、见世面、壮筋骨、长才干。

第二节 在推动构建人类命运共同体上贡献中国智慧

中国始终坚持维护世界和平、促进共同发展的外交政策宗旨，致力于推动构建人类命运共同体。党的十八大以来，针对“建设一个什么样的世界、如何建设这个世界”等关乎人类前途命运的重大课题，习近平总书记高瞻远瞩地提出了构建人类命运共同体的重要论述。“人类命运共同体，顾名思义，就是每个民族、每个国家的前途命运都紧紧联系在一起。”坚持推动构建人类命运共同体，是习近平外交思想的重要内容，是习近平新时代中国特色社会主义思想的重要组成部分。构建人类命运共同体重要理念，是习近平总书记着眼人类发展和世界前途提出的中国方案，受到国际社会的高度评价和热烈响应，已被多次写入联合国文件，产生日益广泛而深远的国际影响，成为中国引领时代潮流和人类文明进步方向的鲜明旗帜。

一、人类命运共同体的提出背景

人类命运共同体的提出，是新时代中国共产党人对世界之问、时代之问的科学解读，是世界面临共同挑战、人类处于十字路口该向何处去的关键时刻的中国方案，有其深刻的理论内涵和实践背景。

（一）人类命运共同体提出的世情

地球是人类到目前为止唯一的一个共同家园。当前，世界之变、时代之变、历史之变正以前所未有的方式展开。一方面，和平、发展、合作、共赢的历史潮流不可阻挡，人心所向、大势所趋决定了人类前途终归光明。人类生活在同一个地球村里，生活在历史和现实交汇的同一个时空里，越来越成为你中有我、我中有你的共同体。马克思、恩格斯指出："各民族的原始封闭状态由于日益完善的生产方式、交往以及因交往而自然形成的不同民族之间的分工消灭得越是彻底，历史也就越是成为世界历史。"① 在全球化成为基本特征的今天，人类交往的世界性比以往任何时候都更加广泛、更加深入。科技的创新发展使人类交往越来越高智能化、高科技化；信息技术的发展使地球变成了"地球村"，人类的交往越来越具有即时性；交通的便捷使不同民族国家之间的人口交流越来越频繁，人类的交往越来越具有普遍性。人类命运与共、休戚相关，和平、发展、合作、共赢的时代潮流仍是主流。

同时，人类生存发展也共同面临着许多全球性问题和挑战。狄更斯将工业革命后的世界描述为"这是最好的时代，也是最坏的时代"。人类文明发展达到历史上的最高水平，但是人类也正处在一个挑战层出不穷、风险日益增多的时代。世界政治险象环生：兵戎相见时有发生，地区冲突频繁发生，冷战思维、霸权主义、强权政治仍然存在，恐怖主义、难民潮等挑战此起彼伏；世界经济增长乏力：金融危机阴云不散，南北发展鸿沟继续拉大，贫困、失业、收入差距拉大，单边主义、保护主义不断抬头；非传统安全威胁持续蔓延：网络安全问题不容忽视，重大传染性疾病威胁人类生命健康，气候变化和环境污染影响人类生存环境。和平赤字、安全赤字、信任赤字、发展赤字、治理赤字，是摆在全人类面前的严峻挑战。人类社

①《在纪念马克思诞辰200周年大会上的讲话》，人民出版社2018年版，第22页。

会面临前所未有的挑战。世界又一次站在历史的十字路口，何去何从取决于各国人民的抉择。

中国人民的梦想同各国人民的梦想息息相通，实现中国梦离不开和平的国际环境和稳定的国际秩序。每个民族、每个国家的前途命运都紧紧联系在一起，应该风雨同舟、荣辱与共，努力把我们生于斯、长于斯的这个星球建成一个和睦的大家庭，把世界各国人民对美好生活的向往变成现实。

（二）人类命运共同体提出的国情

中国始终坚持不渝走和平发展道路。走和平发展道路，是我们党根据时代发展潮流和我国根本利益作出的战略抉择。坚持走和平发展道路，要以毛泽东思想、邓小平理论、“三个代表”重要思想、科学发展观、习近平新时代中国特色社会主义思想为指导，统筹国内国际两个大局，坚持开放的发展、合作的发展、共赢的发展，通过争取和平国际环境发展自己，又以自身发展维护和促进世界和平，不断提高我国综合国力，不断让广大人民群众享受到和平发展带来的利益，不断夯实走和平发展道路的物质基础和社会基础。

中华民族向来是爱好和平的民族。国际上对中国会“国强必霸”的担心是认知上的误读和偏见。中华民族的血液中没有侵略他人、称霸世界的基因。坚定不移走和平发展道路，主张构建人类命运共同体，来源于中华文明的深厚底蕴。“协和万邦，天下大同”是中华文明的重要价值理念和鲜明特色，是中华儿女共同期盼的美好世界图景。儒家思想作为中国主流传统文化，尚德而不尚力，一直主张“以德服人”而非“以力服人”；《礼记·中庸》中记载：“万物并育而不相害，道并行而不相悖”；《墨子·兼爱》中记载：“强不执弱”“富不侮贫”；司马迁在《史记·五帝本纪》中提出“合和万国”；费孝通提出“各美其美，美人之美；美美与共，天下大同”。“没有合作，寸步难行”是中华民族在长期历史实践中总结出来的生存交往智慧，人类命运共同体理念正是对这些中华优秀传统文化进行创造性转化与创新性发展的产物。

中国的和平发展道路来之不易。消除战争、实现和平，是近代以来中国人民最迫切、最深厚的愿望。走和平发展道路，既是对于中华优秀传统文化的传承和发展，也是中国人民从近代以来的苦难遭遇中得出的必然结论。中国的和平发展道路是新中国成立以来特别是改革开放以来，我们党经过艰辛探索和不断实践逐步形成的。我们提出和坚持了和平共处五项原则、确立和奉行了独立自主的和平外交政策，向世界作出了永远不称霸、永远不搞扩张的庄严承诺，强调中国始终是维护世界和平的坚定力量。中国将坚定不移走和平发展道路，并且希望世界各国共同走和平发展道路。只有世界各国都走和平发展道路，各国才能共同发展。中国始终不渝倡导合作共赢理念，决不会以牺牲别国利益为代价来发展自己，也坚决维护国家核心利益，决不放弃自己的正当权益。

（三）人类命运共同体的提出完善过程

人类命运共同体理念经历了一个不断完善与发展的历程。2012 年 11 月 8 日，党的十八大报告中提出人类命运共同体意识：“合作共赢，就是要倡导人类命运共同体意识，在追求本国利益时兼顾他国合理关切，在谋求本国发展中促进各国共同发展，建立更加平等均衡的新型全球发展伙伴关系，同舟共济，权责共担，增进人类共同利益。”2013 年 3 月 23 日，习近平总书记首次在国际场合指出，“这个世界，各国相互联系、相互依存的程度空前加深，人类生活在同一个地球村里，生活在历史和现实交汇的同一个时空里，越来越成为你中有我、我中有你的命运共同体”[①]。2015年3月28日，习近平主席在博鳌亚洲论坛开幕式上发表演讲，发出了“通过迈向亚洲命运共同体，推动建设人类命运共同体”的倡议。2017年1月18日，习近平主席在日内瓦万国宫发表主旨演讲，面对“世界怎么了、我们怎么办”的时代之问，第一次明确、系统地阐述了人类命运共同体的理念，提出构建人类命运共同体思想内涵的五大支柱：持久和平、普遍安全、共同繁荣、开放包容、清洁美丽。2017年10月18日，习近平总书记在党的十九大报告中提出八个明确，其中第七个明确内容为“明确中国特色大国外交要推动构建新型国际关系，推动构建人类命运共同体”。2018年3月11日，第十三届全国人民代表大会第一次会议通过的宪法修正案，将“推动构建人类命运共同体”写入宪法。2021年11月11日，党的十九届六中全会审议通过的《中共中央关于党的百年奋斗重大成就和历史经验的决议》中用“十个明确”对习近平新时代中国特色社会主义思想的核心内容作了进一步概括，其中第九个明确指出：明确中国特色大国外交要服务民族复兴、促进人类进步，推动建设新型国际关系，推动构建人类命运共同体，确立了推动构建人类命运共同体是习近平新时代中国特色社会主义思想的核心内容之一。党的二十大报告明确指出：“坚定奉行互利共赢的开放战略，不断以中国新发展为世界提供新机遇，推动建设开放型世界经济，更好惠及各国人民。”

二、人类命运共同体的科学内涵

党的二十大报告明确指出：“中国坚持对话协商，推动建设一个持久和平的世界；坚持共建共享，推动建设一个普遍安全的世界；

①《习近平谈治国理政》第1卷，外文出版社2018年版，第272页。

坚持合作共赢，推动建设一个共同繁荣的世界；坚持交流互鉴，推动建设一个开放包容的世界；坚持绿色低碳，推动建设一个清洁美丽的世界。”推动建设一个持久和平、普遍安全、共同繁荣、开放包容、清洁美丽的世界，符合中国人民和世界人民的根本利益，汇聚了世界各国人民对和平、发展、繁荣向往的最大公约数，反映了人类社会的共同价值追求。建立公正合理的国际秩序是近代以来人类孜孜以求的目标。《威斯特伐利亚和约》确立的平等和主权原则、日内瓦公约确立的国际人道主义精神、联合国宪章明确的四大宗旨和七项原则、万隆会议倡导的和平共处五项原则等国际社会公认的原则是构建人类命运共同体的基本遵循。

（一）坚持对话协商，推动建设一个持久和平的世界

国家和，则世界安；国家斗，则世界乱。和平是人类生存的必需条件和前提性条件，要和平不要战争是各国人民朴素而真实的愿

◆ 中国维和部队人员在国外执行维和任务

望。对于人类的每一分子来说，和平关涉着最基本的生存权。和平是人民的永恒期望。和平犹如空气和阳光，受益而不觉，失之则难存。没有和平，发展就无从谈起。建设一个持久和平的世界，根本要义在于国家之间构建平等对待、互商互谅的伙伴关系。对待国家间存在的分歧和争端，要坚持通过对话协商以和平方式解决，以对话增互信，以对话解纷争，以对话促安全，不能动辄诉诸武力或以武力相威胁。热衷于使用武力，不是强大的表现，而是道义贫乏、理念苍白的表现。只有基于道义、理念的安全，才是基础牢固、真正持久的安全。

（二）坚持共建共享，推动建设一个普遍安全的世界

世上没有绝对安全的世外桃源，一国安全不能建立在别国不安全之上，别国面临的威胁也可能成为本国的挑战。要在遵守国际关系基本准则的基础上，坚持以对话解决争端、以协商化解分歧，统筹应对传统和非传统安全威胁和挑战，反对一切形式的恐怖主义。每个国家都有参与地区安全事务的权利，也都有维护地区安全的责任，国际社会要深化双边和多边协作，促进不同安全机制之间的互补合作，实现普遍安全和共同安全。中国坚持推进国际共同安全，高举合作、创新、法治、共赢的旗帜，推动树立共同、综合、合作、可持续的全球安全观，加强国际安全合作，完善全球安全治理体系，共同构建普遍安全的人类命运共同体。

（三）坚持合作共赢，推动建设一个共同繁荣的世界

在和平和安全的基础上，发展决定着人类生存质量的好坏高低。唯有发展，才能根除冲突的根源。唯有发展，才能保障人民的基本权利。唯有发展，才能满足人民对美好生活的热切向往。发展是第一要务，适用于地球上的每个国家。经济全球化是一把“双刃剑”，

是社会生产力发展的客观要求和科技进步的必然结果，为世界经济增长提供了强劲动力，但是也使得增长和分配、资本和劳动、效率和公平之间的矛盾更加突出了。面对当今世界全球增长动能不足、全球经济治理滞后、全球发展失衡等突出矛盾，中国提倡：坚持创新驱动，打造富有活力的增长模式；坚持协同联动，打造开放共赢的合作模式；坚持与时俱进，打造公正合理的治理模式；坚持公平包容，打造平衡普惠的发展模式。各国应该携手合作，共同推动世界繁荣，让发展成果惠及世界各国，让人人享有富足安康。

（四）坚持交流互鉴，推动建设一个开放包容的世界

人类文明多样性是世界的基本特征，也是人类进步的源泉。每种文明都有其独特魅力和深厚底蕴，都是人类的精神瑰宝。不同于“文明冲突论”“文明优越论”等论调，人类命运共同体强调文明差异不应该成为世界冲突的根源，而应该成为人类文明进步的动力。世界上的文明具有多样性，各种不同的文明之间并非优劣与高下之分，而是地域与特色之别。文明因交流互鉴而多彩丰富。不同文明

◆ 中国—中亚峰会文艺演出

之间的交往应当首先秉持互相尊重的底线，在此基础上形成宽容与包容的交流交往态度。我们既要让本国文明充满勃勃生机，又要为他国文明发展创造条件，让世界文明百花园群芳竞艳。不同文明要取长补短、共同进步，让文明交流互鉴成为推动人类社会进步的动力、维护世界和平的纽带。

（五）坚持绿色低碳，推动建设一个清洁美丽的世界

人与自然共生共存，伤害自然最终将伤及人类。工业化创造了前所未有的物质财富，也产生了难以弥补的生态创伤。生态文明建设关乎人类未来，人类应当牢固树立尊重自然、顺应自然、保护自然的意识，解决好工业文明带来的矛盾，以人与自然和谐相处为目标，实现世界的可持续发展和人的全面发展。人类应该倡导遵循绿色、低碳、循环、可持续的生产生活方式，坚持环境友好，平衡推进联合国 2030 年可持续发展议程，合作应对气候变化，构筑尊崇自然、绿色发展的生态体系，不断开拓生产发展、生活富裕、生态良好的文明发展道路，保护好人类赖以生存的地球家园。

三、人类命运共同体的价值贡献

人类命运共同体的提出，受到国际社会的关注和认可，给处于彷徨迷茫的人类开出了一副良方，对于人类思考前途和命运问题提供了可供选择的科学答案。人类命运共同体数次被写入联合国决议，填补了联合国国际安全领域决议的空白。人类命运共同体屡屡被联合国“青睐”，体现了国际社会的共识，彰显了中国理念和中国方案对全球治理的重要贡献。

（一）推动构建新型国际关系

推动建设新型国际关系，是构建人类命运共同体的基本路径，

就是要秉持相互尊重、公平正义、合作共赢原则，走出一条对话而不对抗、结伴而不结盟的国与国交往新路。构建新型国际关系、构建人类命运共同体作为一个整体，科学回答了建设什么样的世界、中国需要什么样的外交，以及如何开展国与国交往、如何探索人类发展未来等重大问题，为进入新时代的中国外交亮明了新旗帜，催生了新作为，开辟了新境界。

维护公平正义是处理国与国之间关系的道义基础。“公平”“正义”是全人类共同价值的重要内容，也是中国处理国家间关系的价值遵循。中国坚定奉行独立自主的和平外交政策，始终根据事情本身的是非曲直决定自己的立场和政策，维护国际关系基本准则，维护国际公平正义。“公平正义”被用来界定新型国际关系，丰富了新型国际关系的内涵，是中国特色大国外交为人类作出新的更大贡献的重要体现。世界各国人民应当共同享受尊严、共同享受发展成果、共同享受安全保障。要坚持各国不分大小、强弱、贫富一律平等，尊重各国人民自主选择发展道路的权利，反对干涉别国内政，维护国际公平正义。

推动大国协调合作对于构建新型国际关系至关重要。大国之间相处，要不冲突、不对抗、相互尊重、合作共赢。促进大国协调和良性互动，推动构建和平共处、总体稳定、均衡发展的大国关系格局。中美关系是当今世界最重要的双边关系之一，中美的共同利益远大于分歧，应该尊重彼此的主权和领土完整，尊重彼此对发展道路的选择和彼此的差异性。面对复杂多变的国际形势，中美两个大国在维护世界和平稳定、促进全球发展繁荣方面拥有的共同利益更多了，肩负的责任更大了，合作空间更广了。发展长期健康稳定的中美关系，符合两国人民根本利益，也是国际社会的普遍期待。中

◆ 第三届文明交流互鉴对话会暨首届世界汉学家大会于 2023 年 7 月在北京举行

俄互为最主要、最重要的战略合作伙伴，关系成熟、稳定、牢固，是互信程度最高、协作水平最高、战略价值最高的一对大国关系。两国要巩固互信、始终坚定支持对方核心利益、深入开展各领域协调合作，共同积极参与全球治理。欧洲是多极化世界的重要一极，是中国的全面战略伙伴。要继续推进中欧和平、增长、改革、文明四大伙伴关系建设。加强周边合作也是构建新型国际关系的重要内容。中国高度重视周边安全，按照亲诚惠容理念和与邻为善、以邻为伴的周边外交方针深化同周边国家关系，视促进周边和平、稳定、发展为己任，欢迎周边国家搭乘中国发展快车，让中国发展成果惠及周边。

（二）积极参与并引领全球治理

随着国际力量对比消长变化和全球性挑战日益增多，现行全球治理体系不适应的地方越来越多，国际社会对变革全球治理体系的呼声越来越高。加强全球治理、推动全球治理体系变革是大势所趋。国际力量对比决定着全球治理格局，国际力量的对比变化要求全球治理体系的变革。21世纪以来，一大批发展中国家和新兴市场国家发展崛起，引起了国际力量的变化。基于这样的变化，全球治理体系应当朝着更加能够反映大多数国家的意愿和利益的方向改革，应当朝着更加能够反映发展中国家的意愿和利益的方向改革。党的二十大报告深刻指出："中国积极参与全球治理体系改革和建设，践行共商共建共享的全球治理观，坚持真正的多边主义，推进国际关系民主化，推动全球治理朝着更加公正合理的方向发展。"

全球治理应当基于国际道义，抛弃强权逻辑和发达国家优先逻辑。世界命运应该由各国共同掌握，国际规则应该由各国共同书写，全球事务应该由各国共同治理，发展成果应该由各国共同分享；反对霸权主义和几方共治，不能"谁的胳膊粗、气力大谁就说了算"；国际上的事应该由大家共同商量着办，世界前途命运应该由各国共同掌握，不能把一个或几个国家制定的规则强加于人，也不能由个别国家的单边主义给整个世界"带节奏"。

中国作为世界上最大的发展中国家，将继续发挥负责任大国作用，积极参与引领全球治理体系改革和建设，不断贡献中国智慧和力量。中国坚决维护以联合国宪章宗旨和原则为核心的国际秩序，提出"一带一路"倡议，发起成立亚洲基础设施投资银行等新型多边金融机构，促成国际货币基金组织完成份额和治理机制改革，积极参与制定海洋、极地、网络、外空、核安全、反腐败、气候变化等新兴领域治理规则，推动改革全球治理体系中不公正不合理的安排。

在全球治理体系的改革和建设中，中国将高举人类命运共同体旗帜，推动全球治理体系朝着更加公正合理的方向发展。在全球治理层面，中国提出构建网络空间命运共同体、人类卫生健康共同体、人与自然生命共同体、海洋命运共同体等倡议；在双边层面，中国同巴基斯坦、柬埔寨、老挝、哈萨克斯坦、乌兹别克斯坦等国家构建命运共同体；在地区层面，中国致力于打造周边命运共同体、亚太命运共同体、中国—东盟命运共同体、上海合作组织命运共同体、中非命运共同体、中阿命运共同体、中拉命运共同体……构建人类命运共同体理念日益深入人心，不断凝聚起维护和践行多边主义、加强全球治理的全球共识。推动全球治理体系变革是国际社会大家的事，要坚持共商共建共享原则，使关于全球治理体系变革的主张转化为各方共识，形成一致行动。

我们所处的是一个挑战与希望并存的时代。构建人类命运共同体是世界各国人民前途所在。习近平总书记构建人类命运共同体重要理念，是对中国特色大国外交的理论和实践创新，是超越了民族国家意识形态的全球观，为人类社会实现共同发展、持续繁荣、长治久安绘制了蓝图，体现了中国致力于为世界和平与发展作出更大贡献的崇高目标，体现了中国将自身发展与世界发展相统一的全球视野、世界胸怀和大国担当。

为推动构建人类命运共同体，中国基于全人类共同价值，采取了一系列的行动：提出共建“一带一路”倡议、提出全球发展倡议、提出全球安全倡议、提出全球文明倡议等。构建人类命运共同体是一个美好而远大的目标，是需要一代又一代人努力建设才能够最终实现的目标。中国将继续发挥负责任大国的作用，继续与各方携手，努力为人类开创持久和平、普遍安全、共同繁荣、开放包容、清洁美丽的美好未来。

第三节 在建设长期执政的马克思主义政党上提供中国经验

办好中国的事情，关键在党。走过百年历程的中国共产党团结带领人民取得了一个又一个令世界瞩目的伟大成就，始终得到广大人民群众的衷心拥护和支持，不仅将自己锻造得更加坚强有力，而且找到了自我革命这一跳出治乱兴衰历史周期率的第二个答案。因此，尽管已经百岁，却仍“风华正茂”。中国共产党为什么能够成功，成为世界各国政党特别是执政党热议和关注的重大时代课题。在众多的研究中，美国的中国问题专家罗伯特·库恩给出的结论是：中国奇迹的关键在于中国共产党在长期执政过程中所展现出来的非凡领导力。中国共产党连续执政 73 年并领导中国人民取得辉煌的历史性成就，为中国共产党长期执政写下了举世瞩目的中国经验。中国共产党是百年大党，也是世界第一大执政党。1949 年 3 月 23 日，毛泽东率领中共中央机关离开西柏坡前往北平。毛泽东同志形象而深刻地比喻此次为“进京赶考”。出发时，毛泽东对周恩来说，今天是进京的日子，进京赶考去。我们决不能当李自成，我们都希望考个好成绩。“进京赶考”这一命题提出 70 多年来，中国共产党带领着中国人民在社会主义的康庄大道上书写了改天换地的壮丽史诗，使中国人民从站起来、富起来迎来了强起来的伟大历史飞跃，交出了一份让人民满意的答卷。在“两个一百年”奋斗目标的交汇节点，党的十九届六中全会提出了“建设什么样的长期执政的马克思主义政党、怎样建设长期执政的马克思主义政党”这一重大时代课题，指明了以史为鉴、开创未来的执政使命，告诫全党要牢记中国共产党是什么、要干什么这个根本问题。党的二十大报告深刻指出：“全党必须牢记，全面从严治党永远在路上，党的自我革命永远在路上，决不能有松劲歇脚、疲劳厌战的情绪，必须持之以恒推进全面从严治党，深入推进新时代党的建设新的伟大工程，以党的自我革命引领社会革命。”全面从严治党永远在路上，要时刻保持解决大党独有难题的清醒和坚定。这些重要论述凸显了执政意识和执政理念，深化了对党的长期执政规律的认识，有助于把握中国共产党为什么能成功，未来怎样才能继续成功。

一、建设什么样的长期执政的马克思主义政党

党的建设目标是回答究竟要建设一个什么样的党的问题。这个问题如果把握得不准确不清楚不坚决不彻底，就会使党的建设实践偏离正确方向。因此，党的建设目标问题，历来都是党的建设首先需要厘清理顺的重大课题。新时代党的建设总要求中，对新时代党的建设目标作出了果决清晰而且针对性、操作性很强的界定，即要把党建设成为始终走在时代前列、人民衷心拥护、勇于自我革命、经得起各种风浪考验、朝气蓬勃的马克思主义执政党。我们要落实新时代党的建设总要求，健全全面从严治党体系，全面推进党的自我净化、自我完善、自我革新、自我提高，使我们党坚守初心使命，始终成为中国特色社会主义事业的坚强领导核心。

（一）“始终走在时代前列”集中体现了党的性质

中国共产党从成立之日起，就是中国工人阶级的先锋队，同时也是中国人民和中华民族的先锋队。它以马克思主义为理论基础和行动指南，代表中国先进生产力的发展要求，代表中国先进文化的

前进方向，代表中国最广大人民的根本利益，代表中国社会发展的正确方向，在中国革命、建设和改革的各个历史时期始终以科学的理论作指导、以先进的阶级为基础、以最高纲领为指引，制定符合中国实际的路线方针政策，因而能始终走在时代前列，始终成为全国人民的主心骨，始终成为坚强领导核心。

把党建设成为“始终走在时代前列”的马克思主义执政党，这是新时代我们党踏上新征程后，进行伟大斗争、推进伟大事业、实现伟大梦想的关键之所在，也是党的先进性要求和与时俱进的品质体现。为此，我们党在新时代必须把政治建设摆在首位，坚定执行党的政治路线，严格遵守政治纪律和政治规矩，在政治立场、政治方向、政治原则、政治道路上同党中央保持高度一致，保证全党服从中央，坚持党中央权威和集中统一领导；必须坚持用马克思主义特别是习近平新时代中国特色社会主义思想武装全党，进一步坚定理想信念，保持党的团结统一；必须全面增强执政本领，不断提高党的创造力、凝聚力、战斗力、领导力、号召力，确保党在世界形势深刻变化的历史进程中始终走在时代前列，在坚持和发展中国特色社会主义的历史进程中始终成为坚强领导核心。

（二）“人民衷心拥护”集中体现了党的根本宗旨

党的性质决定党的宗旨。中国共产党自成立之日起，就把全心全意为人民服务作为根本宗旨，把实现好、维护好、发展好最广大人民根本利益作为一切工作的出发点和落脚点。这是中国共产党区别于其他任何政党的显著标志之一。人民是历史的创造者，是决定党和国家前途命运的根本力量。一个政党，一个政权，其前途命运取决于人心向背。我们党来自人民、植根人民、服务人民，一旦脱离群众，就会失去生命力。我们党始终坚持以人民为中心的发展观，坚持发展为了人民、发展依靠人民、发展成果由人民共享，在经济发展基础上不断增强人民群众的获得感，这是中国共产党赢得群众拥戴的关键所在。从毛泽东的“人民万岁”，到习近平的“人民对美好生活的向往，就是我们的奋斗目标”，全心全意为人民服务，始终代表最广大人民的根本利益，而不是哪个利益集团的特殊利益，是中国共产党长期执政的根基所在。

江山就是人民，人民就是江山，打江山、守江山，守的是人民的心。哈萨克斯坦共产人民党中央委员会书记阿依肯·科努罗夫指出：中国共产党领导干部的从政经历都是从基层开始，他们熟悉群众，了解人民疾苦，始终把人民利益放在首位，这是中国共产党与西方国家执政党的根本区别。当今世界，经济社会快速发展变化，新兴阶层不断涌现，执政党普遍面临社会新的挑战。始终代表最广大人民根本利益的定位，使得中国共产党的代表性有着其他政党无法比拟的拓展性和开放性。作为执政党，中国共产党与时俱进地团结和吸纳社会各阶层先进分子加入其中，更好地凝聚共识，寻求中国共产党代表全国人民利益的最大公约数，长期执政的社会群众基础得以不断夯实和扩大。

（三）“勇于自我革命”集中体现了党的鲜明品格

勇于自我革命，从严管党治党，是我们党最鲜明的品格。作为一个长期执政的党，要始终保持和发展马克思主义执政党的先进性和纯洁性，不仅要接受外部监督，更要以自我革命的方式不断革除积弊，祛除病灶，强筋壮骨，昂扬向上。从哲学意义上讲，“自我革命”是主体自觉进行自我扬弃的过程。党的自我革命，概言之，就是党在领导中国革命、建设和改革的进程中，不忘初心、牢记使命，坚持一切从实际出发，在自我警醒、自我否定、自我反思、自我超越中实现自我净化、自我完善、自我革新、自我提高，确保党的肌

◆ 福建福州严格执纪监督

体的健康。它主要体现在思想、党内政治生活、党内监督等各个方面。比如，全党自觉更新思想、转变作风、提高觉悟，实质上是党的思想自我革命；党内开展严肃认真的政治生活，进行批评和自我批评，树立正气，反对不良风气，实质上是党内政治生活的自我革命；自觉加强党内监督，严格执行党的纪律，对于违规违纪党员，严厉查处，决不姑息纵容，实质上是党内监督革命；等等。

善治之道，选贤任能。中国共产党对此历来高度重视，始终把选人用人作为关系党和人民事业的关键性问题来抓。“实现中华民族伟大复兴，坚持和发展中国特色社会主义，关键在党，关键在人”，这是习近平总书记的重要论断。选贤任能让中国共产党组织肌体充满活力，从严治党则赋予肌体以强大的自净力。从早已有之的纪律监察机制，到中央巡视工作成为党内监督战略性制度安排，中国共产党自我监督力度持续升级，为保持组织纯洁性提供了强有力的制度保障。党的二十大报告深刻指出：“全面建设社会主义现代化国家，必须有一支政治过硬、适应新时代要求、具备领导现代化建设能力的干部队伍。”

党的十八大以来，以习近平同志为核心的党中央坚持整治“四风”，“打虎”“拍蝇”，以“法无例外”的刚性和“壮士断腕”的勇气激浊扬清、弘扬正气，让百姓看到中国共产党解决自身问题的决心和能力，党心民心为之一振。我们党在革命、建设、改革各个时期，一次次拿起手术刀革除自身病症，一次次依靠自身力量和与群众结合的力量解决自身问题，攻克了一个又一个看似不可攻克的难关，创造了一个又一个彪炳史册的人间奇迹。党的二十大报告指出：“腐败是危害党的生命力和战斗力的最大毒瘤，反腐败是最彻底的自我革命。只要存在腐败问题产生的土壤和条件，反腐败斗争就一刻不能停，必须永远吹冲锋号。”

将勇于自我革命确立为新时代党的建设总目标，不仅充分彰显了我们党全面从严管党治党的鲜明品格，而且特别突出新时代党的建设自我革命的极端重要性。为此，新时代我们党必须不断提高自我净化、自我完善、自我革新、自我提高能力，自我革命不但一刻也不能放松，而且必须坚持“严”字当头、“实”字托底，保持正视问题的自觉，保持刀刃向内的勇气。具体来讲，全面管党治党的认识和要求要严，决不能有松口气、歇歇脚的想法，必须始终拧紧全面从严治党的螺丝；党内政治生活要严，严明党的纪律，强化党内监督，建设积极健康的党内政治文化；对干部的选拔教育要严，严格按照好干部标准选拔任用干部，严格按照新时代、新使命的要求教育管理干部，努力建设高素质专业化干部队伍；正风肃纪要严，勇于直面问题，敢于刮骨疗毒，使党员、干部知敬畏、存戒惧、守底线，习惯在监督约束中工作生活；落实管党治党责任要严，进一步扩大党建责任制覆盖面，建立健全党建责任清单，健全党建责任监督、考核、评价机制，强化责任追究，保证责任落实，推动管党治党真正从宽松软走向严紧硬，不断开创新时代党的建设新局面，确保党始终成为中国特色社会主义的坚强领导核心。

（四）“经得起各种风浪考验”集中体现了党的执政能力和领导水平

“经得起各种风浪考验”是针对新时代必然遇到的越来越复杂艰巨的执政风险考验，党必须要具备的拒腐防变能力和执政能力。习近平总书记在新进中央委员会的委员、候补委员和省部级主要领导干部学习贯彻习近平新时代中国特色社会主义思想和党的二十大精神研讨班上强调，推进中国式现代化，是一项前无古人的开创性事业，必然会遇到各种可以预料和难以预料的风险挑战、艰难险阻甚至惊涛骇浪，必须增强忧患意识，坚持底线思维，居安思危、未雨绸缪，敢于斗争、善于斗争，通过顽强斗争打开事业发展新天地。党的执政能力就是党治国理政的本领。具体来说，就是指党提出和运用正确的理论、路线、方针、政策和策略，领导制定和实施宪法和法律，采取科学的领导制度和领导方式，动员和组织人民依法管理国家和社会事务、经济和文化事业，有效治党治国治军，建设社会主义现代化国家等方面的本领。

党的领导水平是党的领导干部建立在一定素质和能力基础上的综合能力的集中体现。党执政能力和领导水平相辅相成。将“经得起各种风浪考验”确立为新时代党的建设总目标，对新时代党的执政能力和领导水平提出了更高的标准和要求。历史和实践证明，我们党在长期执政中，要经得起国内外各种风浪考验，既要政治过硬，也要本领高强。为此，新时代我们党必须深刻认识“四大考验”的长期性和复杂性、“四种危险”的尖锐性和严峻性。面对各种考验和风险，我们党必须不断增强政治领导力，始终把握政治方向、保持政治定力、善于驾驭政治局面、有效防范政治风险；必须不断增强思想引领力，坚持用马克思主义特别是习近平新时代中国特色社会主义思想武装全党、指导实践、推动工作，紧紧抓住坚定理想信念、强化宗旨意识、践行群众路线，打好党的建设的根基；必须不断增强群众组织力，坚持马克思主义唯物史观，坚持以人民为中心的发展思想，深入关注和解决“发展起来的问题”，在坚持全面发展中缩小社会差距、补齐民生短板、加大环境治理、化解重大风险，在生动具体的实践中带领人民创造更加幸福美好生活；必须不断增强社会号召力，在全社会培育和践行社会主义核心价值观，用共同价值追求和奋斗目标感召鼓舞人民群众，形成夺取新时代中国特色社会主义伟大胜利的磅礴力量。同时，必须不断增强学习本领、政治领导本领、改革创新本领、科学发展本领、依法执政本领、群众工作本领、狠抓落实本领、驾驭风险本领，在全面增强执政本领的基础上提高党把方向、谋大局、定政策、促改革的能力和定力，使我们党永远同人民想在一起、干在一起，确保党在应对国内外各种风险和考验的历史进程中始终成为全国人民的主心骨。

（五）“朝气蓬勃”集中体现了党的生机活力

党的生机活力，体现在它不断发展壮大过程中历久弥坚的信仰聚合力、锐意创新的勇气、昂扬向上的朝气，体现在它正确价值取向与奋斗目标蕴含的源源不断的动力。党应该始终具备带领人民干事业的精神面貌。坚持依靠人民、服务人民，为人民的利益而奋斗，是我们党安身立命的根本，也是我们党永葆生机活力的法宝。历史和实践证明，什么时候党朝气蓬勃，民族就充满希望；什么时候党坚强有力，国家就兴旺发达。我们党在领导中国革命、建设和改革的进程中，始终坚定理想信念，始终不忘初心砥砺前行，努力锻造品格，提升能力，强化担当，焕发出勃勃生机，深受人民爱戴。把“朝气蓬勃”确立为新时代党的建设总目标，体现了新时代我们党应有的精神风貌，对新时代正风肃纪、全面从严治党提出了更高要求。为此，我们党在新时代必须以反腐败永远在路上的坚韧和执着，推进全面从严治党向纵深发展，夺取反腐败斗争压倒性胜利。

新时代，党内存在的思想不纯、政治不纯、组织不纯、作风不纯等突出问题尚未得到根本解决，反腐败斗争形势依然严峻复杂，要夺取反腐败斗争压倒性胜利，我们党需要付出更多的艰辛努力。一方面，要大力加强理想信念和世界观、人生观、价值观、权力观、政绩观教育，拧紧党员干部的思想“总开关”，更要严肃党内政治生活、强化党内监督、严明党的纪律、深化标本兼治，增强全面从严治党的系统性、创造性、实效性，确保干部清正、政府清廉、政治清明。另一方面，既要坚持无禁区、全覆盖、零容忍，采取巩固性措施，让全面从严治党的良好态势长期保持下去，又要坚持重遏制、强高压、长震慑，采取发展性措施，不断强化不敢腐的震慑，扎牢不能腐的笼子，增强不想腐的自觉，永葆党的生机活力和国家的长治久安。

（六）“马克思主义执政党”是党的根本属性

无论党面临的执政环境、形势和任务有多大变化，党永远是马克思主义理论指导下的中国共产党，永远是全心全意为人民服务的中国共产党，永远是中国人民和中华民族先锋队的中国共产党，永远是与中国人民同呼吸共命运心连心的中国共产党，永远是与中国人民想在一起、干在一起的中国共产党。

二、怎样建设长期执政的马克思主义政党

习近平总书记在党的二十大报告中强调，“全面建设社会主义现代化国家、全面推进中华民族伟大复兴，关键在党。我们党作为世界上最大的马克思主义执政党，要始终赢得人民拥护、巩固长期执政地位，必须时刻保持解决大党独有难题的清醒和坚定”，“全党必须牢记，全面从严治党永远在路上，党的自我革命永远在路上，决不能有松劲歇脚、疲劳厌战的情绪，必须持之以恒推进全面从严治党，深入推进新时代党的建设新的伟大工程，以党的自我革命引领社会革命”。我们要落实新时代党的建设总要求，健全全面从严治党体系，全面推进党的自我净化、自我完善、自我革新、自我提高，使我们党坚守初心使命，始终成为中国特色社会主义事业的坚强领导核心。

（一）坚持和加强党中央集中统一领导

健全总揽全局、协调各方的党的领导制度体系，完善党中央重大决策部署落实机制，确保全党在政治立场、政治方向、政治原则、政治道路上同党中央保持高度一致，确保党的团结统一。特别强调要提高各级党组织和党员干部的政治判断力、政治领悟力、政治执行力。2018 年 1 月 5 日，习近平总书记在省部级主要领导干部学习贯彻习近平新时代中国特色社会主义思想和党的十九大精神研讨班上提出，“在领导干部的所有能力中，政治能力是第一位的”。2018 年 6 月 29 日，在十九届中央政治局第六次集体学习中，习近平总书

◆《没有共产党就没有新中国》歌曲诞生地——北京房山堂上村

记提出“把握方向、把握大势、把握全局的能力，辨别政治是非、保持政治定力、驾驭政治局面、防范政治风险的能力”，把政治能力分为思维和行为两个维度。2020 年 12 月 24 日至 25 日，习近平总书记在主持中央政治局民主生活会上提出不断提高政治判断力、政治领悟力、政治执行力。从此，提高各级党组织和党员干部“政治三力”，就成为坚持和加强党的全面领导、加强党的政治建设的关键。

党的领导直接关系中国式现代化的根本方向、前途命运、最终成败。党的领导决定中国式现代化的根本性质，只有毫不动摇坚持党的领导，中国式现代化才能前景光明、繁荣兴盛，否则就会偏离航向、丧失灵魂，甚至犯颠覆性错误。党的领导确保中国式现代化锚定奋斗目标行稳致远，我们党的奋斗目标一以贯之，一代一代地接力推进，取得了举世瞩目、彪炳史册的辉煌业绩。党的领导激发建设中国式现代化的强劲动力，我们党勇于改革创新，不断破除各方面体制机制弊端，为中国式现代化注入不竭动力。党的领导凝聚建设中国式现代化的磅礴力量，我们党坚持党的群众路线，坚持以人民为中心的发展思想，发展全过程人民民主，充分激发全体人民的主人翁精神。

（二）坚持不懈用习近平新时代中国特色社会主义思想凝心铸魂

党的十八大以来，以习近平同志为主要代表的中国共产党人，坚持把马克思主义基本原理同中国具体实际相结合、同中华优秀传统文化相结合，科学回答了新时代坚持和发展什么样的中国特色社会主义、怎样坚持和发展中国特色社会主义等重大时代课题，创立了习近平新时代中国特色社会主义思想。习近平新时代中国特色社会主义思想是对马克思列宁主义、毛泽东思想、邓小平理论、“三个代表”重要思想、科学发展观的继承和发展，是当代中国马克思主义、二十一世纪马克思主义，是中华文化和中国精神的时代精华，是党和人民实践经验和集体智慧的结晶，是中国特色社会主义理论体系的重要组成部分，是全党全国人民为实现中华民族伟大复兴而奋斗的行动指南，必须长期坚持并不断发展。在习近平新时代中国特色社会主义思想指引下，中国共产党领导全国各族人民，统揽伟大斗争、伟大工程、伟大事业、伟大梦想，推动中国特色社会主义进入了新时代，实现第一个百年奋斗目标，开启了实现第二个百年奋斗目标新征程。

全面加强党的思想建设，加强理想信念教育，引导全党牢记党的宗旨，自觉做共产主义远大理想和中国特色社会主义共同理想的坚定信仰者和忠实实践者。坚持党的创新理论武装，提出坚持理论武装同常态化长效化开展党史学习教育相结合，引导党员、干部不断学史明理、学史增信、学史崇德、学史力行，传承红色基因，赓续红色血脉。以县处级以上领导干部为重点在全党深入开展主题教育。党的十八大报告提出“在全党深入开展以为民务实清廉为主要内容的党的群众路线教育实践活动”，党的十九大报告提出“以县处级以上领导干部为重点，在全党开展‘不忘初心、牢记使命’主题教育”。

（三）完善党的自我革命制度规范体系

坚持制度治党、依规治党，健全党统一领导、全面覆盖、权威高效的监督体系，发挥政治巡视利剑作用，落实全面从严治党政治责任，用好问责利器。强调推进政治监督具体化、精准化、常态化，增强对“一把手”和领导班子监督实效，破解政治监督和“一把手”监督难题。2019 年 1 月，中国共产党第十九届中央纪律检查委员会第

◆ 2018 年 3 月 23 日，中华人民共和国国家监察委员会在北京正式揭牌

三次全体会议上的工作报告提出“切实加强政治监督”，党的政治监督成为党内监督首要任务得到了部署落实，各级纪检监察机关在政治监督上不断深化探索，实现监督具体化、精准化、常态化。党的十九届四中全会提出“完善领导班子内部监督制度，破解对‘一把手’监督和同级监督难题”。2021 年 3 月，《中共中央关于加强对“一把手”和领导班子监督的意见》印发，对“一把手”监督、同级领导班子监督、下级领导班子监督作出具体制度设计。党的二十大报告明确提出：“坚持制度治党、依规治党，以党章为根本，以民主集中制为核心，完善党内法规制度体系，增强党内法规权威性和执行力，形成坚持真理、修正错误，发现问题、纠正偏差的机制。”

构建全面从严治党体系是一项具有全局性、开创性的工作。新时代十年全面从严治党的实践和理论探索中，我们党不断深化对自我革命规律的认识，积累了丰富实践经验，形成了一系列重要理论成果，系统回答了我们党为什么要自我革命、为什么能自我革命、怎样推进自我革命等重大问题。不断推进党的建设理论创新、实践创新、制度创新，初步构建起全面从严治党体系。全面从严治党体系应是一个内涵丰富、功能完备、科学规范、运行高效的动态系统。健全这个体系，需要坚持制度治党、依规治党，更加突出党的各方面建设有机衔接、联动集成、协同协调，更加突出体制机制的健全完善和法规制度的科学有效，更加突出运用治理的理念、系统的观念、辩证的思维管党治党建设党。要坚持内容上全涵盖、对象上全覆盖、责任上全链条、制度上全贯通，进一步健全全面从严治党体系，使全面从严治党各项工作更好体现时代性、把握规律性、富于创造性。

（四）建设堪当民族复兴重任的高素质干部队伍

坚持德才兼备、以德为先、五湖四海、任人唯贤，树立选人用人正确导向，选拔忠诚干净担当的高素质专业化干部，选优配强各级领导班子，加强干部斗争精神和斗争本领养成，激励干部敢于担当、积极作为。提出严管和厚爱相结合，加强对干部全方位管理和经常性监督，落实“三个区分开来”，激励干部敢于担当、积极作为。针对一个时期干部“不作为”现象比较突出的问题，2018 年 5 月中共中央办公厅印发了《关于进一步激励广大干部新时代新担当新作为的意见》，情况有所好转，但依然存在着“一些党员、干部缺乏担当精神，斗争本领不强，实干精神不足，形式主义、官僚主义现象仍较突出”的问题。因此，激励干部担当作为、积极作为就具有紧迫性、针对性。

年轻干部要接过艰苦奋斗的接力棒，以一往无前的奋斗姿态和永不懈怠的精神状态，勇挑重担、苦干实干，在新时代新征程中留下许党报国的奋斗足迹。节俭朴素，力戒奢靡，是我们党的传家宝。现在，我们生活条件好了，但艰苦奋斗的精神一点都不能少，必须坚持以俭修身、以俭兴业，坚持厉行节约、勤俭办一切事情。年轻干部要时刻警醒自己，培育积极健康的生活情趣，坚决抵制享乐主义、奢靡之风，永葆共产党人清正廉洁的政治本色。

（五）增强党组织政治功能和组织功能

党的二十大明确提出，严密的组织体系是党的优势所在、力量所在。各级党组织要履行党章赋予的各项职责，把党的路线方针政策和党中央决策部署贯彻落实好，把各领域广大群众组织凝聚好，对各领域基层党组织建设、党员教育管理提出了针对性要求。过去五年和新时代十年，党的基层组织建设和党员教育管理工作全面发力，除针对非公党建 2012 年发布的 11 号文件尚未修订外，几乎每一个领域的基层组织建设都制定或修订了相应党内法规，加强基层组织建设和党员教育管理需要进一步深化落实这些规定。党的二十大明确指出，“坚持大抓基层的鲜明导向，抓党建促乡村振兴，加强城市社区党建工作，推进以党建引领基层治理，持续整顿软弱涣散基层党组织，把基层党组织建设成为有效实现党的领导的坚强战斗堡垒”。

（六）坚持以严的基调强化正风肃纪

党风问题关系执政党的生死存亡，要锲而不舍落实中央八项规定精神，持续深化纠治“四风”，重点纠治形式主义、官僚主义，坚决破除特权思想和特权行为。作风建设的重点是“纠治形式主义、官僚主义，坚决破除特权思想和特权行为”；纪律建设的重点是“督促领导干部特别是高级干部严于律己、严负其责、严管所辖”。在作风建设针对性上，党的二十大报告指出，把握作风建设地区性、行业性、阶段性特点，抓住普遍发生、反复出现的问题深化整治。在纪律建设针对性上，党的二十大明确要求：“坚持党性党风党纪一起抓，从思想上固本培元，提高党性觉悟，增强拒腐防变能力，涵养富贵不能淫、贫贱不能移、威武不能屈的浩然正气。”

纪律是管党治党的“戒尺”，也是党员、干部约束自身行为的标准和遵循。要把纪律建设摆在更加突出位置，党规制定、党纪教育、执纪监督全过程都要贯彻严的要求，既让铁纪“长牙”、发威，又让干部重视、警醒、知止，使全党形成遵规守纪的高度自觉。每一个共产党员特别是领导干部都要牢固树立党章意识，更加自觉地学习党章、遵守党章、贯彻党章、维护党章，用党章党规党纪约束自己的一言一行，增强纪律意识、规矩意识，进一步养成在受监督和约束的环境中工作生活的习惯。

（七）坚决打赢反腐败斗争攻坚战持久战

腐败是危害党的生命力和战斗力的最大毒瘤，反腐败是最彻底的自我革命。只要存在腐败问题产生的土壤和条件，反腐败斗争就一刻不能停，必须永远吹冲锋号，坚持不敢腐、不能腐、不想腐一体推进，以零容忍态度反腐惩恶，决不姑息。针对党风廉政建设和反腐败斗争的顽固性和多发性问题，党的二十大报告提出“坚决查处政治问题和经济问题交织的腐败，坚决防止领导干部成为利益集团和权势团体的代言人、代理人，坚决治理政商勾连破坏政治生态和经济发展环境问题”，以及“坚决惩治群众身边的‘蝇贪’”。深化整治权力集中、资金密集、资源富集领域的腐败，惩治新型腐败和隐形腐败，在标本兼治上加强新时代廉洁文化建设等，这些都是精准治理腐败的重大举措。

反腐败斗争形势依然严峻复杂，遏制增量、清除存量的任务依然艰巨。必须深化标本兼治、系统治理，一体推进不敢腐、不能腐、不想腐。要在不敢腐上持续加压，始终保持零容忍震慑不变、高压惩治力量常在，坚决惩治不收敛不收手、胆大妄为者，坚决查处政治问题和经济问题交织的腐败，坚决防止领导干部成为利益集团和权势团体的代言人、代理人，坚决防止政商勾连、资本向政治领域渗透等破坏政治生态和经济发展环境。要对比较突出的行业性、系统性、地域性腐败问题进行专项整治。要在不能腐上深化拓展，前移反腐关口，深化源头治理，加强重点领域监督机制改革和制度建设，健全防治腐败滋生蔓延的体制机制。要在不想腐上巩固提升，更加注重正本清源、固本培元，加强新时代廉洁文化建设，涵养求真务实、团结奋斗的时代新风。要把不敢腐、不能腐、不想腐有效贯通起来，三者同时发力、同向发力、综合发力，把不敢腐的震慑力、不能腐的约束力、不想腐的感召力结合起来。进一步健全完善惩治行贿的法律法规，完善对行贿人的联合惩戒机制。严厉打击那些所谓“有背景”的“政治骗子”。

三、以伟大自我革命引领伟大社会革命

深入推进新时代党的建设新的伟大工程，以党的自我革命引领社会革命，是党的二十大提出的明确要求。《中共中央关于党的百年奋斗重大成就和历史经验的决议》把“坚持自我革命”作为党百年奋斗历史经验的最后一条，彰显了中国共产党的最鲜明品格和独特优势，揭示了党百年风华正茂的基因密码和动力源泉，为把我们党建设成为世界上最强大的长期执政的马克思主义政党，提供了中国经验。

（一）先进的马克思主义政党是在不断自我革命中淬炼而成的

马克思主义政党区别于其他政党的鲜明特点就在于勇于直面问题、勇于自我批评、勇于自我革命、勇于追求真理。在进行社会革命的同时不断进行自我革命，是我们党区别于其他政党最显著的标志，也是我们党不断从胜利走向新的胜利的关键所在。回溯历史，我们党能够饱经磨难而生生不息、风华正茂，战胜一个又一个困难，取得一个又一个胜利，关键在于始终坚持党要管党、全面从严治党不放松，在推动社会革命的同时进行彻底的自我革命。强调“要把新时代坚持和发展中国特色社会主义这场伟大社会革命进行好，我们党必须勇于进行自我革命”，指出“自我革命关键要有正视问题的自觉和刀刃向内的勇气”，明确“把党建设成为始终走在时代前列、人民衷心拥护、勇于自我革命、经得起各种风浪考验、朝气蓬勃的马克思主义执政党”……习近平总书记关于全面从严治党的重要论述，深刻阐述了伟大自我革命的战略意义，充分彰显了我们党一以贯之坚持自我革命、确保不变质不变色不变味的政治决心。以习近平同志为核心的党中央深入推进管党治党实践创新、理论创新、

制度创新，对建设什么样的长期执政的马克思主义政党、怎样建设长期执政的马克思主义政党的规律性认识达到新的高度。

打铁必须自身硬，只有勇于自我革命才能赢得历史主动。党的十八大以来，从“从严治党”到“全面从严治党”，从“党的自我革命”到“以伟大自我革命引领伟大社会革命”，展现出新时代中国共产党人的远见和清醒。以习近平同志为核心的党中央把全面从严治党纳入“四个全面”战略布局，以前所未有的勇气和定力推进党风廉政建设和反腐败斗争，打了一套自我革命的“组合拳”。经过坚决斗争，全面从严治党的政治引领和政治保障作用充分发挥，党的自我净化、自我完善、自我革新、自我提高能力显著增强，管党治党宽松软状况得到根本扭转，反腐败斗争取得压倒性胜利并全面巩固，消除了党、国家、军队内部存在的严重隐患，党在革命性锻造中更加坚强。

在党的二十大报告中，习近平总书记指出，经过不懈努力，党找到了自我革命这一跳出治乱兴衰历史周期率的“第二个答案”。政治建设纲举目张，锚定自我革命根本政治方向；思想建设夯基固本，淬炼自我革命锐利思想武器；八项规定久久为功，持之以恒改进作风；反腐败重拳出击，取得压倒性胜利并全面巩固；制度体系不断完善，把权力关进越扎越牢的笼子……猛药祛疴、重典治乱，刮骨疗毒、壮士断腕，党的十八大以来，全面从严治党取得了历史性、开创性成就，产生了全方位、深层次影响，探索出依靠党的自我革命跳出历史周期率的成功路径。实践充分证明，全面从严治党是新时代党的自我革命的伟大实践，开辟了百年大党自我革命的新境界。

（二）办好中国的事情关键在党要管党、全面从严治党

习近平总书记强调：“我们要居安思危，时刻警惕我们这个百年

大党会不会变得老态龙钟、疾病缠身。”① 应当清醒认识到，党面临的“四大考验”“四种危险”是长期的、尖锐的，影响党的先进性、弱化党的纯洁性的因素也是复杂的，党内存在的思想不纯、政治不纯、组织不纯、作风不纯等突出问题尚未得到根本解决，一些已经解决的问题还可能反弹，新情况新问题不断出现。在新的历史条件下，要永葆党的马克思主义政党本色，关键还得靠我们党自己。我们必须铭记生于忧患、死于安乐，常怀远虑、居安思危，以抓铁有痕、踏石留印的坚韧和执着，继续打好党风廉政建设和反腐败斗争这场攻坚战、持久战。必须增强全面从严治党永远在路上的政治自觉，既要培元固本，也要开拓创新，既要把住关键重点，也要形成整体态势，特别是要发挥彻底的自我革命精神，坚持不懈推进党的伟大自我革命，坚持严的主基调不动摇，决不能滋生已经严到位的厌倦情绪。

党的二十大要求在全面建设社会主义现代化国家新征程上，全党必须牢记“五个必由之路”，其中之一是“全面从严治党是党永葆生机活力、走好新的赶考之路的必由之路”。时代是出卷人，我们是答卷人，人民是阅卷人。新的赶考之路上，只要大力弘扬伟大建党精神，不忘初心使命，勇于自我革命，不断清除一切损害党的先进性和纯洁性的有害因素，不断清除一切侵蚀党的健康肌体的病原体，我们就一定能够确保党不变质、不变色、不变味，确保党在新时代坚持和发展中国特色社会主义的历史进程中始终成为坚强领导核心。

中国共产党既是为中国人民谋幸福的党，也是为人类进步事业而奋斗的政党。党从成立之日起就时刻观世界大势、谋革命大事，

①《习近平著作选读》第2卷，人民出版社2023年版，第561页。

始终为人类谋进步、为世界谋大同，这是党长期执政的世界意义。《中共中央关于党的百年奋斗重大成就和历史经验的决议》指出：党始终以世界眼光关注人类前途命运，从人类发展大潮流、世界变化大格局、中国发展大历史正确认识和处理同外部世界的关系，坚持开放、不搞封闭，坚持互利共赢、不搞零和博弈，坚持主持公道、伸张正义，站在历史正确的一边，站在人类进步的一边。

从世界政党发展史来看，一些国家的政党曾经鼓吹帝国主义、军国主义，鼓吹“种族优越论”和“文明等级论”，主张侵略扩张和殖民掠夺，给人类社会造成了巨大伤害，最终被世界正义力量联合起来打败。邓小平曾在联合国大会上发言说：“中国现在不是，将来也不做超级大国。”中国共产党一贯支持世界被压迫民族解放事业、新独立国家建设事业和各国人民正义斗争，反对帝国主义、霸权主义、殖民主义、种族主义，赢得国际社会特别是广大发展中国家的尊重和赞誉。

得道者多助，失道者寡助。中国共产党长期执政，顺应了人类进步的历史潮流，从而团结一切可以团结的力量，共同应对人类面

◆ 2021 年 7 月 1 日，庆祝中国共产党成立 100 周年大会在北京天安门广场隆重举行

临的共同挑战。习近平总书记强调："当前，世界格局在变，发展格局在变，各个政党都要顺应时代发展潮流、把握人类进步大势、顺应人民共同期待，把自身发展同国家、民族、人类的发展紧密结合在一起。"[①] 中国共产党的长期执政，必将使社会主义现代化的文明成果为更多国家所共享，为世界创造更多机遇，也为世界各国执政党提供治国理政的中国方案、中国智慧。随中国特色社会主义事业的巨大成功，世界上赞成马克思主义的人一定会越来越多。

百年栉风沐雨、淬火成钢，特别是新时代十年革命性锻造，中国共产党更加坚强有力、更加充满活力，党的政治领导力、思想引领力、群众组织力、社会号召力显著增强，正领导中国人民在中国特色社会主义道路上不可逆转地走向中华民族伟大复兴。新的伟大征程上，让我们更加紧密地团结在以习近平同志为核心的党中央周围，全面贯彻习近平新时代中国特色社会主义思想，深刻领悟"两个确立"的决定性意义，增强"四个意识"、坚定"四个自信"、做到"两个维护"，以党的自我革命引领社会革命，以中国式现代化全面推进中华民族伟大复兴，奋力夺取全面建设社会主义现代化国家新胜利，谱写新时代中国特色社会主义更加绚丽的华章。

①《论坚持推动构建人类命运共同体》，中央文献出版社 2018 年版，第 512—513 页。

结　语

在新时代伟大实践中不断开辟马克思主义中国化时代化新境界

理论的生命力是在创新发展中彰显。党的二十大报告指出："实践告诉我们，中国共产党为什么能，中国特色社会主义为什么好，归根到底是马克思主义行，是中国化时代化的马克思主义行。"习近平总书记在报告中提出两个"行"的重要论断是中国共产党百年奋斗历程中积累下来的宝贵经验，是中国共产党百年推进马克思主义中国化时代化作出的全面回顾和深刻总结，是"中国共产党为什么能、马克思主义为什么行，中国特色社会主义为什么好"重大理论命题的最新论断。新时代十年，党和国家事业取得历史性成就、发生历史性变革，一个关键原因就是不断在新时代伟大实践中推进马克思主义中国化时代化。在新时代伟大实践中，我们要牢牢把握党的创新理论的世界观和方法论，坚持"两个结合"，遵循"六个必须坚持"，不断开辟马克思主义中国化时代化新境界。

一、中国共产党之所以能：中国共产党的历史就是一部推进理论创新的历史

党的二十大报告指出："拥有马克思主义科学理论指导是我们党

坚定信仰信念、把握历史主动的根本所在。”马克思主义是建立在对客观规律认识基础上的科学真理，马克思主义理论阐明了现象与本质、特殊与普遍、局部与整体、当前与长远的辩证关系，揭示了人类社会发展的客观规律，把人民确立为价值主体，指明人类寻求自身解放的道路，始终占据着真理和道义的制高点。“中国共产党为什么能，中国特色社会主义为什么好，归根到底是马克思主义行，是中国化时代化的马克思主义行”，这一重要论断同时包含两个基础性的问题：历史和人民为什么选择了马克思主义？中国共产党为什么能伴随着马克思主义中国化时代化的进程实现自身逐渐强大？

1. 历史和人民选择了马克思主义，马克思主义是中国共产党诞生的理论源泉。1840 年鸦片战争以后，在“国家蒙辱、人民蒙难、文明蒙尘”这样一个大的背景下，一批批仁人志士前仆后继，孜孜探索救亡图存之“大道”，求索实现民族复兴之“治病良方”。龚自珍、魏源、张之洞开始“睁眼看世界”，主张“师夷长技以制夷”，“改良主义”成为当时中国思想界最为优先选择的救国方案。先是洋务派提出“自强”“求富”的目标并进行了一系列现代化的尝试，后是维新派在甲午战争失败的刺激下发出“救亡图存”呐喊，企图通过维新变法实行君主立宪、发展资本主义，但均告失败。在此之后奉行“自由主义”的中国知识分子们开始对“中体西用”展开深刻反思，提出“全盘西化”，引进西方民主宪政制度拯救中国，而后在帝国主义操弄下实行多党制、议会制，成为各派军阀、官僚、政客借以争权夺利的工具，中国社会再次沦为一盘散沙。与此同时，“社会达尔文主义”“无政府主义”“实用主义”“民粹主义”“工团主义”等纷纷登场，毛泽东说道：“那时，求进步的中国人，只要是西方的新道理，什么书也看……学了这些新学的人们，在很长的时期内产生了一种信心，认为这些很可以救中国……一切别的东西都试过了，都失败了。”[①] 一切救国方案没有找到解决中国前途命运问题的正确道路，中国迫切需要一个新思想来进行领导。十月革命的胜利犹如黑暗中的一道霞光，给正在苦苦探求的中国人指明了方向。正如毛泽东所指出的：“十月革命一声炮响，给我们送来了马克思列宁主义。”以李大钊、陈独秀、毛泽东等为杰出代表的先进中国分子认为，“走俄国人的路”是符合历史潮流和把握时代潮流的正确理论、是能够彻底摆脱旧中国落后挨打苦难命运的光明大道、是能够解决回应劳苦大众迫切需求的济世良方。“经过五四运动洗礼，越来越多中国先进分子集合在马克思主义旗帜下。”[②] 选择马克思主义是中国的先进知识分子开始逐步放弃对资本主义道路的幻想，经过对比近代以来那些传入中国的各种“主义”理想，比较分析世界不同道路，并深入研究与理性思考而作出的选择。

2.“走自己的路”是百年中国共产党不断推进马克思主义中国化时代化的经验总结。党的二十大报告指出：“推进马克思主义中国化时代化是一个追求真理、揭示真理、笃行真理的过程。”[③] 中国共产党选择了马克思主义这条道路并不意味着一帆风顺，从“走俄国人的路”到“走自己的路”，再到“坚定不移走中国特色社会主义道路”，党在将马克思主义中国化时代化的摸索道路上有过低潮、偏离、低谷甚至暂时的失败。土地革命战争时期的三次“左”倾路线和我们党内将马克思主义教条化、把共产国际决议和苏联经验神圣化的错误倾向

①《毛泽东选集》第4卷，人民出版社1991年版，第1469—1471页。

② 习近平：《在纪念五四运动100周年大会上的讲话》，人民出版社2019年版，第4页。

③ 习近平：《高举中国特色社会主义伟大旗帜　为全面建设社会主义现代化国家而团结奋斗——在中国共产党第二十次全国代表大会上的报告》，《人民日报》2022年10月26日。

密切相关，革命成果几乎毁于一旦。以毛泽东同志为代表的中国共产党人坚持在具体的社会环境中创造性地运用马克思主义指导解决中国各个历史时期面临的不同挑战和问题。1938 年，党的六届六中全会提出了“马克思主义中国化”的命题[①]。经过延安整风运动，党的七大确立毛泽东思想为指导思想，使全党有了牢固的理论基础。新中国成立后，由于缺乏经验，党在领导社会主义建设初步探索时期有很多方面向苏联学习，党内也存在照搬苏联经验的教条主义现象。从 20 世纪 50 年代中期起我国开始强调“以苏为鉴”“学会自己走路”。在党的八大前后，毛泽东不断提到如何将马克思主义与中国具体实际相结合，“我们要学的是属于普遍真理的东西，并且学习一定要与中国实际相结合”[②]，到 1956 年社会主义制度基本确立，中国共产党带领中国人民迈进了社会主义社会，从制度层面进一步明确了“走自己的路”的方向。中国共产党人开始意识到，马克思主义的中国化的进程，就是在回应时代问题、寻求时代问题的答案的过程。面对改革开放初期党内存在的“左”的思潮和教条主义盛行，邓小平清醒地意识到，只有把马克思主义基本原理同社会主义建设实际紧密结合起来才能走出一条正确道路。在党的十二大上，邓小平明确提出：“把马克思主义的普遍真理同我国的具体实际结合起来，走自己的道路，建设有中国特色的社会主义，这就是我们总结长期历史经验得出的基本结论。”[③] 从党的十一届三中全会到党的十八大，以邓小平、江泽民、胡锦涛同志为主要代表的中国共产党人，坚持以马克思主义为指导，针对改革开放过程中不断出现的新情况新问题，在实践中不断推进理

①《毛泽东选集》第 2 卷，人民出版社 1991 年版，第 534 页。
②《毛泽东文集》第 7 卷，人民出版社 1999 年版，第 42 页。
③《邓小平文选》第 3 卷，人民出版社 1993 年版，第 3 页。

论创新，形成了中国特色社会主义理论体系，使中国大踏步赶上了时代。在中国特色社会主义新时代，面临新的历史方位、新的发展阶段，也意味着新的社会矛盾、新的使命任务。党的十八大以来，中国共产党勇于理论探索和创新，在新的历史条件下对马克思主义的创造性丰富和创新性发展，集中体现为习近平新时代中国特色社会主义思想，习近平新时代中国特色社会主义思想为马克思主义在当今时代的大发展作出了原创性、全面性、历史性、世界性的贡献，实现了马克思主义中国化时代化新的飞跃。

一百多年来，中国共产党从小到大，从弱到强，从带领人民夺取全国政权到长期执掌全国政权，从领导国家面对外部封锁实行计划经济条件下搞建设到对外开放发展社会主义市场经济条件下搞建设，经历百年奋斗，使中华民族迎来了从站起来、富起来到强起来的伟大飞跃。其根本原因就在于理论上的不断成熟，准确理解把握马克思主义中国化时代化的精神实质，善于在实践中运用马克思主义立场、观点、方法分析和解决中国革命和建设面临的时代问题，从而在实现国家富强、民族振兴、人民幸福的历史进程中创造性地运用和发展马克思主义。所以说，中国共产党为什么能，归根到底是马克思主义行，是中国化时代化的马克思主义行。

二、中国特色社会主义之所以好：马克思主义是中国式现代化创新发展的动力之源

实践没有止境，理论创新也没有止境。中国特色社会主义是在以毛泽东同志为主要代表的中国共产党人对社会主义建设进行艰辛探索的基础上，由以邓小平同志为主要代表的中国共产党人在改革开放的伟大实践中开创的，“中国特色社会主义理论体系归根到底是以马克

思主义基本理论为指导的。”[①] 中国特色社会主义开辟出的中国式现代化是在马克思主义科学理论指导下的实践创新之路，中国式现代化的提出是马克思主义中国化面临的新的时代使命任务的时代答案。从这个意义上，我们考察“中国特色社会主义为什么好，归根到底是马克思主义行，是中国化时代化的马克思主义行”这一重要论断。

1. 中国式现代化是以马克思主义为指导的社会主义现代化的承继发展。党的二十大报告指出：“中国式现代化，是中国共产党领导的社会主义现代化，既有各国现代化的共同特征，更有基于自己国情的中国特色。”这句话简明扼要，但内涵深刻。它表明了三重内涵：一是明确中国式现代化是在中国共产党领导下的现代化之路，而不是别的什么政治力量领导的现代化，中国式现代化坚持的理想信念依据是马克思主义科学理论指导，而不是在别的什么主义指导之下的实践，中国式现代化与西方式现代化的最大本质区别为指导思想、领导力量不同。与以往资本主义社会形形色色的反映并服务于资产阶级利益的思想理论不同，马克思主义一开始就将自身立场和理论立足点置于广大劳动群众，坚持把人从异化的状态中解放出来，第一次创立了人民实现自身解放的思想体系。马克思所提出的“现代化”的本质特征必然是为绝大多数人谋利益的“现代化”，凭借这种“多数人”追求的“现代化”从而实现对资本主义现代化的超越。二是中国式现代化既具有“中国式”，也具有现代化的共性，是世界现代化的普遍性与中国式现代化特殊性的有机统一。中国式现代化具有普遍性，现代化进程以前所未有的力量，使人类逐步离开传统社会秩序，打破封建等级观念束缚，形成世界性普遍交往关

① 习近平：《在全国党校工作会议上的讲话》，人民出版社 2016 年版，第 15 页。

系。中国式现代化又具有特殊性，即中国式的现代化不能照搬照抄别国经验、别国模式。邓小平提出的中国式现代化既强调解放思想，实事求是，重新认识西方文明，强调“大胆吸收和借鉴人类社会创造的一切文明成果”①，又旗帜鲜明地指出中国式现代化是对西方主导的现代化超越。1979年12月，邓小平在会见时任日本首相大平正芳时首次描述中国式的现代化。他说：“我们要实现的四个现代化，是中国式的现代化。我们的四个现代化的概念，不是像你们那样的现代化的概念。”② 这里所谓的“你们那样的现代化”指的就是“西方以资本为中心的现代化”，邓小平在多个场合提到“中国式的现代化，必须从中国的特点出发”③。进入新时代，以习近平同志为核心的党中央坚持自信自强，守正创新，为中国式现代化道路增添许多新的内涵，党的二十大报告概括了中国式现代化的五个中国特色、九个本质要求，既反映了中国基本国情，又体现了社会主义性质，这种现代化使科学社会主义在21世纪的中国焕发出强大的生机活力，为人类文明发展注入了中国特色社会主义文明的新内蕴，创造了人类文明的新形态。

2. 中国式现代化是对西方资本主义现代化模式的超越。中国式现代化是对马克思主义的创造性运用和创新性发展，是马克思主义中国化时代化的重大理论成果，是在新中国成立特别是改革开放以来长期探索的基础上，经过新时代十年实践检验的理论创新突破。中国式现代化要打破“现代化等于西方化”的固有模式，实现对西方资本主义现代化模式的历史性超越，这一超越路径具体表现在党的二十大报

①《邓小平文选》第3卷，人民出版社1993年版，第373页。
②《邓小平年谱（1975—1997）》（上），中央文献出版社2004年版，第582页。
③《邓小平文选》第2卷，人民出版社1994年版，第164页。

告中概括的中国式现代化的五个中国特色：一是人口规模巨大的现代化。第七次全国人口普查数据显示，中国人口超过14.1亿，约占全球总人口的18%，是世界上人口规模最大的发展中国家，这是中国共产党带领中国人民全面建设社会主义现代化国家需要面对的最大国情，其难度前所未有。所以其他国家的现代化能够提供的经验有限，中国不能通过对域外做法的“拿来主义”或“简单模仿”，一旦中国实现人口规模巨大的现代化就意味着进入现代化的国家人口总数增长超过了一倍，这是一个具有世界意义的重大事件，也必将实现对于西方资本主义现代化的超越。二是全体人民共同富裕的现代化。中国式现代化是全体人民共同富裕的现代化，这是由中国特色社会主义制度的本质决定的。继历史性地解决绝对贫困问题之后，我们迈上了以所有人的富裕、美好生活为目标的新征程，致力于使全体人民整体迈进现代化社会，这是人类历史上从未有过的伟大构想与实践。实现全体人民共同富裕的现代化绝不是在财富总量上成为超越英、美、德、法等的现代强国，而是马克思主义自诞生起，致力于探求人类自由解放之路的使命，站在世界立场建设“自由人的联合体”理想社会，实现“绝大多数人”的“共同富裕”对两极分化、贫富悬殊的“少数人富裕”的超越。三是物质文明和精神文明相协调的现代化。社会主义精神文明是社会主义的重要特征，是社会主义制度优越性的重要表现，物质富足、精神富有是社会主义现代化的根本要求。中国式现代化进程要以社会主义核心价值观为引领，将马克思主义基本原理与中华优秀传统文化相结合，激活中华优秀传统文化生命力，促进民族精神与时代精神相结合，开辟物质文明与精神文明相互促进和协调发展的社会主义现代化道路，从而超越西方式诱发物质主义膨胀的、以物质现代化为核心的单维度现代化道路。四是人与自然和谐共生的现代化。尽管西方资本主义国家的现代化在人类现代化发展时序中处于先发行列，但西方的现代化模式先天性地包含着资本主义制度本身无法克服的局限性，资本对利润无止境追逐，导致对自然无节制索取，在创造了极为丰裕物质财富的同时，也带来了难以想象的环境创伤。中国式现代化摒弃了西方以资本为中心、物质主义膨胀、先污染后治理的现代化老路，开辟了人与自然和谐共生的现代化新路，实现了对西方现代化发展道路的科学扬弃和全面超越。五是走和平发展道路的现代化。中国式现代化认同任何一个社会都存在多种多样的价值观念和价值取向，在尊重各个国家、地区、民族不同文化、价值观念的基础上，提倡全人类共同价值是各国人民的共同权利，旗帜鲜明地反对霸权主义和强权政治，推动构建人类命运共同体，以“大同”的社会理想和“天下为公”的价值追求超越“强权政治和单边主义霸权主义论”。

从根本上说，中国式现代化是以马克思主义为指导思想建设社会主义强国的现代化，是以人民为中心实现人民对美好生活向往的现代化，是站在真理和道义的制高点上具有世界意义的现代化。正是在不断推进马克思主义中国化时代化的历史进程中发展中国特色社会主义，中国实现了从站起来到富起来和强起来的历史性跨越，中国式现代化不仅是为了解决中国一国一域现代化的问题，更是要解决世界性的现代化问题，是在马克思主义创造性运用和创新性发展中不断提炼出具有原创性、时代性的概念和理论，从而拓展发展中国家走向现代化的途径，为人类对更好社会制度的探索提供了中国方案。所以说，中国特色社会主义为什么好，归根到底是马克思主义行，是中国化时代化的马克思主义行。

三、以党的创新理论最新成果为指导，不断谱写马克思主义中国化时代化新篇章

正是由于时代诉求与时代需要，促进了马克思主义的诞生，也正是由于时代发展与时代变革，引发了马克思主义的发展与创新。不断谱写马克思主义中国化时代化新篇章，是当代中国共产党人的庄严历史责任。当今世界正经历的百年未有之大变局引发时代之问，给马克思主义中国化时代化提出新的时代课题，党的二十大报告第二部分以“开辟马克思主义中国化时代化新境界”为题，第一次全面论述了习近平新时代中国特色社会主义思想的主要内容和理论体系，深入阐发了“两个结合”的深刻内涵，第一次系统阐述了在实践基础上进行理论创新应当遵循的“六个必须坚持”。党的二十大报告第一次把习近平新时代中国特色社会主义思想提升到“马克思主义中国化时代化新境界”加以认识、理解和把握，成为我们不断谱写马克思主义中国化时代化新篇章的理论遵循。

1. 必须长期坚持并不断丰富发展党的创新理论最新成果。时代的发展呼唤着理论的创新，理论的创新又推动历史的发展和事业的前进。在 40 多年的改革开放进程中，先后出现了不同于其他时代的新问题，回答和解决这些新问题必然产生不同于其他时代的新理论和新实践。1992 年，江泽民在党的十四大报告中提出，“以邓小平同志的谈话和今年三月中央政治局全体会议为标志，我国改革开放和现代化建设事业进入了一个新的阶段”①。这里“新的阶段”指的是要建立和完善社会主义市场经济的战略任务，明确我国经济体制

①《江泽民文选》第 1 卷，人民出版社 2006 年版，第 217 页。

改革的目标方向。2002 年 11 月，江泽民在党的十六大报告中提出“新的发展阶段”[①]。党的十六大确立“三个代表”重要思想为党的指导思想，就是指引全党全国人民为实现新世纪新阶段的发展目标和宏伟蓝图而奋斗的根本指针。2003 年 8 月底 9 月初，胡锦涛在江西考察时明确使用“科学发展观”概念，这是对我国社会主义初级阶段基本国情和新世纪新阶段我国发展新的阶段性特征的正确判断。2005 年 10 月，胡锦涛在党的十六届五中全会第二次全体会议上的讲话中从十个方面阐述了“重要的阶段性特征”[②]。党中央根据“新世纪新阶段”呈现的特点，从中国特色社会主义事业总体布局和全面建成小康社会的全局出发，提出构建社会主义和谐社会的重大战略任务。党的十七大报告指出，进入新世纪新阶段，我国发展呈现出一系列新的阶段性特征，并明确“新时期”的三个内在含义[③]。党的十七大将“科学发展观”写入党章体现了党对中国特色社会主义发展规律认识的深化。党的十八大之后，中国特色社会主义进入“新时代”，党的十九届五中全会提出了“新发展阶段”。如果说改革开放新时期是中华民族实现富起来的阶段，那么“新发展阶段是我们党带领人民迎来从站起来、富起来到强起来历史性跨越的新阶段”[④]。党的二十大报告回顾新时代十年的伟大变革、总结现实发展的基本规律到筹划新征程的战略部署，概括的习近平新时代中国特色社会主义思想为“十个明确”“十四个坚持”和“十三个方面成就”，反映了新思想对时代脉搏的把握和时代方向的引领，体现了马

①《江泽民文选》第 1 卷，人民出版社 2006 年版，第 529 页。
②《胡锦涛文选》第 2 卷，人民出版社 2016 年版，第 363 页。
③《胡锦涛文选》第 2 卷，人民出版社 2016 年版，第 622、618—619 页
④《习近平谈治国理政》第 4 卷，外文出版社 2022 年版，第 162 页。

克思主义基本原理与新时代中国特色社会主义伟大实践相结合，为中国共产党实现民族复兴使命任务提供了重要思想指南。

2. 必须在“两个结合”中坚持和发展马克思主义。党的二十大报告指出：“只有把马克思主义基本原理同中国具体实际相结合、同中华优秀传统文化相结合，坚持运用辩证唯物主义和历史唯物主义，才能正确回答时代和实践提出的重大问题，才能始终保持马克思主义的蓬勃生机和旺盛活力。”从世界意义上看，“两个结合”命题应当包含以下两个不同维度：一是从世界社会主义运动实践维度看，中国共产党走出了一条马克思主义基本原理同中国具体实际相结合的道路。这里包含了两层意思：一方面，“马克思主义基本原理同中国具体实际相结合”基本态度是坚守马克思主义，而不是别的主义，不能为了“本土化”而走向改旗易帜的邪路。戈尔巴乔夫新思维改革表面上是为解决苏联眼下面临的问题，苏联共产党放弃了正确的指导思想，全面照搬西方国家的政治体制，导致苏共垮台、苏联解体。另一方面，“马克思主义基本原理同中国具体实际相结合”要旗帜鲜明地反对教条主义，教条主义使得中国革命遭受惨重损失的例子并不少，故而党的二十大报告指出：“我们坚持以马克思主义为指导，是要运用其科学的世界观和方法论解决中国的问题，而不是要背诵和重复其具体结论和词句，更不能把马克思主义当成一成不变的教条。”二是从世界文明形态维度看，坚持把马克思主义基本原理同中华优秀传统文化相结合，是中国共产党百年奋斗历程中始终关切的一个重大理论和实践问题。马克思主义脱胎于西方文明的马克思主义之所以能在中国本土落地生根、开花结果，一个关键原因就是“马克思主义基本原理同中华优秀传统文化相结合”。习近平总书记指出：“如果没有中华五千年文明，哪里有什么中国特色？如果不是中国特色，哪有我们今天这么成功的中国特色社会主义道路？”[①] 这里的“特色”指的就是中华优秀传统文化。毛泽东在思想表达方式上也彰显中华优秀传统文化魅力堪称典范，比如在整风运动时对班固《汉书·河间献王传》中的“修学好古，实事求是”古语内涵重新阐发，使“实事求是”成为中国共产党人认识世界、改造世界的根本要求。改革开放以来邓小平创造性地借用《礼记·礼运》中“小康”这个富有中国传统文化意味的概念来表述“中国式的现代化”的重要思想，江泽民将《易·损》中的“损益盈虚，与时偕行”转化为“与时俱进”，胡锦涛提出的“以人为本”“和谐社会”无不是取自《尚书》“民为邦本”“协和万邦”思想。习近平新时代中国特色社会主义思想在推动中华优秀传统文化创造性转化、创新性发展中有着丰富实践，比如“绿水青山就是金山银山”的生态文明思想传承的是“天人合一”宇宙观念，“人类命运共同体”传承的是传统文化中“天下大同”“爱无等差”“和合精神”等。

3. 在“六个必须坚持”中不断推进马克思主义中国化时代化。坚持用马克思主义之“矢”射新时代中国之“的”，是马克思主义理论品格的集中体现，是“中国化时代化的马克思主义行”的根源所在。党的二十大报告提出：“继续推进实践基础上的理论创新，首先要把握好新时代中国特色社会主义思想的世界观和方法论，坚持好、运用好贯穿其中的立场观点方法”，并从六个方面作出概括和阐述。一是必须坚持人民至上是推进理论创新的价值取向。党的理论是来自人民、为了人民、造福人民的理论，人民的创造性实践是理论创新的不竭源泉，2022 年 10 月 27 日，习近平总书记带领新当选

①《习近平谈治国理政》第 4 卷，外文出版社 2022 年版，第 315 页。

的第二十届中共中央政治局常委瞻仰延安革命纪念地，重温“把屁股端端地坐在老百姓的这一面”等老一辈革命家的叮嘱，宣示中国共产党是“站在最大多数劳动人民的一面”的马克思主义政党。“人民至上”是“中国化时代化的马克思主义行”的“根”与“底”。二是必须坚持自信自立是把握历史主动的根本立场。“先生老是侵略学生”[①] 的历史教训表明，中国的问题必须从中国基本国情出发，由中国人自己来解答。我们要坚定道路自信、理论自信、制度自信、文化自信，坚持“走自己的路”实现国家和民族发展的现代化，把中国发展前途命运牢牢掌握在自己手中。三是必须坚持守正创新是更好地坚持和发展马克思主义的内在逻辑。所谓“守正创新”，“守正”守的是马克思主义一脉相承又与时俱进，确保我们的事业在立场、方向、原则、道路等根本性问题上不迷失方向、不犯颠覆性错误；“创新”创的是在实践中不断自我更新、自我完善的理论体系，只有如此才能在世界之变、时代之变、历史之变中把握时代，引领时代。四是必须坚持系统观念是党的创新理论战略辩证思维的重要范畴。习近平新时代中国特色社会主义思想蕴含的哲学范式，实质上就是系统为基的战略辩证法[②]，这取决于我们面临的是根本性、系统性、全局性、战略性时代问题。中国走向现代化的道路与西方发达国家一个重大区别就在于，我们通往现代化的道路注定不是单维度的现代化，而是全面系统现代化，需要我们在全局性谋划党和国家各项事业时掌握更加系统的科学思想方法。五是必须坚持问题导向是党的创新理论发现问题、直面问题、解决问题的基本任务。中国共产

①《毛泽东选集》第 3 卷，人民出版社 1991 年版，第 1470 页。

② 韩庆祥：《习近平新时代中国特色社会主义思想的原创性贡献和历史地位》，《中共中央党校（国家行政学院）学报》2022 年第 2 期。

党始终聚焦我国发展和我们党执政面临的重大理论和实践问题，把问题作为研究制定政策的起点，把工作的着力点放在最突出的矛盾和问题上，把化解矛盾、破解难题作为打开局面的突破口。正是基于对新时代党和国家事业发展面临的重大时代课题的准确把握和科学回答，新时代十年党和国家事业才会取得历史性成就、发生历史性变革。六是必须坚持胸怀天下是推动建设更加美好世界的重要途径。中国共产党自成立之日起就义无反顾地坚持胸怀天下，担负起了实现中华民族伟大复兴的责任与使命，新中国成立之后毛泽东曾提出“中国应当对于人类有较大的贡献”的历史远景。从毛泽东的“三个世界”划分理论到邓小平的“和平与发展”时代主题，再到习近平总书记的构建“人类命运共同体”，无不对世界产生了重大影响。中国共产党倡导树立平等、互鉴、对话、包容的文明观，以文明交流超越文明隔阂，以文明互鉴超越文明冲突，以文明共存超越文明优越，新征程上中国共产党必将为人类发展进步作出更大贡献。

马克思主义只有中国化才能落地生根，只有时代化才能充满生机。实践证明，历经百年的中国共产党的命运、中国人民的命运、中华民族的命运与马克思主义紧密联系在一起，马克思主义具备的科学性、人民性、实践性、开放性在中国革命、建设、改革的伟大实践中得到充分检验、贯彻、彰显。中国化时代化的马克思主义必将回答好中国之问、世界之问、人民之问与时代之问，为中国共产党之所以“能”、中国特色社会主义之所以“好”提供坚实理论支撑，不断开辟马克思主义中国化时代化的新境界，谱写新时代中国特色社会主义更加绚丽的华章。

后记

2019年4月，习近平总书记在视察重庆发表重要讲话时提出了“中国共产党为什么能，马克思主义为什么行，中国特色社会主义为什么好”等重大理论课题，要求结合新中国成立七十年、中国共产党成立一百年的历史给予阐释和问答。此后，习近平总书记在多个场合深入阐述了这一重大理论课题，发表了“中国共产党为什么能，中国特色社会主义为什么好，归根到底是因为马克思主义行。马克思主义之所以行，就在于党不断推进马克思主义中国化时代化并用以指导实践”等系列重要论述和论断。在党的二十大报告中，他又明确指出：“实践告诉我们，中国共产党为什么能，中国特色社会主义为什么好，归根到底是马克思主义行，是中国化时代化的马克思主义行”，从而深化了对“能行好”等重大课题和“马克思主义行”等论断的科学认识。

为进一步研究好阐释好“中国化时代化的马克思主义行”等重大命题，努力以深入的理论阐释和通俗的理论普及进一步增强马克思主义的吸引力和感召力，中共重庆市委党校（重庆行政学院）组织编写了《中国化时代化的马克思主义行》一书并由学习出版社出版。

本书是集体研究的成果。中共重庆市委党校（重庆行政学院）常务副校（院）长谢金峰同志亲自担任编写组组长，提出撰写思路、审定全书框架和内容，指导出版设计；副校（院）长尹博同志担任编写组执行组长，拟定编写提纲，多次组织全书的修改讨论工作，负责全书统稿；我校从事马克思主义中国化理论相关领域教学和研究的骨干教师参与了全书相关章节的具体撰写工作。各章节撰写者依次为：绪论，祝伟；第一章，李思雨；第二章，杨潇；第三章，蒋成会、王婧、吴映雪；第四章，苟立伟、王爱国；第五章，曹颐晨、徐昇、张同功；第六章，张雨榴、李月如、吴晨旭；第七章，薛丹、刘琳、付玉联；第八章，周宇航、都萧雅、陈莹；结语，方旭。陈剑、张志勇、黄建跃、高广景、谢来位、方旭、王爱国、闫建、陈莹等还分别参与了各章节的统稿、修改工作。

中共重庆市委宣传部、重庆市社科联、重庆社会科学院的专家、学者对书稿的撰写给予了指导；学习出版社的编辑同志对本书的修改、完善和出版付出了艰辛努力；同时，本书还获得中共重庆市委党校（重庆行政学院）教材出版专项资助，在此一并致谢。

时代在发展，实践在推进，习近平新时代中国特色社会主义思想也在不断发展，对“中国化时代化的马克思主义行”等重大命题的认识也还在不断深化之中，加之作者水平有限，书中难免有许多疏漏和不足，敬请读者批评指正。

2024 年 1 月